GRANDE DISTRIBUTION ALIMENTAIRE AU MAROC

Collection « L'esprit économique »

fondée par Sophie Boutillier et Dimitri Uzunidis en 1996
dirigée par Sophie Boutillier, Blandine Laperche, Dimitri Uzunidis

Si l'apparence des choses se confondait avec leur réalité, toute réflexion, toute Science, toute recherche serait superflue. La collection « L'esprit économique » soulève le débat, textes et images à l'appui, sur la face cachée économique des faits sociaux : rapports de pouvoir, de production et d'échange, innovations organisationnelles, technologiques et financières, espaces globaux et microéconomiques de valorisation et de profit, pensées critiques et novatrices sur le monde en mouvement...
Ces ouvrages s'adressent aux étudiants, aux enseignants, aux chercheurs en sciences économiques, politiques, sociales, juridiques et de gestion, ainsi qu'aux experts d'entreprise et d'administration des institutions.

La collection est divisée en six séries :

Dans la série *Economie et Innovation* sont publiés des ouvrages d'économie industrielle, financière et du travail et de sociologie économique qui mettent l'accent sur les transformations économiques et sociales suite à l'introduction de nouvelles techniques et méthodes de production. L'innovation se confond avec la nouveauté marchande et touche le cœur même des rapports sociaux et de leurs représentations institutionnelles.

La série *Economie formelle* a pour objectif de promouvoir l'analyse des faits économiques contemporains en s'appuyant sur les approches critiques de l'économie telle qu'elle est enseignée et normalisée mondialement. Elle comprend des livres qui s'interrogent sur les choix des acteurs économiques dans une perspective macroéconomique, historique et prospective.

Dans la série *Le Monde en Question* sont publiés des ouvrages d'économie politique traitant des problèmes internationaux. Les économies nationales, le développement, les espaces élargis, ainsi que l'étude des ressorts fondamentaux de l'économie mondiale sont les sujets de prédilection dans le choix des publications.

La série *Krisis* a été créée pour faciliter la lecture historique des problèmes économiques et sociaux d'aujourd'hui liés aux métamorphoses de l'organisation industrielle et du travail. Elle comprend la réédition d'ouvrages anciens, de compilations de textes autour des mêmes questions et des ouvrages d'histoire de la pensée et des faits économiques.

La série *Clichés* a été créée pour fixer les impressions du monde économique. Les ouvrages contiennent photos et texte pour faire ressortir les caractéristiques d'une situation donnée. Le premier thème directeur est : mémoire et actualité du travail et de l'industrie ; le second : histoire et impacts économiques et sociaux des innovations.

La série *Cours Principaux* comprend des ouvrages simples, fondamentaux et/ou spécialisés qui s'adressent aux étudiants en licence et en master en économie, sociologie, droit, et gestion. Son principe de base est l'application du vieil adage chinois : « le plus long voyage commence par le premier pas ».

Camal Gallouj

Grande distribution alimentaire au Maroc

Acteurs et stratégies

L'Harmattan

5-7, rue de l'École-Polytechnique ; 75005 Paris

http://www.editions-harmattan.fr/

ISBN : 978-2-14-028462-5
EAN : 9782140284625

Du même auteur

GALLOUJ C. (2023), *Circuits courts : réconcilier le consommateur et l'agriculteur*, Éditions France Agricole, Collection TerrAgora, 250 p. (à paraître, avril).

GALLOUJ C. (2023), *The Elgar Encyclopedia of Services* (*éd.*, avec GALLOUJ F., MONNOYER M-C, RUBALCABA L.), Cheltenham, Edward Elgar, 675 p. (à paraître, janvier).

GALLOUJ C. (2023), *Advanced introduction to service innovation*, (avec GALLOUJ F. et DJELLAL F.), Cheltenham, Edward Elgar, 150 p. (à paraître, février).

GALLOUJ C. (2021), *Le commerce traditionnel au Maroc : résilience et modernité*, Paris, Éditions le Manuscrit, 324 p.

GALLOUJ C. (2021), *Consommateur et pratiques de consommation au Maroc*, Paris, L'Harmattan, (avec AMINE A.), 268 p.

GALLOUJ C. (2021), *Économie circulaire et univers agricole*, Paris, Éditions France Agricole, Collection TerrAgora (avec VIALA C.), 344 p.

GALLOUJ C. (2021), *Commerce et distribution dans les pays du Maghreb : acteurs et stratégies* (*éd.*, avec GALLOUJ F. et GALLOUJ N.), Aix-Marseille, Presses Universitaires de Provence (préface de Gérard CLIQUET), 320 p.

GALLOUJ C. (2020), *Management des services : convergences, contrastes et controverses* (*éd.*, avec PACHÉ G.), Aix-Marseille, Presses Universitaires de Provence (préface de Stephen VARGO), Labellisé FNEGE 2021, 357 p.

GALLOUJ C. (2012), *Management de la distribution* (*éd.*, avec VIGLIANO M-H.), Paris, L'Harmattan, 188 p.

GALLOUJ C. (2011), *Petit précis de santé publique et d'économie de la santé* (avec BRIGNON J.), Paris, Lamarre, Kluwer Wolters, 309 p.

GALLOUJ C. (2008), *Économie des services à la personne*, Paris, Kluwer Wolters, 211 p.

GALLOUJ C. (2008), *Les agences privées de l'Emploi : conseil, intérim, outplacement*, Paris, L'Harmattan (série Entreprise et Innovation), 186 p.

GALLOUJ C. (2007), *Innover dans le grand commerce* (préface de Gérard CLIQUET, postface de Alain THIEFFRY), Bruxelles, De Boeck, Collection « Perspectives Marketing », 325 p.

GALLOUJ C. (2007), *Introduction à l'économie des services* (avec DJELLAL F.), Grenoble, Presses Universitaires de Grenoble, 118 p.

GALLOUJ C. (2006), *Services et développement régional* (avec MOYART L., LELOUP F., MERENNE SCHOUMAKER B.), Bruxelles, De Boeck, 429 p.

GALLOUJ C. (2004), *L'hôpital innovateur : de l'innovation médicale à l'innovation de service* (avec DJELLAL F., GALLOUJ K. et GALLOUJ F.), Paris, Éditions Masson, série Objectifs en management hospitalier, 132 p.

GALLOUJ C. (2001), *Hôtellerie-restauration : héberger et restaurer l'emploi* (avec GADREY J., DJELLAL F., JANY-CATRICE F., MÉRIOT S.A. et RIBAULT T.), Paris, La documentation française, 150 p.

GALLOUJ C. (1996), *L'innovation dans les services* (avec GALLOUJ F.), Paris, Éditions Economica, 112 p.

GALLOUJ C. (1992), *Manager le conseil : stratégies et relations des consultants et de leurs clients* (avec GALLOUJ C., GALLOUJ F., MARTINELLI F., MOULAERT F., TORDOIR P.), Paris, Édiscience-McGraw Hill, 222 p.

INTRODUCTION GÉNÉRALE

Le secteur du commerce reste, au Maroc, très largement dominé par la distribution traditionnelle (épiceries, souks, etc.), qui devrait compter, encore aujourd'hui, pour environ 80% à 85% du marché. Les grandes et moyennes surfaces (GMS) ont fait leur apparition vers le milieu des années 80 et ont progressivement gagné du terrain. Leur véritable ancrage date quant à lui de la deuxième moitié des années 90, au moment où de multiples acteurs ont commencé à être très actifs dans le développement d'un réseau national. On pourra néanmoins observer que le phénomène du développement des GMS n'est pas radicalement nouveau dans l'espace commercial marocain. En effet, déjà dans les années 50-60, les Marocains, mais aussi et surtout les Européens, en particulier dans les zones centrales de Casablanca et Rabat, pouvaient faire leurs courses dans de grandes et moyennes surfaces structurées sur le mode du libre-service.

La grande distribution représente aujourd'hui un acteur marquant du commerce, acteur dont la part de marché ne cesse de croître, fût-ce à un rythme moins favorable qu'initialement envisagé par les experts.
Les décisions stratégiques ou tactiques prises par les leaders de la grande distribution sont lourdes de conséquences pour l'avenir du secteur et plus largement de l'économie nationale. Elles impactent plus particulièrement 4 à 5 acteurs majeurs qui sont les fournisseurs (producteurs, agriculteurs), les consommateurs, les salariés de ces organisations (qui commencent à être nombreux, même s'ils ne sont pas organisés) et plus globalement les pouvoirs publics, qui entendent jouer un rôle d'accompagnement, de suivi, voire même de régulation.

Dans cet ouvrage, là encore le premier du genre au Maroc[1], nous proposons, dans un premier temps, un cadrage historique du développement de la grande distribution au Maroc en tentant en particulier de mettre en évidence les différentes étapes de son implantation et de sa structuration. Dans un deuxième temps, nous proposons une analyse détaillée des principaux acteurs présents sur le marché, leurs caractéristiques distinctives et les évolutions marquantes qui les ont touchés. La bonne fortune de la plupart des acteurs historiques, n'a pas manqué de susciter la convoitise d'un certain nombre de nouveaux acteurs. C'est à ces derniers que nous consacrons notre chapitre 3

[1] *cf.* Amine et Gallouj (2021).

en distinguant d'un côté les nouveaux entrants réels ; autrement dit, ceux qui ont sauté le pas et de l'autre, les acteurs potentiels, qui d'une manière ou d'une autre, ont signalé leur intérêt pour le marché marocain ou tout au moins qui scrutent le marché avec des ambitions non dissimulées.
Dans le chapitre 4, nous abordons les déterminants principaux du développement de la grande distribution alimentaire, en insérant notre réflexion dans le cadre plus large des pays émergents. Ces déterminants peuvent être analysés tout à la fois au prisme d'une logique de l'offre, d'une logique de la demande ou encore d'une logique relevant des acteurs institutionnels et plus particulièrement de l'État. Nous cherchons ensuite à faire le point sur les principales options stratégiques offertes à la grande distribution et sur les choix que celle-ci a pu privilégier sur ces dernières années. Dans le chapitre 5, nous présentons les éléments essentiels de la construction de l'avantage concurrentiel des enseignes marocaines en abordant classiquement les stratégies de coût et de différenciation. Notre chapitre 6 est consacré à deux éléments centraux, mais souvent négligés, de cet avantage concurrentiel ; autrement dit, l'innovation et la RSE. Les voies du développement stratégique (diversification, spécialisation, recentrage, intégration verticale et externalisation) sont abordées dans le chapitre 7. Le chapitre 8 est consacré, quant à lui, à la question des modes de développement. Nous y traitons de l'arbitrage croissance interne *vs* croissance externe, des modalités de développement et du choix mono-formule *vs* pluri-formules ou encore mono-enseigne *vs* pluri-enseignes. De même, nous évoquons le débat monocanal, cross-canal et omnicanal. Dans les chapitres 9 et 10 nous nous intéressons à la dimension spatiale et territoriale. Nous analysons d'un côté la question du développement spatial et de l'extension de la couverture nationale et de l'autre celle de l'internationalisation et la logique d'internationalisation de la grande distribution. Enfin dans le 11e et dernier chapitre, nous interrogeons les interactions commerce moderne *vs* commerce traditionnel, et mettons en évidence les stratégies d'adaptation réciproques de ces deux mondes du commerce.

CHAPITRE 1

GENÈSE ET MONTÉE EN PUISSANCE DE LA GRANDE DISTRIBUTION DANS LES PAYS ÉMERGENTS ET AU MAROC

Il existe, au niveau international, nombre de travaux abordant la problématique de la diffusion de la grande distribution dans un environnement où elle était absente et en particulier dans les pays émergents. Ces travaux ont cherché prioritairement à repérer des étapes dans la diffusion de la distribution moderne. Dans le cas du Maroc, en dehors des réflexions stimulantes menées par Amine (2012) ou encore Amine et Lazzaoui (2009a, 2009b, 2011), très peu de chercheurs se sont intéressés à l'émergence et à la montée en puissance de la grande distribution moderne. Dans ce chapitre, nous tentons de revenir sur cette question en déroulant une approche historique. Nous distinguons ainsi des périodes marquantes qui ont contribué à forger ou façonner l'offre nationale, telle qu'elle existe aujourd'hui. Nous montrons que dans les conditions actuelles, la grande distribution alimentaire marocaine est « contrôlée » par quatre « majors » qui se partagent donc l'essentiel du marché. Les marges de manœuvre restent cependant largement ouvertes pour ces acteurs mais également pour d'autres, en ce sens que la part de la distribution moderne dans le commerce marocain reste encore très faible. Le potentiel de croissance de cette distribution moderne n'en est que plus considérable et attractif pour les années à venir.

1. Des étapes du développement économique aux étapes de diffusion de la grande distribution alimentaire

Depuis les années 60, un certain nombre d'auteurs ont cherché à faire le lien entre étapes de développement et configuration du système commercial, avec une focalisation sur les pays émergents. Kaynak (1976, p. 239) affirme : « the ability of a system to adopt innovations successfully is related to its level of economic development ». Bartels (1981) considère également que le niveau de développement d'un pays influence significativement l'ensemble des variables du système marketing qui le caractérisent[1].

---

[1] Robert Bartels (1981) met en avant un principe ou modèle de convergence selon lequel le système marketing tout entier d'un pays est influencé par le niveau de développement de ce même pays. Ainsi, chaque environnement de distribution peut être perçu comme un sous-ensemble relevant d'un trend de développement plus global.

1.1. Structures de distribution, formats commerciaux et développement économique

C'est sans doute à Wadinambiaratchi et Mittendorf que l'on doit certaines des analyses les plus complètes sur la question des étapes de diffusion de la distribution moderne dans les pays émergents et en développement.

1.1.1. Le lien structures distributives et niveau de développement

Dans un papier publié en 1965, Georges Wadinambiaratchi analyse la relation qui existe entre les structures de distribution de différents pays et leurs niveaux respectifs de développement. Sur cette base, il montre que la structure de distribution qui existe à un moment donné dans un pays donné est le reflet direct de son niveau de développement économique : "marketing structures are reflections of the stage of development. More specifically there is a regular pattern of distribution that is more or less unique at each stage of economic development (...). The social, psychological, cultural and anthropological climates in a community determine the institutions in that community. This institutions in turn limit and direct the economy of the community" (Wadinambiaratchi, 1965, p. 78-80). Dans son travail, l'auteur va par ailleurs mettre en avant trois dimensions importantes qui, selon lui, sont directement corrélées au niveau de développement économique d'un pays : le nombre de niveaux d'intervenants au sein de la chaîne de distribution, la taille relative des acteurs en place, le type d'acteurs :

- *Nombre de niveaux de la distribution.* L'auteur montre que les pays développés, comparativement aux pays émergents, se caractérisent par un système de distribution complexe, intégrant un nombre élevé d'acteurs et intervenants au sein de la chaîne de distribution ;
- *La taille des acteurs.* L'auteur avance ainsi que le nombre de petits magasins traditionnels a tendance à diminuer avec le niveau de développement économique. Il en va de même pour la taille moyenne des magasins qui a tendance à s'élever ;
- *Le type d'acteurs.* Sur ce point, Wadinambiaratchi évoque le fait que le rôle des marchands ambulants ainsi que l'importance des marchés ouverts a tendance à diminuer avec le niveau de développement économique.

Quelques années plus tard, Wadinambiaratchi (1972, p. 398) proposera dans une étude sur la distribution à Ceylan, un modèle de développement déterministe du commerce en six étapes[1] : "(i) a tribal stage where the

---

[1] Cependant ce modèle ne parvient pas à expliquer pourquoi, dans certaines sociétés, les anciennes formes sont totalement remplacées et disparaissent alors que dans d'autres les formes les plus anciennes résistent, perdurent et cohabitent avec les nouvelles.

commerce is in the form of barter between individuals; (ii) a peasant stage in which commerce is in the form of barter between individuals, and organized barter; (iii) an early commercial stage in which the form of commerce is organized barter and cash exchange, and powerful foreign merchants groups operate in imports, exports and retailing; (iv) a highly commercial stage where fixed general stores and a few specialist dominate retailing; (v) an early industrial stage in which specialized stores develop (vi) and a highly industrial stage when mass merchandising stores become the predominant outlets with few product specialized stores".

Dans la mesure où il écrit dans les années 60 et 70, l'auteur reste encore très marqué par une forte culture industrialiste. Il est pour le moins regrettable qu'il n'évoque pas la possibilité d'étapes ultérieures de nature post-industrielles, où le commerce et les services (modernes) deviennent les activités dominantes de l'économie.

1.1.2. Formats commerciaux et niveau de développement économique

Hans J. Mittendorf (1978) considère également que les changements dans les formats commerciaux de détail sont largement le reflet du niveau de développement économique. Il distingue quant à lui trois situations ou structures typiques de distribution qui reflètent le niveau de développement :

"- *situation 1* is characterized by the predominance of many retailers and hawkers and is typical of the least developed countries. Wholesaling and retailing often continue to be combined into one enterprise (...);
- *situation 2* relates to cities with well-established traditional wholesalers. Wholesale markets have an important function in the distribution of fruit, vegetables and fish to a large number of specialized retailers. (...);
- In *situation 3*, an increasing proportion of fruit and vegetables traded is bought directly from packing stations and is sent direct to the wholesale depots of food chains for redistribution directly to supermarkets without passing through the wholesale market: the traditional wholesale markets perform only a supplementary function" (Mittendorf, 1978, p. 331).

Figure 1 : Développement économique et transformation de l'offre dans le commerce alimentaire

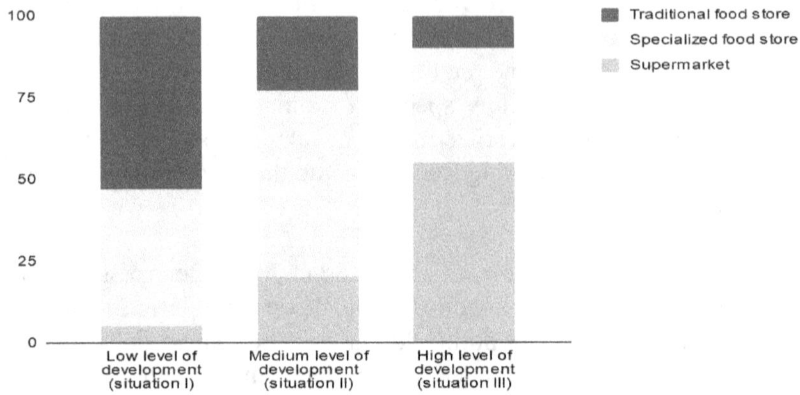

Source : Mittendorf (1978, p. 333).

Ces analyses par étapes ou stades de développement économique conduisent cependant à considérer que le développement de structures commerciales modernes serait simplement différé dans les pays émergents ou en développement. C'est en ce sens que l'on peut comprendre les propos de Samli (1964) : "the Turkish wholesaler resembles the American wholesaler of the 1800's or early 1900's when the American economy was not one of abundance" ou encore ceux de Boyd, El Sherbini et Sherif (1960) : "Egyptian channels of distribution, with few exception, are about the same as were those of the United States in the early 1800's" .

1.2. Les étapes de diffusion de la distribution moderne dans les pays émergents

Nombre d'auteurs ont proposé des travaux sur la diffusion en étapes de la grande distribution moderne. Parmi eux, les plus connus sont sans doute ceux de Reardon *et al.* (*cf.* Reardon et Bedegué, 2002 ; Reardon et Gulati, 2008…). Ces auteurs distinguent en effet quatre vagues de diffusion de la grande distribution moderne dans les pays émergents[1] :

- *La première vague* correspond au tout début des années 90. Elle concerne l'Amérique latine (Argentine et Brésil), l'Asie de l'Est (Philippines, Corée, Taiwan et Thaïlande) et l'Afrique du Sud. Dans ces zones, le poids de la distribution moderne serait passé d'environ 10% en 1990 à 50 voire 60% au milieu des années 2000 ;

[1] Initialement les travaux distinguaient trois vagues. Ce n'est que récemment qu'une quatrième vague a été intégrée pour tenir compte des mutations affectant la grande distribution dans les pays émergents.

- *La deuxième vague* débute quant à elle au milieu des années 90. Elle couvre l'essentiel de l'Est asiatique (Indonésie en particulier) ; l'Amérique latine (Colombie et Guatemala... mais également Mexique) ; l'Europe centrale (en particulier la Bulgarie). Dans ces pays le poids du commerce moderne serait quant à lui passé de 5-10% dans les années 90 à 30-50% au milieu des années 2000 ;
- *La troisième vague* se situerait entre le début et le milieu des années 2000. Cette 3e vague voit la diffusion des supermarchés dans les autres pays d'Amérique centrale et du Sud (Bolivie, Nicaragua) puis le Sud asiatique (Vietnam) ainsi que la Chine et l'Inde ou encore la Russie. Dans ces zones, la part des supermarchés oscille entre 2 et 20% au milieu des années 2000 ; néanmoins, les supermarchés connaissent un taux de croissance de leurs ventes relativement important (à 2 chiffres) chaque année.

Tableau 1 : Waves of supermarket diffusion in developing countries/regions

Wave	Period	Countries/regions	Growth in supermarket share of retail sales
First	Started in the early 1990's	Much of South America, East Asia (outside China) and South Africa	From about 10% around 1990 to about 50-60 % by the mid-2000's
Second	Started in the mid-to late 1990's	Mexico, central America and much of Southern Asia	From 5-10% in 1990 to 30-50% by the mid-2000's
Third	Started in the late 1990's and early 2000's	China, India and Vietnam	Reached about 2-20% by mid-2000's, supermarket sales growing at 30-50% a year
Fourth (emerging)	Started in early to mid 2000's	Bangladesh, Cambodia, and West Africa	No estimates yet, still sporadic

Source : d'après Reardon et Gulati (2008).

Reardon et Gulati (2008), envisagent une *quatrième vague* qui serait juste en train d'émerger dans les zones géographiques plus pauvres comme le Bangladesh, le Cambodge ou encore l'Afrique de l'Ouest. Néanmoins, selon eux, il faut attendre encore une dizaine d'années pour réellement reconnaître cette 4e vague. Reardon et Gulati adoptent une approche par grandes zones géographiques. De manière assez surprenante, ils font peu de cas des pays MENA dans leurs travaux et, s'ils intègrent l'Afrique du Sud et de l'Est, ils négligent totalement l'Afrique centrale (subsaharienne) et du Nord. Néanmoins, il nous semble pour notre part que le Maroc devrait se situer dans la 3e vague avec un développement de la grande distribution moderne entamé entre la fin des années 90 et le début des années 2000.

2. Les étapes du développement de la grande distribution au Maroc

Si l'on fait abstraction de la période actuelle (que nous abordons dans la section suivante), on peut distinguer deux grandes périodes dans le développement et la structuration de la grande distribution au Maroc[1], qui peuvent elles-mêmes se décomposer en sous-périodes distinctes.

2.1. Avant les années 2000

La période à laquelle il est fait référence correspond à ce que l'on pourrait appeler les débuts de la grande distribution, ses balbutiements et sa lente émergence. On distingue ici trois sous-périodes qui vont des années 50 au tout début des années 2000.

2.1.1. Les années 1950 à 1960 : l'ère coloniale

Les années 50-60 ont consacré la coexistence de deux trajectoires commerciales : une trajectoire traditionnelle et une trajectoire moderne. En effet, il s'agissait d'une part de maintenir les formes de distribution traditionnelles sur lesquelles s'appuyait fortement l'économie nationale, et d'autre part, il était également nécessaire d'assurer la pérennité et le développement des formes modernes de distribution introduites avant l'indépendance et qui connaissaient un réel succès dans les principales agglomérations nationales[2]. Ces formes modernes, et en particulier les enseignes Monoprix et Galeries Lafayette, s'étaient implantées dans le pays, pour l'essentiel vers les années 20 et 30. Ainsi par exemple, les Galeries Lafayette[3] ont remplacé les « Nouvelles Galeries » à Rabat vers 1930. Par ailleurs, vers la même période, les « Magasins Modernes », propriété de la société Paris Maroc, ont été repris par les mêmes Galeries Lafayette à Casablanca. Tant Monoprix que les Galeries Lafayette (mais également Prisunic) ont ainsi connu un réel succès en particulier dans ces deux villes mais également plus largement, puisque par exemple, les Galeries Lafayette ont été présentes dans six villes dont Rabat, Casablanca, Tanger, Fès, Meknès et Marrakech. Ces enseignes ont cependant graduellement disparu durant les années 60 à 70.

---

[1] Selon une note interne de la Direction du Commerce Intérieur.

[2] Ministère du Commerce, de l'Industrie et de l'Artisanat, Étude sur les grandes surfaces, mai 1996.

[3] 1 Avenue Dar El Makhzen.

2.1.2. Les années 1970 à 1980 : l'assainissement

Les années 70-80 sont marquées par ce que l'on pourrait appeler certaines formes d'errements de la puissance publique, avec une première phase de très forte implication et de réglementation à outrance visant à assainir les circuits de distribution et les circuits de grande consommation, suivie par une période de libéralisation voire de laissez-faire. Les années 70 ont en effet vu la promulgation de nombreux textes de loi réglementant le commerce ou plutôt les pratiques commerciales. Parmi les plus importants, on peut citer la loi 008/71[1] relative au contrôle des prix et conditions de détention et de vente des produits et la loi 009/71 relative aux stocks de sécurité. On assiste par ailleurs à la mise en place d'un système de quotas pour les produits qui connaissaient de fortes pressions à la demande. De même le contrôle des prix est instauré, qui vise près de 400 produits et services.
Deux grandes trajectoires peuvent également être repérées dans la pratique réglementaire. La première vise à renforcer la protection du consommateur, en particulier en posant les bases d'une réglementation des pratiques anti-concurrentielles (refus de vente, vente discriminatoire, vente avec prime...). La seconde porte sur la volonté de marocanisation des affaires ; autrement dit, le souci de faire participer plus activement les ressources humaines nationales aux activités économiques stratégiques (loi 1-73-210)[2] et le décret du 8 mars 1973. Cependant, cette réglementation a eu un certain nombre d'effets négatifs. L'intervention publique n'a pas eu d'impact réel sur le taux d'inflation qui a continué d'augmenter. Les entreprises nationales n'ont dès lors pas fourni d'effort de modernisation et de rationalisation. Par ailleurs, le processus de marocanisation, loin d'améliorer le potentiel d'encadrement national, s'est soldé par la fermeture de la plupart des grandes surfaces existantes détenues par des capitaux étrangers. Dès lors, on assiste à un réel revirement de la politique publique, qui prend essence dans la fin des années 70. En effet, le tout début des années 80 marque un tournant de la politique publique. On assiste à un désengagement progressif de l'administration et dès 1984, l'État s'engage dans un processus de libéralisation de l'économie nationale (en particulier du système des prix et des circuits de distribution...). On assiste alors à un développement relatif du commerce en libre-service. Les années 80 sont ainsi marquées par un mouvement de création de plusieurs supermarchés, mouvement amorcé dès la fin des années 70 et en particulier en 1978-79 (nous y reviendrons).

---

[1] Du 12 octobre 1971.

[2] Du 2 février 1973.

2.1.3. Les années 1990 à 2000 : le lancement

Les années 90 constituent le point de départ du développement de la grande distribution au Maroc. Cette phase est lancée par un évènement majeur qui est l'implantation à Rabat du premier hypermarché marocain à l'enseigne Marjane en 1990. Cet hypermarché propose, sur un espace de vente de 4200 m^2, plus de 26 000 références ainsi qu'un parking de 750 places. Son ouverture peut être considérée comme un marqueur important dans l'espace commercial marocain. Contrairement à une opinion répandue, et malgré son importance historique, l'implantation de Marjane ne s'est pas effectuée en terrain vierge. Ainsi, en 1990, on comptait déjà environ une soixantaine de grandes et moyennes surfaces pratiquant le libre-service. Ces dernières sont essentiellement constituées de supérettes et supermarchés d'une surface moyenne se situant autour de 400 m^2. Elles restent concentrées dans les grandes villes comme Casablanca (24), Rabat (10), Marrakech (10) Agadir (10) ou encore, dans une moindre mesure Fès (3) ainsi que quelques implantations sporadiques dans les villes de Meknès, Mohammedia ou encore Tanger… Notons que les villes moyennes de Nador et d'Al Hoceima n'étaient pas en reste puisqu'elles aussi ont vu l'implantation de supermarchés et supérettes (parfois dès le début des années 80) à l'initiative et grâce aux financements de quelques Marocains résidants à l'étranger (MRE).

2.2. Les années 2000 à 2020

Cette période se décompose quant à elle en deux sous-périodes 2000 à 2010 et 2010 à 2020, qui correspondent respectivement à une étape de développement et une étape d'accélération.

2.2.1. Les années 2000 à 2010 : le développement

Les années 2000 marquent véritablement l'essor des GMS au Maroc. Le rythme des ouvertures se stabilise à haut niveau en particulier dans la grande distribution à dominante alimentaire. C'est également dans les années 2000 que l'on assiste à une très forte expansion des GSS, en particulier dans le secteur du meuble en kit et un peu plus tard dans ceux de l'électroménager et du bricolage (Gallouj, 2022). Ainsi, dans une enquête menée en 2001 par le ministère du Commerce et de l'Industrie (MCI), on constate que le nombre de grands magasins (surface supérieure à 300 m^2) dépasse les 200, dont une douzaine d'hypermarchés (forme inexistante, on l'a vu, avant 1990). C'est durant cette période que la grande distribution alimentaire marocaine recherche des appuis professionnels étrangers pour asseoir sa croissance et son développement. Ainsi, en 2001 l'arrivée d'Auchan va dans un premier temps favoriser l'expansion de Cofarma (Marjane-Holding). De même, en

2009, le partenariat qui sera noué par le groupe LabelVie avec Carrefour sera un stimulant de la croissance du groupe en question.

2.2.2. Les années 2010 à 2020 : l'accélération

C'est réellement à partir des années 2010 que l'on assiste enfin à une phase d'expansion ou tout au moins de très forte accélération de l'implantation du commerce moderne. Cette accélération est tirée à la fois par la GDA et par la GDS (électroménager, bricolage et meubles en kit en particulier…). Elle est également très largement liée à la multiplication des malls au Maroc qui constituent une véritable locomotive de la diffusion des franchises. En effet, à partir de 2010, ce n'est pas moins d'une quinzaine de malls qui voient le jour au Maroc dans les villes de Casablanca, Fès, Tanger, Marrakech, Oujda… Ces malls sont également le principal lieu d'attraction des franchises internationales principalement, mais également nationales. Ainsi, le Morocco Mall compte à lui seul plus de 130 franchises. Ces malls s'appuient pour l'essentiel sur le modèle classique de la locomotive alimentaire, même si l'on perçoit sur la fin de la période, l'émergence d'une offre plus diversifiée et jouant sur d'autres modèles attractifs, essentiellement dans une logique de *retailtainment*.
Durant cette période, la grande distribution alimentaire cherche toujours à élargir son assise et emprise territoriale en ouvrant le plus rapidement possible des magasins sur tout le territoire national.

3. La grande distribution alimentaire aujourd'hui

Le grand commerce, en particulier alimentaire, a connu un développement remarquable au Maroc à partir de son émergence au début des années 90. En effet, uniquement dans le secteur alimentaire, on serait passé de quelques dizaines d'unités au début des années 90 à près de 900 aujourd'hui[1]. Pour les hypermarchés seuls, on serait passé d'une unité en 1990-91 à plus de 70 aujourd'hui, sans compter les Cash and Carry (près d'une dizaine).

3.1. L'évolution récente de la grande distribution moderne

On ne dispose pas, au Maroc, d'études et analyses fiables sur le développement global de la grande distribution. Il n'existe par ailleurs aucun magazine spécialisé tel que ceux que l'on retrouve en France par exemple, et qui proposent des informations sourcées et validées sur le monde du commerce (*cf. LSA*, *Points de vente* ou *Linéaires*). On peut néanmoins nous appuyer sur les données publiées annuellement par Euromonitor international.

---

[1] En ne tenant compte que des réseaux structurés et intégrés et en faisant abstraction des indépendants mono-établissements très actifs dans de nombreuses villes moyennes.

Ces données présentent selon nous très régulièrement des incohérences et souffrent parfois de limites méthodologiques importantes… Elles fournissent cependant des estimations et grandeurs utiles à la réflexion.
Ainsi, selon les données Euromonitor, la grande distribution moderne (avec un peu moins de 50 milliards de dirhams de vente) représenterait un peu plus de 20% des ventes du secteur en 2020[1]. Selon cette étude, on observerait un certain ralentissement dans l'évolution des ventes du secteur commercial dans son ensemble en particulier sur la période 2016-2022. L'étude Euromonitor considère que la baisse évoquée serait tirée prioritairement par un ralentissement de la distribution traditionnelle en faveur du secteur moderne. Le TCAM de la distribution moderne devrait se situer à 1,9% (en croissance), alors que celui de la distribution traditionnelle devrait décroître à 1,5%[2] .

Plus récemment, Euromonitor s'est essayé à évaluer l'évolution du chiffre d'affaires réalisé par les GMS. Les chiffres proposés (un peu plus de 17 milliards pour les hypermarchés et un peu plus de 15 pour les supermarchés), bien qu'à prendre avec précaution, nous paraissent plausibles et donnent des ordres de grandeurs utiles à qui veut cerner les contours des GMS au Maroc.

Figure 2 : Évolution du chiffre d'affaires des GMS au Maroc

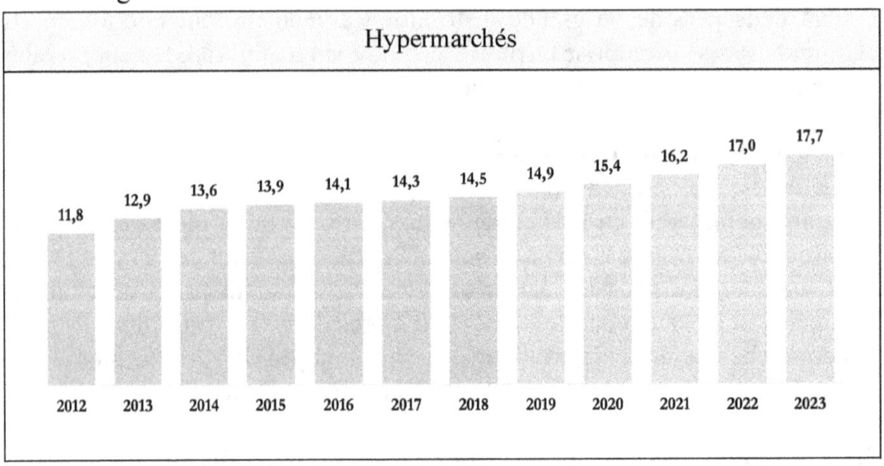

[1] Euromonitor international, 2017.
[2] *cf.* LabelVie, dossier programme d'émission de billets de trésorerie, 2018.

Supermarchés

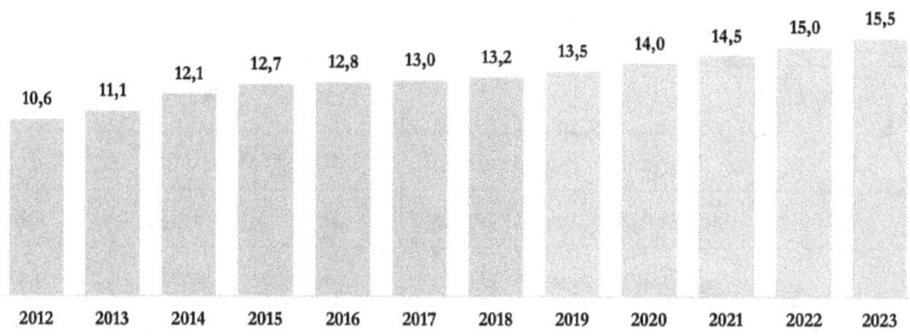

Source : Euromonitor.

3.2. Le poids marqué des « majors »

Le secteur de la grande distribution alimentaire compte aujourd'hui au Maroc quatre grands acteurs : Marjane-Acima, Carrefour-LabelVie, Aswak Assalam et BIM. Ces quatre acteurs se distinguent très nettement, en particulier par leur structure et mode de gouvernance. Dans un premier temps, on notera que seule l'enseigne BIM est véritablement étrangère ; les trois autres sont des acteurs marocains et d'origine marocaine. Si l'on se concentre sur les trois acteurs nationaux, on notera que Marjane Holding et Aswak Assalam sont des acteurs nationaux à 100%, même si dans les deux cas on a assisté à des tentatives de rapprochement avec Auchan en particulier pour le premier et avec Casino (et quelques autres) pour le second, mais qui ont été des échecs patents. Le groupe LabelVie, un temps totalement indépendant, s'est rapproché de Carrefour dans le cadre d'un contrat de franchise. Il n'en reste pas moins un groupe marocain.

Si l'on en vient aux métiers et opérations, on observe qu'Aswak Assalam gère (au moins jusque fin 2020) des hypermarchés exclusivement et BIM des supermarchés exclusivement. En ce qui concerne les deux autres acteurs, on notera qu'ils sont à l'inverse, des acteurs multicanaux ou tout au moins tentent-ils de le devenir. Néanmoins, Marjane est un groupe qui a fait son entrée par les hypermarchés puis a intégré tardivement le segment des supermarchés ; alors que c'est un processus inverse qu'a connu l'enseigne LabelVie, avec une entrée par les supermarchés puis un glissement progressif pour intégrer le segment des hypermarchés (nous y reviendrons).

Tableau 2 : Nombre de magasins, surfaces de ventes et part de marché des principaux acteurs de la distribution alimentaire au Maroc au début 2022

Enseigne	Catégorie	Nombre de magasins	Surface de vente en m²	Part de marché en m² (%)
Marjane Holding		*100*	*312 433*	*43,1*
Marjane	hypermarchés	40	247 688	34,2
Acima-Marjane Market	supermarchés	56	63 945	8,8
Otop	supermarchés	4	800	0,1
Groupe LabelVie		*136*	*232 360*	*31,9*
Atacadão	hypercash	12	62 764	8,7
Carrefour Market	supermarchés	112	103 696	14,2
Carrefour	hypermarchés	12	65 900	9,1
Groupe Aswak Assalam		*16*	*58 200*	*7,8*
Aswak Assakalm	hypermarchés	15	56 600	7,9
AS from Aswak	supermarchés	1	1 600	0,2
BIM	supermarchés	*578*	*115 600*	*16,2*
Autres (Yabyo, U Express…)	hypers/supers	*5*	*7985*	*1,1*
Total		835	726 578	100

Source : Divers presse et rapports de gestion LabelVie, 2021.

À l'exception du cas particulier de LabelVie, on ne dispose que de peu d'informations fiables sur les chiffres d'affaires des groupes de grande distribution alimentaire au Maroc. Les informations les plus courantes, et qui sont régulièrement diffusées dans la presse s'appuient en fait sur des estimations fondées sur les données disponibles en termes de surfaces de vente. À partir de ces données on peut en effet estimer les parts de marchés respectives des divers acteurs du marché marocain (*cf.* rapports d'activité LabelVie). Ainsi, Marjane Holding détiendrait près de 43% du marché national contre 32% pour LabelVie. Les suiveurs, autrement dit BIM et Aswak Assalam, détiendraient quant à eux aux alentours de 16% et 8% du marché respectivement.

Ces chiffres donnent une indication préliminaire utile ; néanmoins, ils sont à traiter avec précaution. Selon nous, ils minimisent très nettement le poids de certaines structures et enseignes au bénéfice de leurs concurrents. En effet, dans la mesure où l'on sait que les performances au m² augmentent avec la taille du point de vente, on peut en déduire que la part de marché des enseignes opérant plutôt des hypermarchés est minimisée comparativement à celle des enseignes opérant plutôt des supermarchés. Autrement dit, même si l'on peut supposer que les biais de comparaison auront tendance à s'estomper avec le temps du fait du rapprochement des structures d'offre des enseignes ; à ce jour, les PDM de Marjane (qui opère 40 hypermarchés contre 12 pour Carrefour) ou encore de Aswak Assalam (15 hypermarchés) nous semblent sans aucun doute sous-évaluées dans les statistiques et données courantes. En appliquant un ratio[1] tenant compte de la structure de l'offre (rapport hyper-super), on parvient à dégager des PDM qui nous semblent mieux refléter la réalité. Cette manière de faire contribue à réduire la PDM de BIM (à 9,4%) et à renforcer la primauté de Marjane (48,8%). Elle contribue également à renforcer légèrement Aswak Assalam (9,3%) qui reste, encore à ce jour, centré sur le modèle de l'hypermarché. La part de Carrefour LabelVie reste quant à elle stable à 32%.

Figure 3 : Parts de marché des principaux acteurs
de la distribution alimentaire

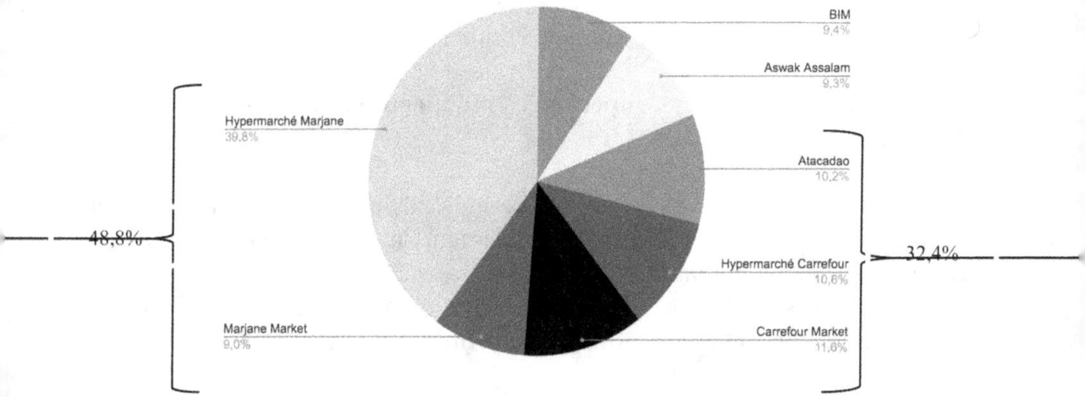

Sur ces dernières années, on assiste à une évolution lente des positions concurrentielles. Ainsi, le poids de Marjane Holding a tendance à diminuer graduellement au profit semble-t-il de Carrefour. Mais l'évolution la plus remarquable est sans doute celle qui marque le groupe BIM qui devient de fait le troisième acteur national en supplantant Aswak Assalam qui lui est à l'inverse en perte de vitesse. Ceci bien entendu en se fondant uniquement sur

[1] En tenant compte d'estimations de chiffres d'affaires réalisé au m², nous avons appliqué les ratios suivants en nous basant sur le supermarché comme référent. 1,28 pour les hypermarchés et Cash and Carry, 0,7 pour les supérettes (400 à 1000 m²) et 0,5 pour les boutiques (400 m² et moins). Pour BIM nous appliquons un taux raisonnable de 0,65.

l'évolution des surfaces de vente, avec les multiples biais que comporte cette façon de faire.

Figure 4 : Parts de marché (%) des quatre enseignes marocaines leaders de la GDA

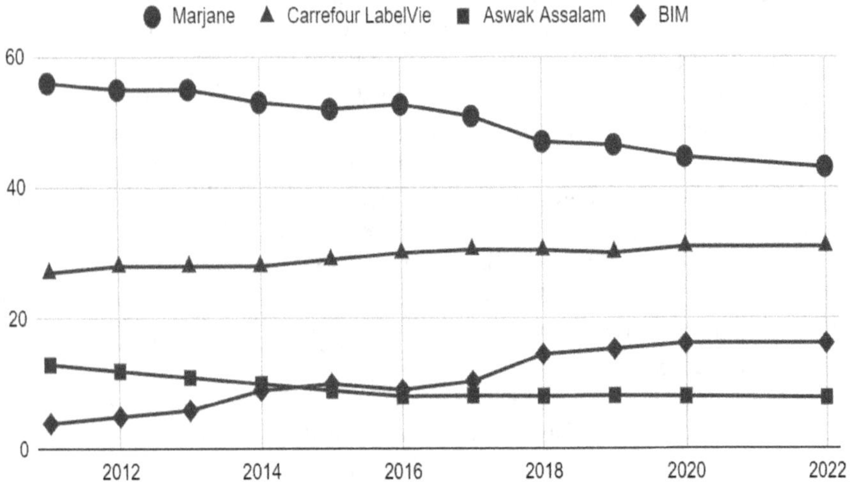

Source : Marjane et diverse presse.

3.3. Supermarchés et supérettes indépendants : l'autre grande distribution

La grande distribution moderne ne se résume pas aux groupes nationaux et internationaux intégrés. Elle prend également la forme d'une dynamique entrepreneuriale autonome et à l'œuvre dans la plupart des grandes et moyennes villes du Maroc. Ces villes ont en effet vu fleurir, parfois dès le début des années 80, une offre de supermarchés structurée aux normes internationales.

Ainsi, dès cette période, les villes de Casablanca et Rabat, pour ne prendre que ces deux exemples, ont vu la création de multiples grandes surfaces de type supermarchés, parfois de grandes tailles (*cf.* tableau 3), et dont certaines évolueront jusqu'à devenir des acteurs nationaux parmi les plus puissants.

Tableau 3 : Les principales unités commerciales en libre-service à Casablanca et Rabat dans les années 70-80

	Date de création	Surface (m^2)	Offre	Effectif	Caractéristiques
Supermarché Beauséjour	1978 (?)	600	Libre-service alimentaire	20	-
Supermarché Oasis	1978	< 1000	Libre-service alimentaire et non alimentaire	35	-
Supermarché Souissi	1979	5000 m^2 dont 3000 couverts	Libre-service alimentaire et non alimentaire	Environ 100	-
Supermarché Shem's	1979	2000	Libre-service alimentaire et produits d'entretien	30	-
Grand Magasin Alpha 55	1979-80	7000	Grand magasin à rayons multiples en LS : habillement, jouets, parfumerie, bazar…	350	Magasin à 6 étages Implantation de centre-ville. Propose un restaurant et un snack
Hyper Rabat	1985	2000 dont 1400 couverts	Libre-service	40 à 45	Galerie marchande
Hyper Agdal	1986	Environ 2000	-	35à 40	Représente Caddie France

Source : Divers presse et entretiens.

Ce mouvement, tout en s'amplifiant à Casablanca et Rabat se poursuivra dans quelques grandes villes marocaines comme Marrakech, Agadir ou encore Fès… Cependant, le mouvement reste très opportuniste et limité à quelques entrepreneurs locaux dynamiques et on ne voit pas encore s'impulser une réelle dynamique de développement de la grande distribution.

La plupart des « libre-service » de quartiers (supérettes, supermarchés, grands magasins), qu'ils soient à dominante alimentaire ou non, sont le fait d'indépendants qui s'appuient donc sur un effectif limité, parfois exclusivement familial. Du fait de leur taille réduite, qui empêche bien

souvent le recours direct à des fournisseurs, ces unités s'approvisionnent encore auprès des grossistes. Ce commerce moderne connaît néanmoins un réel développement dans la zone de Casablanca et Rabat bien entendu, mais également nombre de villes marocaines, même de taille moyenne. En effet, malgré une structure de coût défavorable et donc des prix élevés, il présente des avantages valorisés en termes de proximité, de self-service ainsi que de livraison à domicile.
Dans beaucoup de villes du nord et du sud, on observe que la dynamique entrepreneuriale sous-jacente au développement des supérettes et supermarchés est principalement liée et impulsée par des acteurs économiques nouveaux dans le champ qui sont les Marocains résidant à l'étranger (MRE). Mohamed Ben Hattou (2003), dans son analyse des nouveaux rôles des « MRE-acteurs absentéistes » dans la production de l'espace urbain à Agadir met en évidence, à travers les supérettes, les fondements économiques, sociaux et politiques des alliances urbaines entre MRE entrepreneurs et notabilités locales. En effet, malgré leur absentéisme, ces MRE entrepreneurs développent des alliances urbaines ; autrement dit, une association de capitaux autour d'un créneau considéré comme porteur et regroupant l'élite autochtone locale d'une part et l'émigré absentéiste d'autre part.

« L'émigré, acteur mobile, investit des sommes importantes et témoigne d'un grand engagement personnel. Il participe avec sa compétence, son expérience et son savoir-faire en marketing. C'est lui qui participe à l'aménagement des rayons et supports publicitaires. C'est lui aussi qui assure l'approvisionnement de la supérette en produits divers issus de France ou d'Espagne, soit par des procédures légales, soit en faisant jouer les circuits de la contrebande dont il tire profit. C'est lui aussi qui assure la gestion de la supérette par le biais d'un responsable gestionnaire qui est sur place et qui est souvent un membre de la famille de l'émigré qui a déjà effectué un séjour à l'étranger. Sur un ensemble de 12 supérettes, nous avons trouvé deux cas de gestionnaires ayant une situation régularisée à l'étranger mais qui préfèrent s'occuper de la supérette car c'est plus rentable pour eux. Ce fait est d'importance. Il marque un tournant nouveau dans l'étude migratoire » (Ben Hattou, 2003, p. 101).

Pour la seule ville d'Al Hoceima, nous avons pu dénombrer près de 14 supermarchés et supérettes qui connaissent un réel succès malgré la présence locale d'un (petit) Marjane de plus de 2600 m². Le nombre de supermarchés passe même à 23 si l'on intègre les communes d'Imzouren (8 unités) et de Bouafif (une unité). Les supermarchés en question sont tous indépendants et ont été, pour l'essentiel, créés et financés avec des capitaux mobilisés par les MRE.

4. Une grande distribution moderne encore minoritaire

Si la grande distribution structurée connaît un réel développement sur le marché marocain, ses marges d'expansion offertes sur ce même marché sont encore très larges. En effet, (*cf.* figure 5), la surface de vente en m² pour 1000 hab. est encore extrêmement faible au Maroc : 11 m² contre 180 en Espagne ou 220 en France.

Figure 5 : Surface de vente pour 1000 habitants (en m²)

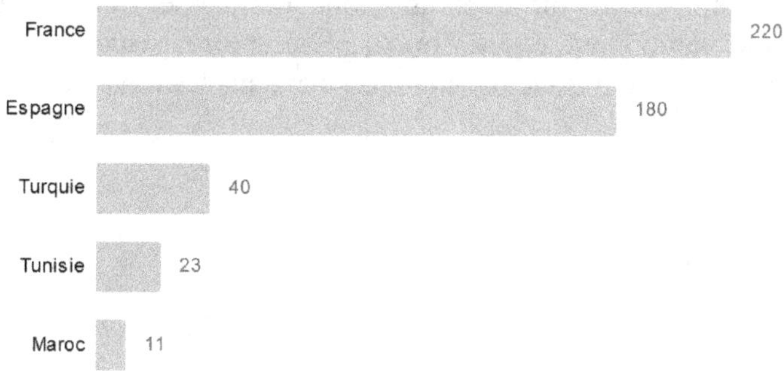

Source : LabelVie.

Le retard du Maroc en termes d'implantations des grandes surfaces est également prégnant quand on le compare à la Tunisie (23) ou encore à la Turquie (40). Pour autant, malgré ses atouts, on observe qu'à ce jour, la grande distribution alimentaire est encore loin de progresser au rythme escompté par les différents opérateurs et, c'est régulièrement que les plans de développement sont revus à la baisse. Comme le confirme en 2016 Chrystelle Ronceray, DGA de LabelVie : « il est vrai qu'aujourd'hui dans l'alimentaire, nous sommes à 16% soit une progression d'à peine 1% en 5 ans, alors que nous pensions atteindre les 20% (...). Nous sommes dans un statu quo entre le traditionnel et le moderne »[1].

Conclusion

Le secteur du commerce reste encore très largement dominé par la distribution traditionnelle, qui devrait compter, encore aujourd'hui, pour un peu plus de 80% du marché. Les grandes et moyennes surfaces (GMS) ont fait leur apparition vers le milieu des années 80 et ont progressivement gagné du terrain. Leur véritable ancrage date quant à lui de la deuxième moitié des années 90, au moment où de multiples acteurs commencent à être très actifs

[1] *Conjoncture*, n° 980, 15 avril, 15 mars 2016, p. 35.

dans le développement d'un réseau national. On pourra néanmoins observer que le phénomène du développement des GMS n'est pas radicalement nouveau dans l'espace commercial marocain. En effet, déjà dans les années 50-60, les Marocains, mais aussi et surtout les Européens, en particulier dans les zones centrales de Casablanca et Rabat, pouvaient faire leurs courses dans de grandes et moyennes surfaces structurées sur le mode du libre-service. Le Maroc fait dès lors figure de marché cible important où les perspectives offertes à la grande distribution moderne sont encore très larges. Dans les faits (et nous y reviendrons), la diffusion de cette distribution moderne apparaît, à de multiples égards, beaucoup plus lente que prévu et nombre d'opérateurs ont été contraints de revoir leurs ambitions à la baisse. Cette situation laisse présager que le commerce traditionnel offre une résistance plus forte qu'il n'est généralement envisagé dans la presse et dans les travaux académiques.

CHAPITRE 2

LES GRANDS ACTEURS DE LA DISTRIBUTION AU MAROC

Comme on l'a vu plus haut, le Maroc compte dans la grande distribution alimentaire, quatre acteurs majeurs : Marjane, Carrefour LabelVie, Aswak Assalam et BIM. Faute de travaux académiques suffisants (tant en quantité qu'en qualité), on connaît cependant bien peu de choses sur ces différents acteurs. En nous appuyant sur la presse, les documents internes et une série d'entretiens menés auprès de professionnels du secteur, nous tentons de proposer dans ce qui suit, une description fine des acteurs en place et de leurs principales caractéristiques. Notre première section est consacrée à Marjane Holding. Nous présentons les deux enseignes alimentaires du groupe : les hypermarchés Marjane et les supermarchés Acima depuis peu renommés Marjane Market. Nous évoquons l'épisode de l'alliance avec le groupe Auchan qui a marqué un tournant dans l'évolution de Marjane Holding, puis les phases successives de réorganisation, intégration et standardisation. La deuxième section est consacrée au challenger Carrefour LabelVie et à la présentation de ses trois enseignes phares : hypermarchés Carrefour, supermarchés Carrefour Market et les Cash and Carry Atacadão. Nous revenons là encore sur un évènement marquant qui a été pour le groupe l'acquisition et l'intégration de Metro Maroc. Les sections 3 et 4 sont quant à elles consacrées respectivement à Aswak Assalam et à BIM, le premier opérant exclusivement des hypermarchés et le second des supermarchés, voire des supérettes.

1. Marjane Holding : « un leader pour l'heure »

Marjane Holding est aujourd'hui le premier acteur de la grande distribution au Maroc, tant par les effectifs que par le chiffre d'affaires. Le groupe est structuré selon deux pôles économiques distincts : un pôle immobilier et un pôle distribution, qui regroupe trois enseignes phare : Marjane, Marjane Market (ex-Acima), Electroplanet. Dans ce qui suit nous nous consacrons spécifiquement à la présentation du pôle distribution, en particulier alimentaire.

1.1. Les enseignes

Le pôle distribution (alimentaire) de Marjane compte deux segments principaux : le segment hypermarchés avec l'enseigne Marjane et le segment ou pôle supermarchés avec Marjane Market-Acima. Cependant depuis quelques années, de nouveaux concepts ont été lancés sur des segments spécifiques et en particulier sur celui des supérettes discount (cas de Xpress puis de Otop…).

1.1.1. Les hypermarchés Marjane

L'enseigne d'hypermarchés Marjane, qui est à l'origine du groupe Marjane Holding, a été lancée en 1989-1990 à Rabat à l'initiative de la société Wadis. Cette dernière relevait d'une association tripartite entre la famille Bahraoui (implantée dans la promotion immobilière), Médis (une société de distribution du sud-est de la France) et l'ONA. Le projet de lancer une chaîne d'hypermarchés était relativement ancien puisque la famille Bahraoui avait déjà entamé une réflexion sur le concept plus d'une dizaine d'années auparavant sans pour autant parvenir à le finaliser.

Dès l'origine, le challenge de la gestion du démarrage du premier Marjane a été confié à la famille Bahraoui. L'ouverture de ce Marjane s'est effectuée dans un environnement qui avait certes déjà été confronté au libre-service (contrairement d'ailleurs à ce que l'on peut encore lire dans certains travaux récents), mais jamais à un niveau aussi élaboré que celui de l'hypermarché. En effet, à l'époque, que ce soit à Rabat ou Casablanca, l'offre de produits en self-service était réduite à quelques enseignes indépendantes comme les supérettes de la chaîne Hyper (famille Benchekroun) qui étaient implantées de longue date à Rabat puis à Casablanca. Lors de la mise en forme du projet Marjane, M. Bahraoui qui en est l'initiateur véritable, s'est rapproché de Prisunic afin de bénéficier de conseils techniques. Il s'est également rapproché d'un architecte spécialisé dans l'aménagement des grandes surfaces[1]. Ce n'est qu'en 1992 que l'ONA, qui a pris conscience de l'importance stratégique à venir de la distribution, procède au rachat du capital de l'enseigne. Dès lors, le groupe cherche à s'adosser à une expertise internationale solide tout en assurant un développement rapide. Ainsi, en juin 1992, Marjane, au travers de l'ONA, signe un accord avec SHV, la holding néerlandaise qui contrôlait Makro Maroc. Au terme de cet accord, Makro Maroc prend 50% dans Wadis (filiale de l'ONA qui exploite Marjane) et en parallèle Marjane (ONA) qui détenait 16% de Makro procède à une montée dans le capital de Makro à hauteur de 50%. Au final, on devait assister à un partage 50/50 des parts des

[1] Observatoire de la franchise, entretien avec Alain Baron directeur du développement.

deux chaînes[1]. Pour autant, l'opération n'a pas eu lieu et Makro est dès lors passé sous le contrôle de Metro.

Dès 1993, forte de l'expérience du premier magasin, l'ONA va en ouvrir un deuxième. Le besoin de profiter de l'expérience des professionnels du secteur a conduit à un rapprochement non capitalistique avec le groupe Promodès en août 1994. Ce groupe devait apporter ses compétences en ingénierie ainsi qu'en achat et logistique. Autrement dit, ses compétences technico-commerciales, auxquelles il faut ajouter la possibilité d'utilisation des centrales d'achat (françaises et espagnoles) du groupe. Les perspectives d'entrée dans le capital de Cofarma (qui a remplacé Wadis) sont même envisagées. Comme le confirme à l'époque Alain Baron, Directeur Général de Cofarma[2] : « nous avons conclu il y a quatre ans un accord de partenariat avec Promodès (Continent). Le contrat n'exclut pas la possibilité d'une participation de Promodès au capital si les deux parties se mettent d'accord[3] ». Néanmoins, la fusion de Promodès avec Carrefour en 1998, dite fusion du siècle[4], a induit une réorientation de la politique du groupe qui a conduit à mettre en stand-by, puis à dénoncer les accords avec Marjane. Entre-temps le développement de Marjane a été ralenti et le troisième magasin du groupe n'a ouvert ses portes qu'en 1999 à Marrakech Menara, suivi par des ouvertures à Rabat Hay Riad (2000), Agadir Founty (2001), puis une nouvelle implantation à Casablanca en 2001. C'est à la même date que Marjane signe un accord de partenariat avec Auchan. Cet accord prévoit la cession par l'ONA de 49% des parts Marjane à Auchan. Toujours en 2001, on assiste à la création de la chaîne de supermarchés Acima, détenue conjointement par ONA et Auchan, et dont la première formule sera ouverte en 2002.

Marjane est à ce jour la première chaîne d'hypermarchés du Maroc. Elle est constituée d'un réseau d'une quarantaine d'unités qui emploie près de 7000 salariés et réalise un chiffre d'affaires de plus de 11 Mdhs. Le positionnement de Marjane, tel qu'il est présenté dans les documents officiels de l'entreprise n'est pas sans rappeler celui d'Auchan, son ancien partenaire (*cf.* encadré 1).

---

1 *L'Économiste*, 18 juin 1992. Eric Vanpeer est alors nommé Directeur Général de Cofarma en remplacement de M. Ali Boukhrissi qui venait de prendre la tête de la holding.

2 « *Un Marjane à Twin center* », *L'Économiste*, n° 340, 23 juillet 1998.

3 « *Promodès et l'ONA vont développer Continent au Maroc* », Les Échos, 30 août 1994.

4 Au moins dans la presse et les milieux d'affaires français.

Encadré 1 : Positionnement de Marjane

Marjane a pour vocation d'améliorer le pouvoir d'achat ainsi que la qualité de vie de ses clients. Elle apporte la solution pour s'équiper, se nourrir et s'habiller sous le même toit… Les hypermarchés Marjane sont généralistes par le choix, marchands par l'ambiance souk moderne et par la qualité du commerce, discount par le prix et les promotions, simples et chaleureux.
Sens du client, engagement, partage et respect, telles sont les valeurs partagées qui permettent de renforcer le sentiment d'appartenance et de donner un sens et une finalité à la présence et à l'action de chaque collaborateur au sein de notre enseigne.

Source : Documents et site interne.

Les hypermarchés Marjane proposent en moyenne 70 000 références sur une superficie qui varie entre 3000 et 8000 m² pour l'essentiel.

1.1.2. Les supermarchés Marjane Market / Acima

Marjane Market (Acima) est la chaîne de supermarchés de Marjane Holding. L'entreprise a été créée en 2001 et a ouvert son premier supermarché à l'enseigne Acima en 2002 à Casablanca. Acima est issue à l'origine du partenariat entre l'ONA et Auchan. Elle a bénéficié du soutien conjoint des deux groupes jusqu'à leur séparation en 2007. Marjane Market compte aujourd'hui une soixantaine de points de vente et emploie plus de 2000 personnes pour un chiffre d'affaires qui devrait avoisiner les trois milliards.

A. Caractéristiques des supermarchés

Le supermarché Marjane Market dans sa version originelle est une enseigne fondée sur la proximité, le frais, la qualité. Elle se déploie généralement sur une surface située entre 1000 et 2500 m².

Figure 6 : Organisation type d'un supermarché Acima-Marjane Market

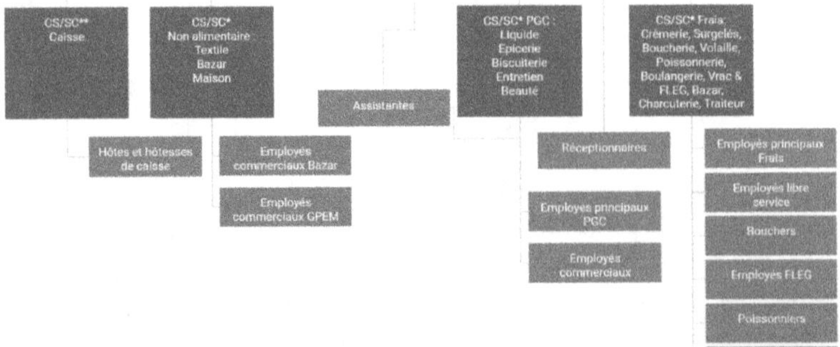

Source : Document interne Acima-Marjane-Market.

Selon sa taille et son positionnement, un magasin Marjane Market emploie entre 30 et 50 salariés dont 4 à 6 cadres. L'enseigne propose un aménagement de qualité et offre une théâtralisation appuyée sur 4 à 6000 références pouvant aller, sous certaines conditions, jusqu'à 13 000 (dans les magasins premium par exemple).

Le positionnement de l'enseigne s'appuie sur cinq promesses fondamentales : une fraîcheur irréprochable, un accueil et un service de qualité, une mise en scène théâtrale, un libre-service attractif et enfin, un conseil personnalisé. « L'objectif est de faire bénéficier le consommateur de produits de qualité au meilleur prix ». Le slogan adopté « tout près tout frais » vise à mettre en évidence le centrage sur la fraîcheur et le service[1].
Néanmoins, très rapidement, la formule a été révisée et, à partir de 2003, Marjane Holding va développer une formule plus discount, en particulier dans les quartiers populaires. La nouvelle formule s'appuie sur des magasins plus petits (autour de 1000 m², voire moins). L'assortiment est cette fois limité aux produits les plus vendeurs. L'ameublement et la décoration sont simplifiés, la présentation dépouillée et les produits sont souvent présentés en vrac.
En 2009, pour faire face à la concurrence de plus en plus sévère venant tant par le haut avec Carrefour Market que par le bas avec BIM, Acima-Marjane Market a opté pour une segmentation de son réseau en trois catégories : (i) *les magasins premium* : localisés dans les quartiers résiduels huppés ; (ii) *les magasins populaires* ciblant les quartiers périphériques à revenus faibles ; (iii) *les magasins mixtes* (parfois mini hyper) qui ciblent les classes moyennes.

Cette catégorisation s'appuie sur un certain nombre de critères comme une typologie fine de la clientèle, la structure des produits, la surface de vente déployée et la valeur du panier moyen. Cette catégorisation permet ainsi de mieux cibler le client, de répondre à ses besoins et d'améliorer la performance et la rentabilité des magasins concernés.
Les magasins urbains sont généralement localisés en rez-de-chaussée d'immeubles et ne comportent pas nécessairement de parking dans la mesure où le public visé est essentiellement le client piéton résidant dans le voisinage immédiat. Dans les quartiers résidentiels huppés, les magasins sont plus souvent autonomes. Ils sont plus grands et disposent régulièrement de parking.

B. Assortiment

Les supermarchés Acima-Marjane-Market proposent ainsi un vaste choix de produits répondant aux besoins quotidiens des clients. L'offre est à dominante alimentaire et prioritairement tournée vers les produits frais qui contribuent ainsi à l'essentiel du chiffre d'affaires. Dans le magasin Acima-Marjane

---

[1] « *L'ONA et Auchan lancent leur chaîne de supermarché* », *L'Économiste*, 24 janvier 2002.

Market de Témara (*cf.* Boukhana, 2014), le rayon frais (charcuteries, crémerie, boucherie, surgelés, volailles, boulangerie, pâtisserie, poissonnerie, fruits et légumes, produits en vrac et stand traiteur) contribue à hauteur de 61% du chiffre d'affaires en magasin.

Figure 7 : Structure de Acima (Témara) en termes de chiffre d'affaires

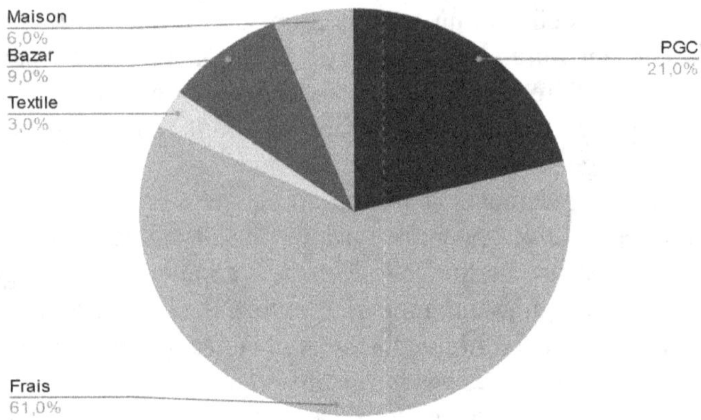

Source : Boukhana (2014).

L'enquête de Boukhana (2014) permet également d'observer en détail les contributions catégorielles des produits frais… qui montrent une domination écrasante de la crémerie (45,9%), loin devant la volaille (11,2%), la viande (8,2%) puis les fruits et légumes (8,2 %). On notera quand même ici, le poids non négligeable des surgelés (5,1%), qui commencent donc à entrer dans le régime alimentaire du ménage marocain urbain (*cf.* Amine et Gallouj, 2021).

Figure 8 : Répartition du chiffre d'affaires frais

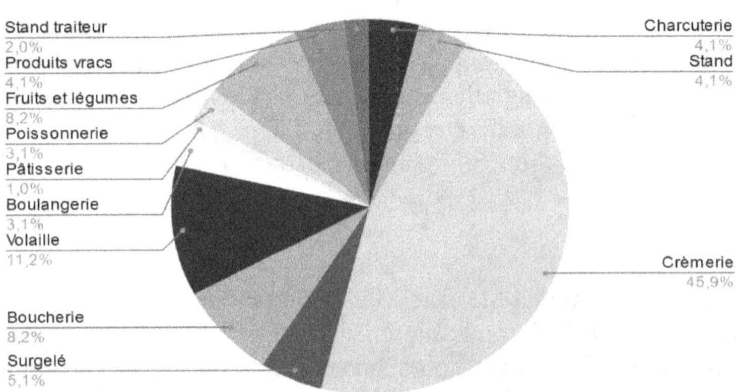

Source : Boukhana (2014).

En PGC (produits de grande consommation), les liquides (35%), l'épicerie (24%) et la biscuiterie représentent l'essentiel du chiffre d'affaires (*cf.* figure 9).

Figure 9 : Répartition du chiffre d'affaires PGC

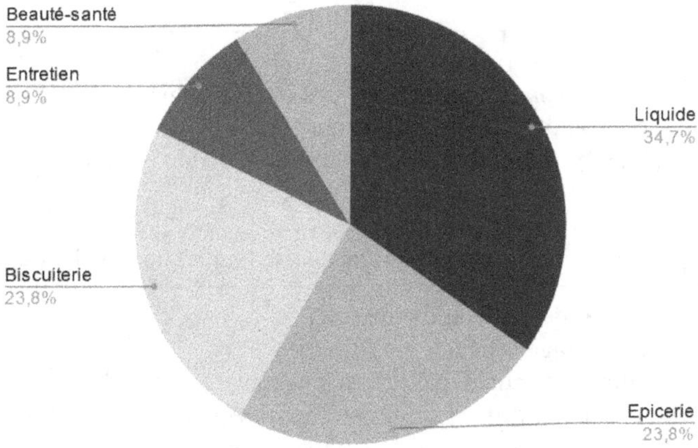

Source : Boukhana (2014).

C'est en 2013 que Marjane décide de bannir l'alcool dans les rayons de l'ensemble de ses magasins (hypermarchés). Acima-Marjane Market, qui avait continué de le faire, lui a finalement emboité le pas quelques années plus tard. Ainsi, au 1er janvier 2016, l'ensemble des magasins de Rabat ont-ils cessé toute vente d'alcool. Ils devaient être suivis rapidement par les unités de Casablanca et de Marrakech.

Les produits proposés à la vente sont majoritairement locaux. Durant les premières années de développement de l'enseigne, et au moins jusque 2008, Acima commercialise un certain nombre de produits sous la marque Auchan, qui ont donc graduellement disparu des linéaires. Enfin, l'enseigne valorise (également sur une base régulière) les productions locales et régionales en fonction des implantations dans les différentes villes du Royaume.

Acima, en particulier dans ses magasins premium, accorde une attention marquée à la qualité et à l'hygiène. Ainsi, par exemple, des contrôles sont menés à tous les niveaux de la mise en rayon des produits et des règles d'hygiène très strictes sont édictées. Boukhana (2014) écrit sur ce point : « un contrôle quantitatif et qualitatif est exigé lors de la réception des produits frais, ainsi que tout autre produit des différents départements. Un contrôle permanent des produits frais dans les rayons pour pouvoir détecter les produits périmés. Un contrôle d'hygiène, que ce soit au niveau des rayons ou des stands de volaille, fruits et légumes, poissonnerie ou boucherie, ainsi qu'au niveau des réfrigérateurs de stockage. Un ensemble de règles et de conditions doivent être respectées par les collaborateurs. Un nettoyage permanent des différentes gondoles des magasins, ainsi que des outils utilisés dans les stands boucherie et volaille… ».

Encadré 2 : Règles d'hygiène : Mise en rayon fruits et légumes, vrac, épices et olives

Contrôler la propreté du rayon Trier et retirer du rayon les produits abimés ou défraichis Démarquer les produits triés au jour le jour Placer les caisses en équilibre sur les présentoirs lors du remplissage du rayon Contrôler la propreté de la zone de balance Vérifier la propreté des lave-mains Assurer un triage permanent de la marchandise tout au long de la journée
Respecter les plans de nettoyage préétablis Assurer un remplissage efficace La démarque doit être traitée quotidiennement avant 11 h Assurer la stabilité des caisses sur les présentoirs quel que soit leur remplissage Vérifier la propreté de la zone balance (table et balance) et des lave-mains Retirer régulièrement toute marchandise défraichie tout au long de la journée

Source : Marjane, document interne.

1.1.3. De Acima à Marjane Market

En avril 2019, Marjane Holding, qui avait procédé à l'absorption du groupe Acima en 2008, décide d'un alignement de l'identité entre les deux enseignes. Ainsi, les magasins Acima passent sous enseigne Marjane Market. Bien que le changement ait été soudain et brutal selon la presse (il n'a donné lieu à aucune campagne de communication), il semble répondre à une volonté de donner un nouveau souffle aux supermarchés, qui continuent de marquer le pas face à la progression du concurrent immédiat Carrefour Market, mais également, de plus en plus, face à BIM. Il est vrai que l'identité visuelle d'Acima gardait les « stigmates » des origines et restait très proche de celle du co-fondateur Auchan. Le rapprochement des identités entre les ex-Acima et les hypermarchés Marjane, outre les dimensions techniques qu'il sous-tend, a aussi pour vocation de permettre à la première enseigne de bénéficier de la très bonne image et de la réputation de la seconde. Dans un premier temps, aucune information n'a été diffusée qui permettrait de faire la part des choses entre simple changement de nom commercial ou changement de concept et de positionnement [1]. Ce qui est acté, c'est que le changement de nom s'accompagne d'un nouvel agencement, d'une nouvelle identité et de nouveaux codes couleurs. L'enseigne a ainsi lancé un nouveau catalogue

[1] « *L'enseigne de supermarché Acima devient Marjane Market* », Médias 24, 15 avril 2019.

offrant 300 produits « garantis au meilleur prix » ainsi qu'une promesse au client : « satisfait ou remboursé ». Cependant, s'il a été annoncé et validé, le changement a été très lent et plutôt confidentiel dans un premier temps. Nos investigations dans plusieurs villes marocaines en janvier 2020 montrent que de manière surprenante le changement d'enseigne est encore loin d'être effectif. L'enseigne Acima étant encore très présente au fronton de nombre de magasins que nous avons pu visiter, mais également au niveau du site institutionnel de la holding. Ce n'est finalement qu'à partir de la mi-2020 et durant l'année 2021 que le déploiement de la nouvelle enseigne a connu l'accélération qui a conduit à sa généralisation.

1.1.4. De nouveaux concepts de proximité

Pour assurer son développement et pour répondre à la pression concurrentielle de BIM (qui connaît un succès remarquable en intra-urbain en proposant un format de supermarché hard-discount) mais également de LabelVie (qui cherche de son côté à asseoir son segment hypermarchés), Marjane Holding a mené un certain nombre d'expérimentations visant à lancer et stabiliser de nouveaux concepts. Ainsi, en 2011 Acima propose un concept de commerce d'itinéraire en investissant les gares de l'ONCF. Trois unités sont ouvertes à Mohammedia, Salé et Fès. Pour autant et nous y reviendrons, le concept peine à convaincre le consommateur marocain. Dans le même ordre d'idées, le groupe va lancer, en janvier 2015, l'enseigne Xpress concept de proximité qui cette fois, se positionne clairement comme l'arme anti-BIM. Là encore, le succès n'est pas au rendez-vous. En effet, il semblerait que le concept ait été lancé « à la va-vite » sans réflexion stratégique sérieuse sur son positionnement, son assortiment, et les moyens que devrait exiger son déploiement. En 2016, Marjane revoit ainsi sa copie et lance un concept dit « Otop » qui semble plus adapté et plus mûri… Otop se positionne elle aussi comme une enseigne de proximité à bas prix qui devrait répondre à la fois à BIM et aux velléités du nouvel entrant Leader Price.

1.2. L'épisode Auchan

En 2001, l'entrée d'Auchan dans le capital de Marjane constitue sans doute un réel bouleversement dans le paysage commercial marocain. En effet, dès janvier, les deux groupes signent deux contrats aux termes desquels : (i) Auchan entre dans le capital de Cofarma à hauteur de 49% ; (ii) Auchan et Cofarma créent une holding (dont le capital est détenu à 51% pour le premier et à 49% pour le second) dans le but de développer une chaîne de supermarchés.

Ainsi, selon un communiqué de l'ONA, les deux groupes prévoient de « poursuivre activement l'implantation de nouveaux hypermarchés sous l'enseigne Marjane dans tout le Maroc et de développer des supermarchés avec une nouvelle enseigne créée pour le Maroc »[1]. Le communiqué poursuit « avec ce partenariat, ONA permet à Auchan de prendre position sur un marché à fort potentiel à travers notamment ses six hypermarchés. La connaissance du marché et l'enracinement de l'ONA dans le tissu économique local sont également des apports essentiels pour la réussite de ce partenariat ». Par l'intermédiaire de cet accord Auchan réalise son premier investissement au sud de la Méditerranée. L'ONA pour sa part, disposait d'un partenariat commercial de longue date avec Promodès et avait envisagé un temps une entrée de ce groupe au capital de Cofarma. Cette perspective a été mise en sommeil avec l'engagement de Promodès dans une fusion avec Carrefour. Dès lors, l'ONA était à la recherche d'un partenaire de grande envergure pour l'accompagner dans son développement (alors qu'au même moment Auchan commençait à prospecter le Maghreb et plus particulièrement le Maroc).

1.2.1. Le lancement d'Acima

Le projet de création de la chaîne de supermarchés est rapidement confié à Benoist Cirotteau, PDG d'Atac France et Directeur Général de la branche supermarchés d'Auchan (ISMS[2]). Ainsi, le 23 janvier 2002, Benoist Cirotteau et Mourad Cherif, PDG de l'ONA, lancent le premier supermarché Acima sur l'avenue du 2 mars à Casablanca.
Le magasin, d'une surface de 1100 m², emploie alors 60 salariés dont 4 cadres et propose 5000 références, principalement dans l'alimentaire (avec un accent sur les produits frais). Il devait générer un chiffre d'affaires compris entre 60 et 100 millions de dirhams.

Le concept, tel qu'il est défini à l'époque, se positionne sur la proximité. Le magasin Acima standard est localisé en cœur de ville, au pied d'un immeuble et il développe une surface comprise entre 1000 et 2500 m².
Gilbert Infantes (ancien d'Atac) a été dépêché sur place pour développer l'activité. Ce membre du directoire d'Acima résume ainsi le concept Acima : « pour les magasins dits urbains, nous choisissons de préférence le bas d'un immeuble avec une grande surface disponible et pas nécessairement des places de parking, parce que 80 voire 85% du chiffre d'affaires seront réalisés par le client piéton, celui qui habite le voisinage »[3].
Le projet dans son ensemble est relativement ambitieux puisque la convention d'investissement signée avec l'État prévoit la création de 25 supermarchés sur 5 ans impliquant un investissement de 575 Mds.

---

[1] *LSA*, Accord signé le 12 janvier à Casablanca en présence de Gérard Mulliez (fondateur du groupe) et de Christophe Dubrulle, Président du directoire.

[2] Filiale du groupe rassemblant les supermarchés français et espagnols.

[3] « *L'ONA et Auchan lancent leur chaîne d'hypermarchés* », *L'Économiste*, n° 1192, 24 octobre 2002.

1.2.2. Du conflit à la rupture : 2006-2007

En mars 2006, l'ONA fait voter à une majorité simple et contre l'avis d'Auchan une résolution qui prévoit le passage des membres du directoire de Marjane et Acima à trois au lieu de deux, rompant ainsi la parité et l'équilibre qui prévalaient jusqu'alors puisque dans les deux cas, Marjane et Acima se retrouvaient avec deux membres contre 1 pour Auchan[1]. Saad Bendidi justifie ainsi sa position : « compte tenu de notre plan de développement nous avons estimé que l'heure était venue de confier à une personne désignée la gestion des achats, des RH et du contrôle de gestion[2] ».

Au sein de la direction d'Auchan, cette décision est qualifiée de coup de force qui serait contraire à l'esprit des accords entre les deux groupes qui prévoyait un contrôle conjoint et un mode de décision paritaire. Selon la direction du groupe Auchan : « le protocole signé en 2000 reflétait l'esprit de l'accord entre les parties : un contrôle conjoint et paritaire des deux entreprises. Les décisions importantes doivent nécessairement être prises par le conseil de surveillance à une majorité qualifiée des deux tiers, c'est-à-dire avec l'accord d'Auchan[3].

La parité stipulée dans le protocole d'accord est cependant contestée par la direction de l'ONA. Ainsi, selon Saad Bendidi : « il n'y a pas de parité pour la simple raison que la détention du capital est de 51% contre 49% pour notre partenaire. C'est l'élégante simplicité du pourcentage, comme dit un éminent économiste. D'autant plus que nos accords stipulent que les directoires peuvent être composés de 2 à 5 membres et que dans le cas où la composition est impaire, celle-ci est au bénéfice de l'ONA. Nous nous sommes donc conformés à l'esprit et à la lettre de ce qui était initialement prévu. Nos accords sont là pour le prouver… »[4].

En mars 2006, Auchan fait appel à un tribunal arbitral et procède au gel de toutes les décisions à partir de cette date. Le 22 janvier 2007, un tribunal arbitral constitué de trois arbitres, l'un choisi par Auchan l'autre par l'ONA et un Président désigné par le président du tribunal de commerce de Casablanca, donne raison à l'ONA en considérant en substance « que les dispositions du protocole sont nulles et sans effet en ce qui concerne l'objet du différend ». La réaction du directoire du groupe Auchan à travers son Président Christophe Dubrulle est assez violente. Il déclare ainsi dans un communiqué : « cette décision nous stupéfie. Elle est totalement contraire à l'esprit de nos accords et à toutes les pratiques de droit international (…) je suis forcé d'en conclure que les protocoles d'accord internationaux signés

---

1 « *Face à Auchan, l'ONA réagit de nouveau* », *LSA*, 26 janvier 2007.

2 *Le Figaro*, 8 février 2007.

3 *Tel quel*, n° 287.

4 Entretien à *L'Économiste*, n° 2451, 26 janvier 2007.

avec l'ONA semblent ne pas avoir de valeur au Maroc »[1]. Dans la foulée Saad Bendidi répond à Auchan dans un long entretien accordé à *L'Économiste* : « un divorce avec Auchan est contraire à notre volonté mais nous constatons malheureusement que le communiqué d'Auchan contient des termes qui font état d'un certain nombre d'allusions graves et d'accusations très importantes par rapport à des individus, des institutions et des mécanismes juridiques. Cela sort de la courtoisie et de la retenue qu'on doit avoir par rapport à des partenaires, à un pays d'implantation et aussi à des institutions auxquelles Auchan a eu lui-même recours. C'est Auchan qui a décidé d'aller en instance arbitrale et qui a nommé son propre arbitre et enfin c'est le groupe français qui a décidé du recours au tribunal de commerce pour désigner le troisième membre du collège arbitral. Par ailleurs, la lettre de mission a été signée par l'ensemble des parties. La moindre des choses est d'en respecter le résultat et de tirer les conséquences en termes d'actions. Considérant les termes forts déplaisants, se mettre autour d'une table et discuter sereinement est rendu fort difficile… le scénario est pour nous un et unique, les sociétés Marjane et Acima continueront de se développer selon le scénario arrêté. Cela se fera mieux si Auchan y adhère, mais cela se fera quand même si le partenaire n'y adhère pas. Nous en tirerons ensemble les conséquences. Je tiens à rappeler que nous avons vécu avant le partenariat avec Auchan et que nous avons développé nos activités. Sans faire du management fiction, en fonction des considérations et des positions des uns et des autres, nous déciderons en temps opportun du mieux, dans l'intérêt de la société, des salariés, des actionnaires et de notre groupe (…) Dans le milieu des affaires français et étrangers en général, on se dit « désagréablement surpris » par cette nouvelle. J'invite les gens qui prennent des positions à voir l'arbitrage, les conséquences et les attendus avant de porter un jugement. En dehors de toute considération, c'est un peu traiter un sujet à la légère que d'ignorer que c'est un processus engagé en juin 2006 sur lequel des arbitres ont travaillé. Les avocats des parties ont présenté des mémoires, de la jurisprudence. C'est un sujet relativement lourd, technique qui a été abordé avec le temps suffisant pour arriver à des positions définitives. Nous nous félicitons de la position parce que nous étions sûrs que l'option que nous avions prise était la bonne et nous sommes confortés dans notre décision »[2].

1.2.3. Les raisons de la discorde

On peut repérer au moins cinq points de désaccord majeurs qui sont susceptibles d'être invoqués simultanément ou séparément pour expliquer l'émergence et le développement du conflit entre les deux groupes.

---

[1] « *Auchan mis en difficultés au Maroc* », *LSA*, 23 janvier 2007.

[2] Entretien avec Saad Bendidi, *L'Économiste*, n° 2451, 26 janvier 2007.

A. La question des synergies internes et du *sourcing*

La direction de l'ONA souhaite fortement valoriser les synergies au sein du groupe éponyme. Autrement dit, favoriser autant que possible, le *sourcing* et l'approvisionnement au sein d'autres entités d'un groupe connu pour sa très forte diversification. À l'inverse, Auchan, dans le protocole d'accord signé avec l'ONA envisageait essentiellement un approvisionnement auprès de sa centrale d'achat. Cette recherche de synergies chère au groupe ONA a d'ailleurs trouvé une concrétisation dès juillet 2005, lorsque le groupe a transféré la gestion de la carte de fidélité de Cetelem à Wafasalaf.

B. La charge des expatriés et la limitation du transfert des compétences

La charge et le poids des expatriés sont un autre point de discorde important entre l'ONA et son partenaire français. En effet, Auchan a détaché près d'une quinzaine de postes à haute responsabilité au Maroc. Ces cadres de haut niveau disposant du statut extrêmement favorable d'expatriés sont facturés au prix fort à l'ONA.

Plus généralement, au-delà du coût des expatriés, L'ONA reproche à Auchan un manque d'implication pour favoriser le passage de relais entre les managements français et marocains[1] ainsi qu'une certaine frilosité en matière de transfert de savoir-faire. Sur ce point, Saad Bendidi déclare : « nous menons des efforts importants dans le recrutement et la formation. Nous avions déjà fait quelques reproches à notre partenaire, amicalement, car nous attendions un soutien beaucoup plus important au niveau de la formation. C'est donc l'ONA qui en a pris l'initiative. Nous avons créé, au sein des entreprises Marjane et Acima un Institut de la Distribution pour améliorer la formation continue du personnel salarié et préparer le personnel qui anime les points de vente dans le cadre du plan de développement[2] ».

C. Une asymétrie des ambitions et des rythmes des investissements

De longue date l'ONA dénonce le manque de dynamisme de son partenaire qui laisse la voie libre aux concurrents et en particulier à Carrefour LabelVie et Metro ; « l'ONA voulait développer rapidement les hypermarchés Marjane et les supermarchés Acima ; Auchan souhaitait aller plus doucement car ils devaient aussi investir d'autres fronts (Russie, Chine) que le Maroc »[3].

---

1 « *Les relations entre Auchan et son partenaire marocain se tendent* », *LSA*, 6 avril 2006.

2 Entretien avec Saad Bendidi, *L'Économiste*, n° 2451, 26 janvier 2007.

3 « *Carrefour s'invite au Maroc* », *LSA*, 19 février 2009.

Dans un entretien à *L'Économiste*, Saad Bendidi détaille ainsi les asymétries d'ambition et de volontarisme des deux groupes associés : « Nous avons un plan de développement qui prévoit d'arriver en rythme de croisière à l'ouverture d'un Marjane par trimestre et d'un magasin Acima par mois. C'est un rythme de développement tout à fait compatible avec nos moyens financiers mais aussi avec le développement du marché potentiel. En 2006, année où a surgi le différend avec Auchan, le Directoire a présenté pour les deux enseignes des projets de développement. Sur trois projets Marjane, un seul a été retenu. Pour ce qui est d'Acima, sur une dizaine, seuls cinq ont été définitivement approuvés. Aujourd'hui, nous entendons resoumettre ces décisions aux instances idoines pour aller de l'avant »[1].
Le manque de volontarisme, de proactivité ou encore plus directement d'audace du groupe Auchan par rapport au marché marocain a été répété à l'envi et avec cohérence par les dirigeants du groupe ONA dans la plupart des supports presse, qu'ils soient nationaux ou internationaux. Saad Bendidi confirme ainsi dans *Le Figaro Économie* de juin 2007 ses ambitions de développement et sa maîtrise des moyens financiers *ad hoc* : « Auchan n'a soutenu que la moitié de ce que nous voulions faire. Notre schéma est clair : nous voulons ouvrir un hypermarché par trimestre et au moins un supermarché par mois. Nous le ferons avec Auchan, s'ils sont d'accord. Sinon nous continuerons sans leur aval, même seuls… nous avons les moyens de nos ambitions »[2].

D. Une logique sociétale et de RSE

La logique de responsabilité sociale locale adoptée par l'ONA et Marjane est également apparue comme une source de conflit entre les deux groupes.
En effet, l'ONA défend l'implantation de ses unités dans une logique parfois citoyenne. Ainsi par exemple, l'enseigne souhaite favoriser des implantations dans des zones dites « à risque », comme Tétouan, de manière à contribuer à soutenir l'action des pouvoirs publics marocains dans le cadre de la lutte qu'ils mènent contre l'informel et la contrebande. Le directeur de Marjane Tétouan met d'ailleurs en avant cette idée d'exemplarité et de lutte contre la contrebande : « la contrebande existe, c'est un fait ; mais c'est aussi un pari de donner l'exemple et de montrer que ce n'est pas une fatalité[3] ».

Auchan de son côté, s'est montré totalement réfractaire à cette logique citoyenne en privilégiant d'abord et avant tout la rentabilité des investissements. Toujours est-il qu'en 2002, Marjane ouvre un magasin à

---

[1] Entretien avec Saad Bendidi, *L'Économiste*, n° 2451, 26 janvier 2007.

[2] *Le Figaro Économie*, 8 février 2007.

[3] « *Tanger en mouvement : la recette de Marjane face à la contrebande* », *L'Économiste*, n° 2063, 13 juillet 2005.

Tanger, suivi deux ans plus tard par celui de Tétouan. Si aujourd'hui ces magasins ont atteint leur vitesse de croisière, on sait que pendant des années, ils ont été loin de réaliser leurs objectifs. Néanmoins, les deux enseignes ont largement tablé sur les MRE, très nombreux dans la région et qui ont une pratique très courante des GSA, ainsi que sur les frontaliers habitués à traverser la frontière à la recherche de produits frais, poissons, légumes ainsi que pain. Pour augmenter la fréquentation des magasins, un temps Marjane a même envisagé la mise en place de navettes gratuites au départ des quartiers périphériques de manière à pallier les difficultés de mobilité éprouvées par les populations concernées[1].

Dans le même cadre, on peut mettre en avant la décision prise par Marjane de cesser la vente des boissons alcoolisées (qui représenterait selon les sources près de 30% du chiffre d'affaires d'un magasin standard). La vente d'alcool, en particulier dans les quartiers périphériques et donc plus traditionalistes, est également envisagée comme un point de discorde entre Auchan et Marjane : « la vente d'alcool est traitée comme les autres marchandises des autres rayons. Quand l'alcool peut être présent et vendu dans des conditions normales, similaires à celle du marché, sans perturbation ni de la clientèle ni de l'environnement, nous le faisons. Lorsque l'approche n'est pas adaptée, comme c'est le cas dans certains magasins, nous nous abstenons de le faire sans pour autant que cela remette en cause le modèle économique que nous poursuivons et c'est d'ailleurs le cas d'autres produits. C'est un sujet que nous traitons de manière sereine[2] ».

E. Des contraintes comptables

Selon certaines sources, en plus des quatre premiers éléments d'explication, il serait nécessaire de mettre en avant des questions liées aux techniques comptables et en particulier au passage aux normes IFRS. En effet, selon le référentiel comptable marocain, l'ONA a consolidé les ventes réalisées par Marjane et Acima à hauteur de 100% en 2004 et 2005. Auchan pour sa part a continué de les consolider à hauteur de sa participation. Les deux filiales étaient ainsi consolidées deux fois. Dans le cadre du passage aux IFRS pour les comptes de 2006, le groupe ONA risquait de ne plus pouvoir intégrer Marjane et Acima en globalité s'il continuait de partager le contrôle opérationnel avec Auchan. Autrement dit, le groupe était contraint d'intégrer les filiales sur une base proportionnelle soit à hauteur de 51%. Cette nouvelle manière de procéder aurait ainsi mécaniquement amputé drastiquement le chiffre d'affaires et le bénéfice du groupe[3], ce qui sur le plan managérial était

[1] Ibid.

[2] *Le Figaro Économie*, 8 février 2007.

[3] « *Auchan se retire du Maroc* », *Les Échos*, n° 1990, 27 août 2007.

difficilement acceptable tant du point de vue des dirigeants de Marjane que de celui de ceux de l'ONA.

1.2.4. Dénouement et rupture

Le groupe Auchan, à la suite de l'arbitrage en sa défaveur a néanmoins mis en avant sa volonté de rester au Maroc : « le résultat de cet arbitrage (...) ne change rien à notre détermination à rester dans ce pays... nous sommes véritablement attachés à ce pays, à sa culture et à ses habitants que nous avons appris à connaître depuis maintenant plus de 6 ans » affirme ainsi Christophe Dubrulle[1]. Plus généralement un porte-parole d'Auchan déclare : « notre intention était de rester au Maroc tant que l'esprit du partenariat était sauvegardé. Nous avons essayé toutes les issues possibles, mais nos relations n'étaient plus dans l'esprit de la signature[2] ».

Il n'en demeure pas moins qu'Auchan, qui a l'habitude de gérer ou de cogérer ses affaires, se refuse à jouer le rôle de sleeping partner. Par ailleurs, Auchan met en avant des problèmes de gouvernance au sein du groupe ONA qui aurait changé « trois fois de Président en cinq ans[3] ». Cette valse des dirigeants aurait ainsi amené de nouveaux leaders à la tête de l'ONA, plus enclins à marocaniser certaines filiales et en particulier le pôle distribution rentable et en croissance[4]. Le 24 août 2007, le divorce entre les deux groupes est annoncé[5]. Auchan cède à son associé les 49% qu'il détenait dans Marjane et Acima pour un prix de 3,27 milliards de dirhams, soit environ 291 millions d'euros (ce qui représente près de la moitié du chiffre d'affaires hors taxes de Marjane et Acima pour l'année 2006). Auchan réalise ainsi une plus-value non négligeable puisque selon certaines sources, il aurait investi 676 millions de dirhams en 2000 (soit environ 62 millions d'euros)[6]. La rupture est cependant moins brutale qu'attendu. En effet, les contrats de *sourcing* sont maintenus au moins jusqu'au début 2008. Les produits Auchan devraient ainsi disparaître des étals à partir de cette date. Il en va de même pour les contrats d'assistance et ce, bien que Marjane ait toujours reproché à son partenaire son engagement trop faible sur ce point. L'annonce officielle de la rupture n'a par ailleurs pas provoqué de perturbations à la bourse de Casablanca. Bien au contraire, et contre toute attente, le titre ONA ayant pris 2,13% à la clôture du même jour.

---

[1] *Tel quel*, 287.

[2] *L'Économiste*, n° 2600, 31 août 2007.

[3] Christophe Dubrulle, in Jeune Afrique.com, 4 septembre 2007.

[4] « *Auchan se retire du Maroc* », *Les Échos*, 1990, 27 août 2007.

[5] « *Le groupe français Auchan se retire du Maroc* », *Le Monde* 28 août 2007.

[6] « *Marjane Acima l'ONA débourse 3,27 milliards de dhs* », *L'Économiste*, 31 août 2007.

1.3. Réorganisation, intégration et standardisation

En 2009, Marjane Holding ou plus précisément l'ONA, procède à un vaste remaniement de la structure organisationnelle de son pôle distribution en mettant en place un nouvel organigramme. Un nouveau pôle, avec une seule direction est mis en place qui gérera désormais les 3 enseignes du groupe. Cette restructuration vise à dynamiser l'enseigne Acima, à accroître les ventes et à réaliser des économies d'échelle en prévision, à l'époque, de l'arrivée de Carrefour dans le cadre d'une master franchise accordée à LabelVie : « la revue de l'organisation du domaine d'activité stratégique grande distribution du groupe ONA est donc une nécessité stratégique pour atteindre rapidement le plein potentiel de développement des deux formats. C'est également un impératif pour lui donner plus de cohérence stratégique pour faire face au durcissement du contexte concurrentiel et aux nouvelles menaces qui se profilent à l'horizon avec notamment l'arrivée d'opérateurs étrangers »[1].

1.3.1. Rapprochement des enseignes

Le rapprochement des deux enseignes Acima et Marjane s'est opéré grâce au soutien du cabinet de conseil en stratégie Bain & Co. Il s'est effectué selon plusieurs étapes :
- création d'une structure centralisée au niveau des directions centrales ; cette démarche a débouché sur la mise en place de plusieurs pôles : un pôle achats (qui, dans une logique purement financière, permet la mutualisation, la réalisation d'économies d'échelle et la consolidation d'un chiffre d'affaires estimé à l'époque à plus de 11 Mdhs) ;
- création d'un secrétariat général [2] regroupant les fonctions support : informatique, logistique et chaîne fournisseur ;

L'enseigne a par ailleurs créé un nouveau poste de directeur du marketing stratégique confié à Aziz Regragui[3] et dont la mission est de développer de nouveaux concepts de magasins (en particulier magasins spécialisés). Un nouveau poste de DGA en charge du développement international et de la veille stratégique [4] a également été créé préfigurant ainsi une possible ouverture à l'international du groupe.
Au total, le groupe a procédé à la mutualisation des fonctions à fort enjeu stratégique comme l'achat, la logistique et le système d'information. Néanmoins, chaque enseigne garde son identité et son positionnement.

---

[1] 11 février 2009, agroline.com entretien avec Tajeddine Guennouni, PDG de Marjane (in *L'Économiste*).

[2] confié à M. Raiss. *cf. Challenge*, 4 avril 2009, « *Un nouvel organigramme pour Marjane Holding* ».

[3] ancien DGA d'Acima.

[4] Poste confié à Abdellah Cadi Tazi qui était auparavant PDG de 2 magasins Intermarché (*Challenge*, 4 avril 2009).

1.3.2. Relooking et nouveau concept

Dans la foulée, Marjane Holding a procédé à une vaste opération de relooking de ses magasins Acima et Marjane. Un nouveau concept Acima a été lancé qui sera déployé sur toute l'année 2011 [1]. Ce nouveau concept permet d'introduire de très nombreuses innovations :

- une nouvelle signalétique fondée sur les couleurs. Le dispositif s'appuie sur l'utilisation de couleurs pour identifier les différentes catégories de produits. Comme le précise le directeur général délégué d'Acima : « les couleurs permettent de faire ressortir la qualité des produits et donc d'inciter à l'achat ». L'éclairage LED devrait quant à lui renforcer l'effet en question ;
- l'utilisation de la lumière froide. Contrairement à l'éclairage habituel, qui impacte sur les produits frais, le nouvel éclairage permet de maintenir la fraîcheur des produits d'un côté mais également de réaliser des économies d'énergie substantielles de l'autre.

Les magasins Marjane ont eux aussi entamé à partir de 2010 un vaste programme de relooking. Plus généralement, il s'agit de repenser totalement la formule hyper. L'opération en question, d'un coût variable selon les magasins (leur taille, leur conception et leur âge) se situe entre 3 et 20 millions. Elle porte tout à la fois sur la disposition des produits, l'utilisation d'une nouvelle charte de couleur, la mise en place d'une nouvelle signalétique, la mise en service d'un système d'éclairage plus durable et plus généralement sur une nouvelle politique RH[2]. Plus fondamentalement, l'objectif est aussi de donner plus d'espace au client. Ainsi, la nouvelle configuration réserve l'essentiel de ses espaces magasin au client. Les allées sont dégagées, offrant une large perspective. Ce faisant l'enseigne améliore sensiblement la fluidité de la circulation dans les magasins.

Le nouveau concept déployé se fonde aussi sur le modèle du « *category management* ». Ainsi, la catégorie supplante la marque au niveau de la présentation des produits, ce qui permet au client de comparer les produits dans un même espace. Pour autant, comme le précise le management de l'enseigne, certains rayons font exception. Il s'agit en particulier des rayons beauté et électroménager où les clients sont beaucoup plus sensibles à l'effet marque : « pour les premiers, la raison tient au fait qu'il y a un facteur risque au niveau des produits nouveaux qui ont une valeur assez élevée. Quant aux articles de beauté, ce sont des produits dont l'efficacité est difficilement tangible. Par conséquent, la marque va l'emporter sur la catégorie[3] ».

---

[1] « *Marjane et Acima entre standardisation et rénovation* », *Challenge*, 31 janvier 2009.

[2] « *Grande distribution, Marjane repense la formule de ses hypers* », *L'Économiste*, n° 3488, 17 mars 2011.

[3] « *Grande distribution Marjane repense la formule de ses hypers* », *L'Économiste* 17 mars 2011, n° 3488.

2. Retail Holding-Carrefour-LabelVie : « le challenger » qui monte

Retail Holding, autrement dit LabelVie, est le deuxième groupe de distribution au Maroc. Ce groupe revendique près de 32% de PDM au Maroc, réalisées au travers de près de 140 points de vente (112 supermarchés Carrefour Market, 12 hypermarchés Carrefour et 12 hypercash à l'enseigne Atacadão... auxquels il faut ajouter un peu moins d'une vingtaine de magasins à l'enseigne Supéco). Le groupe Retail Holding a connu un fort développement sur les dix dernières années, appuyé largement sur la croissance externe. L'alliance signée avec Carrefour en 2009 marque un tournant dans le développement du groupe et lui permet d'améliorer sensiblement sa position concurrentielle sur le marché marocain. L'enseigne LabelVie, initialement centrée sur le segment des supermarchés a opéré un virage vers le multiformat à partir de 2010. Ainsi, en 2015, LabelVie est la seule enseigne marocaine figurant dans le rapport publié par le cabinet Deloitte sur les puissances africaines du secteur de la distribution[1]. L'enseigne s'était alors hissée à la 11e place sur 25 avec un chiffre d'affaires estimé à l'époque à 5,8 milliards de dirhams.

2.1. Historique

L'origine du groupe Retail Holding remonte au milieu des années 80, lorsque Zouheir Bennani, Rachid Hadni (encore aux commandes aujourd'hui) et Adnane Benchekroun décident d'ouvrir un premier magasin non loin du supermarché Souissi[2]. Le magasin, à l'enseigne Hyper, développait une superficie de 700 m². Quatre années plus tard, soit en 1989, un nouveau supermarché voit le jour Hyper Romandie 2 à Casablanca. Le développement sera régulier par la suite, en particulier dans les années 2000 ; mais, c'est le rapprochement avec Carrefour qui va permettre au groupe d'atteindre une dimension et une envergure nationale.

2.1.1. Un développement régulier mais contraint

Les deux magasins Hyper ne connaissent pas le succès escompté et les ventes tardent à décoller, ce qui fait que l'entreprise se trouve rapidement confrontée à des difficultés financières. Les trois entrepreneurs aboutissent à la conclusion que le développement dans le secteur de la distribution doit être structuré et régulier : « le secteur de la distribution est basé sur le volume et la synergie, soit on grandit soit on meurt[3] ». Ainsi, l'expansion de la grande

---

[1] « *Les puissances africaines de la distribution* », Deloitte, 29 Octobre, in Challenge, « *LabelVie parmi les 25 puissances africaines* », 5 novembre 2015.

[2] Ce supermarché figure parmi les premiers « libre-service » au Maroc. Situé route de Zaer à Rabat, était fréquenté essentiellement par les catégories sociales aisées de Rabat ainsi que par les étrangers.

[3] Riad Laissaoui, Zamane.ma.

distribution ne peut pas s'appuyer sur un mode de développement artisanal et classique de récolte de fonds auprès de l'environnement familial. Comme le précise toujours Riad Laissaoui, « il ne suffit pas d'avoir du capital, il faut des fonds réguliers ».
Forts de ce constat, deux des associés, Zouhair Bennani et Rachid Hadni décident en 1994 de se recentrer sur le point de vente de Rabat et cèdent celui de Casablanca à Adnane Benchekroun. La focalisation sur Rabat leur permet d'ouvrir (sur le mode de la location) d'autres magasins en 1995 et 1999. L'opportunité s'offre à eux d'acquérir Riad 1 à Hay Riad et Shems à Agdal. Mais, le véritable développement de la société est impulsé à partir de 2002, lorsque, sous la dénomination de LabelVie, l'entreprise prend le contrôle des deux magasins Supersol, enseigne de l'espagnol Superdiplo lui-même filiale du hollandais Ahold[1]. Supersol qui détenait le fonds de commerce de deux magasins, l'un à Rabat (quartier des Ambassadeurs) et l'autre à Casablanca (quartier Vélodrome) réalisant un chiffre d'affaires prévisionnel de près de 100 millions de dhs et employant environ 150 personnes (nous y reviendrons). Ce faisant Hyper SA accélère son plan de développement en détenant 5 supermarchés[2]. L'entreprise bénéficie, au travers d'un accord de partenariat signé en 2002, de l'accès aux plateformes et aux centrales d'achat de Ahold.

Dès lors, l'entreprise connaît une croissance régulière et les ouvertures de magasins se succèdent. Néanmoins, le financement du développement, même s'il devient accessible, reste encore très limité. En effet, au Maroc comme en Europe d'ailleurs, les banques sont encore marquées par une culture industrialiste et n'ont qu'une très faible expérience dans le financement des activités de service. Dans le cas du Maroc, cette faible expérience est amplifiée par le fait que le secteur de la grande distribution est encore émergent et que les modèles économiques ne sont pas encore maîtrisés par les banquiers. Néanmoins, la nécessité de changer de modèle de gouvernance se fait rapidement sentir comme le précise Riad Laissaoui : « on s'est dit qu'on ne pouvait pas continuer comme ça à quémander de l'argent une année pour financer le développement de l'année suivante. Pour être tranquille, il fallait entrer en bourse[3] ». Ainsi, dès 2006, les dirigeants de LabelVie entament des démarches visant à leur introduction à la bourse de Casablanca. C'est le 2 juillet 2008 que l'opération est lancée et que l'entreprise qui compte déjà 13 magasins parvient à lever 524 millions de dirhams lui permettant d'assurer son développement. En 2008, le parc développé par LabelVie est de 18 magasins. Il s'agit à ce moment-là de réagir rapidement à l'offensive de Marjane sur le segment des supermarchés en l'attaquant en retour sur son segment originel ; autrement dit, sur le nouveau métier des hypermarchés.

---

1 Superdiplo est repris par Ahold à la fin de l'année 2000.

2 Trois LabelVie à Rabat et deux Supersol (un à Rabat et l'autre à Casablanca).

3 « LabelVie et les bonnes affaires », Zamane.ma, décembre, 2010.

Néanmoins, LabelVie ne disposant pas des compétences stratégiques lui permettant de réussir sur ce nouveau segment, les dirigeants décident alors de se rapprocher du groupe Carrefour.

2.1.2. Le partenariat avec Carrefour : accélérateur du développement

Le partenariat avec Carrefour a été initié en 2010, au moment où ce dernier se retirait de l'Algérie et était à la recherche d'un partenaire solide pour s'implanter au Maroc où son concurrent direct s'était implanté en 2004 (pour en repartir en 2008) et où Casino avait des ambitions affichées en partenariat avec Aswak Assalam.
LabelVie et Carrefour privilégient un partenariat de type franchise sur un partenariat capitalistique[1]. D'abord parce que la direction de LabelVie souhaite conserver le contrôle et ensuite sans doute parce que le dénouement malheureux de l'aventure Marjane-Auchan incite les partenaires à privilégier le principe de précaution. Le partenariat en question permet à LabelVie de gagner un temps précieux dans le déploiement d'un modèle adapté d'hypermarché et dans la recherche d'une formule performante. Comme le précise le Président Bennani : « sans l'accord Carrefour, nous aurions trainé beaucoup plus d'années avant de trouver le bon concept, le meilleur format et la stratégie adéquate »[2]… et il est vrai que de ce point de vue Carrefour semble être le partenaire idéal, d'autant que l'enseigne a mis en avant sa capacité d'adaptation interculturelle, en particulier dans les pays émergents.

Dans le cadre de l'accord, Carrefour va apporter à LabelVie ses compétences internationales en matière de distribution et de gestion de la distribution. Le groupe apporte ses concepts et en premier lieu celui de l'hypermarché, son informatique, son expérience dans le GRH et dans l'implantation de grandes surfaces. LabelVie va ainsi profiter du *know how* de Carrefour en termes de développement, de sélection et de validation d'emplacements, ainsi que d'aménagement des magasins. Au-delà, l'un des apports les plus importants est bien l'accès direct à la centrale d'achat et aux sources d'approvisionnement mondiales d'un des leaders de la distribution planétaire ainsi qu'à ses marques propres (plus de 2000 références).
De son côté, LabelVie apporte ses capacités opérationnelles, son réseau de magasins (et donc l'accès à un nouveau marché prometteur par lui-même mais également par sa capacité à jouer le rôle de hub vers le continent africain tout entier), sa connaissance approfondie du marché local et surtout des réseaux de pouvoir et de décision dans les collectivités locales, tout comme dans l'administration nationale.

---

[1] « *Carrefour s'invite au Maroc* », *LSA*, 19 février 2009.

[2] LabelVie Carrefour : les détails d'un contrat de franchise.

Contrairement à la pratique habituelle, l'accord ne prévoit pas de droits ou tickets d'entrée, mais s'appuie sur un ensemble de services et prestations payantes : « LabelVie s'acquitte des achats effectués dans la plateforme de Carrefour ainsi que de la prestation de savoir-faire d'aide pour l'ouverture de nouveaux magasins »[1]. L'enseigne verse également une redevance sur l'ouverture des magasins et l'accompagnement. Autrement dit, chaque ouverture d'un magasin à l'enseigne Carrefour donne lieu à deux types de contrats : (i) un contrat régissant le transfert de savoir-faire de Carrefour à LabelVie ; (ii) un contrat permettant au nouveau magasin de bénéficier des services de la plateforme d'approvisionnement du groupe Carrefour[2]. Les deux prestations sujettes du contrat sont facturées à LabelVie comme seule contrepartie financière à charge liée à la franchise[3].

En 2010, et pour accélérer son développement sur le segment des grandes surfaces de type hyper, LabelVie prend le contrôle des magasins Metro Maroc et double ainsi sa taille. L'idée initiale était de transformer l'ensemble des magasins Metro en hypermarchés Carrefour. Par la suite, les coûts élevés de la transformation ainsi sans doute que les localisations pas toujours adaptées, ont fait que ces magasins sont restés sur le créneau du Cash and Carry à l'enseigne Atacadão.

2.2. Le groupe aujourd'hui : un groupe multiformat et multi-enseignes

Aujourd'hui LabelVie gère trois formats ou trois pôles : le pôle supermarchés, qui représente encore l'essentiel de l'activité du groupe (soit 45%), le pôle hypercash qui représente près de 27% de part de marché et le pôle hypermarchés à 28%, mais dont le poids a vocation à augmenter (*cf.* tableau 4).

---

[1] « *Label'Vie Carrefour : les détails du contrat de franchise* », *L'Économiste*, 10 février 2009.

[2] *La Vie Économique*, 13 février 2009.

[3] Bien entendu LabelVie est tenu de respecter de manière rigoureuse les standards de l'enseigne Carrefour à tous les niveaux.

Tableau 4 : Contribution des différentes enseignes de Carrefour LabelVie

Enseignes du groupe	Supermarchés	Hypermarchés	Hyper Cash	Total groupe
Points de vente 12-2015 m² de ventes %	47 66 630 40	6 34 000 22,5	10 56 650 37,5	63 151 280 100
Points de vente 12-2018 m² de vente %	73 83 034 44	8 44 800 24	11 59 564 37	92 187 398 100
Points de vente 12-2021 m² de vente %	112 103 696 45	12 65 900 28	12 62 764 27	136 214 164 100

Source : LabelVie.

On notera néanmoins, le plan de développement à l'horizon 2022, tout en tablant sur une forte croissance des trois pôles pour atteindre 12 milliards de chiffre d'affaires, faisait une large part aux hypermarchés. En effet, c'est sur ce segment (où d'ailleurs LabelVie cherche à rattraper son retard vis-à-vis de Marjane) que la croissance devrait être la plus significative. Ainsi, à terme, la contribution des hypermarchés au chiffre d'affaires devrait passer à 30%. Comme le précisait Jean Pierre Célérier, DGA du groupe : « nous comptons résolument nous renforcer sur ce format… le concept est fortement demandé sur les grandes zones de consommation »[1]. On constate d'ailleurs à la lecture du tableau 4, cette montée en puissance attendue des hypermarchés, dont la contribution (en termes de m²) passe de 22,5% en 2015 à 28% en 2021.

2.2.1. Carrefour Market

Carrefour Market est la nouvelle dénomination des magasins de proximité du groupe LabelVie. L'origine des supermarchés Carrefour Market LabelVie remonte au milieu des années 80. En effet, c'est en 1985 qu'Hyper SA ouvre son premier supermarché à Rabat (route de Zaers). Par la suite, on assiste à une extension du réseau sur l'axe Rabat-Casablanca puis à l'initialisation d'une couverture nationale plus large. En 2001, les supermarchés Hyper prennent la dénomination de LabelVie (qui devient par ailleurs le nom commercial de la société). En 2011, suite à l'accord commercial avec Carrefour, les supermarchés sont renommés progressivement Carrefour Market LabelVie.

Le concept Carrefour Market a donc été lancé en 2011 dans le cadre du projet « convergence » initié suite au partenariat signé en 2009 entre LabelVie et

---

[1] « *Grande distribution : l'hyper-offensive de Label'vie* », *L'Économiste*, n° 4596, 28 août 2015

Carrefour. Ce projet ou cette stratégie de convergence ouvre de nouvelles perspectives en termes de synergies en matière de communication, de politique de marque propre ou encore d'outils de fidélisation. En effet, l'objectif est de réunir sous la marque Carrefour, l'ensemble des enseignes alimentaires du groupe LabelVie. Le passage sous enseigne Carrefour, initié dès la fin juillet 2011 est rapidement bouclé entre la fin de l'année 2011 et le début de l'année 2012. Il s'accompagne de multiples améliorations et aménagements apportés aux supermarchés LabelVie.

A. Les modalités et enjeux du passage de LabelVie à Carrefour Market

Les enjeux et modalités de passage des magasins LabelVie à l'enseigne Carrefour sont repris de manière extensive dans le rapport de gestion 2011 du groupe (p. 18).

Encadré 3 : De LabelVie à Carrefour Market

Le passage des magasins LabelVie à l'enseigne Carrefour consiste à :
- moderniser les magasins ;
- redéfinir la politique de pricing, à avoir plus de choix et une meilleure couverture de toutes les unités de besoin indispensables dans la proximité ;
- avoir plus de produits Carrefour à des prix accessibles ;
- intégrer des nouveautés telles que le pain, les viennoiseries ou encore le poulet rôti ;
- permettre une meilleure navigation dans le magasin grâce à un circuit client clarifié, une implantation homogène des familles de produits, et la mise en place d'aides de navigation (grandes et petites signalétiques) ;
- mettre en place des engagements client : garantie de qualité (satisfait ou remboursé) et respect du prix affiché.

Source : Divers presse et documents internes.

L'évolution vers Carrefour Market renvoie à une véritable modernisation des magasins qui se traduit directement par l'introduction de nouveaux services et de nouveaux rayons à services (traiteur, boulangerie, pâtisserie), une offre plus élaborée de produits frais positionnés à l'entrée du magasin, une réelle réduction du circuit client.
Par ailleurs, l'enseigne nouvelle formule offre à la fois une garantie de qualité et de prix. Sont ainsi proposées, par exemple, des baisses de prix de 5 à 25% sur plus de 2000 références. L'assortiment a été revu à la hausse en incorporant 25% de références supplémentaires sans nécessairement passer par une extension coûteuse du magasin. Le management de la chaîne déclare ainsi : « notre objectif est d'élargir notre assortiment de produit grâce au compactage qui consiste en l'optimisation de l'espace pour accueillir une plus grande offre de produits diversifiés. Ce qui permet de gagner jusqu'à 20% des

linéaires sans aucune extension[1] ». L'élargissement de l'assortiment accorde une large place aux produits Carrefour. Ces derniers, environ 1300, doivent être obligatoirement positionnés moins cher de 20% par rapport aux produits référencés de même catégorie. Ils sont par ailleurs suppléés par le lancement d'une marque 1er prix locale, Twimen. Enfin, chose nouvelle au Maroc, l'enseigne s'engage à respecter les prix affichés sur les rayons et à remettre au consommateur un bon d'achat de 10 dirhams en cas de divergence caisse. De même, l'introduction d'un concept « satisfait ou remboursé » reste une originalité dans le contexte marocain.

Figure 10 : Les engagements Carrefour

Source : document interne Carrefour.

Bien entendu, ces transformations ont un coût non négligeable puisque le budget visant à financer le remodeling des magasins, ainsi que l'achat de nouveaux équipements est fixé à 40 mdhs (soit environ, 3,5 millions d'euros).

[1] « *Label'vie switch vers Carrefour Market* », *L'Économiste*, n° 3584, 29 juillet 2011.

B. Intérêts de la transformation

Le passage de l'enseigne LabelVie à Carrefour Market apparaît incontournable pour accélérer la croissance de l'activité supermarchés et se justifie selon deux axes :
- il devait induire une augmentation automatique du chiffre d'affaires dans les différents points de vente, et ce, du fait unique de la nouveauté et de la réputation internationale d'une enseigne comme Carrefour. LabelVie tablait ainsi sur une croissance du chiffre d'affaires d'environ 10% qui a d'ailleurs été effective dans les premiers magasins passés sous bannière Carrefour Market ;
- il devait permettre de réelles économies et synergies au niveau de la politique de marque propre et plus généralement au niveau des outils de fidélisation.

C. Situation actuelle

Avec un réseau d'un peu moins de 120 magasins présents dans plus de 28 villes, Carrefour Market est aujourd'hui leader sur le marché des supermarchés au Maroc. Le concept Carrefour Market répond à la logique du supermarché de proximité (*cf.* figure 11). Il offre un assortiment compris entre 10 000 et 15 000 références déployées sur une surface moyenne comprise entre 1500 et 2000 m². Les magasins Carrefour Market sont localisés dans les centres urbains au cœur des zones résidentielles et offrent un haut niveau de services.

En 2020, la branche supermarché de LabelVie employait plus de 2800 salariés soit un peu plus d'une trentaine d'employés par magasin dont 4 à 6 cadres (selon la taille du magasin concerné).

Figure 11 : Organisation type d'un supermarché

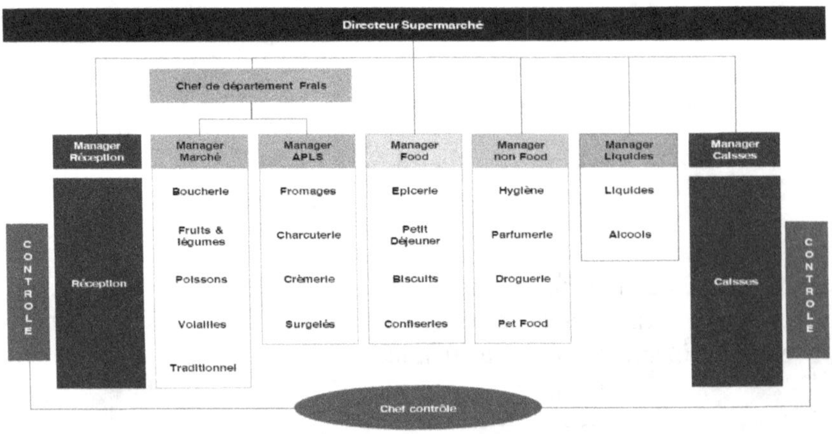

Source : LabelVie, DR-LBV (2021, p. 119).

Sur la période récente, et à l'instar de son principal concurrent Marjane, LabelVie envisage une segmentation plus fine de ses supermarchés. Ainsi, le comité exécutif qui est en charge de piloter le projet stratégique du groupe a mis en place de nouveaux concepts différenciateurs au niveau des supermarchés. On devrait distinguer des magasins traditionnels visant une cible populaire ou rurale, et des magasins dits « gourmets » et dédiés cette fois à une clientèle haut de gamme[1].

2.2.2. Carrefour hypermarchés

Au milieu de l'année 2022, on compte 12 hypermarchés Carrefour au Maroc. L'entrée de LabelVie sur le créneau des hypermarchés est relativement récente. En effet, suite à l'accord de franchise conclu avec le premier groupe de distribution français, LabelVie ouvre le premier hypermarché Carrefour d'une surface de vente de 5500 m² en février 2009, à Salé (à proximité de Rabat). Ce premier hypermarché devait rapidement être rejoint par 8 autres, suite au rachat en 2010 des magasins Cash and Carry de Metro Maroc. En effet, c'est d'abord au travers du rachat de Metro que le groupe intègre le créneau des grandes surfaces (hypermarchés ou Cash and Carry). Si initialement l'objectif était de transformer l'ensemble des Metro en hypermarchés ; au final, seul le magasin de Casablanca Sidi Maarouf sera transformé en hyper Carrefour ; les autres seront voués au segment Cash and Carry sous la marque Atacadão. Néanmoins, à la suite de Salé (2009) on assistera à l'ouverture d'autres magasins à Marrakech (2010), Fès (2013) et Oujda (2014). En 2015, c'est le magasin Atacadão de Casablanca Sidi Maarouf qui est transformé en hyper Carrefour moyennant un investissement de 100 Mdh[2]. Puis viendront les hypermarchés de Tanger (2016), Tétouan (2018), Temara (2020, Agadir (2020), Casablanca Bouskoura (2021) et Berrechid (2021). L'enseigne a par ailleurs le projet ambitieux (trop sans doute) d'ouvrir 4 nouvelles unités d'ici fin 2023.

A. Configuration d'un magasin Carrefour

Si l'on se fonde sur les caractéristiques du premier magasin Carrefour ouvert à Salé en février 2009, on peut mettre en avant les caractéristiques suivantes : le Carrefour est positionné sur une surface de 52 000 m² dont 10 000 construits et dédiés à la vente. Un hypermarché et une galerie de 13 magasins. La surface de vente de l'hypermarché est de 5500 m² regroupant une offre d'environ 30 000 références. L'hypermarché emploie près de 250 salariés et dispose d'un

[1] Rapport de gestion Label'vie, 2015, p. 17.

[2] avec une surface de plus de 10 000 m² dont plus de 8 500 consacrés à la vente, il devient le plus grand hypermarché du Maroc.

parking de 600 places. Il est organisé autour d'une petite douzaine de chefs de départements (*cf.* figure 12).

Figure 12 : Organisation type d'un hypermarché

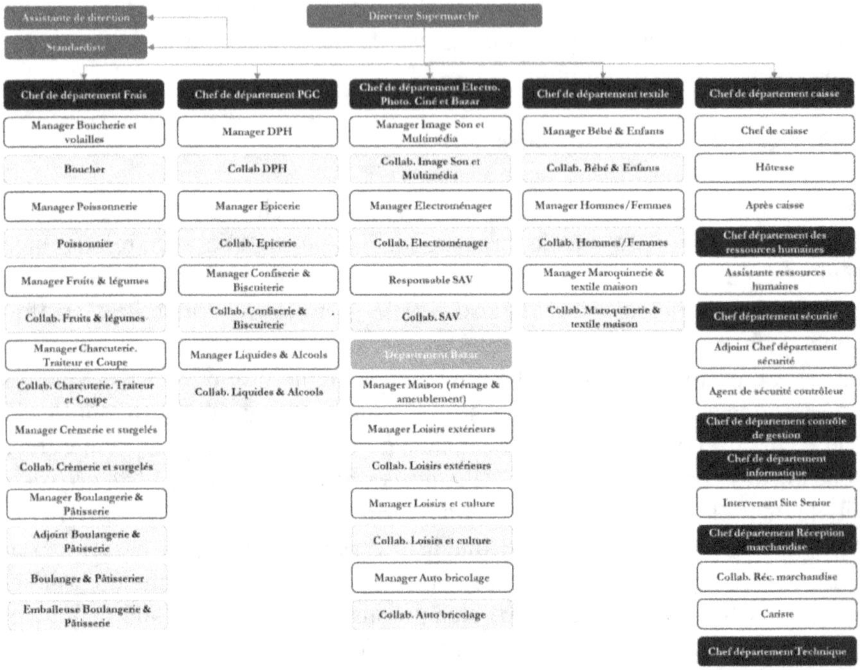

Source : LabelVie, DR-LVB (2021, p. 120).

LabelVie tout comme son partenaire français, affiche de grandes ambitions pour le segment hypermarchés. D'ailleurs, en 2011, c'est un cadre de Carrefour[1] qui prend la direction de la Business Unit (BU) dédiée aux hypermarchés. Sa mission, telle qu'elle a été définie dans sa lettre de mission est de lancer deux hypermarchés par an.

Le souhait de Carrefour est de développer une politique agressive sur les produits basiques, de mettre en avant de nouveaux univers comme la beauté et le bébé et de s'assurer le développement de ses marques propres en s'appuyant sur des fournisseurs locaux. En particulier, Carrefour se positionne pour devenir selon les propos de son DGA : « l'hypermarché préféré des Marocains »[2]. Cette ambition s'appuie sur deux axes forts : d'un côté les prix et de l'autre les services et le conseil.

---

[1] Alexandre Millet (*cf. LSA*, 24 novembre 2011, « *un globe-trotter de la distribution chez Carrefour* »).

[2] « *Carrefour veut devenir l'hypermarché préféré des Marocains* », *La Vie Économique*, 30 septembre 2011.

B. Le prix

Le prix de vente est ainsi la clé d'entrée principale… comme le précise le DGA du groupe Carrefour LabelVie : « le prix est décisif pour le consommateur marocain, notamment en ce qui concerne certaines catégories de produits comme l'huile, la semoule, les œufs, le lait »[1]. Le positionnement prix s'appuie sur une meilleure maîtrise des coûts :

- le renforcement de la taille de LabelVie lors de la prise de contrôle de Metro est un élément clé de cette stratégie qui permet au groupe de peser dans les négociations commerciales ;
- le partenariat avec Carrefour, contribue outre, là encore, à un renforcement des capacités de négociation, à un accès exclusif à une gamme de produits plus large et des prix compétitifs. Dans le même cadre, le partenariat Carrefour permet d'étendre très largement la gamme de MDD proposée en magasin. En effet, l'objectif visé par la direction est bien d'enrichir la gamme des MDD (environ 200 produits actuellement) et aussi d'accroître le poids de l'offre de MDD[2]. En 2022, les magasins LabelVie proposaient ainsi en ligne plus de 300 MDD concentrés principalement dans l'épicerie, l'entretien-nettoyage ou encore l'hygiène-beauté (*cf.* tableau 5).

Tableau 5 : Offre de MDD en ligne de Carrefour LabelVie

eaux boissons	16	fromage, charcuterie, etc.	32
animalerie	22	hygiène-beauté	48
crèmerie	08	monde du bébé	6
entretien-nettoyage	57	produits du monde	8
épicerie salée	43	surgelés	27
épicerie sucrée	70		

Source : Carrefourmarket.ma

- enfin la baisse des coûts et donc des prix, passe également par une amélioration des flux logistiques ; autrement dit, des systèmes de commande et de stockage. À ce jour, le taux de service réalisé par les fournisseurs marocains reste relativement faible (70%) comparativement à leurs homologues des pays développés (90% en général, voire 98% en France). En effet, de très nombreuses PMI marocaines ne sont pas capables de tenir leurs engagements en termes de délais et de conformité[3].

---

[1] « *Carrefour veut devenir l'hypermarché préféré des Marocains* », *La Vie Économique*, 30 septembre 2011.

[2] Ces MDD sont souvent proposées à un prix généralement inférieur de 20% au prix de référence sur le marché.

[3] Ibid., *La Vie Économique*, 30 septembre 2011.

C. Le conseil et le service

L'enjeu du service et du conseil est particulièrement prégnant dans des secteurs comme celui de l'électroménager dont les performances ne sont pas à la hauteur de ce qui est attendu. L'objectif est donc ici de renforcer les actions de formation et de professionnalisation de manière à développer la dimension conseil au client et ainsi contribuer à déclencher et à faciliter l'acte d'achat.

2.2.3. Atacadão

Atacadão est une enseigne de distribution affiliée à Carrefour Market LabelVie. À l'origine, Atacadão est un groupe de distribution brésilien qui a été racheté par Carrefour en 2007.

Encadré 4 : Le groupe Atacadão

Le groupe Atacadão a été racheté par Carrefour en 2007 pour un peu plus de 825 millions d'euros. Atacadão est un groupe qui connaît un réel succès au Brésil depuis plus d'une cinquantaine d'années. Il comptait 34 magasins (dont 17 dans l'État de São Paulo) et contribuait pour plus de 4% au secteur local de la grande distribution.
Sous l'impulsion de Carrefour, le premier magasin hors Brésil a été inauguré en 2010 à Bogota (Colombie).
La prochaine étape dans le développement d'Atacadão à l'international passe par l'ouverture de magasins en Pologne et en République tchèque… sans exclure le cas échéant des ouvertures en France.

Concernant le Maroc, c'est en 2010, dans le cadre de l'accord entre Carrefour et LabelVie que l'enseigne est lancée. Néanmoins, ses origines remontent à 1991. En effet, c'est à cette date que la société Makro s'installe au Maroc en développant une offre de type Cash and Carry (vente en gros pour professionnels). En 1997, Makro est racheté par le groupe allemand Metro qui, à partir de 2002, modernise les six magasins existants et les fait passer sous enseigne Metro. En 2010, Metro annonce la cession de ses activités au Maroc au groupe LabelVie qui va reprendre ainsi les 8 hypermarchés « Cash and Carry » et les 1400 salariés en activité. Rapidement, les Cash and Carry sont transformés en hypermarchés et renommés Atacadão.

Atacadão correspond donc à la Business Unit Cash and Carry du groupe LabelVie. Le concept est en fait un mélange de Cash and Carry et d'hypermarchés discount, ouverts tant aux professionnels qu'aux particuliers. Comme le précise le DGA du groupe LabelVie[1] : « Hyper cash est un concept innovant s'adressant aussi bien aux professionnels qu'aux particuliers. Il

[1] « *Label'Vie mise gros sur l'hyper Cash* », *L'Économiste*, n° 3963, 7 février 2013.

propose un assortiment adapté, constitué essentiellement de produits alimentaires aux prix les plus bas du marché. Les magasins Atacadão ont aussi pour mission de continuer à servir les clients professionnels du groupe, et d'apporter aux familles marocaines un modèle unique de distribution, un modèle en adéquation avec leurs habitudes de consommation et leur budget ».

L'enseigne compte aujourd'hui 12 unités et contribue à hauteur de 27 % au chiffre d'affaires du groupe (contre 37% en 2015). L'ambition affichée par Atacadão est d'être le distributeur alimentaire le moins cher du marché. Selon certaines sources, on peut observer un décrochage de prix de 5 à 10% par rapport aux autres grandes enseignes du secteur (Carrefour et Marjane). Ce décrochage s'explique, selon la Direction, par de nombreux éléments : une forte réduction de l'assortiment (6000 références actives contre 18 à 20 000 sous l'enseigne Metro). En effet depuis l'intégration des magasins sous le giron LabelVie, il a été procédé à un recentrage de l'offre sur les produits alimentaires. Ainsi, les produits textiles et l'électroménager ont-ils été écartés. L'enseigne pratique par ailleurs un double pricing. Autrement dit, elle offre un prix au pack pour les commerçants disposant d'une carte d'acheteur (à l'instar des pratiques sous le régime Metro) et un prix à l'unité destiné aux particuliers qui relèvent essentiellement (mais pas exclusivement) des CSP C et D.

Notons par ailleurs que depuis 2015, l'enseigne Atacadão cherche à se renforcer sur le segment professionnel au travers du concept « *Haflate Moulhanoute* », un événement mis en place chaque jeudi à destination des épiciers et qui permet de proposer à ces derniers des offres et des prix considérés comme les moins chers du marché[1]. On peut pour notre part, y voir une réponse ou une réaction aux vendredis de BIM qui connaissent et ont connu un très grand succès, en particulier auprès des petits épiciers et des vendeurs ambulants.

Encadré 5 : Point de vue de Zouhair Bennani, PDG de LabelVie sur le concept Atacadão

Le Marocain est très proche du Brésilien ! Il existe chez eux comme chez nous, cette notion de famille, qui fait que pour optimiser les charges et survivre dans un contexte économique qui devient de plus en plus difficile, ils font leurs courses ensemble. Atacadão répond donc parfaitement à ce type de concept. Au Brésil, les familles vont dans ce magasin pour s'approvisionner. Au lieu d'acheter à l'unité, ils achètent en cartons. Atacadão est également un endroit où celui qui a un revenu moyen ou bas n'a pas ce sentiment de frustration qu'il a quand il entre dans un supermarché conventionnel où l'on propose par exemple des téléviseurs qui dépassent parfois son salaire annuel. Le premier avantage de ce nouveau concept réside dans le fait que 80%

[1] Label'Vie, Rapport de gestion 2015.

des produits sont alimentaires. Aussi, les prix des produits proposés sont les moins chers du marché. Au Maroc, il n'y a pas un produit de première nécessité que vous pouvez trouver moins cher que chez nous. C'est une garantie pour le consommateur. Les clients de ce magasin voulant acheter un produit n'ont pas vraiment besoin d'un produit avec un package et un emballage déterminé ; ils ont juste besoin d'un produit de bonne qualité. Atacadão est un concept où tout ce qui est artificiel et kitsch dans la grande distribution (musique, rayonnages exceptionnels...) est dénudé et enlevé... ce qui impacte à la baisse des prix des produits. C'est le « consommer pratique » ! Les Marocains n'ont pas besoin d'un univers très confortable pour s'approvisionner en produits alimentaires. Ils s'intéressent plus à ce qu'il y a dans leur assiette. Nous avons remarqué aussi, lors de nos tests à Atacadão de Ain Sebaa, qu'il y avait une bonne tranche de la population qui pouvait ne jamais venir à la grande distribution parce qu'elle trouvait justement qu'à trop habiller le produit, il devenait automatiquement inaccessible et mentalement un produit trop cher. D'où la présentation sans artifice de notre marchandise dans ce magasin.

LesEco.ma, 27 mars 2013 et 3 décembre 2013.

Aujourd'hui les magasins Atacadão réalisent un chiffre d'affaires journalier d'un million de dirhams. Le nombre de clients serait de 4 à 5000 par jour, constitué à parts égales de professionnels (détaillants, épiciers) et de particuliers. Le caddie moyen se situe, selon les magasins, entre 500 et 700 dirhams (pour une moyenne d'environ 570 dirhams en 2018).
L'enseigne Atacadão a connu un historique mouvementé au Maroc. En effet, le rachat de Metro en novembre 2010 avait été pour LabelVie l'occasion d'inaugurer en mars 2012 son premier Carrefour Maxi à Casablanca en transformant l'ancien magasin Metro d'Ain Sebaa. Pourtant, à la fin de l'année 2012[1], LabelVie a dû transformer ce magasin et abandonner la dénomination Carrefour Market pour prendre celle d'Atacadão. Dans la foulée, trois autres magasins Atacadão sont inaugurés à Fès, Tanger et Oujda. La transformation des autres magasins Metro (Salé, Marrakech, Agadir, Casablanca, Bouskoura) devait quant à elle être achevée à la fin 2013.

L'arrêt brutal de la généralisation de Carrefour Maxi et le changement d'enseigne est lié à l'époque à l'arrivée de Georges Plassat comme nouveau PDG à la tête de Carrefour. Ce dernier a en effet remis en question les choix de son prédécesseur Lars Olofsson[2] et a préféré le concept Atacadão. Comme le précise Riad Laissaoui, Directeur Général Adjoint du groupe LabelVie[3] : « Carrefour nous a demandé notre avis. Nous avons réalisé plusieurs focus groupes et de manière surprenante, la nouvelle appellation Atacadão ne

[1] novembre 2012.

[2] Celui-ci avait annoncé et initié le passage sous enseigne Carrefour Maxi de l'ensemble des magasins Atacadão en commençant par la Colombie.

[3] *La Vie Économique*, 5 décembre 2012.

choquait pas. Il faut dire que l'enseigne Carrefour Maxi était toute récente »[1]. Il est vrai également que l'opération s'est avérée très rentable dans la mesure où selon le groupe, tous les magasins ouverts sous l'enseigne Atacadão auraient connu une progression à deux chiffres de leur fréquentation et de leur chiffre d'affaires.

Le lancement de la chaîne Atacadão s'est dès lors appuyé sur une forte campagne de communication visant à établir et asseoir la notoriété de la nouvelle enseigne et surtout à construire son positionnement comme étant l'enseigne la moins chère du marché. Selon les documents internes de LabelVie[2], sa communication reposait sur deux piliers majeurs : (i) le pacte Atacadão qui présente les moyens utilisés par l'enseigne pour offrir les prix les plus bas du marché ; (ii) l'appui sur un ambassadeur connu, Driss Laraki, reconnu comme étant au Maroc l'homme des bonnes affaires.

2.2.4. De nouveaux formats de proximité

La nécessité de répondre aux besoins d'une clientèle urbaine moins encline à fréquenter les grandes surfaces de type hypermarché a conduit le groupe LabelVie à développer une offre de magasins de proximité selon deux logiques : une logique centrée sur les coûts et les prix, au travers du lancement de l'enseigne Supeco en 2018 et une logique plus qualitative au travers de l'enseigne Carrefour Express en 2021.
Supeco prend la forme d'une supérette discount déployée sur une surface de 120 à 400 m² et visant prioritairement des catégories sociales modestes. Dans un premier temps le concept n'est expérimenté que sur la ville de Casablanca où l'on compte un peu plus d'une quinzaine d'unités. De manière assez surprenante, le groupe Carrefour LabelVie reste très discret dans sa communication concernant ce concept. Le concept Carrefour Express a été quant à lui lancé en 2021 et compte quatre magasins en 2022. Il se veut nettement plus qualitatif. Les magasins en question s'étendent sur des surfaces moyennes de plus de 400 m² et se caractérisent par des horaires d'ouverture larges (8h à 22h).

2.3. Retour sur l'organisation de LabelVie

Sur ces dernières années, l'organisation de LabelVie ou d'Hyper SA a connu deux périodes structurantes bien distinctes liées en particulier à l'achat et à l'intégration de Metro Maroc.

[1] Ce qui a par ailleurs permis à LabelVie de recevoir une indemnité de la part de son franchiseur.
[2] Rapport de gestion, 2012.

2.3.1. L'organisation au tout début des années 2010

Initialement LabelVie s'appuyait sur une organisation fortement centralisée. À partir de 2010, suite à l'intégration de la société Metro Maroc et donc au doublement de sa taille, la nécessité d'adapter l'organisation aux nouveaux enjeux du groupe s'est fait sentir. De fait, LabelVie a entrepris de mettre en place une organisation simplifiée autour d'une centrale d'achat et d'un certain nombre de Business Units, ce qui donne plus d'agilité à l'organisation. Comme le précise Riad Laissaoui : « l'ancienne organisation était lourde ; la nouvelle permet une certaine autonomie de gestion[1] ».

Figure 13 : Organigramme fonctionnel de Hyper SA (Carrefour LabelVie) en 2008

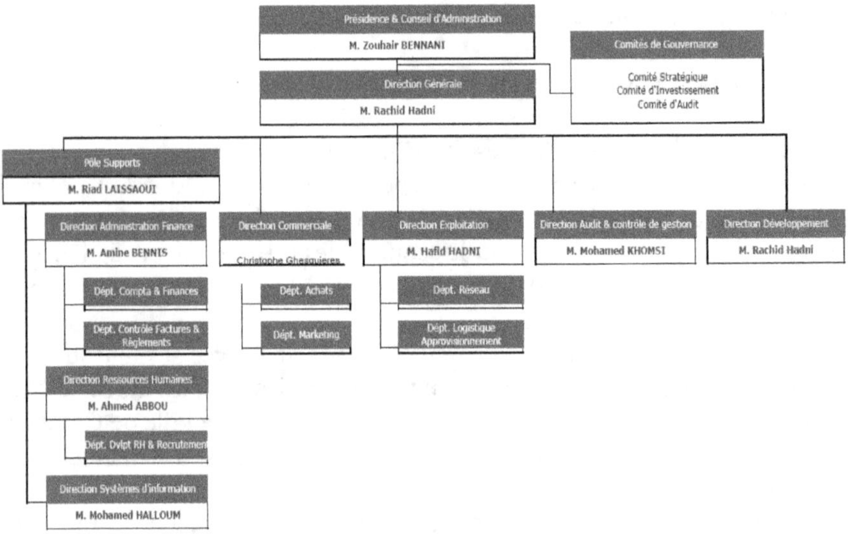

Source : LabelVie, Rapport d'activité 2008.

Ainsi, dans l'architecture nouvelle qui est adoptée vers la fin de l'année 2011, la centrale regroupe les fonctions transversales, les achats, la logistique, le marketing et la finance. Selon ses promoteurs, la nouvelle organisation dénote par sa simplicité, sa cohérence et son efficacité. Elle s'articule autour d'une centrale et de Business Units pour chacun des formats : Carrefour Market, Carrefour, Carrefour Cash and Carry et Carrefour Maxi... Les 4 Business Units, structures autonomes dédiées aux différentes formes de distribution, sont confiées à quatre DGA recrutés pour l'occasion. Ces structures bénéficient d'une certaine autonomie, ce qui permet une réelle souplesse dans la gestion ainsi qu'une rationalisation du fonctionnement : « leur mission

[1] Entretien avec Riad Laissaoui, Directeur Général Délégué, chargé du support, *L'Économiste*, n° 3615, 14 septembre 2011.

principale est opérationnelle et elles sont dotées des fonctions support ayant un impact direct sur leur activité[1] ».

2.3.2. L'organisation actuelle

L'organisation actuelle, telle qu'elle est reprise sur le site du groupe LabelVie est restée sensiblement la même. Le nombre de « Business Units » est plus cohérent et passe à trois : Carrefour Market, Carrefour et Atacadão. À la DGA support, s'est ajoutée une DGA marketing et développement qui marque la volonté de l'entreprise d'accélérer son développement et d'améliorer son fonctionnement.

Figure 14 : Organigramme du groupe LabelVie SA[2]

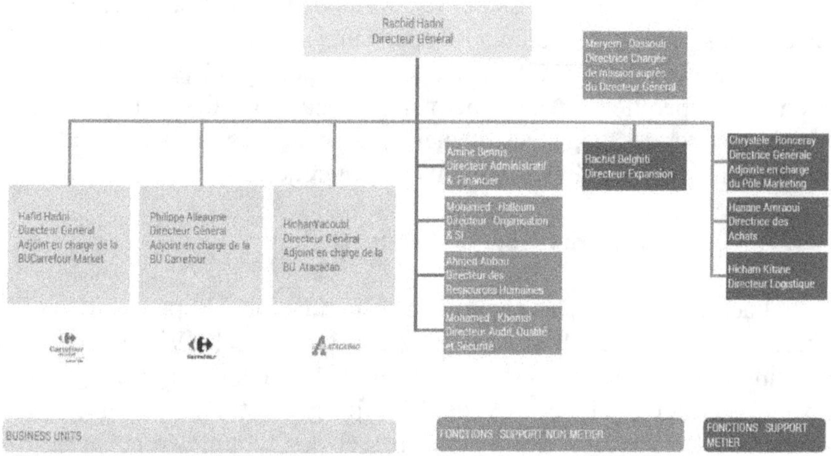

Source : Rapport d'activité LabelVie.

La nouvelle organisation de LabelVie répond à trois principes : (i) la décentralisation, qui permet de se rapprocher le plus possible des décisions opérationnelles du terrain ; (ii) la responsabilisation, qui s'appuie sur une autonomie réelle conférée aux Business Units ; (iii) et enfin le professionnalisme, qui passe par la professionnalisation des métiers.

2.4. Un développement largement boosté par la croissance externe

À l'inverse de celui de ses concurrents, le développement de LabelVie s'est largement appuyé sur la croissance externe. En effet, tout en rachetant sur un mode opportuniste et de manière régulière un certain nombre d'indépendants, LabelVie a réalisé trois grandes opérations de croissance externe : la chaîne

[1] Communiqué de presse, in Aujourd'hui.ma, 26 septembre 2011.

[2] Des amendements ont été opérés en 2020 (*cf.* rapport LabelVie 2020, p. 67).

de magasins Supersol en 2002, la chaîne de magasins Franprix en 2009 et enfin et surtout le rachat de Metro Maroc en 2010 (nous y reviendrons dans notre chapitre 8).

2.4.1. Le rachat de points de vente indépendants

Le rachat sur un mode opportuniste d'indépendants, en particulier dans la zone de Casablanca-Rabat, a permis à LabelVie d'accentuer régulièrement son assise locale et son chiffre d'affaires. Ainsi, on assiste, entre 1995 et aujourd'hui, à au moins une dizaine de rachats de magasins indépendants : Hay Riad (1995), Agdal (1999), Hassan (2003), La Gironde (2005), Quartier des hôpitaux (2007), Souissi (2008-2009)[1]...
Le rachat de petits opérateurs indépendants est une solution apparemment intéressante et ouverte pour assurer le développement continu du réseau et ce, d'autant plus que ces opérateurs indépendants souffrent beaucoup plus de la concurrence des réseaux intégrés que *moul'hanout*. Cependant, ces petits patrons de supérettes ou de supermarchés, qui sont des entrepreneurs, se caractérisent par des exigences financières souvent très supérieures à la valeur réelle de leur fonds ou de leur projet sur le marché...

2.4.2. Le rachat de Supersol et de Franprix

Avec l'acquisition de la chaîne de supermarchés Supersol du groupe Superdiplo (lui-même filiale de Royal Ahold), LabelVie contrôle cinq magasins. Outre l'acquisition de magasins clés en main, l'intégration de Supersol permet à Hyper SA de bénéficier, au travers d'un accord de partenariat, des services, des plateformes et des centrales d'achat de Royal Ahold, en particulier pour l'importation de marchandises.

Encadré 6 : Supersol au Maroc

Supersol est une enseigne appartenant à Superdiplo[2], groupe espagnol lui-même filiale du hollandais Royal Ahold. L'enseigne a été rachetée par le Hollandais Ahold juste après son implantation au Maroc. L'enseigne Supersol s'est implantée en novembre 2000 au Maroc avec une première ouverture à Casablanca. Elle avait mis en place un plan ambitieux de développement. L'objectif initial était d'ouvrir 2 supermarchés à Casablanca et Rabat avant la fin de l'année 2000 puis d'envisager l'ouverture d'une quarantaine de supermarchés à l'horizon 2004. D'autres projets pour le Maroc incluaient l'ouverture de Cash and Carry Cashdiplo ainsi que de boutiques Netto, le tout appuyé sur un entrepôt centralisé.

[1] L'acquisition du supermarché Souissi a eu lieu en 2008. L'année d'après, on a assisté à l'absorption des sociétés supermarché Souissi, Alcool réunis et Bas Zaers constituant le point de vente de Rabat Souissi.
[2] En 2000, l'entreprise gère 350 surfaces commerciales dont 225 sous enseigne Supersol et emploie plus de 7000 collaborateurs.

Le plan de développement sur quatre ans était doté d'un budget initial de 300 mdhs[1] et devait créer entre 40 et 50 emplois par magasin. Lors de l'ouverture du premier magasin à Casablanca (carrefour bd Abdelatif ben Kaddour et rue Mohamed Charci), Carlos Rodriguez de Tembleque[2], PDG de Supersol déclarait très confiant : « nous avons choisi de nous implanter au Maroc car nous pensons que c'est un pays en pleine expansion économique et que le secteur de la distribution y reste encore à développer »[3].
Le positionnement des magasins Supersol est assez original. En témoigne la configuration du magasin de Casablanca : « avec une superficie totale de 1000 m², Supersol Casablanca compte quelque 6000 références, dont plus de 1000 produits importés d'Espagne. Une section de parfumerie spécialisée et des conseils professionnels sur la beauté et les soins corporels sont proposés. Le magasin sera ouvert tous les jours de 8h15 à 21h30. À noter enfin qu'un parking, des facilités pour handicapés et un système de livraison à domicile figurent parmi les services proposés »[4].
L'investissement initial est de 15 à 20 millions de dirhams hors foncier ; mais chaque magasin peut générer un chiffre d'affaires de plus de 50 millions de dirhams.

Pour autant, Supersol n'est parvenu à ouvrir que deux magasins à Casablanca et Rabat avant de connaître des difficultés. De multiples raisons ont été évoquées dans la presse pour expliquer ces difficultés. Certains mettent en avant une gestion défaillante liée à une mauvaise approche de la culture marocaine et de ses attendus (le fait d'utiliser un seul tranchoir pour les viandes halal et le non halal) ou encore à des innovations peu valorisées par les clients (caddies en location à 10 dirhams)[5]. En réalité, l'explication la plus plausible est à rechercher dans les revirements stratégiques de la maison mère ; autrement dit, le groupe Ahold qui a repris la chaîne espagnole Superdiplo pour 1,5 milliard d'euros fin 2000. En effet, de mauvaises perspectives et résultats ont incité le groupe à concentrer ses efforts sur la restructuration et la réorganisation de sa filiale espagnole. Les nombreuses acquisitions opérées par le groupe entre 1997 et 2002 induisent un besoin considérable en termes de réorganisation : mise sous enseigne commune (Superdiplo et Supersol), élimination des doublons, etc. Ce recentrage sur la filiale espagnole a induit un freinage dans le programme de développement au Maroc, puis à un retrait du pays en 2002, même si, un retour n'était pas exclu pour l'avenir.

Source : d'après diverse presse.

Superdiplo détenait les fonds de commerce de deux supermarchés à l'enseigne Supersol, le premier présent à Rabat (quartier des Ambassadeurs) et l'autre à Casablanca (quartier Vélodrome).

---

[1] L'investissement pour un magasin est de 15 à 20 millions de dirhams hors foncier.

[2] Président du groupe Superdiplo, propos tenus lors de l'inauguration du 1er magasin de Casablanca.

[3] « *Le géant espagnol Superdiplo affiche ses ambitions* », *L'Économiste*, n° 891, 9 novembre 2000.

[4] Ibid., *L'Économiste*, n° 891, 9 novembre 2000.

[5] Zamane.ma, LabelVie et les bonnes affaires.

En 2009, LabelVie rachète les deux magasins Franprix[1] localisés à Casablanca (Vélodrome et Bd Yacoub Mansour). Ce rachat a porté à 22 le nombre des magasins (dont une dizaine à Casablanca) détenus par LabelVie, cela pour une surface de vente totale de 31000 m².

2.4.3. Le rachat de Metro Maroc

C'est vers la fin 2010[2] que le groupe LabelVie rachète Metro Cash and Carry Morocco (MCCM) qui détient 8 magasins Metro au Maroc. L'acquisition fait suite à une participation à un appel d'offres lancé par Metro Group en vue de la cession de MCCM (*cf.* tableau 6).
Ce rachat permet à LabelVie de consolider son positionnement dans la distribution multiformat en contribuant à renforcer le groupe sur le créneau des grandes surfaces de type hypermarché. Plus généralement, en acquérant Metro Maroc, le groupe LabelVie parvient à doubler sa taille avec un chiffre d'affaires qui passe de 2,5 à 5,3 milliards et une part de marché qui passe de 16 à un peu plus de 30%[3]. De ce fait, comme le précise la Direction du groupe, l'acquisition de Metro permet à LabelVie de gagner plus de 5 années sur son plan de développement initial dans l'activité hypermarchés.

Tableau 6 : Comparaison LabelVie-Metro

	LabelVie	MCCM Metro
Magasins	23 supermarchés LabelVie 2 hypermarchés Carrefour 48 850 m² de surface de vente totale Présence dans 12 villes du Maroc	8 magasins 6600 m² de surface de vente en moyenne (total 52 730 m²) Présence dans 7 villes du Maroc Tous certifiés HACCP (certification de sécurité sanitaire des produits frais)
Chiffre d'affaires	2,5 milliards de dirhams (estime fin 2010)	2,4 milliards de dirhams
Capital humain	2800 collaborateurs (150 au siège et 2650 en magasins) Organisation avancée	1363 collaborateurs (127 au siège et 1236 en magasins) Ressources humaines qualifiées et formées tout au long des 20 ans d'existence de MCCM au Maroc (depuis 1991)

[1] Ces magasins distribuaient les produits Leader Price au Maroc.
[2] Accord signe le 15 novembre.
[3] Au moins sur le papier.

Entrepôts	7 entrepôts (2 pour les produits secs et 5 pour les produits frais) Plateforme logistique de 24 000 m² d'entreposage en cours de construction à Skhirat	2 entrepôts (produits frais, produits secs + non alimentaires)
Patrimoine foncier		+ 425 000 m² de foncier détenus (terrains abritant les magasins)
Clients	Plus de 20 millions de clients (tickets) par an	Base de données clients avec 200 000 clients actifs Offre de service complète proposée aux clients (livraison et facilités de paiement)

Source : LabelVie SA (2010).

Les ambitions initiales affichées lors du rachat de Metro Maroc étaient de transformer les magasins de C&C en hypermarchés à l'horizon de deux ans. En effet, cette conversion, en s'appuyant sur les emplacements stratégiques des magasins Metro permettait à LabelVie, de gagner 5 années sur la mise en œuvre de son plan de développement sur le segment des hypermarchés. Néanmoins, très rapidement le projet initial a connu quelques amendements. Ainsi, le projet de généralisation des unités en hypermarchés est abandonné au profit du développement de trois concepts distincts : les Cash and Carry traditionnels, un concept hybride dit hypercash et les hypermarchés classiques[1].

Hypermarchés classiques. Un seul magasin, celui de Sidi Maarouf a été transformé en hypermarché moderne classique. Cet hypermarché devient ainsi le concurrent direct du Marjane implanté sur la même zone. Le passage au mode hypermarché est à la fois coûteux et riche en emplois. En effet, le nouveau concept s'appuie sur un réaménagement complet en vue d'accueillir une galerie marchande d'une trentaine d'enseignes.

Cash and Carry traditionnel. Il s'agit cette fois de maintenir le positionnement initial des magasins Metro correspondants. Les Cash and Carry traditionnels sont réservés exclusivement aux professionnels. L'idée prévalente est de conserver en l'état les magasins dont l'activité est jugée suffisamment rentable (cas des magasins de Salé, Agadir et Marrakech). Ces structures ne subissant

[1] « *Hyper cash and carry, hyper cash : ce que deviendront les magasins Metro* », *La Vie Économique*, 19 juillet 2011.

alors que des aménagements mineurs en plus du réaménagement de l'identité visuelle.

Hypercash. Le concept hypercash est une combinaison des deux concepts précédents. Autrement dit, il s'agit d'un format de magasin qui associe hypermarché discount pour les particuliers et Cash and Carry pour les professionnels sur le modèle Atacadão qui, on l'a vu, a connu un succès remarquable au Brésil.

Le revirement stratégique de LabelVie concernant la transformation des magasins Metro permet au groupe de revoir à la baisse un budget d'investissement lié à la reconversion qui avoisinait les 300 millions de dirhams. C'est en ce sens que le DGA du groupe déclarait en 2011 ; « au début, on comptait transformer les 8 magasins en hypermarchés et l'opération devait coûter 300 mdhs. Mais le fait de garder la formule de Cash and Carry pour certaines unités a permis de faire l'économie de quelques dizaines de millions »[1].

2.4.4. L'arrivée de Carrefour et ses conséquences

L'arrivée de Carrefour marque un véritable tournant dans l'histoire et la stratégie du développement de LabelVie. Le groupe assoit clairement sa place de challenger qui aurait pu lui être disputée à un moment par Aswak Assalam. Ainsi, tout en écartant définitivement son rival Aswak Assalam, LabelVie dispose maintenant des moyens lui permettant de conforter sa position concurrentielle par rapport au leader qu'est Marjane. En optant pour un accord de franchise, Carrefour et LabelVie ont cherché à éviter les écueils d'une alliance de type joint-venture. Le modèle de la joint-venture, beaucoup plus contraignant, a montré ses limites dans le cas ONA-Auchan entre 2000 et 2007 qui se sont séparés à la suite d'un long conflit. En effet, c'est en 2009 que Carrefour signe un accord de franchise avec LabelVie. Selon les termes de cet accord[2], Carrefour apporte ses concepts, son informatique, son expérience dans l'implantation de magasins, ses marques et plus généralement ses conditions d'achat. Autrement dit, le contrat conclu avec Carrefour ouvre à LabelVie la centrale d'achat du groupe et ce, même pour ses propres magasins. De son côté, LabelVie apporte ses capacités opérationnelles, son réseau de magasins (une vingtaine à l'époque) et surtout sa connaissance du marché local (et des subtilités des négociations locales, en particulier avec les administrations et les collectivités territoriales).

---

[1] *La Vie Économique*, 19 juillet 2011.

[2] « *Carrefour s'invite au Maroc* », *LSA*, 19 février 2009.

Tableau 7 : Carrefour-LabelVie : synergies et points forts

Carrefour	LabelVie
- Présence au Maroc par son enseigne - Poursuite de sa logique d'expansion internationale - Vente de produits à travers sa plateforme - Fourniture de prestations de savoir-faire en matière d'ouverture de magasins - Accès à une clientèle nouvelle	- accès au réseau d'approvisionnement mondial du groupe Carrefour - accès à la MDD Carrefour, soit plus de 2000 références - accès au *know how* de Carrefour (développement et choix d'emplacements, aménagement des magasins) - accélération du développement et augmentation du chiffre d'affaires

3. Aswak Assalam : l'hypermarché « *à la marocaine* »

Aswak Assalam est l'enseigne de distribution de Ynna Holding créée par Miloud Chaabi, et qui est très actif également dans le BTP, la promotion immobilière, l'industrie et le tourisme (nous y reviendrons). En effet, à la fin des années 90, le groupe Chaabi, à la recherche de nouveaux relais de croissance, a acté l'importance des enjeux autour de l'avènement de la société de service au Maroc et a lancé un pôle « émergence » regroupant les nouveaux métiers de l'hôtellerie et de la grande distribution. C'est donc en 1998 que Ynna Holding va lancer sa chaîne de distribution au travers d'une première ouverture à Rabat.

Le premier centre commercial a ainsi été réalisé par Ynna Holding en collaboration avec le groupe syro-saoudien Al Soleymane, entreprise internationale active dans la grande distribution. Mais très rapidement, Ynna Holding a pris le contrôle exclusif d'Aswak Assalam. Après Rabat, mais pas moins de quatre années plus tard, Aswak Assalam ouvre un deuxième magasin à Marrakech. Aswak Assalam comptabilise 15 hypermarchés en 2020, localisés dans les principales villes du Maroc (Casablanca, Rabat (2), Agadir (2), Marrakech (2), Oujda, Tanger, Essaouira (2), Kénitra, Témara, Mohammedia). L'enseigne emploie plus de 2000 collaborateurs et déploie une surface de plus de 56 000 m^2.

Contrairement à ses concurrents ; Aswak Assalam n'est à ce jour présent que sur le segment des hypermarchés. Pour autant, en 2014, Faouzi Chaabi, administrateur à Ynna Holding, à la suite du lancement de Xpress par Marjane annonce à son tour le lancement d'une chaîne de supérettes à bas prix qui devait voir ses premières unités dans les quartiers résidentiels et populaires de Casablanca, Fès, Marrakech et Tanger dans un premier temps. On notera que dans les conditions du début 2020, l'annonce n'a toujours pas été suivie d'actions concrètes.

3.1. Organisation

À la différence de la plupart de ses concurrents, et c'est sans doute aussi un frein à son développement, la gouvernance d'Aswak Assalam reste très fortement centralisée. En effet, la direction d'Aswak Assalam a longtemps été assurée par le Vice-Président du groupe Ynna Holding (Faouzi Chaabi) qui gérait donc en direct l'enseigne, assisté d'un Vice-Président en charge du développement et de deux directeurs : exploitation et achats. Ce n'est que très récemment que l'enseigne s'est dotée d'un Directeur Général[1].

Figure 15 : Organisation d'Aswak Assalam

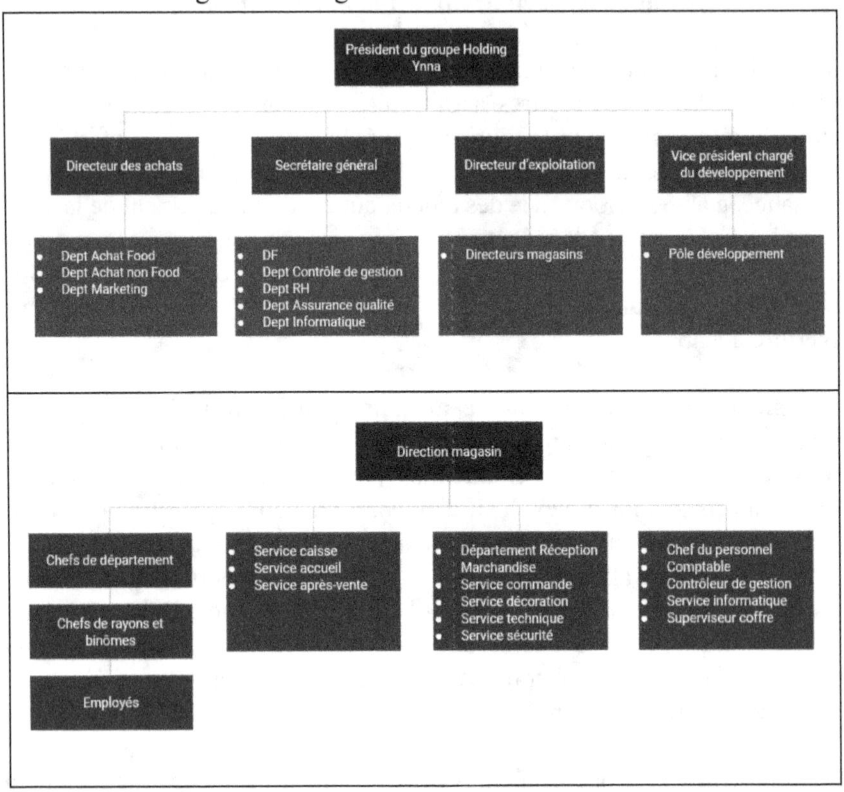

Source : Document interne Aswak Assalam.

[1] Abdelkrim Tassine.

3.2. De Casino à Ben Daoud : des tentatives de rapprochement avortées

Contrairement à Marjane-Acima qui a largement bénéficié de l'expertise technique de Auchan ou encore de LabelVie qui s'est appuyé sur le groupe Carrefour, Aswak Assalam semble être resté une entreprise familiale autocentrée. De fait, son expansion a été largement contrainte par un mode de gouvernance spécifique, mais également par un manque de ressources humaines et d'expertises validées dans le déploiement d'une grande chaîne de distribution. Par ailleurs, aux difficultés structurelles du groupe, ont été ajoutées sur la période 2013-2014 des difficultés conjoncturelles liées à un conflit entre le groupe Ynna et le Français FCB, difficultés qui ont contribué à une mise aux enchères de l'enseigne. Pour autant, depuis le début des années 2000, un certain nombre de rendez-vous avec de grandes enseignes étrangères (Casino, Carrefour puis Ben Daoud) ont semble-t-il été ratés.

3.2.1. Casino

En 2004, en réponse au partenariat conclu entre Auchan et Marjane, Aswak Assalam est à la recherche d'un partenaire français pour développer ses hypermarchés. Il se rapproche dès lors du groupe Casino au travers d'un partenariat en plusieurs étapes[1] : la première étape porte sur l'accès d'Aswak Assalam à la centrale d'achat du groupe Casino ainsi que sur un protocole d'échange informatique avancé. Le contrat d'affiliation porte ainsi « sur une exclusivité territoriale sur les enseignes et les produits, un transfert du savoir-faire informatique et une adhésion à la centrale d'achat[2] ».

Il était par ailleurs acquis que les magasins Aswak Assalam porteraient désormais l'enseigne Géant Casino… à commencer par les ouvertures en cours et à venir prévues à Kenitra et Agadir.

Les accords entre les deux enseignes se sont concrétisés par l'ouverture en juillet 2004 d'un magasin Géant dans la région de Kénitra. L'ouverture officielle du magasin, programmée en avril 2004, a en réalité été retardée le temps de modifier un projet considéré comme trop rapidement ficelé selon la direction de Casino. Par ailleurs, un cadre expérimenté[3] a été dépêché sur place pour épauler l'encadrement du groupe Chaabi[4].

L'hypermarché en question est directement inspiré du concept Magellan. L'accord d'affiliation initiale est relativement peu contraignant. Néanmoins, à terme et dans un second temps l'hypothèse d'un croisement capitalistique entre les deux groupes était envisagée afin d'assurer un développement rapide

---

[1] « *Maroc : nouvel eldorado du groupe Casino* », *LSA*, 26 février 2004, *Linéaires*, 12 janvier 2005.

[2] Ce rapprochement a été annoncé par Annasse El Omami, DG de l'enseigne lors d'une journée commerce et ville organisée par le MCI.

[3] Bernard Rouzaud, directeur à la retraite du Géant Casino d'Aix en Provence.

[4] *cf. Linéaires*, 12 janvier 2005.

au Maroc. En effet, le groupe Casino a choisi de procéder par étapes avant de risquer une alliance plus capitalistique [1]. Cependant, de nombreuses interrogations ont été soulevées dans la presse et par les experts sur les modalités de fonctionnement réelles du partenariat entre les deux groupes. Le gap ou l'enjeu le plus important résiderait notamment dans la culture spécifique et l'éthique singulière du groupe Chaabi (en particulier en matière de traitement des boissons alcoolisées).
Finalement, malgré l'intérêt que pouvait présenter ce rapprochement, ses promoteurs ne sont pas parvenus à déboucher sur des accords concrets. Ainsi, en 2006, arguant de charges de consulting excessives, Aswak Assalam a mis un terme à son rapprochement avec Casino.

3.2.2. Carrefour

Dans la foulée de la séparation d'avec Casino, des contacts ont été pris et des négociations lancées entre Aswak Assalam et le groupe Carrefour. Selon de nombreuses sources à l'époque, le groupe Chaabi aurait été en contact avec Carrefour pour la cession de 51% de ses parts dans Aswak Assalam [2]. Néanmoins, là aussi, les négociations n'ont pas abouti, ce qui a sans doute conduit le groupe Carrefour à se retourner vers LabelVie avec lequel il signe un contrat de franchise en 2009.

3.2.3. Ben Daoud

Entre 2012 et 2013, Aswak Assalam a entrepris des négociations commerciales avec le géant saoudien de la distribution Ben Daoud qui envisageait de s'implanter au Maroc en rachetant dans un premier temps 30% du capital de l'enseigne marocaine. Selon la presse nationale[3], les discussions menées successivement au Maroc et en Arabie Saoudite ont permis d'aboutir à un consensus sur le pacte d'actionnaires, le mode de gouvernance de la société, le système de résolution des conflits éventuels, les clauses de non-concurrence ainsi que le business plan à moyen terme. Elles achopperaient sur le mode de valorisation de la société (estimé à 2,5 milliards de dirhams). Ainsi, l'entrée de Ben Daoud permettrait un développement rapide de l'enseigne et en particulier d'au moins un magasin par an sur 5 ans. L'éventualité d'une montée dans le capital de Ben Daoud à 50% était même envisagée pour la suite.

---

[1] *LSA*, 26 février 2004.

[2] Notons cependant que certaines autres sources (*cf.* Finances News du 6 mars 2008), ce rapprochement n'aurait été qu'une rumeur.

[3] *La Vie Économique*, 8 octobre 2012.

Encadré 7 : Groupe Ben Daoud : du commerce de l'encens à la grande distribution

Le groupe Ben Daoud a été créé il y a plus de 50 ans. Au départ, il s'était spécialisé dans le commerce de parfums arabes, de l'encens, de l'or et de produits artisanaux. Son premier magasin moderne, « Bindaoud superstore » est ouvert en 1984 à La Mecque. Il est maintenant l'une des principales chaînes de magasins à grande surface au Royaume d'Arabie avec plus de 80 magasins dans une quinzaine de villes. Le gros de l'activité commerciale est réalisé à Médine et à La Mecque, villes qui reçoivent un grand nombre de pèlerins. Dans ce domaine, l'enseigne se positionne sur le segment familial, mise sur une offre très diversifiée et des prix très compétitifs. En 2011, le chiffre d'affaires dépassait le milliard de dollars. Outre la grande distribution, le groupe s'est diversifié dans l'immobilier, l'hôtellerie, la restauration et le catering, l'import-export, la franchise et la vente au détail d'articles de mode.

Source : *La Vie Économique*, 8 octobre 2012.

L'arrivée du géant saoudien, qui partage cette fois avec Aswak Assalam une vision proche et une philosophie de la distribution moderne identique (prescription de l'alcool, centrage sur les produits halal... [1]), aurait pu permettre à Aswak Assalam de mieux se positionner par rapport à la concurrence sévère des deux leaders (Marjane et LabelVie), mais également de BIM qui, à l'époque déjà était en passe de lui ravir la 3e place en termes de parts de marché. Néanmoins le rapprochement, là encore, n'a finalement pas pu déboucher sur des concrétisations opérationnelles.

3.3. Aswak Assalam 2010-2017 : une entreprise à la dérive ?

L'enseigne Aswak Assalam a connu un développement graduel depuis sa création. Cependant, son développement est fortement ralenti à partir de 2010 et ce ralentissement sera amplifié par deux évènements majeurs qui vont affecter l'entreprise et plus généralement le groupe.

3.3.1. Un ralentissement net dans le programme d'ouvertures

Au début des années 2000, et en particulier entre 2000 et 2012, l'enseigne Aswak Assalam a connu un réel développement et a pu à un moment faire figure de challenger face à Marjane. Depuis lors, l'entreprise fait face à un net ralentissement. Ainsi, à partir de 2010, elle gèle son expansion et ne procède à aucune ouverture. De nombreux projets ont été annoncés dans la presse

[1] Le groupe Ben Daoud se finance exclusivement en dehors du système bancaire classique ce qui devrait avoir un impact en termes de politique d'endettement du groupe marocain (*cf. La Vie Économique*, 8 octobre 2012), « *Miloud Chaabi veut céder 30% d'Aswak Assalam au saoudien Ben Daoud* ».

(Rabat Hay el Fath, Tanger Moulay Ismail, Casablanca Belvédère...)[1] mais ne semblent pas avoir été formalisés. Autrement dit, l'objectif stratégique fixé par la Direction, d'ouvrir en moyenne trois magasins par an de manière à atteindre un réseau d'une cinquantaine d'unités, est aujourd'hui caduc. De même, la diversification annoncée en 2014, et qui devrait s'appuyer sur le lancement d'un réseau de supérettes discount n'a toujours pas été concrétisée. Dès lors, l'entreprise a connu une certaine forme de relégation, passant de la 2e à la 3e place puis plus récemment à la 4e place de la distribution nationale, derrière BIM.

La panne dans le développement spatial et dans le développement en général est liée a des éléments très classiques qui touchent l'ensemble de la grande distribution alimentaire, comme par exemple la pénurie de main-d'œuvre. Sur ce dernier point, on peut même penser qu'Aswak Assalam connaît des difficultés majeures et en particulier un turnover important de ses salariés dans la mesure où, selon toute vraisemblance, les salaires versés par Aswak Assalam semblent moins compétitifs que ceux de ses concurrents. Cette panne s'explique en large partie par des difficultés à s'appuyer sur un partenaire international solide (*cf.* section 2.3.2 et les multiples échecs de rapprochement). Elle s'explique également par un mode de gouvernance défaillant et sans doute un moindre intérêt pour la distribution dans le cadre d'un groupe industriel florissant. Il est par exemple symptomatique que l'enseigne ne disposât pas, jusqu'à très récemment, d'un Directeur général véritablement dédié, la Direction générale étant assurée en direct semble-t-il par Faouzi Chaabi. Enfin les difficultés de l'entreprise sont amplifiées par deux évènements majeurs qui sont d'abord à partir de 2008, un conflit sévère du groupe Ynna Holding avec FCB, mais qui va connaître son point d'orgue en 2015, lorsque le groupe en question sera condamné à verser près de 20 millions d'euros de dédommagement au français FCB ; ce qui va induire une mise en vente forcée des actions de l'enseigne et par conséquent une perte de confiance relative des clients et fournisseurs et ensuite, dans un second temps, le décès du très charismatique fondateur du groupe et de l'enseigne Miloud Chaabi.

3.3.2. L'affaire judiciaire FCB

Le conflit commercial qui oppose Ynna à FCB (Fives Groupe) remonte à 2008. À l'époque, FCB remporte un appel d'offres de 160 millions d'euros lancé par Ynna Sament, filiale de Ynna Holding, pour la construction d'une cimenterie. Cependant, Ynna décidera de mettre fin unilatéralement au projet. FCB réclame alors un dédommagement de près de 20 millions à son partenaire, qui le conteste en retour. Le litige avec FCB a ainsi mené le groupe

---

[1] Mais également Salé, Nador, Fès, Khouribga, Marrakech Tamansouit.

Ynna devant les tribunaux. À l'issue du feuilleton judiciaire mené en Suisse puis au Maroc, Ynna Holding est condamné en 2015 à payer près de 20 millions d'euros à FCB. Ce dernier demande dès lors la saisie conservatoire d'une série d'actifs du groupe Chaabi anticipant ainsi le bras de fer qui va l'opposer à Ynna dans l'application de la décision de justice au Maroc. FCB tente de se faire payer par la vente forcée d'un certain nombre d'actifs d'Ynna Holding et a obtenu la saisie exécutoire de 3,5 millions d'actions détenues par Ynna dans le capital de Aswak Assalam. Pour autant et malgré un prix attractif les multiples tentatives de vente des actions de la chaîne d'hypermarchés se sont soldées par des échecs faute d'acquéreur.

3.3.3. Le décès de Miloud Chaabi

La disparition en 2016 du PDG et fondateur du groupe Ynna Holding, Haj Miloud Chaabi a pu contribuer à amplifier les difficultés du groupe et approfondir l'absence de vision quant aux axes de développement de la BU distribution. En effet, dans son ensemble, le groupe est marqué par la très forte personnalité de son fondateur. Le positionnement même de l'enseigne Aswak Assalam, son centrage sur des valeurs traditionnelles de la famille marocaine, la prohibition à la vente d'alcool dans ses magasins… sont directement le fruit de la volonté et de la personnalité de « Haj Miloud ».
En juillet 2018, la presse se fait même l'écho de distensions graves entre les héritiers du groupe[1]. En effet, bien que Miloud Chaabi ait pris soin avant sa mort de répartir les responsabilités et les différentes parts de son patrimoine entre ses enfants, il semblerait que de nombreux désaccords se sont fait jour et que le maintien de la cohésion autour de l'épouse du fondateur s'effrite rapidement.

3.4. Vers un retour dans le jeu

À partir de 2017, on perçoit cependant une forme de « retour dans le jeu » de l'enseigne Aswak Assalam. Cette dernière semble en effet reprendre la main sur son destin en procédant à sa première ouverture depuis 2010, à Essaouira ; ouverture qui sera complétée en 2019 par le centre Rabat el Fath ainsi que par celui de Settat (projet Aswak Chaouia)[2], ce qui porte à 15 le nombre d'hypermarchés contrôlés par le groupe. Des projets sont par ailleurs annoncés pour 2023 à El Jadida et Meknès. Dans le même temps, le groupe lance une innovation majeure avec « *L'Carnet* », carte à paiement différé (*cf.* chapitre 6) et annonce par ailleurs avoir célébré à la fin de l'année 2018 sont millionième adhérent au programme Aswak fidélité. Au milieu de l'année

---

[1] « *Les héritiers du milliardaire Chaabi se déchirent sa fortune* », Actu-Maroc, 25 juillet 2018.

[2] Le projet Aswak Chaouia alliera offre commerciale et offre touristique et de loisir. En effet, le programme comprendra outre l'hypermarché et sa galerie d'une vingtaine de boutiques, un hôtel et un parc de loisirs.

2022, le nombre des adhérents avait atteint les 1,5 million, assurant ainsi à l'enseigne la place de leader dans la fidélisation au Maroc[1].

4. BIM : le hard discount à la turque

L'enseigne BIM s'est implantée (en ouvrant un premier magasin à Casablanca) en 2009 au Maroc. BIM Maroc est la filiale du groupe du même nom et qui est leader en Turquie.

Encadré 8 : BIM A.Ş

BIM A.Ş est un géant turc de la distribution alimentaire. Ce groupe, pionnier du hard discount en Turquie a été créé en 1995. Il a connu un vif succès au cours des dix dernières années (avec une progression à deux chiffres de son chiffre d'affaires)[2] et est aujourd'hui coté à la bourse d'Istanbul. BIM est passé d'une vingtaine de magasins au milieu des années 90 à près de 5000 en 2016… plus de 8500 à ce jour, devenant ainsi le leader de la distribution alimentaire en Turquie avec plus de 32% de part de marché. Au niveau mondial, il compte un peu moins de 10 000 magasins à ce jour. BIM emploie plus de 50 000 salariés (plus de 60 000 à l'international), ce qui en fait le premier employeur en Turquie.

Le Maroc où BIM s'est implanté en 2009, constitue la première expérience internationale du groupe. Il y contrôle à ce jour un peu moins de 600 magasins qui devraient contribuer à environ 6-8% du chiffre d'affaires total (dans les conditions du début de l'année 2020). L'Égypte a été investie en 2013 et compte plus de 300 unités.

Source : Site institutionnel et documents internes.

Depuis sa création en 2008 et l'ouverture du premier magasin en 2009, BIM a opté pour une stratégie de développement très agressive avec comme objectif l'ouverture de 5 à 10 magasins par an. Si les objectifs ont parfois été revus à la baisse, il n'en demeure pas moins qu'en termes de nombre de magasins, BIM connaît une croissance à deux chiffres. L'enseigne est ainsi passée en une dizaine d'années d'un magasin (en 2009) à plus de 600 en 2022 (*cf.* figure 16). L'objectif visé étant, rappelons-le, d'atteindre rapidement le seuil des 1000 magasins sur le territoire national permettant ainsi d'assurer la rentabilité et la viabilité à long terme de l'enseigne.

[1] « *Grande distribution : un million d'abonnés pour le programme de fidélité d'Aswak Assalam* », *Le Matin*, 28-30 décembre 2018.

[2] Selon Deloitte Global Powers of Retailing 2019 Report, BIM est classé au 22e rang mondial des groupes de distribution ayant connu la croissance la plus rapide (« *fastest growing retailers* »).

Figure 16 : Évolution du nombre de magasins

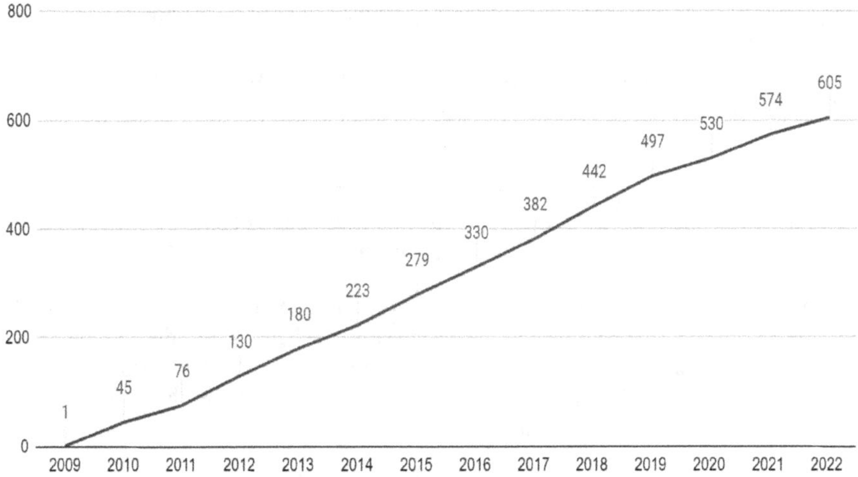

*les données pour l'année 2022 sont arrêtées au 1er septembre.

4.1. Modèle économique et facteurs clés de succès

Le modèle économique adopté par BIM est celui qui caractérise le hard discount traditionnel ; autrement dit, un positionnement qui joue sur les prix bas.

La recette permettant de compresser les charges est là aussi très classique. Les magasins d'une surface comprise entre 400 et 600 m² (la moyenne se situerait autour de 400 m²) sont systématiquement localisés dans des artères secondaires (donc moins coûteuses à la location)[1] et souvent délaissées par les enseignes concurrentes plus qualitatives. Ils sont gérés par une équipe de 3 à 4 personnes, toutes polyvalentes (et moyennant des salaires relativement bas comparativement à ceux de la concurrence). Le modèle est fondé sur une réduction maximale des charges et une marge relativement réduite (2,5 à 3%). Cette maîtrise des charges et des coûts permet à BIM d'adopter une politique de prix très compétitifs (au point même parfois de jouer le rôle de grossiste pour les épiceries traditionnelles et le « *moul'hanout* »).

1 BIM n'exploite que des magasins en location, ce qui lui permet une optimisation du bilan et des investissements.

Encadré 9 : Les principes BIM

L'objectif de BIM A.Ş est de minimiser ses coûts d'exploitation dans le but d'offrir des rabais à ses clients. Pionnier du modèle maxidiscompte en Turquie, grâce à sa structure organisationnelle, à sa gestion efficace des coûts et à son portefeuille de produits limité, BIM construit son concept de maxidiscompte sur quatre piliers principaux :

*Accélérer les processus de prise de décision et d'exécution tout en créant un réseau logistique et d'information dynamique entre les bureaux régionaux et les magasins avec une structure organisationnelle décentralisée ;

*Éviter les dépenses inutiles qui pourraient augmenter les prix des produits ; minimiser les coûts de gestion, de décoration de magasin, de personnel, de distribution, de commercialisation et de promotion, superviser les normes de qualité plus efficacement en limitant le portefeuille à environ 600 produits, et offrir aux clients des produits au meilleur prix ;

*En raison de sa forte capacité d'achat, BIM est la plus grande centrale d'achat en Turquie de la plupart des produits qu'elle vend. Par conséquent, elle encourage les fournisseurs pour fabriquer des produits à faible coût et de haute qualité. Elle peut ainsi obtenir des produits de qualité aux meilleurs prix ;

*BIM emploie un mode détaillé et bien pensé pour la sélection des produits et des prix. Les produits qui sont offerts aux consommateurs dans les magasins sont choisis de telle manière qu'ils satisfont 80% des besoins quotidiens de base des ménages.

Source : Documents internes et site institutionnel.

Plus précisément, BIM développe son concept autour d'une dizaine de principes qui sont présentés comme autant de garanties offertes aux clients. Ces principes, sous forme d'une charte publique sont systématiquement affichés à l'entrée de chaque magasin (*cf.* figure 17). Ces principes peuvent être regroupés en deux grandes catégories : la première met en avant les avantages client (BIM priviligié l'intérêt du client au travers en particulier de la qualité des produits, de l'avantage prix et de l'importance des marques de distributeur qu'il propose en rayon). La deuxième catégorie, de manière plutôt surprenante[1], se focalise sur des questions opérationnelles et de gestion interne (absence de publicité, caractère sommaire de la décoration des magasins, banissement des emballages superflus et coûteux… et plus généralement sobriété des magasins).

[1] Dans une communication à destination des clients tout au moins.

Figure 17 : Le concept BIM

Source : Documents internes et site institutionnel.

Pour autant, tout en connaissant un développement remarquable de ses implantations et de son chiffre d'affaires, BIM peine encore à trouver un équilibre. Si le chiffre d'affaires de l'enseigne au Maroc a connu la même évolution à la hausse, passant de 50 millions en 2009 à près de 3 milliards de dirhams en 2022, les résultats peinent à décoller et le modèle a des difficultés à dégager des bénéfices. C'est d'ailleurs cette situation qui pousse l'enseigne à ouvrir plus de 50 magasins tous les ans. Selon certains experts, le modèle BIM a été rentable en Turquie à partir de 1000 magasins. Ce seuil devrait cependant être plus élevé dans le cas du Maroc du fait des coûts du foncier et de la location.

Figure 18 : Évolution du chiffre d'affaires de BIM au Maroc

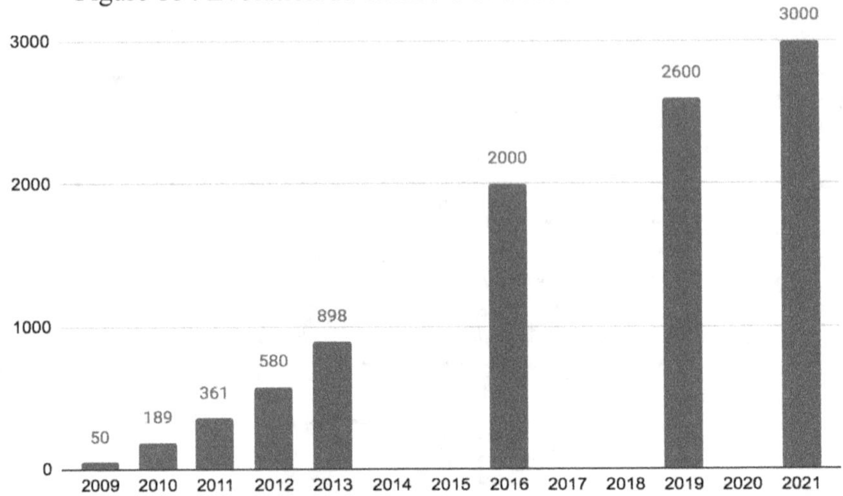

Source : d'après diverse presse et estimations de l'auteur.

On peut penser néanmoins que, dans la mesure où l'implantation au Maroc reste la première opération d'internationalisation du groupe turc, la réussite de cette implantation constitue un enjeu stratégique pour l'avenir et que le groupe devrait investir encore lourdement de manière à assurer la pérennité de l'enseigne.
En 2020, et pour assurer son développement au Maroc, BIM a cédé 35% de son capital à Blue Investment Holding qui est un fonds d'investissement britannique très actif en Afrique[1].

4.1.1. Agencement des magasins, assortiment-produits et MDD

L'une des spécificités marquantes des magasins BIM est que les rayons ne sont pas organisés de manière structurelle en ce sens qu'au niveau d'un même rayon, on peut trouver des produits frais et des produits non alimentaires. Autrement dit, la ligne de produits est changeante en fonction des résultats des négociations avec les fournisseurs.

L'agencement des magasins BIM et leur mode d'organisation semblent d'ailleurs être plus proches des épiceries traditionnelles de quartier que du modèle de la grande distribution organisée. En effet les principes du merchandising traditionnel sont totalement occultés et l'on n'observe aucune logique de classification ou d'organisation des produits selon les prix, les familles ou sous-famille. Bien souvent les produits sont présentés sur des

[1] « *Pour se développer BIM opère un virage stratégique* », le site info, 16 décembre 2020.

palettes ou des racks dans leur emballage d'origine et les prix sont inscrits manuellement sur des étiquettes apposées sur les supports existants, voire même assez souvent sur le mur attenant (*cf.* Boukhana, 2014).

L'assortiment proposé dans les magasins BIM est réduit, on l'a vu, à 600 articles permanents au maximum. BIM se limite aux produits de grande consommation et ne commercialise pas plusieurs marques d'une même catégorie comme le font la plupart de ses concurrents.
Le contrôle des charges et des coûts passe également par un assortiment optimal et un développement marqué des MDD. Les marques propres concernent de nombreuses familles de produits (huiles, détergents, sauces, thé, café, boissons gazeuses, fromages, yaourt, biscuit et confiserie, produits d'hygiène corporelle et couches pour bébé…).
L'objectif affiché est de favoriser le développement des MDD afin qu'elles prennent une place prépondérante dans l'offre magasin. Pour faciliter ce développement, plus d'une trentaine de magasins sont consacrés à la vente exclusive de ces marques.
Aujourd'hui l'assortiment proposé par BIM peut être décliné en quatre catégories de produits[1] : (i) *les grandes marques* ; (ii) *les marques ou produits exclusifs* : il s'agit de marques connues (grandes marques) mais proposées à la vente avec des conditionnements réservés aux magasins BIM ; (iii) *les produits « spot »* : ces produits sont proposés sur une base opportuniste et ponctuelle. Ils permettent de créer de l'animation au sein des magasins et plus généralement d'élargir l'offre. Ces produits spots sont, pour l'essentiel, proposés lors des vendredis de BIM et représentent selon la direction plus de 5% du chiffre d'affaires annuel ; (iv) *les marques propres*. Ces marques, on l'a vu, ont connu un développement remarquable depuis 2012, au point de représenter trois ans après, près de 40% de l'assortiment.

4.1.2. Actions promotionnelles et communication

BIM pratique peu de promotions et d'animations en magasin. En revanche, il propose une journée spécifique par semaine : « *les vendredis de BIM* » qui rencontrent un très large succès et qui sont un des vecteurs privilégiés de la promotion de l'enseigne et sans doute aussi de l'élargissement de sa clientèle. Cette politique commerciale ingénieuse permet en effet d'attirer davantage de clients, de doper le panier moyen, et partant le chiffre d'affaires. Ainsi, le panier moyen du vendredi matin tourne autour de 350 dirhams (contre environ 90 dirhams en temps normal). Plus généralement les produits spots et les opérations liées aux vendredis génèrent plus de 5% du chiffre d'affaires de l'entreprise. L'offre de produits spot destinée aux vendredis de BIM est conçue en fonction des saisons et des besoins périodiques du consommateur

[1] « *Les vendredis de BIM ont la cote !* », *La Vie Économique*, 18 décembre 2013.

marocain. Pour autant, dans la mesure où les prix sont très nettement en dessous des prix de référence pour les produits similaires existants sur le marché, on constate que les principaux clients des offres spots sont aujourd'hui les petits commerçants et les marchands ambulants.

La politique de communication de BIM peut se décliner en deux temps ou périodes : avant et après 2016 :

Avant 2016. Depuis l'ouverture de son premier magasin au Maroc et jusqu'au début de l'année 2016, la communication directe de l'entreprise est quasi inexistante. En cohérence avec la logique privilégiée de compression des coûts, la communication et les pratiques de communication sont réduites aux opérations menées autour des magasins. Autrement dit, cette communication passe essentiellement par les flyers distribués autour des zones de chalandise (voire parfois des pages de pub dans le quotidien gratuit « L'Intermédiaire »)[1]. La distribution des flyers n'est pas davantage sous-traitée. En effet, ces derniers sont distribués par les employés eux-mêmes.

Après 2016. La politique de communication minimaliste envisagée plus haut commence à être remise en question à partir de 2016. On observe en effet un changement majeur dans la stratégie commerciale de BIM qui envisage maintenant, à l'instar de ses principaux concurrents, d'investir dans des campagnes de communication (affichage, spots radio ou télé…). L'objectif affiché est bien d'élargir la base de clientèle du groupe et surtout de mieux faire connaître les marques propres en plein développement.

4.1.3. Logistique, *sourcing* et relations fournisseurs

Lors des toutes premières années d'implantation de BIM, l'essentiel de l'assortiment proposé était constitué de produits d'origine turque. Depuis lors, le discounter a très largement rééquilibré son *sourcing* et comme le précise Hassan el Arif, « la composition actuelle des rayons n'a plus rien à voir avec ce qu'elle était à l'implantation du discounter en 2008. Dans la majorité des points de vente, l'essentiel des produits est bel et bien fabriqué au Maroc »[2]. Cette évolution et marocanisation du *sourcing* sont liées, d'une part à des pressions fortes du gouvernement marocain[3], à la méconnaissance par le consommateur des très nombreuses marques turques qui lui sont proposées et d'autre part à la volonté d'accélérer le temps d'approvisionnement afin de baisser les coûts.

---

1 www.stratégie-management.ma, novembre 2012.

2 « *El Alamy ordonne une enquête sur BIM* », *L'Économiste*, n° 4409, 28 novembre 2014.

3 Suite à des rumeurs de dumping, le ministre marocain a ordonné une enquête sur BIM en 2014.

En effet, contrairement à la plupart de ses concurrents, BIM n'est pas tenu par un quelconque taux de référencement obligatoire de produits importés. Aussi l'approvisionnement court est systématiquement recherché. Cependant, cet approvisionnement court peut parfois être contraint. BIM impose à ses fournisseurs un cahier des charges très strict, qu'ils sont tenus de respecter à la lettre. De manière plus précise, avant tout achat, chaque type de produit, qu'il soit importé ou fabriqué localement, est soumis à des tests réalisés en laboratoire. BIM démarche régulièrement les opérateurs marocains afin de faire produire ses marques propres localement, voire même pour élargir sa gamme de produits. Il reste néanmoins confronté à l'incapacité des fournisseurs locaux à produire selon le cahier des charges qui leur est fourni. Comme le précise un industriel : « ils ont un cahier des charges précis et très exigeant ; du coup, le tissu industriel marocain n'arrive pas à suivre. Marier qualité « made in BIM » et prix reste délicat ; ils ont cherché un agro-industriel capable de fabriquer des corn flakes au Maroc, mais ils ne l'ont pas trouvé... »[1].

BIM stores affirme procéder à un dosage judicieux et équilibré entre production locale et importation. Il a recours aux importations principalement lorsque, pour des raisons techniques ou parfois de volume, les fabricants marocains ne peuvent pas suivre. Néanmoins, il est fort probable qu'avec l'accroissement des valeurs d'achat ; autrement dit, avec l'accroissement des importations de BIM au Maroc, les fournisseurs traditionnels turcs, allemands ou encore suisses de BIM, seront fortement incités à s'implanter au Maroc. En effet, le modèle économique privilégié par BIM est un modèle de flux tendus qui n'a donc de sens que si les principaux fournisseurs sont localisés à une distance raisonnable des plateformes logistiques de l'enseigne.

Entre 2009 et 2012, BIM s'est développé prioritairement sur la zone du grand Casablanca, Mohammedia et Rabat Témara. Ce centrage sur cette zone bien délimitée est lié principalement à l'organisation logistique du groupe. En effet, BIM s'appuie initialement sur un seul entrepôt logistique basé dans la zone industrielle de Ain Sebaa Bernoussi. Cet entrepôt, outre Casablanca, peut desservir des villes situées dans un rayon de 120 km au maximum (Mohammedia, Bouznika, Temara, Rabat Salé, Berrechid Sidi Rahal...). De ce fait, s'attaquer à des villes plus éloignées n'est pas envisageable puisque cela contribuerait à augmenter les coûts et à remettre en cause son modèle économique.
À partir de 2013, l'ouverture d'un 2e entrepôt à Bouskoura dans le sud de la capitale économique permet à BIM de se renforcer dans la capitale

---

1 www.strategie-management.ma, novembre 2012.

économique mais également d'attaquer d'autres villes comme Settat, El Jadida et Marrakech[1] et donc d'accélérer son développement.

En 2016, un autre entrepôt dédié au nord cette fois, est opérationnel. Il permet d'intégrer les villes de Tanger et Tétouan en particulier.

Figure 19 : L'organisation logistique de BIM Maroc

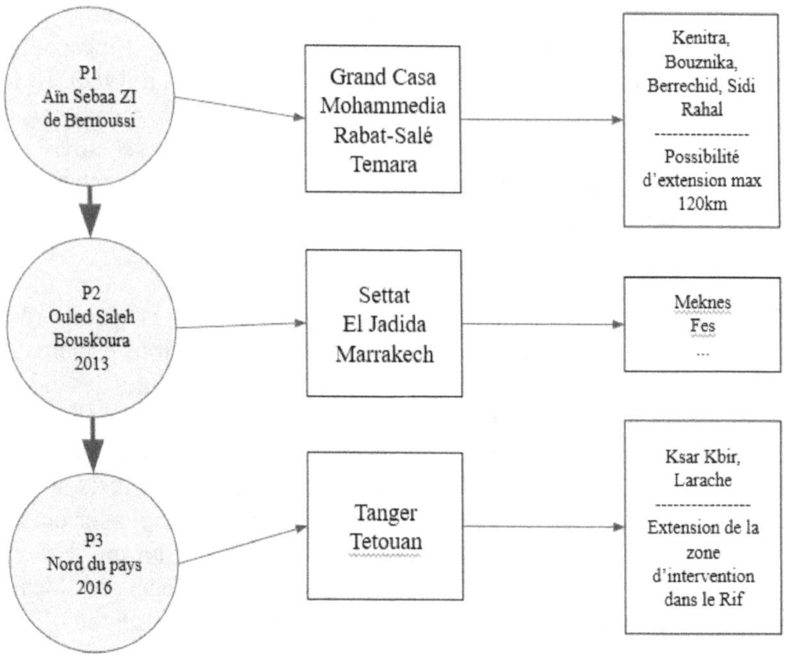

Dans un souci de rationalisation et d'optimisation des coûts, les plateformes logistiques du groupe sont gérées en propre. Les fournisseurs se contentent de livrer les entrepôts. C'est le cas pour 90% d'entre eux à l'exception du frais. Par la suite, l'approvisionnement des magasins est assuré directement par BIM qui dispose de sa propre flotte de camions.
Une des originalités de BIM dans sa relation aux fournisseurs, est bien de rompre avec les pratiques en vigueur dans le secteur de la grande distribution. En effet, l'enseigne met en avant le côté loyal de ses pratiques commerciales, en écartant le ticket d'entrée, les frais de référencement et les gratuités diverses « accordées » habituellement par les fournisseurs. Ces derniers ne sont pas tenus par ailleurs de contribuer aux frais de communication (flyers), ni même à l'entretien et à la rénovation des points de vente.

[1] Le nouveau site est localisé à proximité des principales autoroutes desservant les villes en question.

4.1.4. Ressources humaines

BIM emploie aujourd'hui près de 3000 personnes au Maroc. Là encore, les effectifs ont connu une croissance rapide, parallèle à la multiplication des implantations. La figure 20, fondée essentiellement sur des estimations[1] de l'auteur permet de cerner les évolutions des effectifs de BIM au Maroc depuis sa création.

Figure 20 : Évolution des effectifs salariés de BIM Maroc

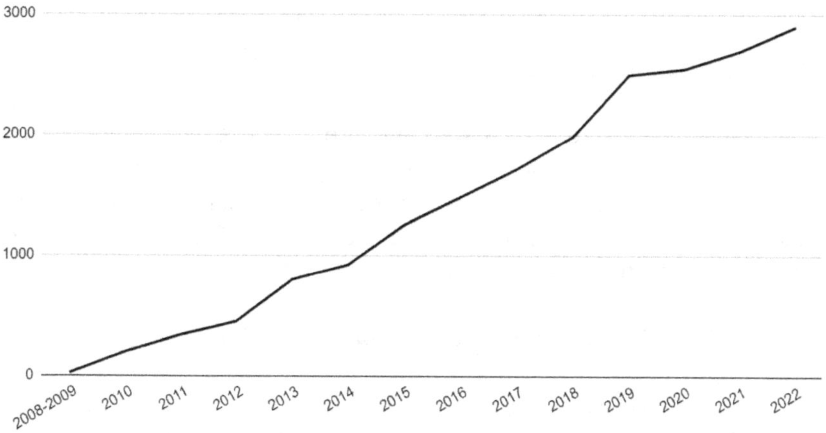

Source : Données presse professionnelle et estimations de l'auteur.

Chaque magasin BIM emploie entre 3 à 5 salariés. Ces derniers sont recrutés avec un niveau bac au minimum. Dans la pratique, les personnes recrutées ont souvent un bac + 2.

BIM développe une culture de la polyvalence auprès de ses salariés. Ces derniers peuvent être amenés à travailler à tous les postes du magasin (caisse, nettoyage, livraison…). Cette culture de la polyvalence expliquerait, pour certains, que BIM, dont les besoins en personnel sont extrêmement importants, ne pratique que très rarement le débauchage auprès de la concurrence. On peut également penser que cette faible pratique du débauchage n'est pas tant choisie que subie. En effet, du fait de son modèle économique de compression des coûts et des charges, les salaires proposés par l'entreprise sont très peu compétitifs par rapport à ceux des enseignes concurrentes. Ainsi par exemple, un directeur de magasin BIM toucherait un salaire situé entre 4500 et 5000 dirhams, soit moins qu'un chef de rayon chez Marjane. Néanmoins, on peut penser que l'autonomie importante liée à la

[1] Notre estimation se fonde sur une moyenne de 4 à 4,5 salariés par magasins auxquels sont ajoutés les effectifs sièges et entrepôts transport et logistique). Ces derniers sont appliqués selon les ratios observés chez Carrefour LabelVie.

fonction de directeur de magasin est un élément d'attractivité qui joue son rôle dans le cas présent. Par ailleurs, il est également à noter que les perspectives de carrière sont importantes. En effet, la stratégie managériale de la maison mère, qui privilégie la promotion interne, est largement appliquée au Maroc. Comme le précise la direction de BIM : « une bonne partie de nos futurs directeurs se trouve dans nos magasins aux côtés de nos clients, c'est ce qui fera notre force… »[1].

4.2. BIM : un modèle économique décrié ?

Le développement remarquable et remarqué de BIM a suscité de très nombreuses réactions dans le secteur du commerce de détail marocain. Ainsi, la plupart des enseignes *y.c.* Marjane, ont-elles pu faire état de leurs inquiétudes à long terme. La presse nationale s'est d'ailleurs très largement faite l'écho de pratiques déloyales de dumping et autres subventionnements de la part de l'État turc. Ainsi, le président de la chaîne, accompagné de l'équipe de direction locale, ont-ils été « convoqués » par le ministère de l'Industrie et du Commerce.

4.2.1. Débats parlementaires et injonctions ministérielles

Si d'un côté la direction de BIM a souhaité un soutien gouvernemental à son plan de développement ; on notera que de l'autre côté le ministre du Commerce et de l'Industrie[2], a quant à lui demandé un meilleur équilibre du *sourcing* en faveur du local. Il a ainsi déclaré : « toute structure qui s'installe au Maroc est la bienvenue mais j'exige de BIM, comme des autres, un *sourcing* local. Si ces investisseurs veulent se développer, je ne pourrai tolérer que cela se fasse en détruisant le tissu industriel qui relève de mon département »[3]. En effet, BIM a longtemps été accusé de dumping par ses concurrents traditionnels. D'autres acteurs, à l'instar de Moncef Kettani, président de l'union générale des entreprises et des professionnels (UGEP)[4], mettent en avant le risque de déséquilibre de l'offre commerciale urbaine : « BIM ouvre à une cadence infernale 5 à 10 magasins par mois. C'est une véritable menace car cela déséquilibre complètement l'offre commerciale dans les quartiers où ces supérettes sont installées ». Les accusations contre BIM, qui s'étaient atténuées depuis lors, réapparaissent 6 ans plus tard, soit en 2020 à l'occasion des discussions autour des accords de libre-échange avec la Turquie (conclus en 2004). BIM est de nouveau sur la sellette. Ainsi, lors d'une réunion avec le président du groupe turc, le ministre marocain du

---

[1] « *Hard discount, la percée de BIM* », *L'Économiste*, n° 4598, 9 janvier 2015.

[2] Moulay Hafid Elalamy.

[3] « *Elalamy ordonne une enquête sur BIM* », *L'Économiste*, n° 4409, 28 novembre 2014.

[4] Ibidem.

Commerce a fait part de son mécontentement et a mis en demeure le président de la chaîne de choisir entre l'inclusion de 50% de produits marocains dans ses rayons sous peine de « fermeture définitive de la chaîne ».

4.2.2. Des accusations peu fondées

La plupart des accusations portées contre BIM semblent cependant être sans réels fondements. Le succès du concept s'explique par un contrôle sévère des charges, qui permet de fixer des prix compétitifs, tout en maintenant une marge entre 2,5 et 3%. Dans le même souci de compression des prix, BIM s'est largement appuyé sur une offre importante en marques de distributeurs (MDD). Si, au début de son implantation, les MDD étaient principalement fabriquées à l'étranger (fournisseurs de la maison mère implantés en Belgique, Espagne, Allemagne, Pologne ou encore Pays-Bas...), on peut constater qu'aujourd'hui, l'essentiel des produits proposés est fabriqué localement.
La démarche de BIM est d'ailleurs en parfaite cohérence avec les pratiques usuelles d'internationalisation de la grande distribution alimentaire, comme l'ont montré nombre de travaux. En effet, ceux de Coe et Hess (2005), par exemple, sur lesquels nous reviendrons, montrent bien que dans le processus d'internationalisation vers les pays émergents, les distributeurs s'appuient dans un premier temps sur des importations puis très rapidement, avec l'amélioration de l'offre (mais également l'amélioration de leur information sur cette offre), ont tendance à privilégier le *sourcing* local. Dans le cas du Maroc on a d'ailleurs pu voir que, lors du lancement de sa marque propre « Janis », l'enseigne Aswak Assalam (*cf.* chapitre 5) a été confrontée à l'incapacité des producteurs locaux à satisfaire son cahier des charges, ce qui l'a conduit à se reposer à 70% sur des industriels à l'international. Par ailleurs, on rappellera que l'enseigne BIM n'est pas tenue par un taux de référencement de produits importés ; aussi privilégie-t-elle l'approvisionnement court qui permet là encore de compresser les prix[1]. Ainsi, et comme le confirme Haluk Dortluoglu, directeur financier du groupe BIM, dans les conditions actuelles, plus de 85% des produits vendus au Maroc sont produits localement, et seuls 15% sont importés de Turquie[2]. On peut donc penser au final que les attaques contre BIM relèvent plus de l'effet d'annonce et de la volonté de satisfaire temporairement les revendications de quelques parties prenantes… Au-delà, il n'est pas exagéré de penser qu'elles relèvent également d'une forme de protectionnisme déguisé, bien plus que d'une analyse d'impact documentée et circonstanciée.

---

[1] Cet approvisionnement court est d'ailleurs recommandé par la maison-mère elle-même. (*cf. La Vie Économique*, 25 mars 2014).

[2] *cf.* Le Desk, 12 février 2020.

Conclusion

Le secteur de la distribution moderne connaît un développement important dans la plupart des pays du Maghreb et en particulier au Maroc. Ce développement, qui devrait s'accélérer dans les années à venir, suscite la convoitise des grands groupes européens qui voient dans les pays émergents du Maghreb, un véritable relais de croissance pouvant contribuer, dans une certaine mesure, à relancer le développement de formats de magasins dominants en Europe (hypermarchés et supermarchés en particulier). À ce jour, le Maroc compte quatre grands acteurs historiques. En dehors de BIM, le discounter turc, qui a semble-t-il réussi en partie son implantation, les acteurs étrangers semblent éprouver des difficultés à s'implanter sur le marché local. Ainsi, à la suite de Metro, Auchan s'est retiré du Maroc après une expérience non concluante de la même manière que Carrefour s'est retiré de l'Algérie, un temps avant d'y reprendre pied quelques années plus tard (*cf.* Gallouj *et al.*, 2021). Cette même enseigne s'est par ailleurs implantée au Maroc au travers d'une franchise exclusive accordée au Groupe LabelVie. Autrement dit, l'essentiel des capitaux investis dans la grande distribution nationale relève encore à ce jour d'acteurs nationaux. Il n'est cependant pas assuré que cette situation perdure à l'avenir et les enseignes leaders seront rapidement confrontées à une forme de saturation du marché national. À ce moment-là, deux trajectoires ou perspectives s'offriront à elles : la première est de suivre une logique à la BIM et de tenter de forger de grands groupes de niveau continental en s'implantant rapidement en Afrique subsaharienne. Ils seront alors en confrontation directe avec la grande distribution française, qui tente (timidement cependant) de s'y ancrer. La seconde est d'intégrer un groupe international qui pourrait leur permettre d'assurer leur croissance et leur développement. Il n'est donc pas exclu qu'à l'avenir, l'on observe des rapprochements entre enseignes marocaines et enseignes européennes voire moyen-orientales.

CHAPITRE 3

AU-DELÀ DES ACTEURS HISTORIQUES : LES NOUVEAUX ENTRANTS

Même si les acteurs historiques sont relativement bien implantés au Maroc, il n'en demeure pas moins que le marché reste encore ouvert et qu'il offre de belles perspectives, tout comme il se caractérise par un potentiel très largement avéré. Ce potentiel est d'ailleurs régulièrement confirmé par le classement du Maroc dans les rankings GRDI[1] (nous y reviendrons). Les opportunités offertes à la grande distribution moderne sur le marché marocain sont liées à une domination encore importante du commerce traditionnel qui fait que la concurrence entre les acteurs en place reste, quoi qu'on en dise, plutôt lâche. Les gains de part de marché s'exercent en effet essentiellement au détriment du commerce traditionnel. Ainsi, le marché marocain suscite les convoitises de nombre d'acteurs internationaux, qui voient dans le Maroc (et sans doute dans la plupart des pays émergents du Maghreb) un relais de croissance pouvant contribuer à relancer le développement de formats de magasins longtemps dominants en Europe (hypermarchés en particulier) mais maintenant en perte de vitesse.

Au-delà des acteurs historiques, un certain nombre de nouveaux entrants potentiels sont régulièrement annoncés par la presse professionnelle. Ces acteurs peuvent être divisés en deux catégories : d'un côté ceux qui ont d'ores et déjà franchi le pas et concrétisé leurs velléités locales par une ou des premières implantations, et de l'autre, les acteurs qui, d'une manière ou d'une autre, ont pu exprimer leur intérêt pour le marché marocain. Tout en tenant compte de ces nouveaux entrants déclarés et potentiels, il est également nécessaire de faire état de l'entrée dans le jeu progressive (mais aussi très chaotique) des acteurs en ligne et du cybercommerce.

1. Les nouveaux entrants

On peut, de manière artificielle, décomposer les nouveaux entrants (effectifs[2]) sur le marché national en deux grandes catégories : les nouveaux entrants à capitaux marocains et les nouveaux entrants à capitaux étrangers.

---

[1] Global Retail Development Index.

[2] Ceux qui ont ouvert un premier magasin, voire même qui ont commencé à déployer un réseau sur le territoire national.

1.1. Les nouveaux entrants à capitaux étrangers

À ce jour, on compte trois nouveaux entrants à capitaux étrangers au Maroc : Costcutter, Leader Price et plus récemment Système U[1].

1.1.1. Costcutter

L'enseigne Costcutter[2] s'est implantée au Maroc en 2012 en ouvrant un magasin à m'Hamid, petite localité de 100 000 habitants à proximité immédiate de Marrakech. Le magasin Costcutter s'étend sur une superficie de 350 m². Il se veut un magasin de proximité à haut niveau de services pour la population locale. Principalement axé sur l'alimentaire, il offre plus de 6000 références en provenance de plus d'une centaine de fournisseurs, locaux pour l'essentiel. Une part de l'assortiment est cependant importée directement du Royaume-Uni. Le concept central de Costcutter est assez original au Maroc dans la mesure où l'enseigne développe un réseau de « *convenience stores* » ; autrement dit, de commerces de proximité à larges plages d'ouverture et à haut niveau de service (7 jours sur 7 de 7h30 à 23 h).

Le business plan du groupe prévoyait initialement l'ouverture d'une vingtaine d'unités entre 2012 et 2015 (soit trois à cinq ouvertures par an) avant de lancer un programme plus ambitieux en franchise. En 2012, le principal dirigeant et administrateur du groupe, Najib Khan déclarait : « la communauté locale a répondu très positivement et a apprécié les normes de qualité et la variété des produits présents en magasin. Cela nous a vraiment encouragés et nous a poussés à prévoir plus d'ouvertures dans d'autres villes »[3]. On notera cependant que les projets et ambitions du groupe ont été fortement réduits par la suite. Plus précisément, dix ans après son implantation au Maroc, l'enseigne ne compte toujours qu'une seule unité.

Différents éléments peuvent expliquer le développement contraint du groupe :
- le choix de Marrakech pour une première implantation a été largement critiqué par les experts, en particulier parce qu'il accroît les coûts d'opération. En effet, encore à ce jour, l'essentiel des fournisseurs est localisé à Casablanca ;
- Costcutter s'implante avec un positionnement qualitatif (donc à prix élevés) dans un environnement très concurrentiel où il a à affronter des concurrents comme BIM, Acima-Marjane Market ou encore Carrefour Market, qui

[1] Ces acteurs ne sont pas les seuls ; mais ils sont de loin les plus actifs et les plus médiatisés.

[2] L'implantation s'est appuyée sur la constitution d'une « joint-venture » réunissant les groupes Sunstar, Thotaal et Payless.

[3] Site officiel du groupe Costcutter.

peuvent s'appuyer sur des structures importantes leur permettant de pratiquer des prix compétitifs.

1.1.2. Leader Price

L'enseigne Leader Price (groupe Casino) s'est implantée au Maroc en juin 2016. Pour autant, cet acteur n'était pas totalement nouveau sur la place marocaine. En effet le groupe Casino a été présent au Maroc entre 2005 et 2011 avant de se retirer. On notera que les produits Leader Price étaient disponibles au Maroc au travers de la société Alimadis, importateur exclusif de la marque (depuis 2005)[1]. Alimadis avait fondé son développement sur un partenariat exclusif avec LabelVie qui a représenté jusqu'à 70% du chiffre d'affaires ; le reste étant distribué par Franprix à Casablanca. Le partenariat exclusif a cependant été dénoncé par la suite.

A. Modalités d'implantation et de déploiement

Le déploiement au Maroc de Leader Price s'est effectué en partenariat avec le groupe français OCS qui détient aussi la licence de marque au Maroc. Le groupe OCS[2] est présent au Maroc depuis plusieurs années, en particulier dans les secteurs de la restauration collective (« Ansamble »), la distribution de produits alimentaires, le catering aérien, les crèches d'entreprise et la distribution d'huile d'argan alimentaire et cosmétique.
Après une première ouverture à Casablanca, le groupe envisage sept ouvertures en 2016. Le plan stratégique prévoit une cinquantaine d'ouvertures sur 5 ans, soit une dizaine de magasins par an. Le groupe a d'ailleurs lancé à cet effet une campagne de recrutement permettant son déploiement sur l'ensemble du territoire marocain. Le déploiement devait largement s'appuyer sur LP distribution (la marque Leader Price au Maroc) érigée en master franchise. Plus généralement et selon certaines sources concordantes, le groupe Casino aurait mené des négociations avec Marjane Holding de manière à développer un partenariat avec sa filiale Acima. Un rapprochement avec un déploiement progressif des magasins Acima en formule Leader Price avait été un temps évoqué. Enfin, là encore, le Maroc était perçu par Leader Price et Casino comme une étape qui, si elle était concluante devait déboucher sur une diffusion en Afrique subsaharienne.

B. Caractéristiques des magasins et assortiment

Les magasins Leader Price devaient se déployer sur des surfaces de 500 à 800 m². Ils devaient employer entre 12 et 16 personnes par magasin. Selon les

---

[1] « *Leader Price cherche à s'affranchir* », Challenge, 28 février 2009.

[2] OCS gère au Maroc notamment les marques Davigel et l'enseigne Brioche Dorée.

déclarations officielles de François Bonnot, Président du groupe OCS : « les effectifs prévus peuvent paraître élevés par rapport aux standards européens. Ils s'expliquent notamment par l'amplitude horaire puisque les magasins seront ouverts pendant 12 heures de 9 à 21h, 7 jours sur 7 et parfois jusque 23h en période de Ramadan »[1]. Le chiffre d'affaires prévisionnel se situe quant à lui entre 2 et 3 millions d'euros. François Bonnot précise également les contours de l'offre : « Leader Price sera la seule enseigne dont la marque sera distribuée dans le magasin et qui constituera une part non négligeable de la gamme qui va être vendue… Il ne faut pas nous assimiler à des hard discounters, ni nous situer dans le haut de gamme. La structure du magasin elle-même n'en fait pas un magasin hard discount. Nous sommes plutôt dans le soft discount. Ce qu'on pourrait qualifier de gamme intermédiaire… Nous sommes dans un cadre de densification de l'offre avec un prix optimum ».

L'assortiment compte plus de 4000 références dont environ 3600 marques propres et plus de 300 marques nationales françaises. Ainsi, les marques propres représenteraient l'essentiel de l'assortiment des magasins (jusqu'à 90%).

Le concept Leader Price repose sur la formule du bas prix à proximité. L'enseigne propose un modèle de type soft discount ; autrement dit, un intermédiaire entre le modèle Acima et le modèle BIM. Selon un communiqué de l'enseigne, le modèle économique adopté repose sur : « la qualité des produits, le choix entre les références Leader Price et celles des marques nationales, la proximité avec les consommateurs et une politique de prix compétitifs ». Nicolas Belleteste, Vice-Président LP distribution (filiale de OCS), résumait le modèle en ces termes : « Aujourd'hui, l'ouverture de ce nouveau magasin, conçu aux normes internationales, nous permet d'accueillir nos clients et de leur offrir une large gamme de produits innovants Leader Price, diversifiés et de qualité à des prix attractifs, près de chez eux ».
Si le groupe envisage d'importer une large gamme de produits à partir du marché français (60% de l'assortiment), il a également négocié l'autorisation de fabriquer au niveau local un grand nombre de produits sous licence et ce, en s'appuyant sur un cahier des charges strict et respectueux des normes édictées par Leader Price. Une structure d'achat locale a d'ailleurs été mise en place pour négocier et se fournir directement auprès de l'industrie agroalimentaire locale (Cosumar, Lesieur, Centrale Danone…). Ainsi, près de 40% des produits disponibles en magasins sont issus du *sourcing* local :
« Nous allons importer au Maroc une sélection des produits de la gamme française Leader Price qui correspond au marché marocain qui représente environ 60% des références. Tout ce qui concerne les fruits et légumes, poissons, et viandes seront sourcés localement. Il y a des produits qui ne

[1] dans *L'Usine nouvelle*, 9 juin 2016.

supportent pas des coûts logistiques importants comme l'eau, le lait, le yaourt, les biscuits ou la lessive. La totalité représente environ 40% de références du magasin »[1].

C. Les enjeux stratégiques de l'implantation

Interrogé lors du lancement de la chaîne sur les chances de succès de la nouvelle enseigne, son responsable a mis en évidence de nombreux facteurs de succès : « on peut citer la proximité des clients, la présence de magasins accueillant une large gamme de produits de qualité avec un bon rapport qualité prix… » et d'ajouter : « pour nous, ce projet est évident. Il n'y a pas de raison pour que cela ne marche pas. Il y a un développement rapide de la classe moyenne au Maroc et nous nous adressons à elle. Elle possède un certain pouvoir d'achat qui est un élément essentiel de notre réussite »[2].

Dans les faits, il semblerait que l'un des enjeux majeurs pour l'enseigne est bien de se positionner sur le marché très rentable des boissons alcoolisées. En effet, un espace dédié est systématiquement prévu, qui permet d'isoler la cave du reste du magasin[3]. La vente d'alcool au Maroc représenterait un potentiel de 3 à 4 milliards de dirhams, laissé libre depuis que Marjane a décidé de se retirer de ce segment. À l'échelle d'un magasin, l'alcool peut représenter jusqu'à 30% du chiffre d'affaires et peut contribuer à la marge à hauteur de 50%. De fait, la vente d'alcool peut être source d'avantages compétitifs. Elle est un moyen de rentabiliser rapidement un magasin de manière à faciliter le déploiement rapide du réseau.

D. Réduction des ambitions et réorientation stratégique

Les ambitions de Leader Price au Maroc sont, au départ, extrêmement optimistes. Les perspectives de déploiement et de couverture spatiale attendues de l'enseigne sont d'ailleurs très souvent évoquées dans la presse professionnelle. Ainsi, le Président du groupe OCS, titulaire de la licence Leader Price déclarait dès la première ouverture à Casablanca : « je peux vous dire d'ores et déjà que cette année nous ouvrirons au minimum sept magasins… »[4]. Pour autant, un peu plus de deux ans après son implantation au Maroc, l'enseigne peine à convaincre. L'objectif d'une dizaine d'ouvertures par an[5] n'a jamais été atteint et, à la fin de l'année 2018,

[1] *L'Usine nouvelle*, 9 juin 2016.

[2] Ibidem.

[3] La vente d'alcool a été d'ailleurs programmée dans le premier magasin de la chaîne pour commencer juste après le Ramadan (*cf.* le 360.ma, 23 juin 2016).

[4] « *Leader Price tente de sortir la tête de l'eau* », *Al Bayane*, 5 mars 2018.

[5] Pour atteindre 50 implantations d'ici 2020.

l'enseigne ne dispose que de 5 points de vente au sein de la capitale économique. Dès le début même de l'année, Leader Price semble s'orienter vers un nouveau format innovant sur le modèle du *convenience store*. Ainsi, fin février, l'enseigne inaugure un magasin au sein de la station-service Shell Manar à Casablanca. Cette formule innovante[1] est construite sur une logique de smart shopping qui associe offre de carburant, restauration, distribution de biens ainsi qu'une offre de services annexes[2]. Les difficultés rencontrées par le groupe se confirment dès le début de l'année 2019 où ce dernier prend alors la décision de fermer l'ensemble des points de vente considérés comme non rentables (autrement dit, l'essentiel des magasins de Casablanca). Néanmoins, l'expérience d'adossement aux réseaux de stations-service Shell semble maintenue, tout au moins dans un premier temps.

1.1.3. Super U – U Express

Les magasins Super U sont les derniers entrants sur le marché marocain de la distribution alimentaire. En effet, un premier magasin Système U Express, s'est implanté en 2019 au sein du tout nouveau centre commercial Ryad Square de Rabat. Ce magasin sera rejoint dès la fin 2020 par une seconde unité localisée à Casablanca Ibn Tachfine. Si l'enseigne est arrivée discrètement et sans faire de bruit (très peu d'écho dans la presse locale), son implantation, du fait du mode de gouvernance de l'entreprise, n'en est pas moins une première. Il s'agit en effet de la toute première fois qu'une enseigne relevant d'une coopérative de commerçants voit le jour au Maroc. Ce premier magasin test avait pour vocation de permettre au « groupe » de cerner le marché marocain et d'envisager un déploiement plus conséquent dans les années à venir. Au début de l'année 2022, U Express Maroc dispose de 4 magasins[3] localisés à Rabat (2 unités), Salé (1 unité) et Casablanca (1 unité). Ce développement de U Express bien que rapide, reste en deçà des ambitions initiales d'African Retail Market (le franchisé marocain de l'enseigne Système U) qui envisageait plus d'une dizaine d'ouvertures avant la fin de l'année 2022.

1.2. Les nouveaux entrants à capitaux nationaux

La catégorie des nouveaux entrants à capitaux nationaux est bien plus difficile à cerner que la précédente, en particulier parce qu'elle est moins médiatisée. La dynamique entrepreneuriale à l'œuvre au Maroc fait qu'il existe de très nombreuses initiatives qui parfois rencontrent un succès indéniable et parfois parviennent à subsister sur des micromarchés. Nous nous proposons de

---

[1] « *Leader Price tente de sortir la tête de l'eau* », *Al Bayane*, 5 mars 2018.

[2] Issu d'un partenariat avec Vivo Energy, société qui distribue et commercialise les carburants et lubrifiants à la marque Shell au Maroc.

[3] D'une surface moyenne située autour de 1000 m^2.

présenter dans ce qui suit trois nouveaux entrants, qui se démarquent par leur côté moderniste et la disposition de capitaux structurés : Openshop, Bô marché et Yabyo.

1.2.1. Open shop

L'enseigne Openshop est un concept de supérettes sur le modèle des 7 Eleven, qui a été lancé en mai 2016 par un homme d'affaires marocain[1] qui dispose d'une large expérience dans le secteur puisqu'il a eu à gérer le réseau des supérettes Mini Brahim. L'enseigne répond donc aux critères habituels du « *convenience store* » qualitatif. Ainsi, les magasins s'étendent sur une surface située entre 130 et 250 m². Ils sont ouverts 7/7 et 24h/24. L'offre est composée de produits de dépannage et, à l'instar des « *convenience stores* » japonais, de multiples services annexes.

Figure 21 : Logo enseigne Openshop

L'offre produits allie standard et haut de gamme. Elle couvre l'ensemble des catégories suivantes : tabac, presse, loterie, timbres, téléphonie mobile, produits d'épicerie et condiments, surgelés, plats préparés, « *pet food* ». L'offre de services annexes inclut quant à elle la livraison à domicile, la possibilité de commander en ligne *y.c.* au travers d'une application mobile. Openshop a signé une convention avec CFG Bank pour équiper ses magasins d'un GAB accessible lui aussi 24h/24.

Les magasins Openshop, qui se positionnent à un niveau de qualité élevé, sont prioritairement localisés dans les quartiers résidentiels à haut pouvoir d'achat. Ainsi, le premier magasin de l'enseigne a-t-il été ouvert à Casablanca, Bd Zektouni[2]. Les magasins, dont les locaux sont exclusivement en location, nécessitent une enveloppe de 2 à 3 millions de dirhams et, selon des estimations raisonnables, devraient générer un chiffre d'affaires de 30 000 dirhams par jour.

Le plan de développement du groupe prévoit trois ouvertures par an en moyenne dans les grandes villes marocaines (après Casablanca, les villes cibles sont Marrakech, Rabat, et Tanger dans un premier temps)[3]. Néanmoins,

---

[1] Hassan Echouafni.

[2] Deux autres ouvertures sont prévues à Casablanca (Ain Diab) et Bd Mohammed VI (Marrakech).

[3] Puis de viser les villes de Fès, Meknès, Agadir, Laayoune dans un second temps.

le plan de développement pourrait être accéléré à terme par le recours à la franchise.
Selon la presse nationale, le groupe prévoit de disposer d'une centaine de points de vente sur les cinq prochaines années (que ce soit en propre ou en franchise). Pour autant, si le projet apparaît extrêmement ambitieux, voire irréaliste, il n'en demeure pas moins que la direction de l'entreprise reste prudente : « nous avons déjà de la demande pour la franchise, mais nous voulons d'abord roder la machine en propre avant d'établir un cahier des charges pour la franchise… nous ne voulons pas reproduire les mêmes erreurs que Hanouty[1] ».

1.2.2. Le Bô Marché

Le Bô Marché est une enseigne de distribution premium qui a ouvert son premier magasin en juin 2017 à Casablanca[2]. L'enseigne, d'origine locale, se veut un concept original qui allie tout à la fois le style vintage rétro (à la manière des nouvelles épiceries parisiennes) et le modèle du hangar new-yorkais, tout en intégrant les technologies modernes du commerce.

Figure 22 : Logo enseigne Le Bô Marché

Les concepteurs de l'enseigne déclarent ainsi : « nous avons lancé le Bô Marché pour offrir aux gens quelque chose de différent. Un mode de consommation qui diffère par rapport à ce qui est disponible aujourd'hui… Le monde du supermarché est devenu un peu glauque, un peu froid. Nous avons besoin de cette chaleur, de cette nouveauté et de ce nouvel esprit. Donc nous avons voulu mettre en avant le côté vintage, avec de la musique, des stands animés, beaucoup de lumière et de gadgets. Nous voulons que le client final se sente à l'aise »[3]. Le premier magasin test qui se déploie sur 500 m² et emploie plus de 30 personnes, cherche à allier proximité, services et qualité. En se positionnant sur le segment premium, l'enseigne intègre en son sein un espace traiteur et un restaurant, un fleuriste. Bô Marché annonce également,

---

[1] « *Des supérettes ouvertes 24/24* », Propos de Hassan Echouafni, *L'Économiste*, n° 4758, 25 avril 2016,

[2] Le magasin est localisé à proximité immédiate de l'espace Porte d'Anfa.

[3] « *Le Bô Marché ouvrira cette semaine à Casablanca* », Challenge, 6 juin 2017.

au-delà d'un service livraison et d'un drive, la mise en place d'une équipe de voituriers et de commerciaux à disposition des clients, de même que l'accès à des grands maîtres et experts métiers… L'enseigne ambitionnait enfin, et déjà à sa création, d'ouvrir une dizaine de points de vente avant la fin 2020. Là encore, les ambitions affichées en 2017 semblent être restées lettre morte, Bô Marché ne comptant toujours qu'une seule unité opérationnelle à ce jour.

1.2.3. Yabyo

Contrairement aux deux structures précédentes, Yabyo, qui cette fois est un hypermarché, a été beaucoup moins médiatisé et l'on trouve peu d'informations presse sur le concept. Il s'agit bien d'un hypermarché de taille moyenne (4000 m^2) qui emploie paradoxalement peu de salariés, vraisemblablement une trentaine, et qui connaît un certain succès dans la zone de Marrakech où il est implanté depuis 2012. Cet hypermarché se distingue par un profil particulier, puisqu'il s'agit d'une entreprise créée en 1996 et qui était originellement spécialisée dans l'import-export ainsi que dans la fabrication de produits alimentaires (en boites de conserve). C'est semble-t-il à partir de 2012 que l'entreprise a entrepris d'élargir ses activités à la distribution. En l'état actuel des choses, on ne dispose d'aucune information fiable sur son concept, sa stratégie, ses orientations ou encore sa volonté (et ses moyens) d'expansion territoriale.

Figure 23 : Logo enseigne Yabyo

2. Les entrants potentiels

Au-delà des nouveaux entrants réels ; autrement dit, qui ont concrétisé leur intérêt pour le marché marocain en s'implantant physiquement, même à une échelle modeste (une ou deux unités), il existe de très nombreux entrants potentiels, qui ont, à un moment ou un autre exprimé leur intérêt marqué pour le marché marocain. Ces acteurs émanent de multiples pays, européens mais pas uniquement. Au niveau européen, les acteurs principaux sont espagnols et allemands. Au-delà, les acteurs de la zone MENA (Tunisie, Émirats, Arabie Saoudite…) sont également des candidats potentiels notables.

2.1. Les hypermarchés Lulu du groupe Emke

Emke est un groupe émirati créé en 2000, qui emploie un peu moins de 60 000 salariés et qui exploite plus de 230 points de vente à l'enseigne Lulu (Lulu Hypermarket, Lulu Supermarket, Lulu Center, Lulu Express, Lulu Village). Emke est présent dans le Golfe (UAE, Bahreïn, Arabie Saoudite, Koweït, Oman, Qatar), en Égypte, en Inde, au Yémen, en Indonésie, au Surinam, aux Philippines et en Malaisie. Il envisage depuis plusieurs années de s'implanter au Maroc. Des études ont déjà été menées qui s'inscrivent dans le cadre d'une stratégie d'expansion agressive.

L'implantation au Maroc serait envisagée dans une logique tête de pont pour attaquer les pays d'Afrique subsaharienne[1]. Pour autant ; on voit mal comment le groupe pourrait s'implanter au Maroc sans passer par le rachat d'un acteur en place, ce qui, avec le temps, semble de plus en plus difficile.

2.2. La valse-hésitation de Monoprix

Les magasins Monoprix ne sont pas nouveaux venus sur la scène commerciale marocaine. En effet, déjà dans les années 30, l'enseigne était présente au Maroc, en particulier à Casablanca et Rabat, mais également dans des villes plus petites comme Oujda, Fès ou encore Meknès[2]. Les magasins Monoprix, qui ont continué de fonctionner jusqu'au tout début des années 70 semble-t-il, étaient fréquentés par les Européens avant l'indépendance du Maroc. Ils ont rapidement fermé leurs portes après le processus de marocanisation.

2.2.1. Un plan de développement ambitieux

Le retour de Monoprix au Maroc n'a pas, à ce jour, été suivi d'effets. Cependant ce retour est annoncé depuis 2012 dans la presse nationale et internationale (en France comme en Tunisie). En effet en 2012, Monoprix et le groupe tunisien Mabrouk ont conclu un contrat de franchise aux termes duquel la SNMVT (Société Nouvelle Maison de la Ville de Tunis), filiale du groupe Mabrouk avait la charge d'ouvrir une quinzaine de magasins (aux enseignes Monoprix et Monop) dans les principales villes du pays entre 2012 et 2015. Les responsables de Monoprix avaient ainsi, dès 2013, identifié quatre emplacements de qualité (deux à Casablanca et deux à Rabat), permettant d'amorcer leur implantation au Maroc.

---

[1] Des perspectives ont été envisagées un temps au Kenya et en Ouganda sans concrétisation à ce jour semble-t-il.

[2] À la même époque, il existait également un grand magasin « Galeries Lafayette » à Casablanca.

2.2.2. Une révision de la stratégie internationale

À partir de 2015, et pour tenir compte d'un certain nombre d'évolutions locales et internationales, le groupe SNMVT Monoprix a opéré une révision de sa stratégie internationale. Ainsi, les ambitions marocaines sont revues à la baisse. De fait, au lieu de l'implantation en propre initialement prévue, le groupe privilégie depuis lors la recherche d'un partenaire local. Afif Bejaoui[1], déclare ainsi : « le Maroc est un marché mature et concurrentiel… Les investissements dans le domaine de la grande distribution étant lourds, nous sommes en pourparlers avec un partenaire stratégique local ». Mais là encore, les négociations n'ont pas abouti et les projets d'implantation de Monoprix semblent graduellement s'estomper.

2.3. Le hard discounter allemand Lidl

Le groupe allemand Lidl fait également figure de nouvel entrant potentiel sur le marché marocain et ce, au moins depuis le milieu des années 2000. Le hard discounter connaît en effet un succès relatif dans les présides espagnols, qu'il serait tenté de renouveler sur le continent.

2.3.1. Un succès réel dans les présides occupés

À Ceuta où la population locale se caractérise par un revenu moyen disponible inférieur à celui de l'Espagne continentale, Lidl affiche des prix compétitifs comparativement à ceux des supermarchés traditionnels (Mercadona ou Coviran par exemple…). Le succès de Lidl à Ceuta est ainsi largement, poussé par la clientèle marocaine locale, résidente à Ceuta ou encore dans la ville proche de Tétouan (les Tétouanais n'ont pas besoin de visa pour entrer dans l'espace Schengen) ou encore les Marocains « plus continentaux » qui, attirés par l'offre, y séjournent régulièrement dans un but de *retailtainment* ou plus précisément pour combiner sortie et course. L'exemple suivant (*cf.* encadré 10), cité dans la presse locale est parfaitement illustratif de cette situation.

Encadré 10 : Faire ses courses à Lidl Ceuta : un exemple

Hanane est une commerçante, âgée de 30 ans, vivant à Rabat. Ce jeudi, elle se rendra à Sebta. Elle ne compte pas faire du tourisme mais plutôt du shopping dans son magasin favori : Lidl, le hard discounter allemand spécialisé en produits d'alimentation pas chers. La marque est présente dans le préside occupé depuis 2007. Un seul supermarché de la marque existe actuellement à Sebta. La jeune femme fait partie de ces nombreux Marocains prêts à conduire 4 à 5 heures vers le nord pour remplir leurs placards et leurs réfrigérateurs de nourriture et de provisions, et ce pour quelques semaines.

[1] À l'époque CEO Monoprix international.

« Je pars tous les deux mois. Je suis toujours accompagnée d'une seconde personne et dès qu'on arrive au Lidl de Sebta, je prends deux caddies pour faire les courses. J'achète de tout : de l'huile, du thon en conserve, des pâtes, de la crème fraîche, du concentré de tomate en tube et en conserve, du fromage, des produits ménagers, de la lessive et la liste est longue » lance-t-elle. « Au final, j'en ai pour 300 euros. C'est beaucoup moins cher que Marjane. Ici au Maroc, 3000 dirhams ça ne nous rapporte rien. Par exemple, lorsque j'achète une bouteille de 5 litres d'huile ici au Maroc, elle me coûte 85 dirhams. A Lidl de Sebta, elle me coûte seulement, 4,5 euros. C'est quand même une grande différence. Il faut voir le nombre de Marocains qui s'y rendent. Ils viennent de partout : de Casablanca, de Tétouan. Une fois sur place, tu as intérêt à faire vite car les rayons se vident à vitesse grand V », ajoute-t-elle.
« Je profite toujours d'un week-end à Sebta pour me rendre au Lidl et faire mes courses. Je dors dans un hôtel et je mange sur place. Sebta a changé. Ce n'est plus comme avant. Il y a un commerce florissant. Je fais les courses dans ce supermarché parce qu'il n'y a plus le choix. Je peux trouver des produits qui viennent de l'étranger et qu'on ne trouve plus nécessairement au Maroc comme par exemple des jus de fruits, des biscuits, certaines marques de détergents. De plus, je paie moins cher parce qu'il n'y a pas de taxe à Sebta » confie Mohamed, fonctionnaire à la retraite.

Source : Yabladi.com, 15 novembre 2011.

2.3.2. Mais qui ne préjuge pas d'un succès « continental »

Le succès de Lidl dans les présides occupés de Sebta et Melilla est indéniable et, l'enseigne « parle » aux Marocains, du nord, tout au moins. Par ailleurs, du fait de ses investissements de plus en plus lourds en communication, sur les chaînes françaises [1], l'enseigne est également connue par les ménages marocains dans la plupart des grandes villes du pays. Il n'est pas exclu que le groupe allemand envisage une implantation nationale dans les années à venir en s'appuyant par exemple sur le très large succès rencontré par ses deux magasins espagnols (établis à partir de 2007 dans les présides) auprès de la clientèle marocaine. Par ailleurs, l'intérêt de Lidl pour le marché marocain n'est pas totalement nouveau. Déjà en 2007, la presse [2] annonçait son implantation imminente à Fès, après des négociations visant à acquérir un terrain dans le quartier Bensouda. Cette implantation du leader allemand n'a finalement jamais eu lieu [3]. Cependant, on notera pour notre part que l'implantation du leader turc BIM a largement changé la donne sur le marché marocain. Le hard discounter turc s'est en effet très largement développé dans le Royaume, ce qui est de nature à limiter fortement les ambitions et perspectives de Lidl.

---

[1] Et espagnoles pour les Marocains du nord (Rifains essentiellement).

[2] *L'Économiste*, 30 novembre 2007 ; Bladi.net 30 novembre 2007.

[3] La presse locale s'est interrogée sur les raisons de ce renoncement. La question des difficultés administratives puis d'une logique de protectionnisme du côté marocain a été maintes fois avancée.

2.4. De Coviran à Mercadona : une offensive espagnole ?

La grande distribution espagnole quoique peu présente au Maroc (tout au moins dans l'alimentaire) fait montre d'un intérêt renouvelé pour le marché national depuis quelques années. Ainsi, à ce jour, au moins deux enseignes leaders comme Coviran et Mercadona ne cachent pas leurs ambitions pour le marché marocain.

2.4.1. Coviran

Coviran est une chaîne espagnole de supermarchés fondée en 1961 sur le modèle coopératif. Elle réalise un chiffre d'affaires de 723 millions d'euros en 2017[1]. L'enseigne, originaire de Grenade, a longtemps été considérée comme un groupe régional. Néanmoins, elle a connu un développement remarquable et dispose maintenant de près de 3000 implantations dans la péninsule ibérique. Elle emploie un peu moins de 15 000 personnes et gère un réseau de plus de 2700 fournisseurs. Coviran, également présent sur internet, commercialise des produits à prix discount. Elle propose des produits alimentaires, de la viande halal, des articles de droguerie et de parfumerie.
L'expansion internationale de l'enseigne est relativement récente. Sa première expérience hors frontière date de 2000, avec une installation au Portugal. L'enseigne y compte actuellement plus de 300 unités, mais met en avant un taux de croissance annuel à deux chiffres. L'intérêt pour le Maroc est réel là encore et pas totalement nouveau. En effet, déjà en 2011, Coviran avait affiché son ambition de s'implanter dans le Royaume à l'échéance de 2013. Les ambitions marocaines du groupe ont ensuite été reportées mais pas annulées. Selon le site d'information économique ABC Economia (27 juillet 2016), le président de Coviran, Luis Osuna évoque des objectifs à moyen et long termes pour le Maroc. Lors de la présentation des résultats de la société en 2017, Coviran annonce l'implantation de deux supermarchés pilotes à Tanger et Tétouan en 2018, qui devaient être suivis par deux autres en 2019. Les implantations devaient se faire dans un premier temps selon le mode de la franchise[2]. Néanmoins, au début des années 2020, aucun projet n'avait été concrétisé et l'enseigne s'est résignée à dissoudre sa filiale locale Coviran Maroc[3].

2.4.2. Mercadona

Mercadona est un géant de la distribution en Espagne, créé en 1977 et qui cherche depuis le milieu des années 2000 à s'implanter au Maroc. Ce groupe,

---

[1] Contre environ 720 en 2015… pour un bénéfice net de 35%.

[2] Albayane, 12 mars 2018.

[3] « *Grande distribution : l'Espagnol Coviran plie bagage* », *L'Économiste*, 16 mars 2020.

spécialisé dans la moyenne distribution occupe la première place en Espagne en termes de points de vente (près de 1700 supermarchés en 2022). Le concept, lancé au début des années 80 en Espagne pourrait séduire le consommateur marocain. En effet, sans être un véritable hard discounter à la BIM, la politique de prix du groupe se base sur le slogan SPB (« *Siempre Precios Bajos* ») proche de celui qui a fait le succès de Walmart aux États-Unis.

Les magasins, qui se déploient sur une surface moyenne située autour de 1300 m^2, sont localisés en centre-ville plutôt qu'en périphérie et proposent un vaste choix centré majoritairement sur les marques de distributeur : Hacendado (alimentation) Deliplus (hygiène) et Bosque Verde (entretien).

Le groupe a connu une croissance forte en Espagne, au point d'arriver à un niveau de saturation qui l'oblige à s'internationaliser. L'attaché de presse du groupe le formule en ces termes : « nous sommes encore en phase d'étude et ce pour l'ensemble des pays où nous souhaitons nous implanter. Il est vrai que nous avons annoncé le lancement de notre process d'internationalisation et les pays concernés seront en premier lieu les pays frontaliers de l'Espagne comme le Portugal, la France ou encore le Maroc[1] ». Ainsi, dès 2008, des rumeurs de rapprochement ont « fuité » dans la presse, d'abord avec Aswak Assalam puis avec LabelVie, avant que ce dernier ne signe finalement avec Carrefour. L'enseigne s'est implantée en 2019 au Portugal, mais n'est toujours pas présente au Maroc.

3. Les cybermarchés et épiceries en ligne : l'autre GDA

Le cybermarché est un supermarché en ligne permettant aux consommateurs de commander sur le web des produits de consommation courante et de se les faire livrer à domicile. Ce concept a connu un développement remarquable en Europe, en particulier au Royaume-Uni et en France. Pour autant le modèle économique peine encore à s'imposer du fait de problèmes logistiques. Si, en France, l'ensemble des enseignes de grande distribution ont intégré cette forme commerciale, il en va tout autrement au Maroc où les initiatives apparaissent plutôt isolées et de nature entrepreneuriale.

3.1. Cybermarchés au Maroc : « beaucoup d'appelés peu d'élus »

Le premier cybermarché marocain a vu le jour en 2003 à El Jadida[2]. Néanmoins, ce projet faisait plutôt office de première expérimentation qui a d'ailleurs pris fin en 2006. Une deuxième expérience a vu le jour à Marrakech en 2005 avec « Supermarché Marrakech ». C'est principalement à partir de

---

[1] « *Grande distribution : les espagnols arrivent en force* », Challenge, 29 mars 2008.

[2] Le site assouakcom.ma a été lancé par la société marocaine Web3M. Le supermarché virtuel couvrait Casablanca et Mohammedia. Néanmoins, il a dû fermer trois ans plus tard faute de rentabilité suffisante.

2008 que l'on commence à observer un réel intérêt des opérateurs pour ce marché avec dès cette année-là, le lancement de trois enseignes dans la région de Casablanca, qui seront rapidement suivies par d'autres, au point que l'on a compté près d'une quinzaine de cybermarchands dans le Royaume.
À partir de 2007-2008, on a en effet assisté à de multiples ouvertures et expérimentations de cybermarchés (shop4you, 2008 ; Epicerie.ma, 2007-2008 ; Lescourses.ma, 2008 ; Économat, 2010 ; Sokhrati.ma, 2012…). Néanmoins, la plupart de ces enseignes n'ont pas connu un niveau de rentabilité suffisant et beaucoup ont dû, depuis lors, cesser leur activité. À l'inverse certaines structures comme en particulier epicerie.ma ont été très actives (au moins un temps) et sont à l'origine de nombreuses innovations sur le marché local.

Encadré 11 : epicerie.ma

Epicerie.ma est sans doute la première véritable épicerie en ligne du Maroc. L'enseigne a été créée en 2008 à Casablanca. Selon ses promoteurs, l'idée de base serait liée à la contrainte temporelle forte pesant sur les ménages casablancais : « une étude de marché nous a montré que le secteur des courses en ligne est très prometteur. Beaucoup de foyers n'ont plus le temps de se consacrer à leurs courses durant la semaine[1] ».
La société emploie une quinzaine de personnes à ses débuts et réalise une dizaine de commandes par jour, limitées à la zone du grand Casablanca. Le coût du service est de 35 dirhams HT quel que soit le volume d'achat et l'entreprise propose plusieurs créneaux de livraison 11 à 13h, 13 à 15h, 17 à 19h, 19 à 21h.
Selon le directeur, Mohammed Banaddou Idrissi, « les deux premières années ont servi essentiellement à installer le concept, corriger les erreurs et stabiliser le site. Les deux ans qui s'ensuivent représentaient la phase où le site a commencé un premier déploiement tout en essayant de fidéliser un noyau de clients[2] ».
Le site a connu un premier développement à partir de 2013. En effet, « ce développement a été assuré par le fonds public Maroc Numeric Fund (MNF) mis en place en 2010 dans le cadre du plan Maroc Numeric 2013 lancé par le ministère de l'Industrie du Commerce et des nouvelles Technologies (levée de fond de 3,8 millions de dirhams, soit environ 340 000 euros).
En 2013, epicerie.ma comptait plus de 500 clients fidèles qui commandent au moins deux fois par mois. Le site enregistre une vingtaine de commandes par jour pour un panier moyen élevé à 1300 dirhams. Le chiffre d'affaires mensuel de la société est estimé à 780 000 dirhams. La levée de fonds permet à la société de renforcer son parc logistique et d'aménager un nouveau siège à la hauteur du développement attendu.
Plus précisément, la levée de fonds permet à épicerie.ma de lancer son service livraison sur Marrakech, de renforcer sa flotte, d'aménager son siège et par ailleurs d'investir dans la communication. En effet, le site était centré sur les villes proches de Casablanca, Rabat et Mohammedia. Dès la fin de l'année 2013, l'enseigne s'attaque au marché marrakchi en prévoyant une livraison tous les deux jours. Dans les

[1] « *Lancement d'une épicerie en ligne* », *L'Économiste*, n° 2776, 14 mai 2008.
[2] « *epicerie.ma convoite les Marrakchis* », Challenge 2013.

conditions du début de l'année 2013, epicerie.ma dispose de trois véhicules de livraison. Un 4e véhicule réfrigéré doté de deux frigos, l'un à 18 degrés et l'autre à 4 degrés et dédié à la livraison sur Marrakech rejoint ainsi la flotte.

L'objectif de l'entreprise est également de déménager son siège en centre-ville dans un local de 600 m² qui permettra d'aménager un espace logistique et des chambres froides.
Enfin, la levée de fonds permettra d'agir sur la dimension communication en lançant une campagne permettant d'asseoir la notoriété de l'entreprise.

En 2014, le chiffre d'affaires de l'entreprise est ainsi de 6,6 millions de dirhams pour un résultat net négatif de 1,4 million. L'enseigne propose plus de 5000 références en produits frais (fruits et légumes, viandes, poissons) contre 1200 à son lancement et environ 3000 en 2010[1]. Par ailleurs, comme nous l'avons vu plus haut, très rapidement epicerie.ma propose un service drive opérationnel à partir d'une trentaine de minutes après la commande : « concrètement avec notre nouvelle offre drive, le e-consommateur gagne en temps puisqu'il n'aura plus besoin de se rendre au supermarché, errer indéfiniment dans les rayons et attendre impatiemment en caisse. En effet, 30 minutes après sa commande, le client fait, le déplacement à notre point de retrait situé au quartier Racine-Maarif puis ses achats sont chargés dans le coffre en 5 minutes sans descendre de son véhicule et tout cela gratuitement au même prix qu'en hypermarché[2] ».

Le lancement de l'offre drive est bien entendu une innovation radicale sur le marché marocain. Néanmoins, du point de vue de l'enseigne, epicerie.ma, cette offre répond également à un desserrement des contraintes logistiques qui s'imposent à elle. En effet, l'enseigne propose des plages horaires précises dans les différentes agglomérations dans lesquelles elle opère : Casablanca (Bouskoura, Casa, Dar Bouazza, Bouznika, Mohammedia) Rabat (Rabat, Salé, Temara, Skhirat) et Marrakech. Néanmoins, les capacités logistiques de l'entreprise sont réduites (4 camions) et souvent saturées pour les plages horaires les plus attractives. Dès lors, ces dernières sont fermées et le client peut se voir proposer une livraison à J+2[3]. L'ouverture d'un service drive permet aussi de réduire cette contrainte en proposant au client de retirer lui-même sa commande.
En 2016-2017, le virage de l'ouverture d'un réseau de magasins en complément de l'offre en ligne est acquis et l'enseigne change de nom en devenant Market +. Epicerie.ma ouvre son premier magasin Market + dans le quartier Bourgogne à Casablanca[4]. Le magasin se déploie sur une surface de 300 m² et se situe à un très haut niveau qualitatif (premium). L'enseigne propose par ailleurs de manière assez originale un drive piéton fonctionnant sur le même principe que le drive traditionnel. Les promoteurs de l'enseigne envisagent d'ouvrir à l'avenir d'autres magasins en propre ou en franchise et selon deux formats ou modèles économiques : (i) Market +

[1] Dans les conditions de début 2017, l'offre est de plus de 7500 références et le panier moyen est d'environ 1000 dirhams et 650 en drive.

[2] Mohamed Benaddou Idrissi, Maghreb digital.com, octobre 2013.

[3] « *epicerie.ma lance son service drive* », LesEco.ma, 2 septembre 2013.

[4] « *epicerie.ma accélère son développement et devient market+* », *La Vie Économique*, 15 juin 2016.

City, magasin < 300 m² offrant un service drive piéton et (ii) Market +, magasin de plus de 600 m² offrant un drive classique avec places dédiées aux automobiles.
Sur ce point, le directeur de l'enseigne déclare : « il y a de réelles synergies entre l'online et l'offline (…) notre ambition est de rapidement constituer un réseau de magasins. Nous espérons ainsi ouvrir 4 à 5 magasins à Casablanca dans les deux ans qui viennent ». L'enseigne envisage par ailleurs des ouvertures à très brève échéance à Rabat et Marrakech.
Cependant, dans les conditions du début de l'année 2022, ni le cybermarché, ni le magasin de Casablanca ne semblent actifs. Le site, contrairement au magasin, n'était déjà plus actif en 2020. Le directeur de l'enseigne semble avoir choisi une autre orientation puisque depuis 2019, il apparaît comme directeur des opérations de Chari.ma qui est une centrale d'achat digitale de produits FMCG pour le commerce de proximité.

Source : diverse presse.

De manière générale, on peut observer que l'offre peine à se structurer et à atteindre son seuil de rentabilité. À ce jour, elle reste limitée à la zone de Casablanca-Rabat, qui correspond à la cible visée en concentrant l'essentiel de la clientèle à fort pouvoir d'achat. Des incursions timides sont néanmoins menées dans les grandes villes de second rang comme Tanger et Agadir.
Au début de l'année 2020, on constate cependant que la plupart des acteurs historiques ont plus ou moins disparu (et l'on n'en trouve aucune trace en ligne), ce qui met en évidence les difficultés réelles à rendre viable une offre d'épicerie en ligne. En tout état de cause, les cybermarchés devraient être amenés à se développer dans la mesure où ils correspondent à un réel besoin exprimé par les consommateurs ou tout au moins une partie d'entre eux. En effet, si les acteurs historiques apparaissent avoir sombré pour l'essentiel ; on constate qu'il existe de nombreux nouveaux acteurs en ligne : marché express.ma (spécialisé dans les fruits et légumes), Mymarket.ma ou encore Yammarket (généraliste), gourmet-market.ma (épicerie en ligne appuyée sur une boutique physique), épicerieverte (épicerie bio)… On notera que même Openshop, magasin qualitatif dont nous avons fait état plus haut, a lancé son offre en ligne. Néanmoins, ce développement est fortement tributaire de la mise en place et de la validation d'un modèle économique *ad hoc*.

3.2. Spécificité des cybermarchés et modèles économiques sous-jacents

On distingue habituellement deux modèles de cybermarchés (*cf.* tableau 8) :
(i) le cybermarché autonome qui s'appuie sur un entrepôt dédié. Les commandes sont ainsi préparées sur un entrepôt central ;
(ii) le cybermarché rattaché, qui s'appuie sur un magasin physique à proximité. Autrement dit le stock du magasin physique est commun aux deux activités. Le cybermarché étant souvent perçu comme une extension ou un service complémentaire du magasin.

Tableau 8 : Avantages et inconvénients du picking

	Gestion en entrepôt central	Gestion en supermarché de proximité (picking)
Avantages	- Permet de réaliser des économies d'échelles - Facilite la gestion des ressources humaines - Permet d'informer l'internaute sur les ruptures de stock	- Permet de livrer toutes les régions où l'enseigne est implantée - Permet de livrer les produits frais et autres produits encombrants
Inconvénients	- Réduit la couverture géographique de l'offre	- Perturbe les stocks des supermarchés locaux - Demande un réassort fréquent des rayons - Provoque des problèmes de gestion de flux si les vendeurs qui réalisent les commandes le font pendant l'ouverture du magasin - Nécessite de former l'ensemble des vendeurs à cette technique

Source : Cliquet *et al.* (2002, p. 82).

Ainsi en est-il par exemple de supermarché-marrakech.com, qui ne dispose pas de stock, mais qui propose un large choix de produits via un partenariat avec Marjane. L'enseigne aurait même entamé en 2010 des démarches similaires avec LabelVie. C'est le même modèle qui a été adopté par asswakcom.ma qui a signé des conventions avec les grandes surfaces (autrement dit, une fois la commande effectuée par le client, asswakcom.ma achète les produits auprès de la grande surface). Shop4you aurait quant à lui signé en son temps un partenariat avec Franprix Maroc pour son approvisionnement.

L'enseigne epicerie.ma, de son côté, avait signé dès son lancement, un partenariat avec la chaîne Hanouty et en particulier avec la centrale d'achat de cette dernière. Néanmoins, les difficultés rencontrées par le réseau Hanouty ont incité épicerie.ma à changer de stratégie. Ainsi, en 2009 l'enseigne a commencé à constituer son propre stock[1].

À cette première distinction, on peut en superposer une autre qui renvoie cette fois au fonctionnement concret des structures. On distingue ainsi deux

[1] Dans les conditions de 2009, et selon le Directeur général, 45 % du stock provient directement des fournisseurs, 30% est acheté auprès des supermarchés et le reste est géré en flux tendus.

approches. La première dite « *all click* » renvoie aux situations où la vente des produits se fait en ligne et la livraison directement au domicile du client. La seconde dite « *click and mortar* » renvoie quant à elle aux situations où la commande se fait sur internet et le retrait des courses soit directement en magasin soit dans un drive.

Les cybermarchés, malgré leur intérêt théorique pour le consommateur, souffrent d'un certain nombre de contraintes qui mettent en jeu la question de leur rentabilité. En effet, de par leur spécificité, les cybermarchés offrent des produits à des prix supérieurs à ceux pratiqués dans les magasins physiques. Le modèle de l'hypermarché et du supermarché s'appuie sur le fait qu'une grande partie des tâches « logistiques » est déléguée aux consommateurs (principe du « *self-service* »). À l'inverse l'avènement du cybermarché marque le retour vers le distributeur d'un certain nombre de tâches (constitution du caddy, emballage et livraison). Ces tâches ont un coût important qui est pris en charge par le cyber-acteur. Cependant, c'est principalement au niveau de la logistique que les enjeux sont les plus importants. La complexité de la gestion et en particulier de l'emballage et de la livraison, constituent des coûts importants qui induisent l'offre d'une gamme de produits restreinte. Le cybermarchand doit en effet gérer des flux logistiques distincts. Ainsi, rien que pour l'alimentaire, on peut distinguer trois catégories de produits et de flux (gérés à des températures de stockage distinctes ; surgelés, produits frais et produits secs…).
Par ailleurs, comme le précise Terlier-Deudon (2010, p. 3) : « le client doit être livré en direct afin justement de permettre aux produits frais ou surgelés d'être stockés dans de bonnes conditions, sans rupture de la chaîne du froid. Pour cela, les livraisons doivent répondre à un double impératif : être regroupées par zone et correspondre aux horaires choisis par le client ».
Le respect de ces deux impératifs, et par conséquent la nécessité d'optimiser les tournées, font que le dernier kilomètre à parcourir est le plus coûteux pour le prestataire et également celui qui détermine la qualité perçue du service par le client. La mise en service de formules de type drive, en s'affranchissant en partie des impératifs et contraintes évoquées plus haut, permet de réduire en partie le gap de rentabilité. Au Maroc, c'est la démarche qui a été adoptée en septembre 2013 par epicerie.ma en lançant un nouveau service drive à Casablanca. Ce nouveau service vient ainsi compléter l'offre de livraison à domicile du supermarché en ligne dont le démarrage remonte à 2008. Le client peut ainsi récupérer sa commande effectuée en ligne le jour même et dès 30 minutes après la commande[1]. Plus récemment, l'enseigne a franchi une nouvelle étape en ouvrant un magasin à Casablanca[2].

---

[1] « *le supermarché épicerie.ma lance son offre « drive » à Casablanca* », foodmagasine.ma, 28 mars 2014.

[2] Cette ouverture a été l'occasion de changer de nom et épicerie.ma est ainsi devenue marchéplus.ma

3.3. Cybermarchands *vs* GMS traditionnelles

La relation cybermarchands *vs* GMS suscite beaucoup de travaux académiques. On a pu observer trois phases dans la réaction des GMS face au développement du e-commerce. La première phase correspond à une situation où le commerce traditionnel se sent menacé par le nouveau canal de distribution. Ainsi, au fur et à mesure de l'arrivée de nouveaux acteurs la grande distribution s'est interrogée sur la position et le positionnement à prendre.
La deuxième étape va voir l'engagement des enseignes traditionnelles dans la voie digitale, mais de manière relativement timide. Les enseignes optent ainsi pour une organisation dite en « silos » ; autrement dit, les deux canaux réels et virtuels coexistent sans pour autant communiquer. Enfin, la troisième étape apparaît plus intégrée avec l'émergence de véritables directions e-commerce et la diffusion des approches cross canal comme instrument de différenciation et de pénétration du marché.
Dans le cas du Maroc, et au-delà des nombreux effets d'annonce, on a observé encore à ce jour, un faible intérêt (relatif) et une faible implication des GMS dans le commerce en ligne et en particulier dans la cyber-épicerie.

3.3.1. Une digitalisation de façade ?

Le modèle de migration vers internet d'une partie de l'activité d'un distributeur traditionnel est relativement fréquent dans la distribution internationale et en particulier en France. Cette migration prend on l'a vu, deux formes ; le *all click* (commande en ligne et livraison à domicile) ou le *click and mortar* (commande en ligne, retrait en magasin ou en drive). Pour autant, les grands distributeurs marocains semblent encore en retrait et plutôt lents à se lancer dans le commerce en ligne quel que soit le modèle évoqué. Ainsi, aucun des grands acteurs nationaux n'a développé d'offre *ad hoc*. C'est en ce sens que le service communication de Marjane affirme : « cela n'est pas encore une priorité pour des structures comme Marjane. La holding préfère se concentrer sur d'autres projets. Dans l'immédiat, nous ne sommes pas concernés par ce créneau. Nous travaillons sur d'autres choses[1] ». En 2015, on perçoit cependant une certaine réorientation (au moins dans l'affichage et dans les discours). Marjane affirme alors se préparer à lancer son « écosystème digital » en s'appuyant sur un catalogue en ligne des produits et offres des magasins, un site institutionnel et un portail de recrutement[2]. Pour autant, depuis lors et au moins jusqu'au début de l'année 2020, les avancées

[1] Propos de Nisrine Sebti, service communication de Marjane Holding, *Les Échos*, 19 janvier 2010.

[2] « *Marjane se lance dans le e-commerce* », www.challenge.ma, 16 février 2015. Dans les conditions de la fin 2018, si les deux derniers sites sont opérationnels, le premier semble être resté à l'état embryonnaire.

dans le cadre de la transformation digitale du groupe ont été plutôt anecdotiques.
Cette situation peut s'expliquer de deux manières : les acteurs traditionnels de la distribution restent (au moins à l'époque) concentrés prioritairement sur le développement de leur réseau et sur la couverture du marché national qui est encore loin d'être complète ; le commerce en ligne, comme le démontrent les nombreuses faillites des expérimentations des *pure players,* n'est pas encore parvenu à une rentabilité acceptable susceptible de susciter l'intérêt des grandes surfaces en place. Il reste cependant, comme le prédisent la plupart des experts du secteur, que cette position n'est pas tenable et qu'à plus ou moins brève échéance, les acteurs de la distribution moderne seront amenés à reconsidérer leur position. On devrait dès lors assister à une recomposition de l'offre en ligne en particulier au travers du rachat de cybermarchands en place.
De ce point de vue, la crise sanitaire liée à la Covid 19 a joué un rôle de puissant accélérateur de la transformation digitale des grands groupes de distribution au Maroc.

3.3.2. Covid 19 et crise sanitaire comme accélérateurs de la digitalisation

La crise Covid 19 et les multiples contraintes et restrictions qui lui sont liées ont été de puissants moteurs de la digitalisation du commerce moderne et de l'alimentaire au Maroc. Après de nombreuses années de tergiversation, la plupart des GMS se sont finalement engagées à un rythme accéléré dans le développement d'une offre en ligne structurée. C'est en juillet 2020 que Marjane lance une offre en ligne de plus de 6000 références. Cette offre est initialement centrée sur les 5 villes prioritaires que sont Casablanca, Mohammedia, Rabat, Salé et Marrakech. Elle inclut, dans un second temps, les villes de Fez et Meknès. À terme, et selon ses promoteurs, elle devrait couvrir tout le Maroc. La livraison est assurée par Kaalix, une « *start up* » locale qui propose une livraison standard programmée ou une livraison express en moins d'une heure. Le paiement peut être effectué directement en ligne ou à la livraison. Dans ce dernier cas, les livreurs sont également équipés de TPE permettant le paiement in situ par carte bancaire, ce qui constitue sans aucun doute une première au Maroc.
Les ambitions digitales de l'enseigne sont fortes puisqu'à très brève échéance le canal digital devrait représenter, selon ses promoteurs, entre 5 à 10% des ventes. C'est sans doute dans cette perspective que vers la fin 2021, Marjane annonce la création d'une filiale « Marjane Mall » dédiée au développement de la vente en ligne[1].
Un mouvement similaire de digitalisation en mode accéléré est observé chez LabelVie qui crée même en 2021 sa Digital Factory dite « Label Factory ».

[1] « Majane mall, une nouvelle entité pour surfer sur la vague e-commerce », Ledesk, 8 juillet 2021.

Rachid Hadni, DG de l'enseigne en fait état en ces termes[1] : « Label Factory a pour mission de faire évoluer les activités grâce à la modernisation de nos systèmes d'information, à l'exploitation des données et à la mise à plat des processus et modes opératoires afin de gagner en efficacité et agilité. Au sein de Label Factory, plusieurs programmes ont d'ores et déjà démarré et la priorité a été donnée à nos plateformes e-commerce et fidélité… L'objectif est d'accélérer le déploiement de notre stratégie digitale afin de devenir un véritable acteur omnicanal et d'apporter des solutions innovantes au Maroc ».

Conclusion

À ce jour, la grande distribution ne compte que pour une faible part des ventes et du chiffre d'affaires du commerce alimentaire au Maroc. Cette situation laisse présager des possibilités d'implantation et de développement importantes pour la distribution moderne. En effet, cette dernière dispose de larges marges de manœuvre en prenant des parts de marché sur le commerce traditionnel. De fait, de nombreux nouveaux acteurs s'intéressent au marché marocain. Certains s'y sont implantés en s'appuyant sur une logique tête de pont ; d'autres n'ont pas franchi le pas de l'implantation mais étudient les possibilités qui leur sont offertes. Les nouveaux entrants sont à la fois nationaux et internationaux, ce qui montre que le Maroc dispose encore d'un certain nombre d'attraits pour les investissements internationaux. Pour autant, là encore, on observe que les enseignes, en particulier étrangères, rencontrent des difficultés importantes. Si les ambitions de départ sont systématiquement larges, les résultats à l'arrivée apparaissent régulièrement décevants.

Le e-commerce et les supermarchés en ligne connaissent quant à eux un développement autonome, mais là encore, le modèle économique gagnant reste à définir et à mettre en place. La plupart des structures existantes peinent en effet à être rentables, ce qui a conduit nombre d'entre elles à mettre la clé sous la porte. Des stratégies plus originales sont cependant menées par certains acteurs qui lancent nombre d'expérimentations et d'ouvertures, d'une part vers le drive, et d'autre part vers le *mortar* ; autrement dit, l'ouverture de magasins en dur parallèlement à leur offre en ligne… mais là encore le modèle reste fragile.

[1] Rapport financier 2021, p. 9.

CHAPITRE 4

LES DÉTERMINANTS DU DÉVELOPPEMENT DE LA GRANDE DISTRIBUTION ALIMENTAIRE

Le paysage du commerce et de la distribution connaît, dans les pays émergents, des transformations remarquables depuis deux ou trois décennies. On assiste partout à une réelle modernisation de l'appareil de distribution ; modernisation qui apparaît initialement portée par les besoins et la demande de la classe aisée puis diffusée par celle de la classe moyenne. Plus précisément, les pays émergents connaissent un développement invasif de nouvelles formules ou de nouveaux formats de distribution, qui parfois se substituent aux formats existants, mais qui, le plus souvent, ajoutent une strate supplémentaire à l'offre et aux choix à disposition du consommateur.
Les marchés émergents et en particulier le marché marocain, ouvrent des perspectives de développement remarquables pour les distributeurs locaux mais également, et sans doute dans certains cas, surtout pour les distributeurs des pays avancés. Les indices GRDI (Global Retailing Development Index), conçus par A.T. Kearney, et que nous abordons en section 1, sont particulièrement riches et révélateurs des potentiels de ces marchés émergents. Pour autant, l'existence et le développement de ces marchés ne peuvent pas faire abstraction d'au moins trois enjeux ou facteurs que nous abordons dans les sections qui suivent : les facteurs d'offre, les facteurs de demande et les facteurs de nature institutionnelle.

1. Perspectives de développement et potentiel des marchés émergents

Les enjeux importants du développement de la distribution moderne dans les pays émergents ont ouvert un large champ d'études pour les cabinets de conseil en stratégie. Ces derniers sont à l'initiative de multiples classements et évaluations des pays émergents en fonction de leur potentiel et des opportunités qu'ils représentent ou sont susceptibles de représenter pour les grands groupes internationaux de distribution.

1.1. Le classement GRDI d'A.T. Kearney

Le Global Retail Development Index ; autrement dit le classement GRDI, publié sur une base annuelle par le cabinet de conseil A.T. Kearney, est sans doute le classement le plus connu et le plus diffusé à ce jour. Ce dernier hiérarchise une trentaine de pays émergents sélectionnés sur une base de données de 200 pays en fonction du risque pays (plus de 35 dans la base de données Euromoney), de la taille de la population (plus de 5 millions d'habitants) et de la richesse nationale (PIB par tête supérieur à 300 dollars). Sur cette base, A.T. Kearney propose un score GRDI qui s'appuie sur quatre ensembles de critères : risque commercial et risque pays, attractivité, saturation du marché et enfin pression temporelle (*cf.* encadré 12).

Encadré 12 : Critères de scoring GRDI

Country and business risk (25 percent)
Country risk (80 percent). Political risk, economic performance, debt indicators, debt in default or rescheduled, credit ratings, and access to bank financing. The higher the rating, the lower the risk of failure.
Business risk (20 percent). Business cost of terrorism, crime, violence, and corruption. The higher the rating, the lower the risk of doing business.

Market attractiveness (25 percent)
Retail sales per capita (40 percent). Based on total annual sales of retail enterprises (excluding taxes). A score of zero indicates an underdeveloped retail sector; a score of 100 indicates a mature retail market.
Population (20 percent). A score of zero indicates the country is relatively small with limited growth opportunities.
Urban population (10 percent). A score of zero indicates a mostly rural country; 100 indicates a mostly urban country.
Number of large cities (10 percent). A score of zero indicates all cities in the country have fewer than 1 million inhabitants; 100 indicates significant number of large cities with more than 1 million inhabitants.
Business efficiency (20 percent). Parameters include government effectiveness, burden of law and regulations, ease of doing business, and infrastructure quality. A score of zero indicates inefficiency; 100 indicates highly efficient.

Market saturation (25 percent)
Share of modern retailing (30 percent). A score of zero indicates a large share of retail sales is from a modern format within the average Western European level of 200 square meters per 1,000 inhabitants. Modern formats include hypermarkets, supermarkets, discounters, *convenience stores*, department stores, variety stores, warehouse clubs, and supercenters.
Number of international retailers (30 percent). Country presence was analyzed for about 300 retailers. Countries with the maximum number of retailers have the lowest score.
Modern retail sales area per urban inhabitant (20 percent). A score of zero indicates the country ranks high in total modern retail area per urban inhabitant, close to the average Western European level of 200 square meters per 1,000 inhabitants.
Market share of leading retailers (20 percent). A score of zero indicates a highly concentrated market; 100 indicates a fragmented market.

Time pressure (25 percent) Measures of time factor which is based on 2018 to 2023 data, measured by historical and forward-looking growth of modern retail sales weighted by the general economic development of the country and the retail sales area weighted by newly created modern retail sales areas. A score of 100 indicates a rapidly advancing retail sector, thus representing high time pressure to enter the country and capture the growth opportunity. Data and analysis are based on the United Nations Population Division Database, International Monetary Fund and Economist Intelligence Unit National Statistics, Euromoney and World Bank reports, Euromonitor, Edge retail databases, and press article.

Source : A.T. Kearney, GRDI (2021)[1].

Les travaux d'A.T Kearney, au travers du GRDI, mettent en évidence la très forte croissance du commerce dans les pays émergents. Ces derniers représenteraient à ce jour plus de la moitié du marché mondial.

Depuis la création de l'indice, cinq pays émergents ont figuré en continu dans le top 10 (au moins entre 2002 et 2015) : la Chine, l'Inde, la Russie, le Vietnam et le Chili. Depuis lors les profils se sont un peu diversifiés et, si la Chine et l'Inde figurent toujours au plus haut niveau du classement, d'autres pays sont venus les rejoindre comme l'Indonésie, le Bangladesh ou encore l'Égypte, pour ne citer que les plus peuplés. Dans ces pays, les taux de croissance observés dans le secteur commercial dépassent très largement la moyenne des autres pays émergents. Bien qu'ils ne soient pas tous au même niveau de développement commercial, ils représenteraient un réel potentiel d'investissement pour les grands acteurs internationaux et devraient continuer leur progression dans les années à venir (*cf.* tableau 9).

[1] Le suivi de l'évolution des scores par pays doit être pris avec précaution dans la mesure où la méthode est trop régulièrement amendée. Le rapport évoque ces amendements en des formulations souvent laconiques : "This year, we have adapted the methodology to make it relevant to the evolving retail business environment".

Tableau 9 : Classement GRDI d'A.T. Kearney

2021 rank	Country	Population (million)	GDP PPP per capita (US$)	National retail sales (US$ billion)	Market attractiveness	Country risk	Market saturation	Time pressure	Final 2021 score	Rank vs. 2019
1	China	1,402	17,192	4,072	100.0	88.4	13.1	100.0	72.8	0
2	India	1,400	6,461	1,163	59.1	50.7	63.7	82.7	64.4	0
3	Malaysia	33	27,402	112	74.5	74.0	27.2	43.9	54.1	0
4	Indonesia	272	12,222	407	51.3	30.7	57.6	60.7	53.0	+1
5	Bangladesh	170	5,307	171	15.7	2.4	96.0	88.4	53.0	New
6	Morocco	36	7,620	46	31.5	92.6	66.5	51.8	52.2	+6
7	Egypt	101	12,790	200	34.3	20.5	71.5	73.8	52.0	+19
8	Ghana	31	5,693	24	13.5	70.2	96.5	52.7	51.9	-4
9	Vietnam	96	10,869	125	27.8	42.2	56.0	98.4	51.8	+2
10	Dominican Republic	11	18,608	25	44.5	70.2	62.2	39.7	51.4	+4
11	Serbia	7	19,146	21	61.0	55.2	27.7	62.8	50.8	+16
12	Saudi Arabia	35	46,811	119	75.8	98.6	16.9	26.9	50.6	-5
13	Kazakhstan	19	26,565	26	32.8	54.0	68.0	56.6	50.2	+2
14	United Arab Emirates	10	58,753	71	78.4	100.0	0.2	42.9	50.0	-5
15	Russia	147	27,903	429	75.0	52.8	0.0	70.0	49.3	+8
16	Cote d'Ivoire	26	5,365	19	10.6	24.0	94.9	69.6	49.0	New
17	Jordan	11	10,306	16	37.3	69.2	67.1	35.3	49.0	-9
18	Senegal	17	3,478	11	10.9	37.6	93.2	61.0	48.3	-12
19	Bulgaria	7	23,817	23	69.4	52.0	21.3	44.7	48.3	-2
20	Azerbaijan	10	14,431	15	32.7	37.7	84.5	26.8	47.5	-1
21	Turkey	84	30,253	191	52.3	40.4	30.7	63.0	46.8	+1
22	Romania	19	30,526	72	61.2	78.1	4.9	63.3	46.4	New
23	Bolivia	12	8,344	17	24.5	20.9	88.0	34.4	45.2	New
24	Kenya	54	4,926	39	9.1	53.1	79.0	62.2	45.1	New
25	Guatemala	18	8,293	40	29.8	41.5	64.9	42.9	44.1	+4
26	Sri Lanka	22	13,215	32	20.6	33.2	78.7	44.5	44.1	-8
27	Peru	33	11,871	58	37.2	76.3	49.3	32.4	43.8	-14
28	Colombia	49	14,324	70	36.8	80.2	43.7	39.3	43.7	-18
29	Tunisia	12	10,120	16	28.0	35.8	76.1	26.0	42.8	-4
30	Paraguay	7	12,881	11	23.3	71.9	82.9	4.7	42.3	-9
31	Nepal	30	4,061	16	0.0	20.3	100.0	51.0	42.2	New
32	Cameroon	27	3,646	20	9.0	1.5	99.0	41.1	41.7	New
33	Ukraine	42	13,110	65	33.3	22.8	47.5	51.0	40.0	New
34	Nigeria	206	5,187	108	14.8	14.4	91.9	22.2	39.4	-4
35	Philippines	110	8,452	170	32.8	40.5	35.3	52.2	38.2	-15

1.2. GRDI et pays du Maghreb

Les pays du Maghreb, et en particulier le Maroc, se situent quant à eux à un niveau intermédiaire. C'est en 2004 que le Maroc apparaît pour la première fois dans le classement GRDI, à la 18e place. Dès lors, à l'exception de l'année 2015, il restera dans le top 30 des marchés d'avenir. En 2021, le Maroc se situe à la 6e place, soit son meilleur classement depuis 2004. À la même époque, la Tunisie se situait au 29e rang alors que l'Algérie, quant à elle, disparaissait du classement. On notera que depuis une dizaine d'années, le Maroc superforme comparativement aux autres pays du Maghreb, se classant ainsi dans les 10 premiers marchés porteurs depuis 2017.
Pour autant, il nous semble que les classements GRDI concernant le Maghreb doivent être utilisés avec nuances et précautions. En effet, la très grande volatilité du classement dans le cas du Maroc en particulier (qui peut ainsi passer, d'une année sur l'autre de la 6e à la 19e place ou encore de la 12e à la 6e) pose des questions sérieuses tant au niveau conceptuel que méthodologique (*cf.* figure 24).

Figure 24 : Évolution du classement des pays du Maghreb dans le GRDI

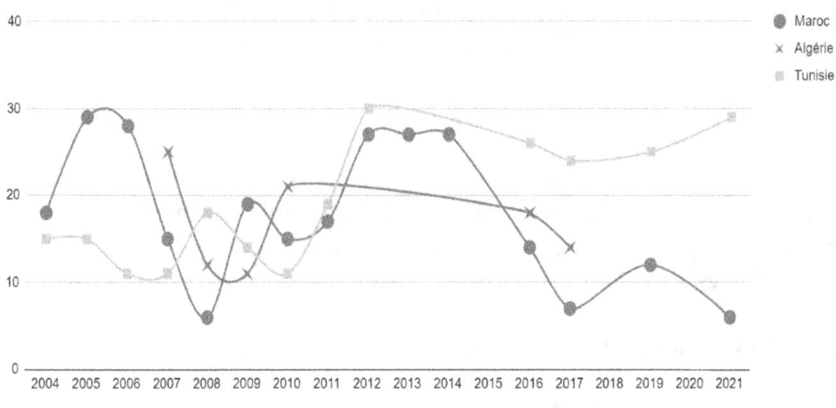

Source : D'après données A.T. Kearney.

*La représentation graphique fait abstraction des valeurs manquantes soit pour le Maroc (2015, 2018, 2020), pour l'Algérie (2015 à 2015, 2018 à 2021[1]) et pour la Tunisie (2013, 2014, 2015, 2018, 2020).

Cependant, malgré leurs défauts évidents, les classements en question conservent une certaine utilité, en ce sens qu'ils donnent des estimations ou des fourchettes (fiables et sans doute durables) qui n'en restent pas moins utiles pour l'analyse, voire pour l'action.

[1] Le classement 2020 n'a pas été publié.

2. FDI et arrivée des acteurs internationaux de la distribution

L'un des moteurs importants du développement de la grande distribution est lié aux FDI dans le commerce ; autrement dit, à l'intérêt croissant des grands acteurs étrangers pour les marchés des pays émergents. Les FDI sont en effet un enjeu essentiel du développement de la grande distribution moderne et structurée. Dans nombre de pays émergents la diffusion des supermarchés et autres formes modernes de distribution a été relativement lente au moins jusqu'aux années 90, alors que seuls les capitaux locaux étaient disponibles. À partir de cette date, et pour de multiples raisons, les IDE ont en partie pris le relais.

L'incitation à investir dans de nouveaux espaces, dans un certain nombre de pays émergents, a été directement poussée par la saturation graduelle des marchés d'origine ainsi que par la très forte concurrence qui y prévaut. De l'autre côté, les pays émergents apparaissent fortement attractifs. En effet, la concurrence y est encore relativement réduite : "inital competition in the receiving regions was weak, generally with little fight up by traditional retailers and domestic-capital supermarkets, and there are distinct advantages to early entry, hence occupation of key retail locations" (Reardon *et al.*, 2003, p. 1141). Par ailleurs, certaines administrations nationales se sont lancées dans une trajectoire de libéralisation totale ou partielle de ces mêmes IDE.

2.1. L'Afrique commerciale entre culture francophone et anglophone

Le marché africain suscite aussi la convoitise de nombre d'acteurs internationaux de la grande distribution et l'on y observe un clivage fort entre le Nord (Maghreb et Afrique subsaharienne) dominé par les acteurs francophones, et le Sud par les acteurs anglophones.

2.1.1. Les grands acteurs internationaux en Afrique

Le magazine *LSA* a, dès janvier 2013[1], mis en avant l'intérêt croissant de la grande distribution française sur les marchés africains… Cette grande distribution, qui avançait lentement en Afrique, en particulier en s'implantant prioritairement dans le nord du continent, se voit désormais contrainte d'accélérer son développement face aux grands réseaux anglo-saxons (Walmart, Woolworths, Shoprite) très actifs quant à eux au sud. En effet, à partir d'une implantation forte en Afrique du Sud, les groupes anglo-saxons (ou sud-africains) ont essaimé en tache d'huile vers le centre de l'Afrique. Dans le même temps, des groupes locaux connaissant un fort développement national se sont également lancés dans l'aventure internationale à l'échelle du continent africain tout au moins.

---

[1] « *Les nouveaux horizons de la distribution française* », *LSA*, 24 janvier 2013.

Tableau 10 : Présence de quelques enseignes leader en Afrique (implantations hors Afrique du Sud)

Enseignes	Implantations	Pays d'implantation
Shoprite	12 pays	Angola, Botswana, RDC, Eswatini, Lesotho, Madagascar, Malawi, Ghana, Mozambique, Namibie, Ouganda, Zambie
Walmart via Massmart	12 pays	Ghana, Malawi, Maurice, Mozambique, Nigeria, Tanzanie, Ouganda, Zambie, Zimbabwe, Lesotho, Namibie, Botswana
Woolworths	11 pays	Botswana, Namibie, Swaziland, Ghana, Kenya, Tanzanie, Uganda, Zambie, Lesotho, Mozambique, Maurice

Source : Diverse presse.

De fait, la grande distribution française est incitée à accélérer ses efforts de déploiement sur les marchés africains. Ainsi, la plupart des acteurs français ont investi ou tentent d'investir les marchés les plus porteurs, comme en témoignent par exemple les données du tableau 11.

Dans ce tableau, nous retenons cinq acteurs français parmi les plus actifs en Afrique (Auchan, Carrefour, Casino, Monoprix, système U) et nous tentons de détailler leurs implantations africaines tout comme nous tentons de décrypter leur stratégie africaine. On constate une très forte présence de ces acteurs français en Afrique subsaharienne francophone. Cette présence, à l'image de la présence « politique et militaire » française dans la zone est fluctuante et, sur la période récente, les enseignes françaises commencent à connaître quelques difficultés avec l'émergence parfois de mouvements citoyens structurés « anti-grande distribution ». Ainsi par exemple, la présence du groupe Auchan au Sénégal a été largement contestée sur ces dernières années et a donné lieu à des mouvements de résistance et de boycott (parfois violents).

Tableau 11 : Présence et stratégie des enseignes françaises en Afrique

Enseignes	Implantations	Stratégie
Monoprix	Forte implantation en Tunisie (Mabrouk près de 90 magasins), Implantations en Libye, Côte d'Ivoire, à Maurice et au Sierra Leone	Cible prioritairement le Maghreb. Actuellement en stand-by du fait de difficultés locales en Tunisie Le Maroc a été envisagé puis abandonné Développement appuyé sur la franchise tunisienne SNMVT et Prosuma en Afrique subsaharienne
Auchan	Tunisie, Sénégal (+ 30 magasins), Mauritanie (2 magasins), Algérie (2 magasins)	Auchan entre en 2012 dans le capital du groupe « Magasin général » à auteur de 10%. Ce groupe gère plus de 80 points de vente en 2022(enseignes MG, Magro, Batan) Échec de l'implantation au Maroc Déploiement discret au Sénégal et en direct (2014) et en Mauritanie (en franchise). En Mauritanie, le groupe s'appuie sur une franchise locale qui a ouvert à Nouakchott un magasin de 1500m2 en 2016 et prévoie d'en ouvrir une vingtaine dans les principales villes du pays d'ici 5 ans. En 2022, seuls deux magasins ont vu le jour. A Dakar, création ex nihilo d'une filiale locale en 2014 (Sénégal Atac supermarché). Ouverture d'un magasin à Dakar. Trois autres ouvertures sont programmées dans la capitale. Rachat des magasins Citydia. Total de plus de 30 magasins en 2022) Pays visés : Nigéria, Gabon, Côte d'Ivoire, Cameroun
Système U	Benin, Côte d'Ivoire, Cameroun Maroc	Pas de plan stratégique. L'Afrique n'est pas une priorité. Développement de type opportuniste à petits pas, souvent à l'initiative de commerçants locaux. Benin (2012), Côte d'Ivoire (2014), Cameroun (2015), Ouverture d'un magasin à Rabat en 2019 Création d'une coopérative export
Casino	Sénégal, Gabon, Cameroun, Congo, Djibouti, Côte d'Ivoire, Togo, Burkina Fasso, Bénin, Niger, Madagascar, Tunisie, La réunion, Guinée	Démarche plutôt proactive de type *bottom up*. Une dizaine de pays prioritaires en fonction des données socioéconomiques : Maroc, Algérie, Tunisie, Nigeria, Ghana, Kenya Sénégal, Égypte, RDC…
Carrefour	Maroc (LabelVie : 140 magasins dont 12 hypermarchés) Algérie (2) ; Tunisie (75) Égypte (36 magasins dont 11 hypermarchés) Côte d'Ivoire, Cameroun	Intérêt pour l'Afrique. Présence en franchise importante et phase de prospection active Échec de l'implantation en Algérie puis retour en 2015 avec ouverture d'un hypermarché Carrefour de 4000 m2 en association avec des partenaires locaux (UTIC et ASICOM). Ouverture d'une 2ème unité en 2020. Partenariat en Tunisie avec Ulysse Hyper Distribution (75 points de vente). Ouverture d'un premier hypermarché en Afrique en partenariat avec CFAO. Ambitionne de devenir leader en Afrique de l'Ouest et centrale : Côte d'Ivoire, Ghana, Sénégal, Nigeria, Cameroun, Gabon, Congo Brazzaville, RDC

Source : divers presse.

2.1.2. Acteurs étrangers au Maroc : une domination française ?

Le marché marocain, comme nous l'avons vu en section 1, apparaît extrêmement attractif pour un certain nombre d'acteurs étrangers et en particulier français. Depuis le début des années 90, nombre d'enseignes de toutes nationalités ont tenté de s'y implanter durablement : le Belgo-néerlandais Makro, le Néerlandais Ahold, l'Allemand Metro, les Espagnols Superdiplo et Supersol, les Français Promodès, Auchan, Carrefour, Leader Price, Euromarché ou encore Système U…), le Turc BIM ou encore l'Anglais Costcutter… Le marché marocain reste cependant un marché difficile et nombre d'acteurs internationaux ne sont pas parvenus à se maintenir, soit du fait d'une concurrence locale sévère parfois, soit du fait d'une inadaptation de leur offre, de leur positionnement ou tout simplement de leur structuration et organisation aux conditions et besoins locaux.

Tableau 12 : Implantations et activités des enseignes étrangères au Maroc

1991	- Implantation de **Makro** (Belgique-Pays Bas) à Casablanca
1992	- Rapprochement entre l'ONA (Marjane) et **SHV (Makro)**
1994	- Rapprochement non capitalistique et signature d'un accord de franchise entre Marjane et **Promodès**
1997	- L'Allemand **Metro** rachète **Makro** implanté au Maroc depuis 1991
2000	- Implantation de **Supersol** à Casablanca (**Superdiplo/Ahold**)
2001	- Signature d'un accord de partenariat entre **Auchan** et Cofarma-ONA qui prévoit la cession par l'ONA de 49% des parts de Marjane
	- Lancement d'une chaîne de supermarchés Acima conjointement par **Auchan** et Marjane
2002	- Hyper SA LabelVie rachète deux magasins **Supersol** de Casablanca et Rabat détenus auparavant par **Ahold** et **Superdiplo** Maroc. LabelVie signe un accord de partenariat lui donnant accès aux plateformes et centrales d'achat Ahold
2003	- Ouverture d'un **Euromarché** en septembre à Casablanca (affilié à **Casino** et qui propose des produits **Leader Price**)
2004	- Accord de franchise entre Aswak Assalam et **Casino**. Le contrat d'affiliation porte sur une exclusivité territoriale sur les enseignes et produits, sur l'adhésion des magasins Aswak Assalam à la centrale d'achat **Casino** et sur un transfert des compétences et du savoir-faire informatique
2007	- Divorce entre **Auchan** et l'ONA fin 2007
2008	- Implantation de **BIM**

2009	- LabelVie signe un contrat de franchise exclusif pour le Maroc avec **Carrefour**. Ouverture du premier **hypermarché Carrefour**
2010	- LabelVie rachète les magasins **Metro. Le groupe Metro** se désengage du Maroc
2012	- Implantation d'un magasin **Costcutter** à Marrakech
2016	- Implantation de **Leader Price** (le groupe Casino était présent au Maroc entre 2005 et 2011 avant de se retirer)
2019	- Implantation de **Système U** avec un premier magasin ouvert à Rabat (2019) puis Casablanca (2020)

Source : Diverse presse.

Au-delà des échecs affichés, on peut également, dans le cas du Maroc, intégrer les nombreuses enseignes qui ont, à un moment donné, exprimé un intérêt pour le marché local, sans pour autant être parvenues à le concrétiser. Ainsi en est-il par exemple, et on l'a vu (*cf.* chapitre 2), des enseignes Monoprix, Lulu ou encore de Lidl. Dans la configuration actuelle (celle des années 2020), le marché est dominé par des acteurs locaux : Marjane, Aswak Assalam et LabelVie (franchisé Carrefour)… qui restent cependant des structures à forte culture francophone. On observe néanmoins une montée en niveau des acteurs turcs prioritairement dans le non alimentaire mais également, depuis 2008-2009, dans l'alimentaire, au travers du hard discounter BIM.

Les acteurs étrangers, quelle que soit leur situation, ont un impact important sur l'économie locale, et en particulier sur l'offre commerciale. Bien entendu, et dans tous les cas, on peut considérer que l'arrivée de grands concurrents étrangers a pour effet de contraindre les acteurs du commerce local à prendre conscience de la nécessité pressante de moderniser leurs points de vente, d'upgrader leur offre et de fidéliser leurs clients. Pour autant, ces effets peuvent être distingués selon qu'ils portent sur le commerce moderne ou sur le commerce traditionnel. La littérature économique et de gestion a l'habitude d'analyser les enjeux des FDI et de l'implantation du grand commerce organisé international sur le petit commerce traditionnel. À l'inverse, elle a plutôt tendance à négliger les enjeux et effets induits de ces implantations sur les embryons de commerce moderne qui existent et se développent localement.

2.2. Grande distribution étrangère et grande distribution locale

Contrairement à une opinion encore trop souvent répandue, les GMS internationales qui s'implantent dans les pays émergents n'arrivent pas en terrain vierge et il existe bien souvent, dans la plupart des pays concernés, un embryon de commerce moderne, voire même des réseaux déjà très largement structurés et à large emprise territoriale. Comme le précisent Coe et Wrigley (2007, p. 350): “in many of the emerging markets under consideration a significant local retail chains had often emerged prior to the main deluge of retail FDI from the mid 1990’s onward”. Ainsi, dans le cas du Maroc, les grands groupes internationaux de distribution se trouvent d’emblée confrontés à des groupes nationaux déjà relativement bien structurés (et surtout bien intégrés dans les réseaux nationaux de décision). Tel était par exemple le cas de Marjane ou encore de LabelVie et d’Aswak Assalam[1].

Plus généralement, même si le flux des implantations d’enseignes, selon la trajectoire Nord-Sud ou pays développés vers pays émergents, reste dominant, il n’en demeure pas moins que, sur ces dernières années, on a assisté à l’émergence de chaînes structurées et compétitives issues de ces pays émergents. Ainsi par exemple, une enquête du cabinet Deloitte auprès des 250 plus grandes entreprises internationales de distribution[2] (Deloitte, 2020) montre que si les pays développés restent dominants (88 enseignes européennes, 84 enseignes nord-américaines et 58 asiatiques), on dénombre tout de même 11 enseignes issues de l’Amérique latine et 9 d’origine africaine.

Au-delà, certains travaux montrent que les enseignes en question ont déjà entamé un processus d’internationalisation qui semble irréversible. Altenburg *et al.* (2016) citent les exemples très révélateurs du Chilien Cencosud ou encore des enseignes originaires d’Afrique du Sud comme Shoprite, Spar et Pick’n Pay. Shoprite est ainsi très actif dans plus de 12 pays africains. Certains travaux (*cf.* das Nair et Chisora, 2015) mettent aussi en évidence le développement rapide de Choppie à partir du Botswana vers l’Afrique du Sud, le Zimbabwe mais également, de manière prévisible, vers la Tanzanie, la Zambie, et le Kenya. Dihel (2011), de son côté, met en avant le succès des chaînes kenyanes Nakumatt, Tuskys et Uchumi au Rwanda mais également en Tanzanie et Ouganda. L’expansion de la grande distribution sur le marché africain suit relativement bien le schéma ou le processus décrit par Altenburg *et al.* (2016, p. 12) selon lequel : “typically the first step in knowledge acquisition occurs through the emulation of business models from established northern brands. Domestic newcomers start setting up supermarkets or hypermarkets in their home countries occasionally using many similar to well-known international chains. Once companies have gained experience in running modern formats and organizing the supply of food retailing chain stores, they launch into south-south internationalization and expand into

[1] C’est sans doute dans la distribution non alimentaire, et en particulier sur les marchés du meuble, de l’électroménager et du bricolage que les investisseurs étrangers sont confrontés à la résistance et à la concurrence sévère des acteurs en place (Gallouj, 2022).

[2] Alimentaire et non alimentaire (pour l’année 2011).

neighboring countries". Nous reviendrons sur le cas spécifique des enseignes marocaines dans notre chapitre 10.

2.3. Grande distribution, filières d'approvisionnement et relations fournisseurs

Les relations aux fournisseurs et à la filière logistique et d'approvisionnement constituent un autre enjeu important du développement de la grande distribution moderne. Un certain nombre de travaux mettent en avant les incidences négatives de ce développement sur les filières en question.

2.3.1. Entre effets positifs et négatifs

On peut penser que les premières années d'implantation de la grande distribution ont pu avoir des impacts négatifs sur les fournisseurs en place. En effet, dans l'essentiel des cas, les GMS se fournissent directement auprès de leurs centrales d'achat localisées dans les pays d'origine ou parfois dans d'autres pays où elles ont déjà une base solide. Ce n'est que graduellement, en améliorant leurs connaissances et leurs réseaux sur place, que le *sourcing* local tend à s'accroître au point de prendre souvent le pas sur le *sourcing* étranger et international. Cattaneo (2013), dans un travail sur l'Afrique subsaharienne estime ainsi que sur la première phase d'implantation, plus de 80% des produits proposés par les GMS sont importés et qu'avec le temps le *sourcing* local tend à prendre le pas sur le *sourcing* international, pour se situer dans une fourchette couvrant 60 à 80% de l'offre.
Certains travaux ont cherché à mieux comprendre les relations entre le *sourcing* global des FMN et la *supply chain* locale. Coe et Wrigley (2002) s'interrogent ainsi sur les stratégies mises en place par ces FMN de distribution quant à leurs logiques d'approvisionnement. Plus précisément, les auteurs se demandent dans quelle mesure les capacités de *sourcing* global de ces firmes ne leur permettent pas d'agir comme des chevaux de Troie facilitant la montée en puissance des importations (phénomène généralement redouté par les pays émergents) ou à l'inverse, dans quelle mesure, avec le temps et l'amélioration de la qualité de la production et de l'offre dans les pays d'accueil, les FMN ne seraient-elles pas des portes ouvertes à l'exportation de produits locaux vers d'autres pays où l'enseigne dispose d'implantations. Cédric Durand (2007), en s'appuyant sur le cas de Walmart au Mexique, met en évidence une croissance importante des importations vers ce pays. Pour autant, même si les résultats de cet auteur semblent concluants dans le cas du Mexique, les travaux de Coe et Hess (2005) concernant cette fois les FMN commerciales dans les pays de l'Est, montrent qu'après une période où les enseignes se sont appuyées fortement sur les importations, succède une période où, avec l'amélioration de l'offre locale (initiée en particulier par la

grande distribution elle-même), le *sourcing* local a tendance à fortement augmenter au détriment des importations.
Il apparaît dans la majorité des cas, que la faiblesse du *sourcing* local n'est pas liée à une volonté délibérée des FMN mais bien à des défaillances importantes dans le système de production et plus généralement de la *supply chain* locale : “the study probed for the proportion of domestically produced goods sold by retailers. On average only about 10 percent of total stocks were domestic products and about 90 percent were imports. Largely from China and South Africa. High import dependance is attributed to the absence of local manufacturer. In fact while most respondents claimed that they were willing to increase the local content of their stock, this was impossible because of the shortage of local producers and their inability to meet the volumes required by large foreign retailer as observed in the following statement: “the retail trade is challenged in Botswana because we are not a producing country. Local suppliers often do not have the stocks and we always have to order materials from South Africa which takes time”. Another one said: « I do not think that there is any producer in Botswana that can supply the quantity that is needed by our company” (Phambucka-Nsimbi, 2015, p. 14).

Au travers de l'exigence de la rationalisation des coûts, du respect de la qualité et des délais de livraison, il est clair que la grande distribution moderne impulse une restructuration importante de l'offre du tissu industriel et agricole local. Par ailleurs, comme le précise Amine (2012), « ce reingeneering de l'appareil productif s'accompagne d'une révision totale de la chaîne logistique visant à optimiser le transport, ouvrir des plateformes de stockage et de répartition, veiller à la non-rupture de la chaîne du froid, augmenter la rotation des stocks et améliorer le conditionnement des produits ». L'amélioration et la fluidification des flux logistiques nécessitent, du point de vue des producteurs, d'investir dans de nouveaux marchés plus performants et plus à même de respecter les standards de prix et de qualité. Elle leur impose par ailleurs une amélioration des pratiques de gestion d'autant plus nécessaire que les délais de livraison deviennent plus serrés, de même que les marges. On assiste ainsi à un réel rééquilibrage du pouvoir en faveur de la grande distribution.

Savitt (1990), dans son analyse de l'internationalisation et en particulier de l'implantation de Sears au Mexique, aboutit à des conclusions tranchées quant à l'effet positif et à l'amélioration de l'offre proposée par les fournisseurs locaux : “Clearly, the most important area Sears has affected is the firms that supply merchandises to it. In the six years period over 80 per cent of the merchandises Sears sold in Mexico came from Mexican manufacturers who previously operated lower quality and quantity levels. Not only had these firms expanded to meet the new demands, they also expanded by becoming major suppliers to other firms in the country. Sears accomplished this by

creating demands on these firms such as uniform quality, on-time delivery and the like and supported them by helping them to finance production equipment, inventory and delivery systems and by providing managerial assistance" (Savitt 1990, p. 23, fondé sur Wood et Keyser, 1953).
L'amélioration de l'offre évoquée par Savitt et plus généralement la montée en niveau des fournisseurs locaux et des infrastructures locales peut également avoir des conséquences plus inattendues comme en témoigne le cas récent de Carrefour au Maroc. En effet, cet exemple montre que l'arrivée et le développement de la grande distribution moderne permettent aussi d'ouvrir des débouchés importants pour les fournisseurs et les infrastructures locaux. Ainsi en est-il par exemple de Carrefour qui envisage avec intérêt le passage par le port de Tanger Med : « les retombées de l'arrivée de Carrefour au Maroc peuvent aller au-delà du secteur lui-même. Lors d'une visite récente dans le Royaume, le management de Carrefour a été séduit par les possibilités que peut lui offrir le port de Tanger Med. Ce dernier constituerait un bon hub pour les approvisionnements du groupe qui fait transiter pas moins d'un milliard de dollars de marchandises chaque année par le port de Valence pour irriguer ses magasins d'Espagne et du Portugal »[1].

2.3.2. Le cas particulier de l'offre agricole

Concernant le cas des agriculteurs, les résultats de recherches ne sont pas aussi tranchés et l'on peut percevoir des divergences dans les impacts de la grande distribution moderne. Tandon *et al.* (2011, p. 6) proposent une intéressante revue de la littérature où ils mettent en évidence la forte disparité des résultats de recherche : "the expansion of the modern retail sector might also increase productivity in upstream industries in the supply chain. In particular, consolidating the buyers of agricultural goods may alter relationship between farmers and buyers, leading to increased agricultural productivity. Given the large share of economy devoted to agriculture in developing countries, these efficiency gains might significantly increase welfare. Several studies have found evidence of farmers benefitting from technical assistance and contracting arrangements provided by modern retailers (Faigenbaum *et al.*, 2002 ; Dries *et al.*, 2004 ; Hu *et al.*, 2005 ; Birhtal *et al.,* 2005 ; Minten et al., 2009). However, other studies find smaller benefits (Dries *et al.*, 2004 ; Hernandez *et al.*, 2007) or no benefits to domestic agricultural producers (Wang *et al.*, 2006)".

Les effets de la grande distribution moderne sur la structure d'offre ne sont pas nécessairement uniformes. Ainsi, certains travaux ont-ils pu distinguer les effets sur les grands producteurs et fournisseurs, des effets sur les structures de taille plus modeste. Le « *reingeneering* » dont nous faisons état favorise,

[1] *La Vie Économique*, 13 février 2009.

pour l'essentiel des cas, les grands fournisseurs, producteurs et fermiers. Autrement dit, il exclut bien souvent du jeu les petits fermiers et producteurs de tailles modestes qui, faute de capacités techniques et financières suffisantes ne parviennent pas à répondre aux besoins de la grande distribution. C'est en ce sens que Phambuka Tsimbi *et al.* (2015, p. 8-9) écrivent : "supermarkets are aware that customers will switch to other competitors due to unavailability of quality products (Dolan and Humphrey, 2000) and thus they prefer large farmers who have the potential to meet the quality and quantity requirements (Hingley *et al.*, 2009 ; Stokke 2009). However, many small farmers are excluded from the supermarkets supply chains in developing countries because of inadequate capacity to produce the quality and quantity required. In particular the A.T. Kearney report (2006) observed that the local supply in India is fragmented because of government policies and legal issues and thus it is difficult for farmers to enjoy benefits associated with economies of scale. Small-scale farmers in Chile were also unable to penetrate the supermarkets supply chain because of failure to meet the quality and quantity demands of supermarkets (Reardon and Berdegue, 2002). Similarly, in Sub-Sahara Africa, there is growing concern about the exclusion of small scale farmers from supermarket supply channels because they are unable to meet the specific quality and quantity requirements and standards set by supermarkets (Emongor et Kirsten, 2009 ; Tshirley *et al.*, 2010)".

Dans le cas du Maroc et concernant spécifiquement le cas de l'approvisionnement en fruits et légumes, Chohin-Kuiper et Doukkali (2006) montrent comment la grande distribution a conduit à des transformations majeures dans la structure et le fonctionnement des systèmes d'approvisionnement. Ils mettent en particulier en évidence trois changements fondamentaux :
« - la mise en place de centres de distribution ; la plus grande enseigne de distribution est passée d'un approvisionnement magasin par magasin à la création, en 2005, d'une centrale d'achat qui redistribue les produits sur l'ensemble de ses magasins sauf exception ;
- l'amélioration de la logistique, en parallèle au développement des centrales d'achat, avec par exemple l'obligation de livrer en palette ;
- le changement de type de fournisseur ; l'approvisionnement sur le marché de gros se faisant essentiellement auprès de grossistes qui assurent la fonction de groupage des produits, de quelques fournisseurs privilégiés et d'importateurs ; après la mise en place de la centrale d'achat, la priorité est l'approvisionnement direct auprès de producteurs devenant des fournisseurs privilégiés (« *preferred suppliers* »), l'approvisionnement auprès des importateurs continuant à se faire sur le marché de gros ;
- la spécification de normes et conditions d'approvisionnement dans un cahier des charges (variété, couleur, taille, type d'emballage ou encore calendrier de livraison, par exemple) ».

En 2019, Marjane va lancer un concept innovant et éco-responsable dit « filière exclusive M. » dont l'objectif est selon les termes de l'enseigne : veiller au mieux manger des Marocains en mettant en place un cahier des charges strict et en veillant à ce qu'il soit rigoureusement respecté par les partenaires, agriculteurs, producteurs et éleveurs ». Autrement dit, la filière exclusive M. a pour vocation de structurer la production locale ainsi que le parcours des produits du producteur à l'assiette du consommateur (*cf.* figure 25).

Figure 25 : La filière exclusive M. de Marjane

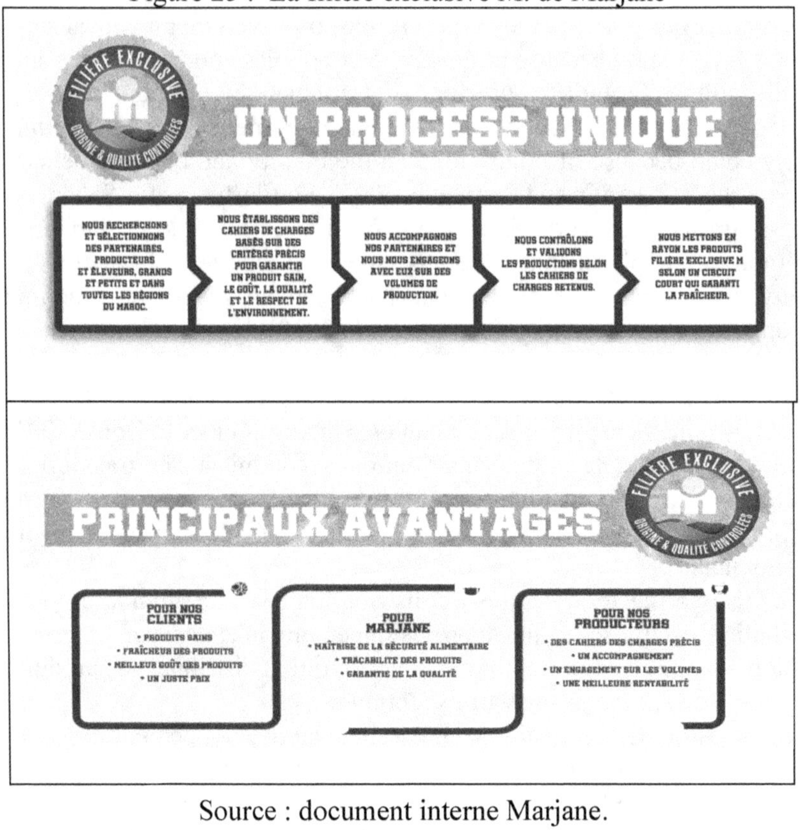

Source : document interne Marjane.

Cette filière exclusive M. s'inscrit parfaitement dans la trajectoire définie quelques années auparavant Chohin-Kuiper et Doukkali (2006) qui, en s'appuyant sur le cas de Marjane, montrent comment le marché marocain s'inscrit dans la continuité des tendances qui ont été observées dans nombre d'autres pays (Neven, 2004 ; Reardon *et al.*, 2003) : « centralisation de l'approvisionnement et mise en place de centres de distribution lorsque le nombre de magasins augmente ; passage d'un approvisionnement auprès des grossistes traditionnels à l'utilisation de grossistes spécialisés ; passage d'un achat sur les marchés à un système de fournisseurs privilégiés ; passage d'un approvisionnement local à un approvisionnement régional ; imposition de normes privées de qualité et de sécurité ».

Les évolutions observées et le rapprochement des exigences locales aux mondiales en termes d'emballage, de normalisation et de qualité font que le gap traditionnel entre fournisseurs des marchés d'exportation et fournisseurs des marchés locaux tend à s'estomper graduellement. Autrement dit, avec la stabilisation de la demande de la grande distribution locale, les fournisseurs des marchés d'exportation sont amenés à envisager de nouveaux débouchés sur les marchés locaux (*cf.* Neven et Reardon, 2004 pour le cas du Kenya).

2.3.3. *Sourcing* local et patriotisme commercial

Si l'importance du *sourcing* local a souvent été évoquée concernant le grand commerce international, elle l'est encore plus quand il s'agit du grand commerce national. En 2021, dans la logique du plan de relance industriel (et de la stratégie nationale de substitution à l'import), le groupe Marjane s'engage dans un plan de développement du *sourcing* local. En ce sens l'enseigne a signé des conventions de partenariat avec le ministère de l'Industrie, du Commerce et de l'Économie verte et numérique, l'association marocaine des industries du textile et de l'habillement (AMITH) et la fédération nationale de l'agroalimentaire (FENAGRI), aux termes desquelles elle s'engage à accroître substantiellement ses approvisionnements auprès des industriels locaux des secteurs concernés… pour ce qui est de ses marques de distributeurs.
Moulay Hafid Elalamy, alors ministre en charge, déclare sur ce point : « le développement du *sourcing* auprès des fabricants locaux répond parfaitement à la vision royale de relancer les secteurs productifs et renforcer leur capacité à investir et à créer de l'emploi. La commande des donneurs d'ordre privés, particulièrement celle des grandes et moyennes surfaces peut jouer le rôle de catalyseur du développement du *sourcing* local, de diversification et de montée en gamme de l'offre des produits répondant aux critères de qualité et de prix exigés par le consommateur marocain[1] ». L'objectif visé par Marjane est de porter le *sourcing* local de 65% en 2020 à 80% en 2024 en ce qui concerne l'agroalimentaire, et de 25 à 75% en ce qui concerne le textile. Afin d'atteindre cet objectif, l'enseigne s'engage à revoir sa politique d'achat, à l'assouplir et l'adapter de manière à améliorer l'accompagnement des fabricants nationaux. Ainsi, les ingénieurs qualité du groupe apportent un accompagnement technique permettant aux producteurs de proposer des

---

[1] « *Relance industrielle : Marjane va renforcer le développement de son sourcing auprès des industriels locaux* », *Challenge*, 7 avril 2021.

produits compétitifs : « l'enseigne met en place pour son offre permanente un plan annuel de développement du *sourcing* auprès des fabricants nationaux du secteur textile avec les spécifications techniques demandées et les quantités ciblées par produit. En ce qui concerne l'offre saisonnière, Marjane travaillera avec les fabricants nationaux afin de développer les collections (printemps-été/automne-hiver) répondant aux besoins du marché national »[1].

À la suite de Marjane, LabelVie s'est à son tour insérée dans le processus en s'engageant à développer 80% de ses marques de distributeur (en textile, agroalimentaire, PGC et produits plastiques) au travers d'un *sourcing* local dans une logique affichée de substitution aux importations. Dans ce cadre c'est tout le portefeuille MDD géré par le groupe qui est concerné, *y.c.* les produits de la marque Carrefour. Au-delà, le groupe s'engage à tripler en 3 ans ses exportations « Made in Morocco », en particulier vers l'Afrique et l'Europe. On notera ici, et de manière assez paradoxale que les groupes marocains s'engagent dans une action de *sourcing* locale fortement médiatisée et soutenue par l'administration alors même que les standards retenus sont encore loin de ceux de BIM qui achète localement plus de 85% de ses produits[2] et qui avait pourtant été mis en cause de manière infondée par le ministère de l'Économie (de la mandature précédente).

3. Les facteurs de demande

Les facteurs liés à la demande sont souvent évoqués dans les travaux qui cherchent à analyser les éléments déterminants de la diffusion (ou de la non-diffusion) de la distribution moderne dans les pays émergents et en développement. Ces facteurs ne sont pas totalement différents de ceux qui ont prévalu dans le cas des pays développés en Europe, aux États-Unis ou encore en Asie et ils ont régulièrement été mis en avant dans la littérature. Il s'agit en particulier, dans un premier temps, de la démographie, de l'urbanisation, de l'entrée des femmes sur le marché du travail, de l'évolution du revenu moyen par habitant et corrélativement de l'émergence d'une classe moyenne significative. Dans un second temps, et comme effet induit, on notera également le rôle joué par le taux d'équipement des ménages en appareils domestiques et en particulier en réfrigérateurs.

3.1. Démographie et urbanisation

Le facteur démographique et l'urbanisation sont un enjeu important du développement de la grande distribution (Reardon *et al.*, 2003). La démographie est un élément déterminant de la demande, en particulier de produits alimentaires. On notera d'ailleurs que ces deux dimensions (taille de

---

[1] Ibidem.

[2] Selon Haluk Dortluoglu, PDG de l'enseigne, dans « les 500 », p. 160, *Économie et Entreprises*.

la population et taux d'urbanisation) sont très largement valorisées dans l'indice GRDI d'A.T. Kearney (*cf.* Section 1).

3.1.1. Dynamique démographique et attractivité commerciale

Les marchés à fort potentiel sont souvent les marchés à très fort dynamisme démographique ou tout au moins à population importante, comme c'est le cas en particulier des BRIC's. A contrario, les régions et zones peu peuplées ; autrement dit, les marchés à faible dynamisme démographique peuvent apparaître comme nettement moins attractifs pour la grande distribution. Cette dimension est régulièrement prise en compte dans les classements et palmarès existants. Ainsi par exemple, si pendant longtemps le seuil d'intégration d'un pays dans le GRDI était de 3 millions, il est passé à 5 millions à partir de 2016. Phambuka-Nsimbi *et al.* (2015, p. 16) mettent en évidence, dans le cas du Botswana, les contraintes posées par la question démographique et la taille très réduite du marché. Les auteurs considèrent ainsi explicitement que la taille de la population locale n'est pas de nature à encourager l'implantation de la grande distribution. En s'appuyant sur de nombreux exemples, ils montrent également les contraintes posées par la taille des villes et des marchés locaux.

La population marocaine est aujourd'hui de près de 37 millions d'habitants, ce qui correspond à un doublement depuis le début des années 70. Si le taux de croissance de cette population a connu un trend descendant depuis les années 50, il a eu tendance à remonter depuis 2005. Le TCAM se situe à 1,4% entre 2012 et 2020. Le Maroc constitue ainsi avec l'Algérie (44 millions d'habitants), le marché de référence du Maghreb, loin devant la Tunisie (12 millions).

3.1.2. Urbanisation

Le Maroc est confronté par ailleurs à un mouvement rapide d'urbanisation, largement alimenté par un exode rural intense. C'est ainsi vers 1992, que l'on assiste à un basculement démographique dans un pays dont la population rurale a longtemps été dominante (*cf.* figure 26).

Figure 26 : Évolution de la population marocaine selon le milieu de résidence (en milliers). Données HCP

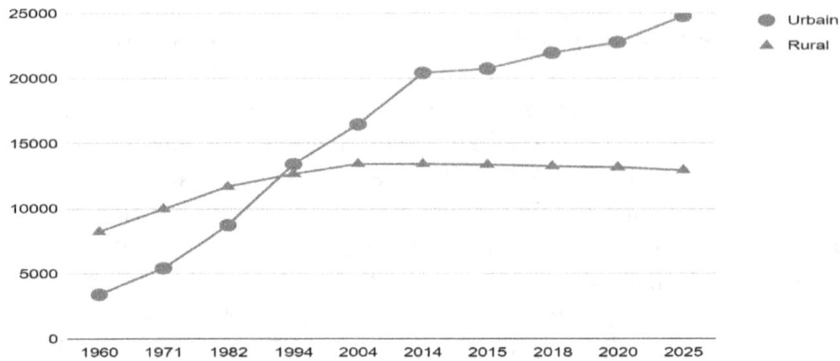

Dès 1992, la population urbaine constitue un peu plus de la moitié de la population nationale. Cette population urbaine croît graduellement passant de 50% en 1992 à 51,3% lors du recensement de 1994, puis 55,1% en 2004 et 60,3% en 2014, toujours selon les données du recensement[1]. Plus récemment, les estimations officielles évaluent le taux d'urbanisation à 63% en 2020 et il devrait atteindre les 66% en 2025. Parmi les 35 millions d'habitants que comptait le pays en 2014 (soit lors du dernier recensement) plus de 20,4 millions habitaient dans les villes. Entre 2004 et 2014, les villes ont connu une croissance annuelle de leur population de 2,2% contre 2,1 dans la décennie intercensitaire précédente. L'exode rural serait, dans ce cas, le principal facteur explicatif du mouvement d'urbanisation. Ainsi, les villes marocaines voient leur population augmenter fortement, ce qui contribue à accentuer les problèmes socio-économiques auxquels elles sont habituellement confrontées et ce d'autant plus que les populations concernées se caractérisent souvent par une employabilité relativement faible.

Si l'on dénombrait 8 villes de plus de 100 000 habitants en 1960, ce nombre passe à 13 en 1982, puis 20 en 1994, 24 en 2004, 50 en 2014 et devrait atteindre 53 en 2024 (*cf.* tableau 13).

[1] Selon les données du recensement.

Tableau 13 : Population urbaine entre 1994 et 2030

	2024	2014	2004	Évolution 2004/2014	Évolution 2014/2024
Casablanca	3 662 436	3 359 818	2 950 000	13,9	9
Rabat Salé	1 598 200	1 493 485	1 397 000	6,9	7
Fès	1 291 394	1 129 768	955 000	18,3	14,3
Tanger	1 254 349	1 005 041	704 000	42,8	24,8
Marrakech	1 081 320	980 548	844 000	16,2	10,3
Meknès	797 850	687 575	57 1000	20,4	16
Kenitra	757 064	606 993	573 000	5,9	24,7
Agadir	665 311	508 155	385 000	32	30,9
Oujda	643 193	506 271	411 000	23,2	27
Tétouan	433 164	397 973	464 000	-14,2	8,8
10 principales	12 184 281	10 675 627	9 254 000	15,4	14,1
Total Urbain	24 386 960	20 432 439	16 464 000	24,1	19,3

Source : HCP, recensements et projections 2014-2030.

Le poids démographique des 10 principales villes du Maroc a tendance à se réduire fortement sur cette longue période. En effet, si ces 10 villes concentraient 61% de la population en 1994, ce chiffre tombe à 56,2 % en 2004, puis 52,2 en 2014 et, selon les estimations du HCP, il devrait se situer autour de 50% en 2024 et 48,3% en 2030. Notons cependant ici que les prévisions d'évolutions démographiques à l'horizon 2024 puis 2030 modifient quelque peu la donne en ce sens que Oujda et Tétouan quittent la liste des 10 premières métropoles nationales et sont remplacées par Skirat-Temara et Inezgane-Aït Melloul.

Figure 27 : Évolution du poids démographique des 10 principales villes marocaines

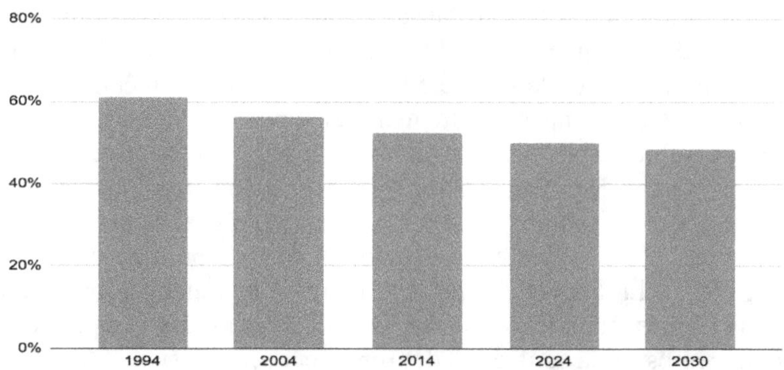

Source : HCP, recensements et projections 2014-2030.

3.2. Femmes au travail : course du temps et temps des courses

On considère habituellement que l'entrée des femmes sur le marché du travail contribue à deux évolutions distinctes : la première renvoie au temps disponible pour faire ses courses et la seconde renvoie quant à elle à l'augmentation de revenus induite par l'émergence du phénomène des ménages biactifs. L'image du lien qu'entretiennent les femmes au commerce et à la distribution ne serait cependant pas complète si l'on ne pouvait renverser la causalité en envisageant cette fois la distribution moderne comme un moyen d'intégration des femmes dans le commerce.

3.2.1. L'entrée des femmes sur le marché du travail ?

L'entrée des femmes sur le marché du travail est souvent perçue et analysée comme un enjeu central pour le développement de la grande distribution moderne. En effet, l'idée sous-jacente est bien que les femmes, qui étaient en charge de l'essentiel des courses quand elles n'avaient pas accès au marché du travail, voient leur temps se renchérir quand elles commencent à investir en masse ce même marché du travail. De fait, elles cherchent naturellement à réduire au maximum ou plutôt à optimiser le temps consacré aux courses : "urbanization with the consequent entry of women onto the workforce outside the home increased the opportunity cost of women's time and their incentive to seek shopping convenience and processed foods to save cooking time" (Reardon *et al.*, 2003, p. 1141). La progression de l'activité féminine rend ainsi très pressante la contrainte de temps des ménages et les incite à réduire le temps des courses ; autrement dit, à regrouper leurs achats et à les concentrer en fin de semaine ou le cas échéant en fin de soirée. La progression de l'activité féminine, si elle rend plus pressante la contrainte de temps qui pèse sur les ménages contribue d'un autre côté à accroître le niveau de vie et le revenu moyen des ménages concernés, ce qui leur permet également de payer le prix des achats groupés.

Au-delà, le travail féminin contribue au renforcement de la position sociale et économique de la femme au sein du ménage et de son pouvoir de décision, en particulier au niveau de la sphère de consommation. De même, la nouvelle contrainte de temps impacte fortement les types de produits privilégiés à l'achat. En effet, habituellement, dans la mesure où la participation des femmes au marché du travail était réduite, le travail de préparation alimentaire au sein du foyer était important. Les préférences d'achat se portaient sur des aliments bruts non nettoyés et à très faible niveau de préparation (Kumcu et Kumcu, 1987). La nouvelle contrainte temporelle conduit à privilégier les aliments élaborés, préparés ou encore les produits surgelés[1] qui permettent de gagner du temps sur la confection des repas, et ce même si, au Maroc, on doit

[1] Pour autant que le ménage dispose d'un congélateur.

également tenir compte du fait que dans la plupart des familles aisées ou de classe moyenne, les tâches domestiques sont souvent réalisées par les « petites bonnes » et ce même dans les situations où l'épouse ne travaille pas... (*cf.* Amine et Gallouj, 2021).
Les différents arguments que nous venons d'évoquer, s'ils gardent une réelle portée explicative dans les cas européens et également dans nombre de pays émergents n'ont cependant, selon nous, qu'une faible portée explicative dans le cas du Maroc. D'abord parce qu'au Maroc et contre toute attente, les taux d'activité féminins restent stables, voire régressent légèrement ; ensuite parce que les courses sont, au Maroc, une activité plutôt réservée aux hommes.

L'évolution du taux d'activité des femmes (le rapport de la population féminine à la population active totale) est souvent un moyen d'apprécier les transformations de la place des femmes dans le marché du travail et plus généralement dans la société. De manière assez paradoxale, la question de l'accès des femmes au marché du travail se pose au Maroc en des termes différents de ce qui est observé dans la plupart des autres pays européens ou encore de certains pays émergents. La proportion des femmes dans la population active a crû au cours des années 80 (20% en 1982 à 29% en 1990). Néanmoins, la fin des années 90 marque un certain recul du taux de féminisation qui passe à 25,3% en 1993 puis 23,2% en 1998. Au Maroc les femmes participent encore faiblement à l'activité économique standard. Selon le HCP, en 2020, sur une population active occupée de près de 12 millions, on compte un peu plus de 2,7 millions de femmes, soit un taux de féminisation de l'emploi d'environ 22,6%[1].

3.2.2. Femmes et commerce : renverser le lien de causalité

L'entrée des femmes sur le marché du travail a été un facteur facilitant la diffusion du commerce moderne dans de nombreux pays émergents et en particulier au Maroc. On peut également observer que le développement du commerce moderne a permis aux femmes d'accéder au commerce. En effet dans les pays émergents de tradition patriarcale, faire ses courses est habituellement une prérogative masculine. Or, le commerce moderne ouvre des espaces de liberté nouveaux pour les femmes au Maroc[2]. Selon Godefroit-Winkel (2013, p. 30), les femmes « développent un subtil sentiment de liberté et initient des comportements traduisant une certaine individualité ». Harroud,

---

[1] 21,5% pour les femmes actives occupées selon HCP (2021), La femme marocaine en chiffres : 20 ans de progrès.

[2] Dans le cas du commerce moderne de biens d'équipement des ménages, la plupart des enseignes relèvent que « les femmes, d'usagers passifs sont devenues les véritables décideurs. Ainsi par exemple pour Le Comptoir de l'Électroménager comme pour Kitea, les femmes décideraient à 60% dans l'achat et le choix des biens d'équipement ». *cf.* « *Meubles et frigos : si le crédit suit...* », L'Économiste, n° 306, 27 novembre 1997.

dans son remarquable travail sur les malls au Maroc, avance une idée similaire : « parce que le contrôle social y est amoindri, ces lieux sont aussi ceux d'une forte présence féminine. Leur modernité, leur caractère occidental, la relative sélection de la clientèle, autorisent des usages plus libres que dans le reste de la ville » (Harroud, 2009, p. 15). Autrement dit, et pour reprendre la formule consacrée de Hannah (1995) : dans les malls et les espaces commerciaux, « une femme marocaine peut être vue sans être mal vue ».

3.3. Les ménages : structure, revenus et équipement

Les ménages, que ce soit au niveau de leur structuration (taille et composition), de leur niveau de revenus ou encore de leur taux d'équipement (ces deux derniers éléments étant le sous-bassement à l'émergence d'une classe moyenne), sont un des facteurs explicatifs centraux dans la diffusion et le développement de la distribution moderne. Ainsi, au milieu des années 60, Guérin montrait, dans le cas de l'Espagne, combien le poids encore trop élevé de consommateurs à faible niveau de revenus pouvait être un frein notable au développement de la grande distribution moderne et en particulier des supermarchés. Depuis lors, nombreux sont les auteurs à avoir mis en avant l'accroissement des revenus par tête dans les pays émergents et l'avènement d'une classe moyenne conséquente (Reardon *et al.*, 2003).

3.3.1. Structure et taille des ménages

La question de la structure et de la taille des ménages est en effet un enjeu important pour la grande distribution. Dans nombre de pays, en particulier occidentaux, on observe une modification notable de la composition des ménages, couplée à un net accroissement du nombre de petits ménages. Ainsi par exemple, dans le cas de la France, le nombre total de ménages est passé de 14,5 millions en 1962 à 21,5 en 1990 et à plus de 25 millions aujourd'hui (soit une croissance de 72%), alors que sur la même période, la population n'a cru que de 24% environ. Cette évolution n'est donc que partiellement reliée à la croissance démographique. Elle résulte bien plutôt d'un émiettement des structures, observables au travers de la taille moyenne des ménages, qui est ainsi passée de 3,1 personnes en 1962 à 2,5 en 1998, 2,3 en 2012 et un peu moins de 2,2 aujourd'hui. On peut relever deux phénomènes marquants : la multiplication des petits ménages et en particulier des mono-ménages d'un côté et la multiplication des familles monoparentales de l'autre.

Dans le cas du Maroc, si l'on assiste depuis de nombreuses années à une modification importante de la composition des ménages, on est encore bien loin de l'émiettement des structures familiales observé en France au travers de la réduction très forte de la taille moyenne des ménages. Ainsi, dans ce cas, le nombre de ménages est estimé en 2010 à 7,38 millions contre 6,36 en 2009[1]. Ces ménages sont localisés, pour l'essentiel, en milieu urbain (plus de 4,8 contre 2,5 en milieu rural). Sur ces dernières années, on constate une croissance importante du poids des mono-ménages qui passe ainsi de 4,3% à 7,2%. Les ménages de 5 personnes et plus sont encore dominants (46,7) mais leur poids s'est fortement réduit depuis le début des années 2000.

Tableau 14 : Structure des ménages marocains

	2004	2014	2050
Âge moyen du chef de famille	40	40	-
Nombre total de ménages (en millions)	5,7	7,3	13,7
Taille moyenne des ménages	5,2	4,6	3,2
Pourcentage de ménages de 1 personne	4,3	7,2	-
Pourcentage de ménages de 2 personnes	11,4	11	-
Pourcentage de ménages de 3 à 4 personnes	25	35,1	-
Pourcentage de ménages de 5 personnes	59	46,7	-

Source : HCP 2004 -2014 (données du recensement).

3.3.2. Revenus et pouvoir d'achat des ménages

Le pouvoir d'achat moyen est relativement faible au Maroc. Le revenu annuel par habitant serait de l'ordre de 3200 dollars en 2019 (contre 2930 en 2010). À la même époque, il était d'un peu plus de 4000 en Algérie et de 3500 en Tunisie.

[1] Ce nombre devrait passer à 13,7 en 2050 selon le HCP (soit 177 000 ménages additionnels par an en moyenne).

Figure 28 : Pouvoir d'achat moyen dans les pays du Maghreb (RNB/hab)

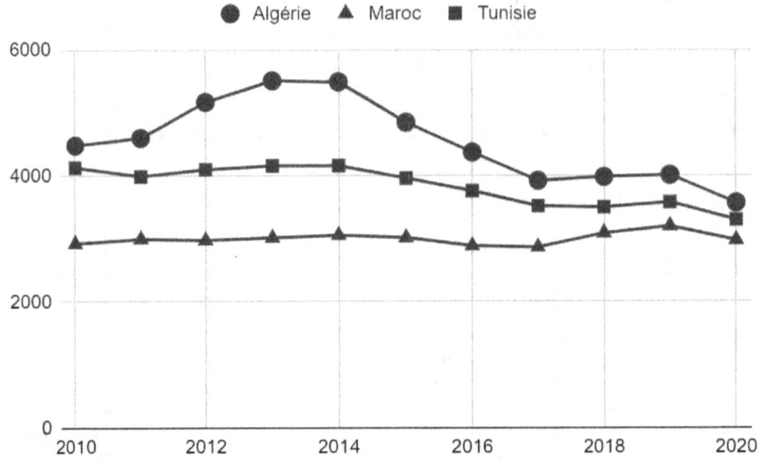

Source : Banque Mondiale.

Selon le HCP (enquête répartition sociale des revenus), le revenu annuel moyen par ménage s'établit à près de 92 000 dirhams, soit un revenu mensuel moyen de 7 660 dirhams[1]. Par personne le revenu annuel moyen est de 21 515 dirhams (1793 dirhams par mois)[2].

3.3.3. L'émergence d'une classe moyenne ?

L'émergence d'une classe moyenne stable cristallise tous les espoirs de développement économique dans les pays en développement. Cette classe moyenne est souvent un des fondements du basculement dans la catégorie des pays émergents. Si dans la plupart des pays en développement, la grande distribution s'est implantée en visant essentiellement, à l'origine, les catégories sociales aisées ; elle ne peut pérenniser son assise et assurer son développement qu'en s'appuyant sur les classes moyennes. Sur ce point Amine (2012, p. 127) écrit fort justement : « les besoins et les comportements de consommation dans les pays émergents ont connu une grande évolution suite à l'accès quasi généralisé de la population aux chaînes satellitaires et à la diffusion des médias internationaux. Cette couverture a contribué à la perméabilité culturelle de (certaines couches de) la population locale aux valeurs de consommation occidentales favorisées en cela par l'élévation du niveau d'éducation dans ces pays… Les classes supérieures et moyennes sont les plus prédisposées à l'accueil et l'adoption de ces nouveaux formats de vente. Ces catégories de clientèles étant mieux informées et plus exigeantes,

[1] 98 500 en milieu urbain (8200/mois) et 77 600 (6470/mois) en milieu rural.

[2] 24 992 en milieu urbain (2083/mois) et 15 560 (1300/mois) en milieu rural.

elles ont rapidement adhéré à la distribution moderne pour répondre à des besoins non satisfaits de diversité de choix, de standards de qualité et d'hygiène (chaîne du froid) et de diversification des lieux d'achat en vue de réenchanter l'activité de magasinage ».

La question de l'émergence et surtout de l'accroissement du poids de la classe moyenne dans la société marocaine a fait l'objet de nombreux débats qui ont connu un point culminant en 2009, lors de la publication de la première enquête nationale sur le sujet[1]. Selon cette enquête, à l'initiative du HCP, la classe moyenne marocaine compterait pour 53% de la population totale (soit 16,3 millions d'individus). La classe dite aisée compterait pour 13% de la population et enfin la classe modeste pour 34%. L'étude HCP fournit également un certain nombre de données chiffrées caractérisant cette classe moyenne. Les revenus de cette catégorie seraient situés entre 2800 dirhams (borne inférieure) et 6736 dirhams (pour la borne supérieure). La médiane étant située quant à elle autour de 3500 dirhams et la moyenne à 5308 dirhams. Plus précisément, les classes moyennes disposeraient, par ménage, d'un revenu moyen de 4402 dirhams en milieu urbain et de 4219 dirhams en milieu rural. Selon le HCP, cette classe moyenne se décomposerait en trois catégories. Ainsi, il n'existerait pas une mais des classes moyennes[2] : la classe moyenne supérieure (28%) dont le revenu dépasse la moyenne nationale (5308) ; la classe moyenne intermédiaire (42%), et enfin la classe moyenne inférieure (30%), qui gagnerait environ 3000 dirhams.
En 2017, dans une étude « pauvreté et prospérité partagées au Maroc du 3e millénaire », réalisée en collaboration avec la Banque Mondiale, le HCP confirme globalement ses conclusions de 2009 en évoquant une classe moyenne à 58,7% de la population contre 31,2% pour la catégorie modeste et 10,1% pour la catégorie aisée. Cette classe moyenne effectue une dépense annuelle moyenne par personne comprise entre 840 et 1728 dirhams contre une fourchette comprise entre 653 et 1358 dirhams en 2007[3].
Cette définition de la classe moyenne a suscité de nombreux débats et surtout de nombreuses critiques. En effet, le revenu minimum se situant au Maroc autour de 2000 dirhams en 2009, il est difficile d'envisager faire partie de la classe moyenne à partir de 2800 dirhams. Par ailleurs, il est également difficile d'imaginer faire partie de la classe aisée avec un revenu de 7000 à 8000 dirhams mensuels. Autrement dit, la fourchette établie par le HCP semble

---

1 Lors du discours du trône de 2008, le roi Mohammed VI avait d'ailleurs appelé le gouvernement à « veiller à ce que toutes les politiques publiques soient stratégiquement vouées à l'élargissement de la classe moyenne, pour qu'elle soit le socle de l'édifice social, la base de la stabilité et un puissant catalyseur de la production et de la créativité » (*cf.* « *Qui est réellement la classe moyenne* », Consonews, 20 octobre 2020).

2 « *Cherche classe moyenne désespérément* », Ahmed Lahlimi, *Jeune Afrique Économie*, 31 août 2009.

3 « *Qui et réellement la classe moyenne* », Consonews, 20 Octobre 2020.

assez large[1] et sans doute liée au fait que l'approche retenue par cette institution se fonde, outre sur des critères objectifs (de revenus des ménages et de niveau de vie), sur une interprétation subjective *i.e.* l'auto-évaluation par les ménages eux-mêmes. Ainsi, on peut, sans trop de discussion, adhérer à l'analyse de Chauvel (2004), qui considère que « l'expression classe moyenne fait partie de ces appellations sans origine contrôlée ni définition, dont la popularité vient de ce que leur imprécision permet de dire tout et son contraire, plus encore dans un contexte comparatif où les traditions nationales divergent ». Il n'en demeure pas moins que la classe moyenne marocaine est sans doute plus réduite que ne le suggèrent les analyses du HCP. On peut de ce point de vue suivre l'économiste Driss Benali qui affirmait il y a quelques années, que la catégorie classe moyenne « se base également sur des critères socioculturels comme la préoccupation pour l'éducation, la culture, les loisirs » et qui considérait, à la suite, que dans tous les cas, la classe moyenne ne pouvait pas être majoritaire au Maroc et qu'elle pouvait compter tout au plus pour 30% de la population. Les données (2011) de la Banque Africaine de Développement (BAD) montrent d'ailleurs que la classe moyenne marocaine serait de l'ordre de 30%, si l'on exclut la catégorie flottante[2].

3.3.4. L'équipement des ménages

De nombreux travaux ont montré que la diffusion de la grande distribution moderne s'appuyait clairement sur les deux équipements structurants que sont l'automobile et le réfrigérateur. Un faible taux d'équipement en réfrigérateurs et une mobilité réduite, conséquence d'un faible niveau de motorisation, conduisent inévitablement, du point de vue du consommateur, à des pratiques d'achat plus fréquentes, à proximité immédiate du domicile (Damelson et Keles, 1980). Ce type de comportement est par ailleurs renforcé par un pouvoir d'achat réduit, qui incite à privilégier les petites quantités et les produits à faible intensité monétaire. A contrario, de nombreuses recherches ont montré que le supermarché, en tant qu'innovation lancée aux États-Unis dans les années 30, a été la conséquence directe de la diffusion large de l'automobile.

Ainsi, Cundiff (1988) déclare : "since the driving time to the supermarket for the average customer was longer, and since the size of the store and congestion increased the time required to shop, use of the supermarket was justified only if the consumer changed his or her shopping habits. Instead of shopping daily

---

[1] Si l'on se réfère aux critères retenus par la Banque Mondiale, les classes moyennes représenteraient 84,1% de la population marocaine.

[2] La catégorie dite flottante (*floating...)* renvoie à des groupes d'individus qui pourraient basculer facilement dans la pauvreté en raison d'un évènement contingent comme le décès d'un membre « *breadwinner* », ou tout autre évènement du même type.

for food, a great number of supermarket customers gradually extended the time between shopping trips to a much as a week".

L'accroissement du taux d'équipement des ménages en réfrigérateurs, qui a connu une évolution rapide depuis les années 90, implique un glissement dans les pratiques de consommation et d'achat (Reardon *et al.*, 2003). Ainsi, les achats, de journaliers auprès de l'épicerie du coin deviennent hebdomadaires (voire parfois mensuels) dans le cadre d'un glissement des pratiques vers le supermarché et l'hypermarché.

Au Maroc, on a effectivement assisté à une montée graduelle du taux d'équipement des ménages en réfrigérateurs, mais également en différents autres équipements domestiques (*cf.* figure 29).

Figure 29 : Taux d'équipement des ménages entre 2000 et 2014

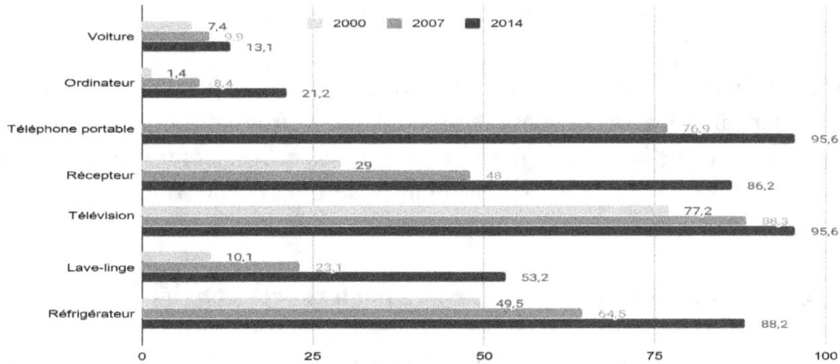

Source : HCP, Indicateurs sociaux.

Le développement du parc automobile et des transports en commun permet de renforcer cette tendance à la concentration des achats.
Concernant le parc automobile au Maroc, on comptait au début 2021, toutes catégories confondues, 4,5 millions de véhicules en circulation. Les voitures de tourisme comptent pour 71,5% du parc national. De fait, on peut considérer que le taux d'équipement marocain, avec environ 70 véhicules pour 1000 habitants, reste très faible comparativement aux normes habituellement observées en Europe (700 véhicules en moyenne pour 1000 habitants). On notera néanmoins que le parc automobile national progresse rapidement puisqu'il a été multiplié par trois depuis les années 90. Il reste que le taux d'équipement des ménages en véhicules de tourisme ne serait que de 38 %, contre plus de 80 % en France.

Figure 30 : Évolution du parc de véhicules au Maroc

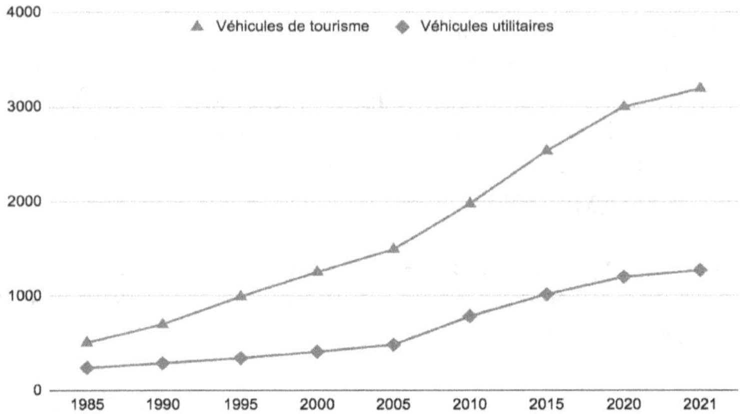

Source : Le Maroc en chiffres (1990 à 2021).

Cette diffusion relative du parc automobile national ne parvient cependant pas à atténuer une répartition spatiale qui reste très largement inégalitaire dans la mesure où plus de la moitié du parc de véhicules est concentré sur l'axe Rabat-Casablanca (1,53 million à Casablanca-Settat et 760 000 à Rabat-Salé-Kenitra).

3.4. Le rôle du consommateur : entre préférences et exigences

Au-delà des facteurs démographiques et urbains, des mutations sociétales concernant la place des femmes sur le marché du travail ou encore des évolutions affectant les ménages (les structures et les taux d'équipement qui les caractérisent), les consommateurs jouent un rôle central dans le développement et la diffusion de la grande distribution. Ce rôle se reflète au travers des préférences de ces derniers mais également de leur niveau de compétence et de leurs exigences (*cf.* Amine et Gallouj, 2021).

3.4.1. Les préférences des consommateurs

En effet, en dehors de leur nombre et de leur pouvoir d'achat, les consommateurs sont également un enjeu important au travers de leurs préférences, de leurs comportements, voire de leurs compétences. Comme le précise Guérin (1964), dans son étude du cas espagnol, la diffusion des supermarchés va dépendre du système de préférence des consommateurs et de leurs choix ou plus précisément de l'arbitrage qu'ils sont susceptibles de faire entre les avantages offerts par les supermarchés et ceux offerts par le commerce traditionnel : "given an adequate number of persons with sufficient purchasing power, all located sufficiently close to a supermarket, the level of demand for the supermaket's services next depends upon the preference of consumers between the bundle of advantages offered by the supermarket and the somewhat different bundle offered by the traditional store". De nombreuses pistes ont été évoquées pour expliquer les raisons qui poussent ou peuvent pousser les consommateurs à privilégier un format de magasin plutôt qu'un autre et en particulier ce qui les pousse à privilégier le commerce traditionnel au détriment du commerce moderne. Guérin, à la suite d'autres auteurs, met en avant les relations interpersonnelles qui seraient typiques du petit commerce : "it is alleged that in Spanish society married women, who typically are not gainfully employed outside of the home and who lack other social contacts, find in their daily shopping a welcome opportunity to meet their neighbors. The cold efficiency of the supermarket, peopled with strangers and affording the barest minimum of personal contact, appears a less attractive place than the friendly neighborhood store" (Guérin, 1964, p. 24). Les relations sociales de proximité seraient donc un frein culturel important à la diffusion de la grande distribution dans les pays émergents. Goldman (1974, p. 11) met lui aussi l'accent sur ces relations sociales dans le commerce : "low income consumers in developing countries tend to place a great deal of emphasis on personal relationships with their retailers and shy from unfamiliar environments. This behavior may result in loyalty to a specific food store and, therefore, in foregoing better shopping alternatives. Also the ability of people in developing countries to project themselves in unfamiliar situations - empathy- was generally found to be low. The lower a person's empathy the more limited is his outreach. Outreach may also be limited when consumers view the corner store as a social center where they meet their friends and neighbors. This is likely to decrease the tendency to shop in a modern store located in another neighborhood". Pour autant, des travaux plus récents mettent en avant l'intérêt du côté impersonnel de la distribution moderne, en particulier lorsque le consommateur cherche à se protéger des relations sociales locales jugées parfois trop intrusives. Aussi, et nous y reviendrons, la grande distribution moderne peut être valorisée par l'anonymat qu'elle induit tant dans les achats que dans les comportements.

3.4.2. Compétences du consommateur et analphabétisme

Un autre frein important, bien que souvent négligé, réside dans le poids des consommateurs illettrés ou analphabètes. Le développement du self-service nécessite une certaine autonomie du client et une capacité à prendre en charge des opérations complexes (choix des produits, comparaison de prix, appréhension du packaging…). Or, dans les pays à taux d'analphabétisme élevé, la grande distribution moderne se caractérise par son incapacité à prendre en charge les clients analphabètes ou faiblement instruits. Comme le précise encore une fois Guérin (1964, p. 24) : "since self-service presumes literacy on the part of buyers, the literacy rate is a significant index of the extent of the demand for supermarkets. In Spain, the illiteracy rate for women ranges from 8,95% for those between ages 20 and 24 to 29,65 for ages 60 to 64". Bien entendu, Guérin fait référence au marché espagnol des années 60, soit à une période où la grande distribution moderne était à ses balbutiements. Néanmoins, cette grande distribution moderne qui a commencé à émerger en Espagne au tout début des années 80 a bien été confrontée à cette problématique. Au Maroc, selon les données du recensement, on peut estimer le taux d'analphabétisme (incapacité à lire, écrire et compter) à plus de 30% de la population. Plus encore, la répartition de la population nationale âgée de 25 ans et plus, selon le niveau d'éducation, révélait que 45% des Marocains ne disposaient d'aucun niveau d'instruction (*cf.* figure 31).

Figure 31 : Part de la population (âgée de 25 ans et plus) ayant atteint le niveau concerné

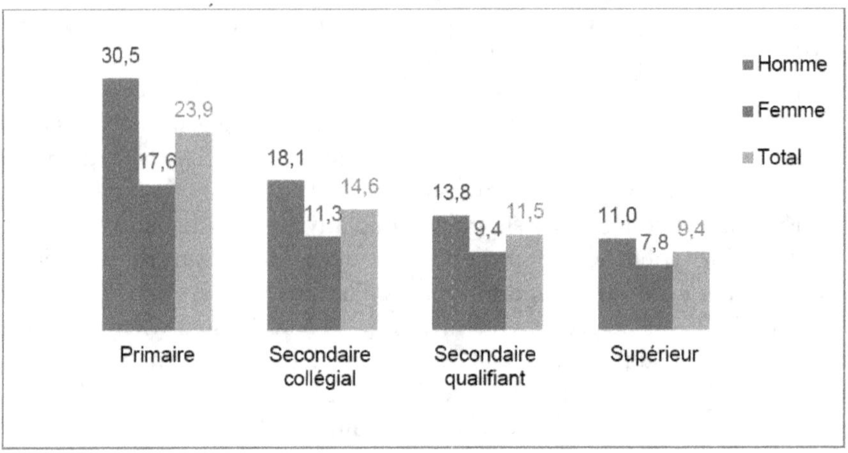

Source : HCP (2020, p. 35).

Si l'on se limite à la catégorie des + 50 ans, le taux d'analphabétisme atteignait les 61% en 2014 (76,5% pour les femmes et 45,6% pour les hommes). Le taux d'analphabétisme aux âges élevés devrait diminuer graduellement et mécaniquement dans les années à venir, du fait de la montée en puissance des jeunes générations alphabétisées. En effet les taux observés d'analphabétisme seraient en 2014, de 3,7% pour les 10-14 ans et de 10,8% pour les 15-24 ans. Néanmoins la question de l'analphabétisme (voire même de l'illettrisme) devrait encore rester une question centrale pour les enseignes dans les années à venir. Certains travaux récents (Amine, 2018) montrent d'ailleurs que la problématique de l'analphabétisme est encore très prégnante et pèse sur le développement de la grande distribution (*cf.* également Marzak, 2022).

3.4.3. Adhésion et accroissement du niveau des exigences

Si le développement de la grande distribution s'appuie sur une évolution des attentes et besoins des consommateurs dans les pays émergents, en retour, la diffusion de la distribution moderne impacte fortement sur ces mêmes attentes et besoins. Comme le précise Amine (2012, p. 133) : « l'implantation de la distribution moderne a initié des changements, à des degrés variables dans les habitudes des consommateurs des pays émergents. Elle a d'une part modifié le poids des critères de choix des lieux d'achat et des produits. Ce sont dorénavant moins la proximité et le lien (avec le vendeur) que la variété du choix, la qualité et l'hygiène des produits frais (critères plus aléatoires chez l'épicier du quartier) et dans une moindre mesure le prix, qui motivent les acheteurs en grande surface. De même, à la confiance dans le vendeur s'est progressivement substituée dans l'esprit des clients des GMS, la confiance dans le format de vente et dans l'enseigne qui véhicule une image moderne et dynamique valorisée par les clients ». Ainsi, l'avènement de la grande distribution moderne internationale contribue-t-il à une augmentation de la confiance du consommateur dans le système de distribution moderne (en dehors de la proximité relationnelle). Elle contribue également à élever fortement le niveau d'exigence de ces mêmes consommateurs ; autrement dit, le niveau du dialogue consommateurs-distributeurs.
Gamble (2004, p. 24) met en évidence les impacts importants et les modifications du comportement des consommateurs, induits par l'implantation de la grande distribution internationale en Chine. L'auteur écrit ainsi : "what Chinese consumers have sought and obtained from retail TNC's is above all, a sense of security about quality – a removal of the endemic fear of buying inferior quality and/or fake products associated with indigenous retailers, which those local retailers or vendors would then take little or no responsibility for". Dans ce cas, ce sont bien les démarches de contrôle qualité, de service au client, ou encore les politiques de retours et reprises de produits qui ont contribué à créer de la confiance envers les institutions concernées. Gamble (2004) considère ainsi que la confiance interpersonnelle cède peu à peu le pas à une confiance systémique ou à une confiance dans le ou les systèmes, et ce parallèlement à un apprentissage par le consommateur chinois de ses droits de consommateur en termes de qualité de service accrue et d'attentes en termes de responsabilisation (« *accountability* ») des firmes.

Au Maroc, un remarquable travail réalisé dans la ville de Rabat par Issam Mounir (2004) montre d'ailleurs que les consommateurs sont totalement conscients de l'impact extrêmement positif de la grande distribution sur la qualité (*cf.* figure 32).

Figure 32 : Impact de l'introduction des grandes surfaces sur la qualité de l'offre alimentaire

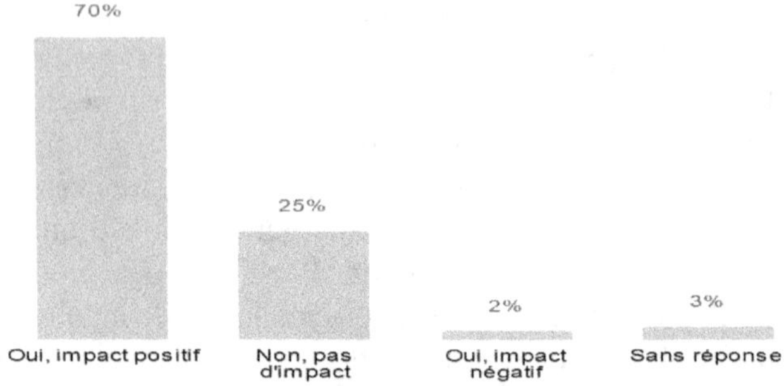

Source : Mounir (2004).

Si l'on se reporte aux consommateurs qui considèrent que la distribution moderne a eu un impact globalement positif sur la qualité des produits alimentaires, on constate que cette qualité recouvre plusieurs dimensions : fraîcheur des produits, contrôles assurés, choix plus large, amélioration de la présentation, amélioration du rapport qualité-prix ou encore amélioration substantielle de l'offre de services (*cf.* figure 33).

Figure 33 : Niveaux d'impacts de la grande distribution moderne sur la qualité

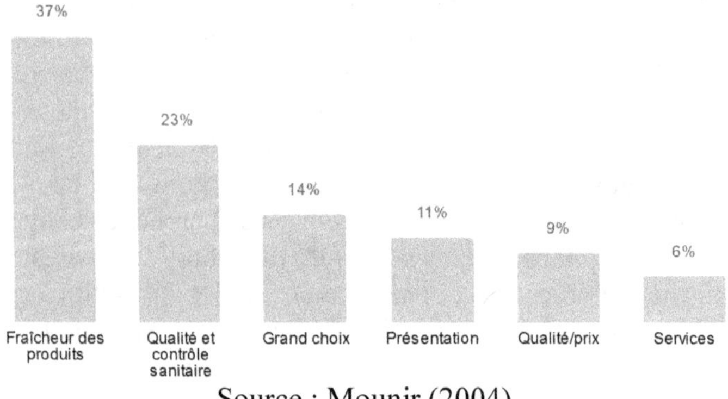

Source : Mounir (2004).

Une note du ministère de l'Industrie, du Commerce et des Télécommunications (2004, p. 4) statuait : « la prise de conscience des règles de qualité et d'hygiène par le consommateur marocain et l'attraction des magasins modernes ont été à l'origine du changement du comportement du consommateur qui est devenu plus exigeant ». La presse nationale, elle-même, se fait l'écho d'un consommateur de plus en plus exigeant. Ainsi, une étude réalisée par « élu service de l'année au Maroc » révèle que les clients marocains ont régulièrement recours à un service client (62% en 2016), en particulier dans le secteur de la téléphonie, de l'habillement et de la grande distribution. Certains y voient la démonstration d'une « véritable mutation du consommateur marocain, devenu aujourd'hui plus mature qu'auparavant et attendant désormais d'une marque un service irréprochable ainsi qu'une réelle garantie après-vente »[1].

Pour autant, l'accroissement des exigences du consommateur n'est pas exempt de risques pour le distributeur. Ainsi par exemple, observe-t-on une forte montée des réclamations. Comme le notent Phambuka-Nsimbi *et al.* (2015, p. 13-14) dans le cas du Botswana : "as more Botswana become enlightened about their rights as consumers in recent years, they grow in quality consciousness and their expectations of what is better customer service have also increased. Retail managers, particularly in the clothing and furniture sectors have born the brunt of high consumer expectations. As a result, consumer complaints relating to issues of price, quality and after-sale services have increased manifold in these sectors". Dans le cas du Maroc, le consommateur suit bien la même trajectoire et les taux de réclamations (légitimes comme non légitimes) ont tendance à croître fortement.

La grande distribution peut également avoir d'autres effets négatifs au niveau du consommateur. Certains travaux ont ainsi mis en évidence le sentiment de frustration qui toucherait nombre de consommateurs et qui conduirait à la recrudescence des défauts de paiement ou plus encore à une augmentation notable du taux de démarque inconnue. C'est en tous cas ce que montrent encore une fois Phambuka-Tsimbi *et al.* (2015, p. 14): "as a variety of new products flood the Botswana market owing to retail modernization, there is a growing trend of consumers who acquire products they cannot afford. Thus, theft and default payment have become a concern for retailers. About a third of the respondents mostly in the food and clothing sectors mentioned theft as a major challenge. Furniture experienced comparatively little theft because of its bulkiness. However, because of the high unit costs of furniture, customers are often allowed to pay in instalments, thus allowing credit which result in default payment".
Dans le cas du Maroc, Louchahi (2003) reconnaît que le consommateur peut tirer des avantages réels de la distribution moderne : des prix généralement compétitifs, une libre circulation à l'intérieur du magasin, un choix étendu, une certaine transparence des prix, des conditions d'hygiène améliorées, un gain de temps lié au regroupement des achats, un certain nombre de services de confort (parking, information…). Pour autant, il considère que cette grande distribution ne fait qu'augmenter les dépenses des ménages en favorisant les achats impulsifs : « certes les professionnels de la grande distribution agissent sur un grand nombre de leviers pour faire acheter leurs produits. Un choix très

---

[1] « *Service client : le consommateur de plus en plus exigeant* », *L'Économiste*, n° 4894, 9 septembre 2016. La grande distribution a semble-t-il disparu du podium en 2020.

large, des rayons à perte de vue, une musique d'ambiance porteuse de sens, des odeurs alléchantes, une avalanche de couleurs et de lumière. Autant d'éléments pour hypnotiser les clients et multiplier les achats impulsifs » (Louchahi, 2003, p. 106).

Si les avantages perçus sont réels, tous les consommateurs n'y sont pas forcément sensibles. Certains auteurs ont pu observer des formes de résistance plus ou moins actives de ces derniers dans les pays émergents ou en développement. Au Maroc, les phénomènes de résistance ont été mis en évidence par Amine et Lazzaoui, (2009, 2011) d'un côté pour le commerce moderne classique et par Haroud (2016) de l'autre pour les malls.

4. L'État et les acteurs institutionnels

L'État ainsi que les autres acteurs et facteurs institutionnels jouent également un rôle fondamental, à la fois comme déterminant et frein au développement de la grande distribution. C'est en effet une des fonctions de l'État que d'intervenir dans la production et la diffusion d'informations générales sur le secteur du commerce et de la distribution. Il est également, dans certains cas, très actif dans la stimulation du développement et de l'organisation de l'offre. Il peut par ailleurs intervenir de manière plus directe en instaurant, voire même resserrant ou desserrant une réglementation existante.

4.1. L'absence d'informations et les lacunes de l'offre statistique

On dispose à ce jour de peu d'informations fiables sur les marchés et le secteur commercial dans les pays émergents. Comme le montre Samiee (1990, 1993), le niveau de connaissance actuel sur le commerce dans les pays en développement est extrêmement faible et les acteurs économiques nationaux ou étrangers ne disposent que de peu d'informations pour éclairer leurs décisions : "Major books on international marketing, distribution or retailing fail to shed light on the subject matter. An examination of these books provide little information on state retailing in developing nations. Exceptions include fragmented description of a few types of institutions on South America or Africa... Some secondary data are also available from a few sources on the number of wholesalers and retailers in developing nations. These data are of limited use in gaining a better understanding of the channel structure or the retailing business... Indeed, in most instances there can be serious questions about retailing (or wholesaling) data reported by developing nations. Many retailers such as unlicensed shops and street vendors are not included in such data... In developing nations, street vendors are not uncommon, particularly in smaller cities and towns, which further reduces the accuracy of these reports. Furthermore, to avoid pay-offs to various government officials and/or reduce their tax liability, many transactions are either underreported or unreported… since the majority of retailers in developing countries are not likely to have an adequate accounting or reporting system, the value of published information is further diminished" (Samiee, 1990, p. 36-37).

Les faiblesses informationnelles touchent également les travaux académiques en ce sens que l'on ne dispose que de très peu de recherches sur la grande distribution dans les pays émergents. Dans tous les cas, les recherches en question sont très largement parcellaires ou pour reprendre les termes de Samiee : "Occasional journal articles and conference proceedings, too, have been generally limited to a micro analysis or the development of retail institution in selected areas, for example, often ignoring the broader picture of a country's infrastructure" (Samiee, 1990, p. 36-37).

Dans le cas du Maroc, les recherches académiques sur la grande distribution sont en effet plutôt rares. Il n'existe à ce jour et à notre connaissance aucun laboratoire[1] de recherche spécialisé sur la question, pas plus qu'il n'existe de revues académiques *ad hoc*. Par ailleurs, nous avons pu repérer de nombreuses faiblesses autant conceptuelles que méthodologiques dans les quelques travaux académiques disponibles sur le commerce et la grande distribution. Tout cela laisse à penser que les travaux nationaux sur le commerce et la grande distribution sont encore loin d'avoir atteint un niveau de maturité qui les rendrait crédibles aux yeux des pairs, chercheurs internationaux et acteurs et professionnels du secteur.

Cette faiblesse des travaux académiques s'explique aussi en partie par la défaillance de l'offre publique en matière de statistiques et données chiffrées sur le commerce et la distribution. Le commerce et la grande distribution ne sont pas considérés, par les instituts statistiques nationaux, comme des secteurs prioritaires nécessitant des enquêtes *ad hoc* récurrentes. De même, l'offre privée reste limitée : "market research is often based on hearsay and word of mouth. Retailers operate in the absence of full information about alternative sources of merchandise and consumer research is rare. Credibility of market research information provided by research suppliers may also be open to question" (Samiee, 1990, p. 37).

4.1.1. L'offre statistique officielle au Maroc

Le chercheur qui s'intéresse à la question du cadrage statistique du secteur commercial au Maroc n'est cependant pas totalement démuni. On dispose en effet, à ce jour, de cinq grandes sources permettant d'extraire quelques données quantifiées sur le commerce : le recensement de la population, le

[1] À l'exception du CRESC, Centre de Recherche sur les Services et le Commerce à l'initiative de HEC Maroc.

recensement économique, les enquêtes annuelles d'entreprises, l'enquête nationale sur l'emploi et plus récemment l'enquête nationale sur les structures économiques (*cf.* encadré 13). Certaines de ces enquêtes sont parfois datées et/ou ont été produites sur un mode « *one shot* ». Cependant, elles sont utiles à l'analyse en particulier quand il s'agit de cerner des tendances lourdes[1].

Encadré 13 : Les sources statistiques d'information sur le commerce

Le recensement général de la population et de l'habitat. Ce recensement est produit sur une base décennale depuis 1960[2]. On dispose à ce jour des recensements de 1960, 1971, 1982[3], 1994, 2004 et 2014. Cette source permet d'évaluer le niveau de la population active dans le commerce. Elle permet par ailleurs d'obtenir des précisions quant aux caractéristiques socio-économiques de la population (groupes professionnels, répartition hommes/femmes et bien entendu la traditionnelle distinction entre rural et urbain). Un autre intérêt du recensement général de la population réside dans ses déclinaisons régionales ou provinciales. Les données du recensement, souvent disponibles pour les 15 provinces nationales, permettent une comparaison interrégionale sur les différentes grandeurs existantes.

- ***Le recensement économique.*** Le premier recensement économique national a été réalisé sur la période 2001-2002 sur un mode *one shot.* Ce recensement a ciblé l'ensemble des établissements nationaux, qu'ils relèvent du public ou du privé. Il permet d'avoir une idée globale du nombre d'établissements dans le commerce ainsi que des caractéristiques des effectifs employés. L'enquête, de nature exhaustive, couvre les établissements disposant d'un local mais également celles qui disposent d'un étal non fixe ou encore celles dont l'activité est centrée sur le format souk. Dans l'enquête en question, le secteur du commerce (5.3) est constitué de 3 branches d'activités : commerce et réparation automobile, commerce de gros et intermédiaires du commerce et enfin commerce de détail et réparation d'articles domestiques.
- ***Les enquêtes annuelles d'entreprises dans les secteurs du BTP, du commerce et des services.*** Ces enquêtes, bien qu'initialement pensées sur une base annuelle n'ont finalement été produites que pour les périodes 2005-2006 et 2006-2007. Elles s'appuient sur trois questionnaires distincts adaptés aux trois secteurs cibles dont le commerce. De manière assez surprenante, on ne trouve quasiment aucune trace objective de ces deux enquêtes, en ce sens que nous avons été incapables de repérer le moindre travail académique y faisant référence. Par ailleurs, malgré nos multiples tentatives auprès des différents services du HCP lui-même, nous n'avons pu avoir accès à aucune publication fondée sur ces deux enquêtes.
- ***L'enquête nationale sur l'emploi.*** Le HCP publie régulièrement une enquête nationale sur l'emploi ENE. Cette enquête, qui reste à ce jour la principale source d'information sur le marché national du travail, permet de déterminer le volume et les principales caractéristiques démographiques, culturelles et socioprofessionnelles de la population active et de ses diverses composantes (activité, emploi, chômage et sous-emploi). Elle permet également de mesurer l'accès de la population aux services sociaux de base (éducation et alphabétisation, eau, électricité et assainissement).

[1] On peut également penser que « faute de mieux », le chercheur est contraint de s'appuyer sur elles.

[2] Avant 1960, des dénombrements étaient réalisés à intervalles irrégulières par les puissances coloniales dans les zones nord et sud et ce entre 1921 et 1951 pour la dernière.

[3] Les provinces du sud ont été intégrées à partir du recensement de 1982.

L'enquête est publiée depuis 1976 sur une base annuelle et uniquement en milieu urbain. Elle devient trimestrielle à partir de 1996 et, c'est en 1999, qu'elle est étendue au milieu rural. L'enquête nationale sur l'emploi permet d'avoir des estimations sur le volume de l'emploi dans le commerce et ce au moins depuis 1999.
- ***L'enquête nationale sur les structures économiques.*** Cette enquête est nouvelle dans le paysage statistique national et ce bien qu'à notre sens, elle semble constituer une synthèse et une continuité des deux enquêtes précédentes (recensement économique et EAE).
Selon les données du HCP, cette enquête aurait été lancée entre mai et décembre 2015. Elle a été menée auprès de 15 000 entreprises dont une large part relève du commerce (questionnaire spécifique)[1]. L'objectif de cette enquête est « la mise à disposition des décideurs et des opérateurs économiques, qu'ils soient publics ou privés, d'une batterie d'indicateurs reflétant aussi bien la structure de la production et de la consommation par branche, que les comportements des chefs d'entreprise dans les domaines des transports, de la consommation d'énergie, de la GRH, de l'investissement et du financement, etc. ». Des opérations d'information ont été menées au préalable en partenariat avec le CGEM afin de sensibiliser les opérateurs économiques à l'intérêt d'une opération originale et utile à la décision. Il faudra cependant attendre 2019 pour que de premiers résultats agrégés soient enfin publiés.

Source : HCP, site institutionnel.

Pour autant, ces différentes enquêtes ne sont que d'une faible utilité pour cerner les spécificités de la grande distribution. En effet le commerce y est régulièrement traité comme un grand agrégat regroupant l'ensemble des formes de commerce *y.c.* le commerce de gros et autres intermédiaires.

4.1.2. Au-delà de l'offre HCP : des enquêtes *ad hoc*

Au-delà de l'offre officielle, principalement centrée sur le HCP, on peut, au Maroc, dénombrer un certain nombre d'autres sources statistiques récurrentes ou le plus souvent ponctuelles, à l'initiative d'autres ministères ou autres institutions locales ou nationales. Si un certain nombre de données sont disponibles, il n'en demeure pas moins que les effets d'annonce surpassent parfois très largement les productions concrètes.

A. Les études et enquêtes des ministères de tutelle

Les différents ministères et Directions spécifiques au Maroc produisent ou ont produit parfois quelques enquêtes utiles pour le chercheur en économie et management de la distribution. Ainsi par exemple, le ministère du Commerce et de l'Industrie a également réalisé, sur une base opportuniste (au coup par

[1] L'enquête est menée auprès de 15 000 entreprises relevant des secteurs de la pêche, des mines, de l'industrie manufacturière, de l'énergie, de la construction (BTP) et bien entendu des services et du commerce.

coup), un certain nombre d'études et d'enquêtes sur le commerce (*cf.* tableau 15).

Tableau 15 : Les principales études et enquêtes nationales sur le commerce

Service	Année	Publications et caractéristiques
Haut-Commissariat au Plan et à la Promotion Nationale Division du Plan et des Statistiques	1963-1964	Étude sur le commerce intérieur L'enquête vise à fournir aux pouvoirs publics les éléments d'une action d'organisation du commerce dans le cadre des plans nationaux. Autrement dit, elle cherche à décrire les circuits commerciaux existants, explique le rôle des différents agents économiques, du producteur au consommateur, détermine les marges de commercialisation et expose les frais contenus dans les marges.
Ministère du Commerce intérieur et de l'Industrie Direction du commerce intérieur	Décembre 1994	Le commerce en chiffres (91 p.)
Ministère du Commerce, de l'Industrie et de l'Artisanat	Mai 1997	Étude sur les grandes surfaces (30 p.)
Direction du commerce intérieur	Janvier 2002	Étude sur les centres commerciaux (17 p.)
Ministère de l'Industrie, du Commerce, de l'Énergie et des Mines Dpt du commerce intérieur	Février 2002	Étude sur les grands magasins (23 p.) lancée en juillet 2001 Enquête auprès de 70 grands magasins de surface supérieure à 300 m² Actualisation de l'enquête menée en 1996-1997 Champs : grandes surfaces à prédominante alimentaire (supérettes, supermarchés, hypermarchés) ; grandes surfaces spécialisées (habillement, ameublement, électroménager)
Direction du commerce intérieur	2002, 2004 2006, 2010	Études sur la franchise : réalités et perspectives de développement
Ministère de l'Industrie	2013	Études sur les souks
CESE	2021	Avis : pour une politique urgente de revalorisation et développement des souks hebdomadaires en milieu rural

Ces différentes études et enquêtes sont utiles et présentent un intérêt certain pour qui s'intéresse au commerce traditionnel et moderne au Maroc. Elles sont cependant réalisées avec de faibles moyens et se caractérisent par de multiples limites et lacunes. D'une part, elles sont fondées sur des échantillons de convenance, généralement très petits, avec des protocoles d'enquête peu stabilisés et d'autre part, elles sont organisées très souvent sur une base ponctuelle et opportuniste. Certaines enquêtes, intéressantes du fait de leur récurrence (comme par exemple l'enquête annuelle sur la franchise), semblent plus structurées et réfléchies. Néanmoins, il semblerait que pour des raisons de délimitation de compétences entre les services ministériels, cette initiative de la direction du commerce ait été abandonnée. Ainsi, la dernière enquête disponible sur la franchise date de février 2010.

B. De très nombreux projets… mais peu de réalisations

En 2013, le ministère du Commerce et de l'Industrie a lancé un appel d'offres pour une étude visant à dresser une cartographie actualisée de l'offre commerciale nationale[1]. Plus précisément, il s'agissait d'une opération de recensement des centres commerciaux au sens large. Cette étude devait couvrir les marchés centraux, kissariats, galeries, malls et centres commerciaux existants mais également en projet.

Le même ministère a par ailleurs annoncé, dès 2011, la création de trois observatoires nationaux, dont deux concernent directement ou indirectement le commerce : un observatoire des TIC (OMTIC) et un observatoire du commerce et de la distribution (OMCD). Ces observatoires sont présentés comme des dispositifs statistiques et de veille qui devraient être des outils d'aide à la décision au service des décideurs publics et privés. Plus généralement, il s'agit de faciliter la production et le partage d'informations et connaissances utiles à la prise de décision et au suivi de l'activité et des tendances de développement des secteurs concernés : production de données et analyses statistiques, veille stratégique tant au niveau national qu'international[2]. Ces divers observatoires s'inscrivent dans le cadre de la mise en œuvre des stratégies sectorielles Rawaj, et Maroc Numéric[3]. L'idée de leur lancement est issue d'un partenariat original entre le ministère et les acteurs concernés[4]. Selon la presse, le ministère du Commerce et de

---

[1] « *Centres commerciaux : grosse opération de recensement* », *Challenge*, 18 novembre 2013.

[2] « *Trois observatoires marocains de l'industrie, des TIC et du commerce et de la distribution* », *La Nouvelle Tribune*, 6 décembre 2011.

[3] Émergence pour l'observatoire marocain de l'industrie (OMI).

[4] « *Trois observatoires marocains de l'industrie, des TIC et du commerce et de la distribution* », *La Nouvelle Tribune*, 6 décembre 2011.

l'Industrie [1] a également travaillé au lancement d'un baromètre consommateur : « un outil pour la caractérisation du comportement du consommateur et l'approche de ses attentes en partant d'enquêtes mensuelles auprès des ménages ». Le projet de mise en place du baromètre s'inscrivait dans la cadre du plan Rawaj. Le baromètre ou plus précisément les indicateurs concernés devaient permettre une meilleure analyse du profil du consommateur : profil sociodémographique, mode de gestion du budget familial, structure du panier moyen, choix des lieux d'achat, mode de transport privilégié… ». Au-delà, le baromètre devait aussi permettre de repérer l'appréciation des consommateurs et leurs attentes en termes de modernisation du commerce et de développement de nouvelles formes de distribution[2]. Du point de vue des acteurs ou des formats, le baromètre devait intégrer le commerce sédentaire et à distance, que ce soit dans l'alimentaire, l'équipement de la personne, la droguerie ou l'électroménager.
L'appel d'offres pour la conception du baromètre a été lancé en 2013 et ce dernier aurait dû être opérationnel fin 2014. Pour autant, à ce jour, on ne dispose pas d'informations sur la concrétisation et la production réelle du baromètre. Autrement dit, si les projets sont nombreux et prometteurs, leur mise en œuvre concrète semble constamment retardée et l'ensemble relève encore bien trop souvent de l'effet d'annonce.

Tableau 16 : Liste des projets annoncés par le MCI

Service	Année	Nature du projet	État des réalisations
MCI	2013	Appel d'offre pour une étude visant à cartographier l'offre commerciale nationale : recensement des centres commerciaux, marchés centraux, kissariats et malls existants ou en projet	inconnu
MCI	2011	Création d'un observatoire des NTIC (OMTIC) et de l'observatoire du commerce et de la distribution	inconnu
MCI	2013	Lancement d'un baromètre consommateur	inconnu

Source : Diverse presse et notes internes.

1 Ministère du Commerce de l'Industrie et des nouvelles Technologies (MCINT).

2 « *Le comportement du consommateur passé au crible* », *La Vie Économique*, 20 mai 2013, « *Le Maroc aura bientôt son baromètre du consommateur* », Challenge.ma, 2 mai 2013.

4.1.3. Quelle place pour l'offre privée ?

Si l'offre publique d'information statistique *ad hoc* et plus généralement d'analyses dédiées au commerce est relativement rare, elle trouve son pendant dans l'offre privée qui n'apparaît pas plus fournie. En effet, il existe là encore, très peu d'études fouillées et disponibles sur le secteur du commerce et de la distribution. Les cabinets d'études marketing eux-mêmes sont plutôt rares et pour l'essentiel concentrés sur la zone de Casablanca.

A. Les cabinets d'études marketing au Maroc

Dans des travaux que nous avons menés au début des années 90 (Gallouj, 1992), nous avions déjà mis en avant le fait que, malgré quelques évolutions positives, l'offre d'études marketing était relativement réduite au Maroc. Le potentiel y a cependant considérablement augmenté ces dernières années avec l'arrivée d'Ipsos, de Secodip ou encore Nielsen et le développement d'études multimédia. Les agences de publicité sont, pour une large part, à l'origine du développement des études au Maroc. Les entretiens que nous avons réalisés ont en effet révélé que c'est souvent sous l'impulsion des agences de publicité que l'annonceur entreprend des études « *on a énormément encouragé les études au Maroc. Un annonceur vient nous voir on lui demande de nous dire qui consomme son produit. S'il répond comme c'est l'habitude chez certains : je crois que mes clients... On n'est pas d'accord. Sans données, il est clair qu'on ne peut rien faire de sérieux. On lui demande de faire une étude et s'il ne veut pas on lui demande d'aller voir ailleurs... ; si toutes les agences adoptaient cette stratégie on ferait du très bon boulot au Maroc* » (Gallouj, 1992). Une enquête menée par les étudiants de l'ISCAE sous la direction de Elotmani (1982) aboutissait aux mêmes conclusions dix ans plus tôt. Pour autant, dans les conditions des années 2020, les évolutions semblent avoir été mineures. Le secteur est en effet à la fois très réduit et très largement fragmenté. Il réaliserait un chiffre d'affaires situé entre 20 et 30 millions d'euros. Comme dans l'essentiel des métiers du conseil, on distingue trois groupes : (1) les filiales locales des grands groupes internationaux (TNS, Ipsos ou encore Nielsen...) ; (2) les cabinets locaux de taille nationale (Argos, Immersion, Sunergia, LMS-CSA…), et qui œuvrent sur les mêmes marchés que les structures étrangères (3) les structures locales de petite taille qui sont plus souvent orientées vers le conseil que les études.

Si, comme le précise Driss Farissi, « l'ensemble des méthodes de collecte de données sont aujourd'hui disponibles au Maroc, il n'en demeure pas moins que des contraintes lourdes pèsent sur l'administration du fait d'un taux d'analphabétisme encore élevé : « les méthodes en auto-administration sont à éviter en général, sauf pour des cibles spécifiques qui s'y prêtent vraiment. Le Cawi et l'usage du téléphone portable pour collecter des données se heurtent encore à une absence de panel de taille et de qualité respectables[1] » ». Une autre contrainte majeure réside dans le personnel et sa formation ; autrement dit, dans le niveau de qualité des prestations : « l'un des défis majeurs auquel le secteur fait face au Maroc est le défi de la qualité. Les enquêteurs ont tous des statuts très précaires qui ne favorisent guère leur engagement auprès des acteurs du métier pour améliorer la qualité du travail rendu. Le niveau de leurs rémunérations n'aide pas non plus en ce sens. Les données collectées restent encore entachées, et de manière significative, par des soucis de qualité résultant de processus qui peuvent relever aussi bien de l'inconscient que de la malveillance ».

Les difficultés évoquées sont d'ailleurs amplifiées par un manque réel de ressources de niveau senior ; autrement dit, de professionnels expérimentés aptes à encadrer les juniors et les personnels de terrain.

B. L'observatoire Wafasalaf de la consommation

Au-delà de l'offre standard d'études marketing proposée par les cabinets *ad hoc*, on peut également faire état des enquêtes consommateurs lancées depuis 2016 par Wafasalaf au travers de son observatoire. Ce dernier propose régulièrement des études complètes sur le comportement de consommation des ménages marocains. C'est en effet en 2016 que Wafasalaf lance son observatoire de la consommation sur le modèle des observatoires proposés en France par Cetelem. Cet observatoire a vocation à produire des études originales sur la consommation et les pratiques de consommation des ménages marocains. La première étude a été présentée en mai 2016 et a marqué le lancement de l'observatoire. Elle s'est appuyée sur l'expertise de LMS-CSA Conseil[2]. Laila Mamou, Présidente du directoire de Wafasalaf définit ainsi les objectifs de l'observatoire : « nous voulons comprendre les ressorts de la consommation des ménages ; c'est un élément essentiel de la demande intérieure et donc de la croissance économique du Maroc et sa stabilité favorise l'émergence de la classe moyenne. Nous essayons à travers cet observatoire de comprendre cette classe moyenne, quelles sont ses inspirations, la qualité de vie qu'elle a envie d'atteindre[3] ».

L'observatoire devrait communiquer régulièrement 4 indicateurs de la perception des ménages : le pouvoir d'achat, l'évolution des dépenses, le taux d'équipement et les intentions d'achat sur 12 mois. À ce jour, l'observatoire a publié un peu moins d'une dizaine d'enquêtes sur le marché marocain : tendances de la consommation des ménages (2015), place de l'enfant dans la consommation des ménages (2016), tendances du marché auto-moto (2016), nouvelles technologies de l'information et équipement des ménages (2016),

---

1 www.soft-concept.com, consulté le 31 octobre 2018.

2 *L'Économiste*, 24 mai 2016.

3 « *Wafasalaf crée son observatoire* », *La Tribune*, 26 mai 2016.

le marché des voyages des ménages marocains (2017), le marché des voitures d'occasion (2017), comment consomment les seniors ? (2017) et la place du sport dans la société marocaine (2018).
Si l'initiative est importante et intéressante, on peut cependant regretter la très faible diffusion des résultats dont l'accès reste difficile, encore à ce jour. Par ailleurs il semble que la dynamique de publication de l'observatoire ait été fortement affectée par la période Covid puisque malgré des débuts prometteurs, aucune étude n'a été publiée depuis 2018 (et ce au moins jusqu'au milieu de l'année 2022).

4.2. Stimulation, développement et organisation du commerce

L'essor de la grande distribution moderne au travers de l'implantation d'enseignes étrangères, mais également au travers du soutien aux challengers locaux, est très largement favorisé par des mesures incitatives institutionnelles. Ces mesures sont, pour l'État, la conséquence logique de la reconnaissance des enjeux de la distribution moderne en termes de création d'emplois, d'amélioration de la compétitivité des firmes, et plus largement de structuration de la filière dans son ensemble (Amine, 2012). Elles trouvent leur point d'origine dans le plan Rawaj.

4.2.1. Une lente maturation

Une des premières tentatives globales organisées et construites de restructuration du commerce intérieur a été menée en 1996-2000 et initiée par le département du commerce et de l'industrie. Elle visait à attaquer directement l'ensemble des obstacles limitant le développement des entreprises commerciales. La stratégie de développement du commerce intérieur a été élaborée par le ministère du Commerce et de l'Industrie sans concertation semble-t-il avec les acteurs professionnels concernés. Elle s'appuie sur quatre catégories d'actions : des actions sur l'environnement du secteur de la distribution, des actions spécifiques en faveur des commerçants, des actions de redynamisation des chambres professionnelles, et enfin des actions visant à la réforme du RCC.

Le début des années 2000 marque un intérêt grandissant de l'administration pour le commerce et la distribution. En effet, de multiples réunions et colloques de discussion et de concertation voient le jour sur cette période, pour l'essentiel à l'initiative du MCI. Au moins trois réunions seront fondatrices de la nouvelle approche du commerce et de la distribution au Maroc :
- le workshop sur « *la grande distribution : quels choix stratégiques pour le développement du secteur du commerce* » (17 janvier 2002) ;
- le forum national sur « *le commerce intérieur : défis en enjeux* » (22 mai 2002) ;

- le forum national du 21 juin 2003 ;
- la rencontre des opérateurs du secteur du commerce : « *Commerce et ville* » (11 février 2004).

4.2.2. L'approche intégrée et le plan Rawaj vision 2020

Partant du constat de l'importance économique majeure du commerce pour l'économie nationale, tant en termes d'emplois que de contributions à la valeur ajoutée, le ministère de l'Industrie, du Commerce et des nouvelles Technologies a lancé en juin 2008[1] un plan ambitieux de développement du secteur du commerce et de la distribution baptisé Plan Rawaj vision 2020.
Selon ses promoteurs, le plan Rawaj s'articule autour de deux axes forts. Le premier vise explicitement le consommateur qui constitue, au moins dans les textes, la cible principale des mesures de restructuration envisagées. Il s'agit en particulier d'assurer une offre de produits de qualité accessible et répondant aux besoins de tous les consommateurs. Le second vise quant à lui à améliorer les conditions cadres avec un appui renforcé aux opérateurs intervenant dans le secteur. Plus précisément, il s'agit d'améliorer la compétitivité du commerce et de faire émerger de nouveaux modèles de distribution. Le programme Rawaj vision 2020 se focalise sur quatre acteurs commerciaux principaux : la grande et moyenne distribution, le commerce indépendant, le commerce en réseau et la franchise, les espaces publics marchands (habituellement sous la responsabilité des communes : marchés de gros, abattoirs et halles aux poissons).
Concernant les actions envisagées, le plan Rawaj distingue les plans d'action transversaux et les plans d'action sectoriels.

A. Les plans d'action transversaux

Les plans d'action transversaux recouvrent deux champs spécifiques : celui de l'attractivité de l'offre commerciale et celui de l'amélioration de l'environnement des opérateurs du commerce.

a) Renforcement de l'attractivité de l'offre commerciale

L'objectif est ici de favoriser l'attractivité du secteur, tant pour les acteurs nationaux que pour les investisseurs étrangers. L'idée centrale est d'améliorer l'organisation de l'espace commercial afin de faciliter les choix des acteurs tout en veillant à préserver une harmonie et un équilibre entre ces derniers.

---

[1] À l'occasion de la journée nationale du commerce et de la distribution.

Encadré 14 : Plan attractivité commerciale - I

Le plan « Attractivité commerciale » vise à mieux organiser le jeu d'acteurs et à adapter l'offre d'accueil par rapport aux attentes des opérateurs tout en la rendant plus visible à travers la réalisation de schémas d'urbanisme commerciaux aussi bien au niveau national que régional.
La réalisation de ces schémas sera basée sur des études de faisabilité technique, juridique et économique globale, fondées sur des critères socio-économiques qui prennent en considération :
- les besoins de la clientèle potentielle et/ou des usagers professionnels ;
- les politiques d'habitat et d'aménagement du territoire mises en œuvre ;
- l'impact sur la rentabilité des commerces avoisinants ;
- les conditions d'accès et de circulation ;
- la cohérence avec le potentiel des infrastructures réalisées et celles projetées (routes, sentiers piétonniers, connexion en eau – électricité – télécommunications, éclairage extérieur, assainissement etc.) ;
- le respect de l'environnement, l'identité culturelle, ainsi que la vocation de la région.

Aussi, ces études préalables permettront l'organisation de l'espace commercial et une meilleure facilité dans le choix de l'implantation des activités pour les opérateurs.
De même, ces schémas permettront de promouvoir de façon harmonieuse les différentes formes de commerces (commerce de proximité, grande distribution, commerce non sédentaire, grands projets structurants…) et amélioreront l'attractivité du secteur pour les investisseurs nationaux et étrangers.
Dans ce cadre, le programme Rawaj vision 2020 propose de planifier des plateformes logistiques de distribution de 1er rang adaptées aux spécificités régionales (centre de collecte, plateforme multimodale, magasin sous douane…) ainsi que des pôles commerciaux de référence (malls, shopping entertainment…).

b) L'amélioration de l'environnement de l'entreprise commerciale

Le plan environnement de l'entreprise commerciale vise effectivement à améliorer les conditions de l'activité commerciale au Maroc. Ce plan se décline en trois catégories d'actions : (i) des actions visant à améliorer les conditions d'exercice des commerçants et qui touchent tout à la fois à la fiscalité, l'immobilier commercial et les procédures administratives ; (ii) des actions visant, au travers de la formation, à accroître et améliorer l'offre de travail spécialisée ; (iii) des actions centrées sur la santé et la sécurité du consommateur (sécurité alimentaire, droit du consommateur et lutte contre la contrefaçon).

Encadré 15 : Plan environnement de l'entreprise commerciale – II

Amélioration des conditions d'exercice
a- Fiscalité. Plusieurs actions ont été menées pour améliorer l'environnement fiscal de l'entreprise commerciale. À ce titre, il y a lieu de citer la réforme de la fiscalité locale qui vise la réduction ou suppression de certaines taxes, ainsi que la promulgation de la loi sur la comptabilité super-simplifiée. Toutefois, l'environnement fiscal de l'entreprise doit s'adapter à l'évolution que connaît le secteur, favoriser l'élargissement de l'assiette fiscale à travers une réduction des opérateurs intervenant dans l'informel. De même, des mesures supplémentaires sont examinées pour faciliter l'adoption de régimes formels d'imposition aux petits commerçants. ***b- Immobilier commercial.*** Pour pallier le problème de la cherté et de l'indisponibilité de l'immobilier et de l'assiette foncière destinés à abriter des projets commerciaux, le programme Rawaj vision 2020 recommande la réforme du Dahir du 24 mai 1955 sur le bail commercial et ce, dans le sens d'une meilleure protection du bailleur, l'incitant ainsi à offrir, en location, les biens dont il dispose. De même et en vue de lutter contre les spéculations sur les locaux commerciaux, il est proposé d'instaurer un droit de préemption permettant aux collectivités locales de récupérer les locaux non utilisés et de les mettre à la disposition des investisseurs. ***c- Procédures administratives.*** Le programme Rawaj vision 2020 recommande de remplacer les procédures d'obtention des autorisations commerciales par un système déclaratif. Aussi, il propose l'adoption de cahiers des charges pour l'exercice de l'activité commerciale. Ces cahiers de charges fixent les conditions de base relatives à la santé, la sécurité et la commodité du point de vente par rapport à son environnement.
Formation
Le programme Rawaj vision 2020 a identifié un besoin annuel d'accompagnement des commerçants dans le domaine de la formation de près de 35 000 personnes / an. Ainsi ce programme prévoit la mise en place de schémas de formation adaptés (de courte durée et orientés vers l'opérationnel) destinés aux étudiants et/ou aux projets de reconversion professionnelle. À cet effet, deux schémas sont proposés : - un schéma de soutien au développement du secteur commercial à travers des formations aux techniques de gestion et de commerce, portées par des organismes publics et/ou privés ; - un schéma de formations spécialisées pour le développement de la distribution moderne, conçues en partenariat avec les professionnels du secteur. Un travail d'identification des formations qualifiantes a été opéré pour 10 000 personnes /an et concerne les formations courtes, les formations qualifiantes, Certificats d'Aptitude Professionnelle, techniciens (Bac+2) et cadres (Bac+4).

Santé et sécurité du consommateur

Dans un environnement commercial caractérisé par le niveau élevé d'exigence des consommateurs ainsi que l'extension des zones urbanisées et par conséquent une demande accrue pour les produits alimentaires, des actions concrètes ont été retenues pour la protection du consommateur contre les risques d'insécurité alimentaire et en faveur de la lutte contre la contrefaçon.
a- Sécurité alimentaire. Un programme de modernisation des techniques de distribution des produits périssables devra être mis en place afin d'assurer l'acheminement des produits dans les meilleures conditions de sécurité et d'hygiène. De même des campagnes de sensibilisation doivent être menées pour informer les consommateurs et commerçants sur les risques sanitaires.
b- Protection du consommateur. La protection du consommateur sera renforcée par l'adoption du projet de loi sur la protection du consommateur, qui vise le renforcement des droits du consommateur ainsi que ses structures représentatives.
c- Plan de lutte contre la contrefaçon. Dans le cadre du plan national de lutte contre la contrefaçon, des campagnes de communication et de sensibilisation, contre la production, l'importation et le commerce de produits de contrefaçon et l'utilisation illicite de marques, seront lancées.

Source : Rawaj.

B. Les plans d'action sectoriels

Les plans d'action sectoriels visent à assurer un développement harmonieux et équilibré des différentes formes de commerce. Ils portent sur les formes classiques : le commerce de proximité, les GMS et les marchés de gros, abattoirs et halles aux poissons. Nous n'évoquons ici que les ambitions concernant la grande distribution ; les lecteurs intéressés par les deux autres dimensions sont invités à consulter les contributions *ad hoc*.

Le plan Rawaj s'inscrit dans le développement remarquable qu'a connu la grande distribution au Maroc à partir de la fin des années 90. En effet, l'administration concernée reconnaît le rôle joué par la grande distribution dans la modernisation de l'appareil commercial national. Ce mode de distribution répond bien aux nouveaux besoins des consommateurs marocains ou tout au moins de certains d'entre eux. C'est une des ambitions du plan Rawaj que d'accompagner et plus précisément d'accélérer le mouvement de modernisation du secteur commercial. Ainsi, trois objectifs chiffrés sont clairement affichés :

- Implantation de 600 grandes et moyennes surfaces à l'horizon 2020 ; dont plus de 50 hypermarchés générant près de 80 000 emplois ;
- Création de 15 malls pouvant abriter près de 3000 magasins en franchise et autres commerces modernes (et pouvant générer près de 21 000 emplois) ;

• Création de 15 outlets, solderies et magasins d'usine générant quant à eux 5000 emplois.

Cependant, comme nous l'avons vu dans notre chapitre 1, la grande distribution moderne reste confrontée à de nombreuses difficultés sur le marché local, que ce soit l'indisponibilité d'une main-d'œuvre qualifiée, les difficultés d'approvisionnement en produits frais, les faiblesses du système logistique ou encore la cherté du foncier. Ainsi, le plan Rawaj va-t-il proposer un accompagnement du secteur commercial au travers de quatre mécanismes ou actions :

• Mettre en place des branches de formation adaptées à la distribution moderne pour permettre une adéquation entre l'offre et la demande en formation ;
• Permettre aux grandes et moyennes surfaces l'intégration en amont de la filière des produits frais ;
• Mettre en œuvre des chartes d'éthique entre les producteurs et les opérateurs de distribution moderne ;
• Encourager au développement de marques de distributeurs et ce, dans le cadre d'un partenariat entre les distributeurs et les PME PMI locales.

Au-delà, le plan Rawaj vision 2020 va également recommander la mise en place d'un encadrement du développement des nouveaux formats de distribution au travers de schémas directeurs nationaux et régionaux d'implantation commerciale.

C. L'État : arbitre et équilibriste de la modernisation du petit commerce

Conscient de l'importance économique du petit commerce (mais également de son poids économique), l'État, tout en développant une politique de soutien aux champions nationaux, a cherché à favoriser la modernisation du petit commerce y compris parfois en s'appuyant sur la logistique proposée par la grande distribution elle-même. Néanmoins, les résultats obtenus restent à ce jour, et malgré les moyens engagés, relativement décevants.

a) Entre stimulation des champions nationaux et soutien au petit commerce

Dans le jeu de la concurrence-complémentarité entre grand et petit commerce, l'État se situe bien dans une position d'équilibriste. D'un côté il cherche à favoriser et accompagner les champions nationaux, en particulier face aux convoitises de la grande distribution étrangère, et de l'autre, il reconnaît la nécessité de la modernisation du commerce de proximité. En effet, on l'a vu, le plan Rawaj vision 2020, actant du rôle important de la grande distribution dans la modernisation de l'appareil commercial national et plus généralement de la participation de cette grande distribution au développement national, prévoit l'implantation de 600 GMS à l'horizon 2020, la création d'une quinzaine de malls (pour plus de 3000 magasins en franchise) ainsi que d'une quinzaine d'outlets, soldeurs et magasins d'usine. Ce soutien marqué au développement de champions nationaux constitue dès le départ un facteur de risque important pour le petit commerce. De fait et pour contrebalancer cette évolution et permettre d'améliorer l'avantage compétitif du petit commerce, le plan Rawaj prévoit également un programme de modernisation de ce dernier. Cette modernisation est d'autant plus nécessaire qu'une étude menée en 2010 auprès de 1600 personnes par le ministère du Commerce montre que 70% des consommateurs exigent de retrouver au moins partiellement le confort du libre-service dans le petit commerce, des locaux propres, une marchandise bien présentée, avec le respect de la chaîne du froid[1].

Partant du constat que le commerce traditionnel se caractérise par une capacité d'investissement limitée et dépense généralement peu pour sa mise à niveau, l'une des ambitions du plan Rawaj est de favoriser la modernisation et l'organisation du petit commerce. Il s'agit en particulier de moderniser les méthodes de gestion, de développer l'activité et la rentabilité, de renforcer le savoir-faire du commerçant. Au total plus de 26 000 commerçants auraient bénéficié de ce plan et du financement *ad hoc*.

b) Des résultats peu convaincants

Les résultats du plan Rawaj en termes de modernisation du petit commerce sont souvent présentés comme un véritable succès et cela est vrai dans une certaine mesure. Néanmoins, on peut noter que pour important qu'il soit, l'effectif des unités modernisées (environ 26 000) reste très faible eu égard au nombre estimé de structures existantes dans le petit commerce formel (entre 450 et 500 000 unités).
On peut, à ce niveau, envisager deux effets contradictoires. Le premier est que l'on ne peut pas exclure qu'un certain nombre de commerces traditionnels aient pu bénéficier d'un effet d'aubaine. En effet, si dans le cadre du programme en question, l'État avance près de 20 000 dirhams pour la modernisation des points de vente, il n'en demeure pas moins que la contribution du commerçant fixée à 5 000 dirhams reste relativement élevée eu égard à la faible rentabilité relative du petit commerce. De ce fait, elle reste hors de portée pour nombre de ces structures. Ainsi, le programme Rawaj apparaît très largement orienté vers les commerces traditionnels de niveau intermédiaire et qui réalisent un chiffre d'affaires non négligeable. On peut ainsi penser que les participants au programme de modernisation sont des commerces traditionnels florissants (relativement) qui à un moment ou à un

---

[1] « *Les épiciers en très mauvaise posture face à la poussée de la grande distribution* », *La Vie Économique*, 6 novembre 2015. « *Petit commerce : restructuration à marche forcée* », *L'Économiste*, n° 4015, 22 avril 2013.

autre auraient de toute manière investi dans la modernisation de leurs infrastructures et équipements ; le plan Rawaj n'ayant contribué alors qu'à accélérer le processus.
Le second est que les programmes gouvernementaux de modernisation, que ce soit au Maroc ou dans les pays occidentaux n'ont pas vocation à l'exhaustivité pas plus qu'ils n'ont vocation à être pérennes. À l'inverse, ils ont un objectif de stimulation et de création d'un effet d'entraînement. En effet, la modernisation de certaines unités induit bien souvent un effet de mimétisme d'autres unités qui sont ainsi incitées ou contraintes à moderniser à leur tour leurs installations. C'est en ce sens qu'Abdelkader Amara, ministre de l'Industrie et du Commerce de l'époque déclarait : « en fait, le plan Rawaj n'a pas la prétention de faire bénéficier tout le monde du dispositif, mais de créer un effet d'entraînement... la modernisation de certains épiciers a d'ailleurs eu un effet boule de neige dans leur quartier »[1].

D. Rawaj et développement de la grande distribution : effets d'aubaine et controverses

En matière de grande et moyenne distribution, le plan Rawaj affiche des objectifs clairs et plutôt ambitieux. Pour l'essentiel, ces objectifs ont été atteints sans doute plus en termes d'unités déployées qu'en termes d'emplois créés. Néanmoins, on peut s'interroger là encore sur la question de l'effet d'aubaine ; autrement dit, se demander si les unités en question n'auraient pas été créées, de toute façon, indépendamment du soutien de l'État. Ainsi, on se trouverait face à une situation où l'argent public a servi plutôt à faciliter voire à accélérer des actions déjà prévues et programmées et à améliorer les marges et la position concurrentielle des grandes enseignes. L'analyse de la situation des différentes enseignes leaders au Maroc montre effectivement que l'effet d'aubaine a joué à plein. Néanmoins cet effet d'aubaine peut être contrebalancé et nuancé par le fait qu'en plus de soutenir le développement du secteur et de l'emploi, la politique de soutien nationale à la grande distribution, au travers du plan Rawaj a visé également sans doute plus discrètement, à conforter l'assise et la domination de champions nationaux face à des convoitises externes qui étaient sans aucun doute très pressantes au début du plan Rawaj. Ce plan a donc effectivement contribué à accélérer le développement de Marjane, de LabelVie, d'Aswak Assalam et de BIM. Néanmoins sur les quatre géants de la distribution, on notera que seul BIM est

---

[1] « *Petit commerce : restructuration à marche forcée* », *L'Économiste*, n°4015, 22 avril 2013.

étranger[1], les trois autres enseignes relevant de la logique des champions nationaux[2].
À un autre niveau, celui du soutien au petit commerce, le plan a cependant suscité de nombreuses controverses. En effet, si le plan Rawaj, tout autant que les autres plans de développement au Maroc, n'a été suivi d'aucune phase d'évaluation, certaines enquêtes ponctuelles ont été ouvertes (par le ministère des Finances en particulier) qui ont mis en avant de nombreux dysfonctionnements : surfacturations manifestes d'équipements à destination du petit commerce, détournement à des fins privées d'aides accordées aux commerçants, mobilisation de formateurs incompétents dans les domaines requis, facturation de prestations diverses et indues aux commerçants[3]...

4.3. État et réglementation : au-delà du plan Rawaj

Traditionnellement, l'État est considéré comme arbitre du jeu concurrentiel. Il fixe en effet les règles du jeu qui prévalent sur les marchés et en particulier sur les activités commerciales. Cet arbitrage n'est pas antinomique du fait que parfois, même l'État peut être acteur du jeu concurrentiel. Il l'a d'ailleurs longtemps été, par exemple en Algérie (Ghidouche *et al.*, 2021). Il est vrai que l'une des particularités du secteur du commerce et de la distribution dans les pays émergents est à rechercher dans le vide juridique relatif sur le plan du droit de la distribution, de la concurrence ou encore de l'urbanisme commercial, qui tend ainsi à faciliter l'implantation effrénée et parfois anarchique des grandes surfaces, en particulier étrangères.
Dans le cas du Maroc, le cadre réglementaire, en particulier en ce qui concerne la grande distribution moderne, est quasi inexistant. Autrement dit, l'approche nationale apparaît particulièrement libérale en matière de commerce. Néanmoins, le terrain n'est pas totalement vierge et il existe des îlots de réglementation, voire parfois des réflexions et discussions sur lesquelles nous souhaitons revenir dans ce qui suit en nous fondant sur les principaux axes de ces pratiques existantes au niveau international. En effet, l'observation des pratiques au niveau international montre que le rôle de l'État comme arbitre prend généralement quatre grandes orientations : la protection du consommateur, le respect de la concurrence, l'équilibre des relations industrie-commerce et enfin la défense du petit commerce.

---

[1] Et cette caractéristique de BIM n'est sans doute pas étrangère au fait qu'il s'agit du seul groupe qui a été confronté à une enquête du ministère de l'Industrie sur ses pratiques concurrentielles.

[2] On notera que Carrefour LabelVie reste une entreprise nationale qui fonctionne sur un modèle proche de la franchise. Le capital reste national tout comme l'essentiel de la direction du groupe.

[3] « *Où sont passés les milliards du plan Rawaj ?* », Le 360, 1 janvier 2019.

4.3.1. Le respect de la concurrence

L'activité de distribution est principalement soumise au droit de la concurrence. Ce droit s'appuie prioritairement sur une interdiction faite aux entreprises quel que soit leur secteur d'activité de développer des pratiques anti-concurrentielles. De manière plus précise, toutes les pratiques restreignant l'entrée sur le marché ou encore celles qui concernent l'entente sur les prix ou les quantités pour la répartition du marché sont interdites. Pour autant, le droit de la concurrence au Maroc reste encore jeune, pour ne pas dire en construction. C'est dans le cadre du statut avancé auprès de l'UE qu'un processus de convergence réglementaire se met en place concernant notamment le droit de la concurrence. Un conseil de la concurrence a été installé au Maroc en 2002, mais, il a connu de multiples passages à vide, voire même de longues périodes d'inaction. En 2014, une loi est votée qui modifie le fonctionnement et les prérogatives du conseil en renforçant ainsi ses pouvoirs. Contrairement à la situation qui prévalait antérieurement, le conseil peut maintenant s'autosaisir d'une affaire,[1] tout comme il peut être saisi par les entreprises. Son pouvoir de coercition est par ailleurs clairement établi par le fait qu'il est habilité à prononcer des sanctions contre les entreprises qui ne respectent pas la loi. Ces sanctions et mesures de coercition peuvent représenter jusqu'à 10% du chiffre d'affaires mondial de l'entreprise concernée. Pour autant, il faudra attendre la fin de l'année 2018 pour que l'on parle d'une réactivation avec l'arrivée de l'économiste Driss Guerraoui à la tête de l'institution[2]. Ce dernier met alors en avant trois priorités : préserver le pouvoir d'achat des consommateurs, améliorer le climat d'affaires, assurer l'efficacité des investissements et de l'économie[3]. Si un nouveau président est nommé en 2021, ce dernier conserve l'essentiel des trois priorités dressées par son prédécesseur.

4.3.2. Le respect des règles d'urbanisme

La grande distribution a souvent été accusée de dégrader le cadre de vie urbain. Les centres commerciaux qui se développent de manière anarchique à l'entrée et à la sortie des villes, contribueraient ainsi à des dégradations importantes du cadre de vie (Gallouj et Vigliano, 2012). De fait, dans nombre de pays, une réglementation s'est mise en place afin de réduire les nuisances visuelles liées à la distribution moderne, de même que son implantation

---

[1] Dans la situation précédente, il devait être saisi par le gouvernement.

[2] Driss Guerraoui, universitaire, ancien secrétaire général du CESE, a été nommé en novembre 2018. Il sera cependant remplacé en 2021 par Ahmed Rahhou.

[3] « *Conseil de la concurrence : ce qui attend le nouveau Président* », *L'Économiste*, n° 5396, 22 novembre 2018.

anarchique. En matière d'aménagement et d'urbanisme commercial, le Maroc accuse également un retard important par rapport aux pays européens.
En 2011, face à l'anarchie ambiante concernant les zones commerciales et l'urbanisme commercial, le ministère de l'Industrie, du Commerce, des nouvelles Technologies et de l'Investissement, ainsi que celui de l'Habitat, de l'Urbanisme et de l'Aménagement de l'espace, décident de s'appuyer sur un comité régional du commerce (CRC)[1] qui, dans le cadre de la stratégie Rawaj, aura pour mission de planifier le développement du commerce au niveau national. C'est ce CRC qui a ainsi la charge de réaliser le schéma régional de développement commercial (SRDC) ainsi que l'instruction des dossiers relatifs aux grands projets préalablement à l'autorisation d'urbanisme.
Au-delà, le CRC aura également pour mission de mettre en place l'observatoire régional du commerce (ORC) pour collecter des données sur le secteur ou réaliser des études *ad hoc* et ce, sur une base régulière. Le dispositif tel qu'il a été imaginé par ses concepteurs devrait s'appuyer sur trois outils essentiels[2] :
- une commission d'autorisation des grands projets en charge de donner un avis préalable à l'autorisation d'urbanisme ;
- un Schéma Régional de Développement du Commerce (SRDC) qui sera obligatoire bien que non opposable. L'objectif étant de planifier le développement du commerce sur une base de 5 ans ;
- le référentiel technique d'implantation des équipements commerciaux[3], dont l'objectif est de garantir une implantation harmonieuse du commerce au sein du tissu urbain.

4.3.3. La défense du petit commerce

La défense du petit commerce est sans doute un des objectifs les plus prégnants et les plus saillants de la plupart des réglementations internationales affectant le commerce et la distribution. Les raisons invoquées à ce centrage sur le petit commerce, sont multiples. L'administration cherche en effet à protéger le petit commerce d'abord parce que ce petit commerce, au-delà du service au public, comporte une certaine dimension de service public. Il contribue à l'animation du quartier ou de la zone considérée. Il permet de vivifier les centres-ville et de les rendre attractifs, tout comme il contribue à une certaine forme de sécurisation. Par ailleurs, ce petit commerce permet une démocratisation de la consommation : accès facilité pour les personnes âgées, voire parfois handicapées, soutien aux personnes analphabètes et aux catégories sociales pauvres et/ou à ressources aléatoires (micro-crédits,

---

[1] Ce comité régional du tourisme est présidé par le Wali et regroupe des élus, des représentants, des ministères, des CCI et du CRI.
[2] « *Urbanisme commercial les contours d'une réforme* », *L'Économiste* n° 3552, 15 juin 2011.
[3] Réalisé par les agences urbaines.

produits à faible intensité monétaire...). On peut aussi mettre en avant la dimension « prestations sociales » qui pourrait être accolée à un certain nombre de services proposés par le petit commerce à ses clients. Néanmoins, au-delà de ces dimensions importantes, une autre raison invoquée au soutien du petit commerce réside dans sa capacité à maintenir l'emploi. Autrement dit, la disparition du petit commerce, conduirait à une chute drastique de l'emploi dans le commerce, qui ne pourrait pas être compensée par les emplois beaucoup moins nombreux créés dans la grande distribution moderne. On notera que derrière ce souci du maintien de l'emploi par le petit commerce, il y a également et surtout une volonté affichée de maintien de la paix sociale. Les petits commerces étant nombreux, leur capacité de nuisance est elle-même importante, comme on a pu le voir en France dans les années 50, avec le mouvement poujadiste (*cf.* Fache *et al.*, 2017).

La capacité de nuisance du petit commerce se reflète également dans son poids électoral important qui fait qu'il peut, dans certaines conditions, orienter et infléchir très fortement, en sa faveur, les axes des politiques réglementaires visant le secteur.

Il n'existe pas à ce jour de loi visant spécifiquement à défendre le petit commerce. Néanmoins, depuis le début des années 2000, on perçoit une montée en puissance des associations de petits commerçants, et partant, de leurs revendications à une protection accrue. À ce jour, au Maroc, et malgré les prévisions et incantations diverses, les revendications prioritaires du petit commerce portent sur le relâchement des contraintes réglementaires et fiscales qui les impactent[1]. Autrement dit, bien plus que la distribution moderne, c'est l'État et la réglementation fiscale qui sont vus, comme la principale contrainte à leur développement par les petits commerçants.

4.3.4. L'équilibre des relations industrie *vs* commerce

Dans la plupart des pays occidentaux, la montée en puissance de la distribution moderne et la consolidation de sa puissance d'achat, sont devenues très tôt des préoccupations importantes des politiques et des axes privilégiés de réglementation. En effet, dans nombre de ces pays, et en particulier en France, les relations producteurs-distributeurs apparaissent particulièrement conflictuelles et ont par conséquent donné lieu à une multiplication des réglementations *ad hoc*. L'essentiel de ces réglementations cherche à instaurer une forme de loyauté et d'équilibre dans les relations commerciales ; autrement dit, de défendre les petits producteurs contre la puissance d'achat des grands distributeurs et tous les effets pervers induits.

[1] Il n'est cependant pas exclu qu'à l'avenir, avec l'augmentation des PDM des supermarchés et hypermarchés, leur mécontentement se retourne un peu plus directement sur la grande distribution moderne.

Au Maroc et à ce jour, il n'existe aucune réglementation touchant aux relations distributeurs-fournisseurs. Cependant, il n'est pas sûr que cette situation perdure à l'avenir, en particulier parce que ces dernières années ont été marquées par une multiplication des plaintes émanant en particulier des PME PMI, faisant état de clauses abusives dans les contrats commerciaux (notamment concernant les marges-arrières), de délais de paiement extrêmement longs. On notera que déjà en 2011, une mission d'information parlementaire avait été mise en place semble-t-il, suite à un mouvement de protestation des PME afin de réfléchir à une première forme de réglementation[1].

4.3.5. La défense du consommateur

Les réglementations concernant la protection et la défense du consommateur s'articulent généralement autour de deux axes forts :
- l'ensemble des opérations concernant l'acte d'achat proprement dit (refus de vente, délais de réflexion et de rétractation, conditions d'achat, soldes, contrefaçon) ;
- l'information et la sécurité du consommateur (étiquetage informatif, DLC, DLUO, sécurité en magasin, respect des normes).

Dans les pays occidentaux, et en particulier en France, ces différentes dimensions et dispositions sont largement diffusées et connues. Plus globalement, malgré quelques dérapages occasionnels, le consommateur est relativement protégé et dispose de nombreuses voies de recours le cas échéant. Au Maroc, la protection du consommateur a suscité des débats récurrents depuis de nombreuses années et jusqu'à récemment la réglementation apparaissait plutôt lâche sur la question. La loi 31-08 sur l'action du 7 avril 2011 est largement inspirée des dispositifs existants en France et en Europe et vient ainsi combler le vide juridique qui prévalait quant à la question de la protection du consommateur. Cette loi, qui vise à mettre en place un nouveau cadre juridique de protection du consommateur, introduit un certain nombre de mesures phares tenant notamment « au droit à l'information de celui-ci, aux délais de rétractation ainsi qu'aux marges de manœuvre et prérogatives des associations de consommateur ». Elle comporte sept volets essentiels suivant : « information du consommateur, énoncé d'une liste de clauses abusives, réglementation des pratiques commerciales des fournisseurs, réglementation des ventes en soldes, du démarchage et du commerce électronique, renforcement des garanties, fixation des conditions de crédit à la consommation, crédit immobilier et de la location-vente, consécration des missions des associations de consommateurs ».

---

[1] « *Le parlement enquête sur la grande distribution* », *MarocHebdo*, 20 mai 2011.

Pour autant, même si elle marque certains progrès dans le statut perçu du consommateur, cette loi apparaît encore largement en dessous des attentes de ce dernier et des associations en charge. Certains responsables n'hésitent pas à considérer que « la loi ne protège pas véritablement le consommateur mais qu'elle tente de maintenir un semblant d'équilibre entre fournisseur et consommateur »[1].

La protection du consommateur passe aussi et ce, en particulier dans les pays émergents, par un contrôle de la qualité des produits et la mise en place, tout comme le renforcement, d'un système de lutte contre la fraude. Louchahi (2003) met en avant l'importance des fraudes alimentaires au Maroc en insistant en particulier sur le cas emblématique de la falsification des épices. L'auteur montre ainsi que les fraudes les plus répandues touchent régulièrement aux produits moulus, comme le poivre, le piment, le gingembre ou encore le cumin, qui sont des produits particulièrement utilisés dans la cuisine marocaine. Au-delà, l'auteur met également en évidence la persistance des fraudes alimentaires conduisant à la multiplication des intoxications voire des maladies. Il écrit (Louchahi, 2003, p. 125) « en dépit de l'évolution qu'a connue le système national de surveillance et de contrôle des denrées alimentaires, encadré par une réglementation assez complexe dont la mise en œuvre est confiée à plusieurs structures, la réalité a démontré son incapacité à contrecarrer les pratiques frauduleuses qui rongent l'économie nationale et affectent la sécurité physique des consommateurs ». On a ainsi assisté à partir des années 2019, à des renforcements réglementaires, y compris à destination de la grande distribution moderne.

Concernant le cas spécifique de la distribution moderne, on a en effet observé, dès le début de l'année 2016, un durcissement, au moins sur le papier, de la position de l'ONSSA,[2] qui va imposer de nouvelles règles aux enseignes[3]. Ces dernières doivent mettre en place une organisation permettant d'assurer la traçabilité des produits périmés et produire un état de ces mêmes produits chaque trimestre. Plus précisément, les produits concernés doivent être détruits par les enseignes pour leurs fournisseurs et ces derniers doivent transmettre aux agents de l'ONSSA une situation trimestrielle. Les enseignes sont également tenues d'informer les consommateurs via une signalétique et un étiquetage approprié quant au nom, à l'origine et à la composition des

---

[1] Selon Ouadi Madih, Président de l'association de protection des consommateurs, Casablanca, UNICONSO, *L'Opinion*, 6 mai 2014.

[2] L'Office National de la Sécurité Sanitaire (des produits) Alimentaire (ONSSA) est un organisme qui a été créé en 2009 et qui a pour mission principale le contrôle de la sécurité sanitaire des produits alimentaires et la conformité des aliments importés. L'organisme joue donc un rôle important dans le cadre de la protection du consommateur.

[3] En référence pour une large part, à l'application des dispositions de la loi 28-07 relative à la sécurité des produits alimentaires.

produits alimentaires vendus en vrac (fruits et légumes frais, fruits secs, pâtes alimentaires et olives au détail)[1]. Par ailleurs, l'approvisionnement des enseignes doit désormais, toujours en application de la loi 28-07, être assuré par des établissements agréés par l'ONSSA. L'obligation faite aux GMS vise principalement à inciter les établissements alimentaires non agréés à s'aligner sur les normes de qualité sanitaires reconnues et validées par tous.
Pour autant, un rapport de la Cour des comptes[2] met en avant « l'impuissance des autorités sanitaires face au non-respect par les grandes et moyennes surfaces, de certaines dispositions législatives en matière sanitaire ». Autrement dit, si les infractions sont très fréquentes, en particulier en matière d'approvisionnement en produits alimentaires, d'information à destination du consommateur ou encore de gestion des produits périmés, il n'en demeure pas moins que les contrevenants ne sont habituellement soumis qu'à des rappels à la loi et à l'ordre... souvent sans effets notoires.

Conclusion

Ce chapitre 4 a été pour nous l'occasion de mettre en avant un certain nombre de faits stylisés concernant le développement de la grande distribution au Maroc et plus généralement dans les pays émergents. Nous avons articulé notre argumentation autour de quatre sections qui mettent en avant la dynamique de la demande, la dynamique de l'offre et le rôle joué par les facteurs institutionnels. Concernant la demande, nous avons montré comment le développement démographique et l'urbanisation accrue étaient de puissants déterminants du développement de la grande distribution. Pour autant, ces deux dimensions sont des signaux pour la grande distribution. L'essentiel de la dynamique de la demande repose sur le consommateur lui-même, son pouvoir d'achat, ses besoins et son niveau d'exigence qui sont souvent le corollaire de son niveau d'éducation et de compétence.
Concernant les dynamiques de l'offre, il est clair que les FDI jouent un grand rôle mais dans beaucoup de pays émergents, et en particulier au Maroc, les FDI ; autrement dit, les enseignes internationales, ne « débarquent pas en terrain vierge ». Elles sont confrontées tout à la fois, d'un côté à la distribution traditionnelle aux assises et racines solides, et de l'autre à une distribution moderne, autochtone, souvent embryonnaire, mais parfois déjà fortement structurée et ancrée.
Ces deux formes de distribution autochtones montrent des facultés de résistance et de résilience importantes et c'est l'ensemble des interactions qui

---

[1] « *L'ONSSA durcit le contrôle* », *L'Économiste*, n° 4759, 26 avril 2016 ; « *Sécurité sanitaire de nouvelles mesures pour la grande distribution* », *L'Économiste*, n° 4757, 22 avril 2016.

[2] « *Contrôles sanitaires alimentaires : un fiasco nommé ONSSA* », *L'Économiste*, n° 5591, 13 septembre 2019.

participent de la modernisation du système de distribution dans son ensemble, des fournisseurs, quelle que soit leur taille, au consommateur final.
Les facteurs institutionnels, et en particulier les structures étatiques, jouent également un rôle important et ce à trois niveaux : production et diffusion de l'information, stimulation du secteur et incitation à son organisation et finalement mise en place d'une réglementation (le cas échéant).
Au Maroc, l'axe privilégié par l'État est à ce jour celui du soutien au développement de la grande distribution ; autrement dit, de la stimulation de l'organisation et de l'animation du secteur. Il n'est cependant pas exclu qu'à l'avenir, sous les pressions de certains acteurs locaux, la dimension régalienne de l'État soit amenée à s'exercer et à se substituer à la politique actuelle qui oscille entre laissez-faire et accompagnement.

CHAPITRE 5

LA CONSTRUCTION DE L'AVANTAGE CONCURRENTIEL

Dans le cadre du jeu concurrentiel et pour construire un avantage durable et défendable, le distributeur est généralement amené à arbitrer entre deux alternatives : (i) la première revient à accepter le combat frontal et à jouer sur la variable coût-prix, sachant que le prix reste la dimension privilégiée de la décision d'achat du consommateur. On parle alors de stratégie de domination par les coûts ; (ii) la seconde, consiste à esquiver le combat frontal ; autrement dit, à modifier le registre concurrentiel en multipliant les éléments de différenciation (meilleur package serviciel, offre distinctive…). On parle cette fois de stratégie de différenciation.

C'est à l'analyse de ces deux dimensions que nous consacrons ce chapitre. Dans la section 1, focalisée sur les stratégies de coûts, nous abordons la course à la croissance du réseau de magasins qui constitue un élément moteur dans le développement du grand commerce au Maroc. Cette expansion du réseau s'appuie sur une exploitation d'un certain nombre de gisements de productivité (processus de production, traitement des transactions, traitement des flux, optimisation de la logistique et de la manutention…). Les stratégies de coût s'appuient également sur la reconfiguration des offres et des formules, voire le lancement de nouvelles propositions et enseignes. La section 2 quant à elle, se focalise sur les stratégies de différenciation. Nous y abordons successivement les différents supports de différenciation, dont certains peuvent s'appuyer sur une dimension prix et coût, recouvrant par-là même, et dans une certaine mesure, les actions sur les coûts.

1. Les stratégies de coût

Il est souvent évoqué dans la presse spécialisée une situation de guerre des prix acharnée sur le marché de la distribution au Maroc [1]. Pour autant, l'observation des faits et des situations réelles amène à penser que sur la question des prix, on serait au Maroc, plutôt dans une guerre de tranchées, où les positions des uns et des autres resteraient relativement stables. C'est en ce sens que Tajeddine Guennouni, Président du pôle distribution de l'ONA [2] déclarait : « pour l'instant, il y a de la place pour tous les acteurs… », et ce,

---

1 « *Distribution : guerre des prix dans les caddies* », *L'Économiste*, 17 septembre 2013. « *Grande distribution, la guerre des promos…* », *La Vie Économique*, 22 mai 2015.

2 « *Guerre dans la grande distribution* », *Jeune Afrique économie*, 1er avril 2009.

d'autant plus que la part de la grande distribution augmente dans un marché qui lui-même a tendance à croître de manière générale.

Il n'existe pas, à ce jour, d'études publiques disponibles en libre accès sur la question des prix comparatifs des différentes enseignes. Une première enquête publiée en juillet 2013 par marketing-au-maroc.com donne néanmoins quelques indications en s'appuyant sur un relevé de prix (hors promotions) de 31 produits proposés dans quatre points de vente distincts à Casablanca (Marjane, Acima, Carrefour Market et BIM). Dans la mesure où les 31 produits analysés figurent parmi les incontournables du panier marocain, on peut constater que les différences entre enseignes sont, à notre sens, réelles mais plutôt faiblement significatives. Selon l'étude en question, Marjane serait 5% moins cher qu'Acima et 6% moins cher que Carrefour Market. Cette enseigne affiche un prix plus bas que ses concurrents sur 23 produits. Néanmoins, l'enseigne d'hypermarché serait 2,5% plus chère que BIM, la référence du hard discount. La différence de prix entre les deux enseignes de supermarchés Acima et Carrefour Market n'est pas vraiment significative, ce qui confirme bien la stratégie de Carrefour Market, qui cherche à se positionner sur un même niveau de prix que l'enseigne de référence.

L'écart de prix entre BIM et Acima est de 8% en faveur de BIM, ce qui cette fois, commence à être significatif. Il est par ailleurs de 5% toujours en faveur de BIM comparativement à Carrefour Market (BIM affiche ici des prix inférieurs sur 18 références sur 31). Ainsi, l'enseigne BIM se présente comme le premier hard discounter du Maroc et donc le moins cher parmi les GMS. Ce positionnement (même s'il est contesté par Marjane par exemple et plus récemment par Carrefour) est en moyenne vérifié ; en particulier par rapport aux supermarchés plus qualitatifs que sont Acima, LabelVie, Carrefour Market ou encore, à un niveau plus régional, Costcutter ou Openshop.

Bien entendu, les faibles différences de prix (relativement) et donc à notre sens la situation de relatif statu quo entre les enseignes, n'empêchent pas de grandes manœuvres en amont et la mise en œuvre de stratégies de domination par les coûts ; autrement dit, la recherche de la compression des coûts à tous les niveaux de la chaîne de distribution. Ces manœuvres prennent de multiples formes : course à la croissance du réseau ; développement des MDD (marques de distributeurs) et PPP (produits premier prix), lancement de formules discount et optimisation de la logistique.

1.1. Course à la croissance du réseau

Sur le marché de la distribution, la taille de l'opérateur, sa superficie totale disponible et le maillage territorial qu'il a atteints sont des éléments déterminants pour bénéficier d'économies d'échelle. Ces différents éléments permettent également, aux enseignes de développer une massification de leurs achats et ainsi de bénéficier de gains de synergie de manière à peser à la baisse sur les coûts fixes. À l'exception d'Aswak Assalam[1], dont on a vu que la croissance semblait en panne (au moins jusqu'à une période récente), l'ensemble des autres acteurs s'inscrit depuis 2010 dans une course acharnée aux ouvertures. Les plans prévisionnels de développement annoncés par les différentes enseignes sont systématiquement plus ambitieux que les plans réalisés mais ils restent néanmoins à un niveau élevé. Par exemple, on notera que BIM, qui s'est implanté au Maroc en 2008, affiche plus de 600 magasins au milieu de l'année 2022[2]. L'enseigne ouvre entre 50 et 80 magasins par an. La concurrence relève ainsi : « BIM adopte une stratégie de volume semblable à celle qu'elle a mise en place en Turquie : plus il y a de points de vente, plus l'enseigne écrase ses coûts logistiques et plus elle augmente ses chances d'être rentable à terme »[3].

Concernant Marjane-Acima, le plan de développement prévoyait l'ouverture de 5 à 6 hypermarchés et de 4 à 5 supermarchés par an au moins jusque 2020. Cet objectif trop ambitieux n'a cependant pas été tenu. Pour Carrefour LabelVie, le plan de développement prévoyait quant à lui de passer de 65 points de vente à 116 fin 2018… Ce n'est cependant qu'au début de l'année 2020, que l'enseigne a dépassé les 100 unités. On notera que Leader Price présent au Maroc depuis 2016 tablait sur une cinquantaine de magasins en 2021. Cependant, cette dernière enseigne a connu de réelles difficultés de développement qui l'ont conduit, on l'a vu, à reconsidérer ses plans et son positionnement, puis à tout simplement quitter le pays.

1.2. Quatre centres de coût

Les recherches en gestion, mais également en économie, ont montré que les stratégies de coût pouvaient fixer les gisements de productivité qui restent encore nombreux dans la grande distribution. On peut ainsi distinguer quatre grands champs d'action : actions sur les processus de production, sur les flux d'information, sur les transactions et sur la manutention logistique.

1.2.1. Processus de production

Le processus de production et de traitement des produits, que ce soit sur le lieu de vente ou en amont, peut être manipulé par le distributeur, de manière à réduire les coûts. Ainsi, en est-il par exemple dans les rayons assistés, à haut niveau de service, qui sont importants dans la grande distribution marocaine.

---

[1] Aswak Assalam envisageait d'ouvrir trois nouveaux hypermarchés dès 2016 de manière à porter son réseau à 16 unités.

[2] Plus précisément à fin juin 2022.

[3] François Bonnot, Président de Leader Price, Afrique et Moyen-Orient.

Il s'agit de faire remonter en amont la découpe de la viande au détail et la préparation d'unités packagées ; autrement dit, de faire remonter vers les niveaux usine, en amont, tout ce qui peut l'être et de maintenir sur place pour un effet qualité, la dernière étape de l'opération (*cf.* Dupuis, 1986).
La logistique d'optimisation au niveau du processus de production atteint un point ultime dans le cas de MDD, marques propres, produits premiers prix ou encore produits économiques. Dans ces cas, la grande distribution prend en charge la conception même du produit de manière à en optimiser les différentes étapes de production.
Les produits premiers prix (PPP) sont généralement des produits de faible qualité au packaging sommaire mais au prix très attractif dans la mesure où, dans ces cas particuliers, le prix a vocation à être le plus bas de la catégorie à laquelle il se rattache. Les produits « premier prix » concernent essentiellement les PGC, mais pas exclusivement.

En 2005, Marjane lance une gamme de produits dits « économiques ». Les produits en question, généralement de première nécessité (sucre, pâtes, couscous, entretien...) sont vendus entre 15 et 25% moins chers que les produits de marque nationale et sont disponibles à la fois chez Marjane et Acima. Ces produits sont particulièrement repérables par un packaging spécifique bleu et gris avec un bandeau rouge indiquant « prix économique ». Le packaging simple permet de réduire les coûts mais également de faciliter la reconnaissance par le consommateur. Selon ses promoteurs : « cette stratégie de produits économiques vise à améliorer le pouvoir d'achat des ménages marocains, spécialement ceux au pouvoir d'achat limité, en démocratisant les produits de consommation courante pour permettre à ces mêmes ménages, avec le même budget, de consommer plus et mieux »[1]. L'année de son lancement, la gamme de « produits économiques » comportait 50 références qui passent rapidement à 200. Ces produits représenteraient aujourd'hui 5 à 10% des ventes en magasin. Ils sont fabriqués, pour l'essentiel au niveau local, par les fournisseurs habituels de Marjane. Le lancement de ces marques et produits n'a pas été soutenu par une campagne de communication traditionnelle, mais plutôt par une communication limitée au lieu de vente.
Dans le cas de Marjane Derb Soltane, les « produits économiques » ont ainsi été mis à l'entrée du magasin, dans une vaste vitrine, de manière à faciliter leur reconnaissance par les habitants du quartier. Au-delà des produits économiques, Marjane développe également des marques propres (Denwa, Top Home, Top Ménage, Top Kids, Top Sport et MGS...) qui comptent plus de 1000 références. Ces MDD sont vendues entre 10 et 15% moins cher que les marques nationales.

---

[1] « *Marjane entend lancer 200 produits économiques* », *L'Économiste*, 3 février 2006.

L'enseigne Aswak Assalam propose, elle aussi, à la vente, un label économique dit premier prix. Dans le cadre de sa stratégie de développement et de croissance, l'entreprise a en effet lancé une marque de distributeur « Janis » dont l'objectif affiché est d'améliorer le confort d'achat des clients tout en démocratisant l'accès à une qualité supérieure en termes de produit, de prix et d'emballage ; autrement dit, « qualité à petit prix ». Les services internes d'Aswak Assalam ont donc élaboré un cahier des charges strict et exigeant qui a été soumis à un ensemble d'industriels nationaux, et surtout internationaux (Turquie, Portugal, Espagne, France et Pays de l'Est) de manière à obtenir des offres produit alignées sur les standards internationaux. Au final, une quinzaine d'industriels ont été retenus, étrangers pour la plupart (70%) ; le *sourcing* local se limitant à 30%, pour collaborer avec Aswak Assalam sur la base de contrats annuels. Afin d'assurer la sécurisation de ses approvisionnements, Aswak Assalam a noué des accords de long terme avec les fournisseurs sélectionnés : « une équipe a travaillé sur le sujet. En partant du concept jusqu'à la mise en place des produits dans les rayons… et en passant par la recherche du *sourcing* local et international, l'établissement du cahier des charges, les différentes phases de test de qualité, la négociation des conditions d'achat et la conception des emballages. C'est aussi tout le processus de conception et de production des références Janis qui répond à une logique de qualité totale. Un emballage transparent de qualité supérieure a également été prévu pour les produits alimentaires afin de garantir une excellente conservation et pour permettre au client de visualiser et de juger dans le rayon la qualité du produit proposé »[1].

Le lancement de Janis s'est effectué en juin 2015 avec un premier groupe d'une vingtaine de produits d'épicerie, d'hygiène et d'entretien essentiellement. La gamme devait s'étoffer graduellement. Ainsi à la fin de l'année 2015, la marque Janis couvrait déjà une centaine de produits[2].

L'élargissement de l'offre en termes de MDD devait permettre à Aswak Assalam d'offrir à ses clients des produits de qualité supérieure mais à des prix inférieurs de 10 à 30% comparativement à ceux des grandes marques. De l'autre côté, le lancement de Janis devait également permettre, du point de vue de l'enseigne, de fidéliser les clients actuels et d'en attirer d'autres. Sur un

---

[1] « *Aswak Assalam lance Janis, sa marque de distributeur de qualité supérieure au meilleur prix* », Le relais.ma, 18 juin 2015.

[2] « Les articles et références qui seront présentés sous la marque Janis sont les produits d'entretien tels que la lessive, le liquide vaisselle et l'eau de javel. Divers produits alimentaires comme les féculents (lentilles 1kg, pois chiches 1kg, haricots blancs 1kg, riz long 1kg) et les épices (poivre noir 250 gr, gingembre moulu 250 gr, piment doux moulu 250 gr, cumin moulu 250 gr). D'autres produits sont actuellement en développement : le papier hygiénique, les essuie-tout, les serviettes de table en papier, de même que les produits d'emballage alimentaire. Pour ce qui est des produits alimentaires l'offre proposera le thon, certains jus ainsi que les céréales et le maïs ».

autre plan, Janis offre à l'enseigne l'opportunité de réaliser des marges non négligeables, allant de 5 à 15%. L'objectif affiché par Aswak Assalam était assez ambitieux puisque Janis devait contribuer à terme pour 20 à 30 % au chiffre d'affaires de l'enseigne.

1.2.2. Traitement des transactions

Le traitement des transactions est un centre de coût important pour la grande distribution. De ce fait, il recèle des gisements de productivité également importants ; autrement dit, l'action sur le traitement des transactions permet d'améliorer de manière substantielle les performances de l'enseigne en termes de chiffre d'affaires, de chiffre d'affaires par salariés, de chiffre d'affaires au m^2 ou encore d'évolution du panier moyen.
Les technologies de caisse (scannérisation, saisie et traitement informatique des données par les caisses électroniques, transfert électronique de fonds...) permettent des économies de coûts non négligeables. Le hard-discounter BIM est ainsi parvenu à démocratiser le paiement par carte grâce à une politique commerciale agressive ; autrement dit, en abaissant drastiquement le seuil d'usage. Les clients de BIM peuvent payer par carte à partir d'un euro. Ce faisant, l'enseigne a réduit très fortement la prédominance du paiement en espèces qui prévaut dans la plupart des chaînes de distribution. Plus récemment, c'est Marjane qui, au travers d'un partenariat avec INWI Money, annonce avoir introduit le paiement mobile (M Wallet) dans l'ensemble de ses magasins[1].

1.2.3. Traitement des flux d'information

Les opérations de logistique et traitement de l'information consistent à collecter et traiter de l'information codifiée, à la produire, la saisir, la transporter, l'archiver, la mettre à jour...
Ces opérations sont réalisées à l'aide des NTIC[2]. Elles visent des usages internes ou externes avec des objectifs de gestion des temps de travail, de gestion de la qualité, d'évaluation de la performance. Les principaux outils utilisés dans ce cadre sont : les bases de données, les outils de contrôle qualité...

Les grandes entreprises du commerce ont investi fortement dans les NTIC, avec une intégration qui s'est faite en trois phases :
- la première correspond à une maîtrise des coûts de production. Elle repose en grande partie sur l'identification des produits et la rationalisation de leur

---

[1] « *Mobile paiement, Inwi collabore avec* Marjane », LesEco, 15 janvier 2020.

[2] Graduellement, à chaque flux logistique matériel va correspondre un flux immatériel (traitement de l'information) de plus en plus lourd.

gestion, facilitant ainsi le traitement et l'analyse des multiples opérations effectuées au sein des magasins et au-delà (gestion des réseaux, filières de distribution…). Plus généralement, les nouvelles technologies apparaissent comme une condition « *sine qua non* » d'une gestion au plus juste des produits disponibles (en fonction de la demande) puis des compétences disponibles. De manière plus précise, et surtout sur la période récente, elles sont devenues de véritables outils de gestion des compétences[1] ;
- la seconde a visé un renouvellement des relations distributeurs-fournisseurs (au travers par exemple de l'EDI) dans le but de créer de nouveaux partenariats (*cf.* Abbad *et al.* 2012, 2013) ;
- la troisième enfin, qui est encore en phase d'émergence, passe par une meilleure intégration du client dans le processus. Notons cependant que cette intégration est, au Maroc et à ce jour, encore très parcellaire. Elle se résume pour l'instant à une meilleure identification des clients, dans les cas où ceux-ci disposent de cartes de fidélité.

L'ensemble de ces phases ont permis de réduire les coûts et à tout le moins de rationaliser les différentes étapes de la chaîne logistique du fournisseur au paiement clients.

1.2.4. Optimisation de la logistique et manutention

L'optimisation logistique s'appuie généralement sur la centralisation de la distribution physique des marchandises, le regroupement des livraisons ou encore le développement des techniques de flux tendu. La plupart des enseignes marocaines ont mis en œuvre des actions en ce sens. Ainsi par exemple, à partir de 2009, le groupe ONA a regroupé ses deux enseignes Marjane et Acima dans un pôle distribution unifié, avec pour objectif affiché de renforcer les synergies entre enseignes et de réduire les coûts. Les deux enseignes partagent dès lors la même centrale d'achat, ce qui permet de réaliser des économies d'échelle et d'améliorer les conditions de négociation avec les fournisseurs. À la suite de la restructuration du pôle grande distribution, Marjane Holding entreprend de loger tous les approvisionnements des PGC et de l'électroménager dans une plateforme commune construite à proximité de l'aéroport Mohamed V à Casablanca. Cette plateforme, d'une superficie de 50 000 m² est la deuxième plateforme commune à Acima et Marjane après celle des produits frais (qui regroupe les approvisionnements en fruits et légumes et poissonnerie). L'optimisation de la logistique et de la manutention s'appuie de plus en plus fortement (nous y reviendrons) sur le recours à l'expertise extérieure, autrement dit à l'externalisation.

---

[1] Les NTIC ont trouvé une place de premier rang dans la formation et le développement des compétences des salariés.

1.3. Lancement d'enseignes discount

L'arrivée du hard discounter BIM, qui connaît un développement remarquable au Maroc, a sans aucun doute ravivé la concurrence entre les enseignes et remis en question une sorte de statu quo existant. Cette offensive de BIM a entrainé des réactions rapides des acteurs en place et en particulier de Carrefour LabelVie et de Marjane.

1.3.1. LabelVie : de Carrefour Maxi à Atacadão

La réponse de Carrefour-LabelVie à la concurrence de BIM est passée par le lancement du concept de magasin entrepôt à l'enseigne Carrefour Maxi. Longtemps indécis quant à la stratégie à adopter pour valoriser les points de vente Metro acquis en 2009, LabelVie a finalement opté pour une transformation graduelle et au cas par cas, de ces unités en magasins entrepôt. Ainsi, dès mars 2012, le premier Carrefour Maxi ouvrait ses portes à Casablanca. Ce concept qui vise tant les professionnels que les particuliers, se positionne sur le créneau du discount en envisageant des prix inférieurs au minimum de 10% par rapport à la concurrence. Tant l'organisation que l'architecture de Carrefour Maxi participent à la réduction des coûts. L'architecture et la conception des bâtiments visent à limiter au maximum les consommations en particulier d'électricité. Ainsi, à Casablanca la façade se présente comme une immense vitrine qui laisse passer la lumière dans les allées. Du point de vue de l'organisation, les effectifs en poste sont également fortement réduits. De même, certains services considérés comme superflus comme par exemple la fourniture de sacs en plastique aux caisses sont éliminés[1].

Zouhair Bennani décrit ainsi le modèle Carrefour Maxi qui, en 2012, subit une reconfiguration globale pour passer pour l'essentiel sous enseigne Atacadão, tout en s'appuyant sur les mêmes principes : « contrairement à l'hypermarché classique, Carrefour Maxi est une grande surface à dominante alimentaire qui se focalise particulièrement sur l'argument prix. La composante prix est un élément essentiel de ce business model… après des études du marché, nous sommes partis de trois postes du bilan, trois leviers. D'abord les investissements qui sont confortables, pérennes et sécurisés. Les investissements ne s'inscrivent pas dans le luxe de l'hypermarché. Beaucoup d'éléments décoratifs ont été supprimés. Nous privilégions un agencement rudimentaire, basique, efficace, sécurisé et sans fioriture. Le deuxième levier et lié aux coûts d'exploitation. L'un des premiers postes est celui de l'éclairage. Là, nous avons introduit un concept novateur d'économie d'énergie en ouvrant les façades pour profiter au maximum de la luminosité

[1] Cette opération a été mise en place bien avant la généralisation de l'interdiction des sacs plastiques.

naturelle. Nous avons aussi décidé de supprimer les sachets qui coûtent excessivement cher dans la distribution (1% du chiffre d'affaires). Mieux encore nous avons supprimé la publicité, qui est pratiquement inexistante excepté les dépliants pour le lancement. La seule publicité, c'est le prix. Autre levier important, la suppression de tous les postes et services liés à l'aide à la vente. Nous avons donc maximisé la notion de libre-service. Dernier point, l'effet de volume et la force de négociation avec les fournisseurs[1] ».

1.3.2. Marjane : la réponse Xpress

En mai 2014, Marjane lance un nouveau concept sur le créneau du soft discount. Le magasin test à l'enseigne Xpress Market a été ouvert dans le quartier Val fleuri, une zone résidentielle de Casablanca à forte densité démographique. Xpress Market ambitionne de concurrencer BIM ou tout au moins de ralentir son expansion en se situant globalement sur un créneau proche. Le slogan affiché « *des prix bas à deux pas* » est de ce point de vue très révélateur puisqu'il peut être vu comme un résumé des deux axes forts de BIM : le prix et la proximité. Le concept Xpress Market se positionne à mi-chemin entre le hard discount (modèle BIM) et Acima (l'enseigne de supermarché plutôt qualitatif rattachée à Marjane). L'enseigne offre des plages d'ouverture larges : 8h30 à 22 h, et propose quelques 2000 références principalement en alimentaire. À la fin de l'année 2014, on comptait en tout quatre unités à Casablanca (Val fleuri, Gauthier, Bourgogne et El Oulfa). Le succès rencontré éventuellement par ces magasins auprès des clients (en particulier à Bourgogne et El Oulfa) devait inciter Marjane à dupliquer le concept dans d'autres villes marocaines, en particulier à Rabat, Marrakech et Tanger. Cependant, les résultats étant peu probants, le programme de développement des supermarchés de proximité Xpress Market a rapidement été gelé et le groupe n'a pas insisté davantage dans le déploiement de ce concept hybride à mi-chemin entre l'offre Acima et le modèle hard discount. On notera cependant qu'après un court temps d'arrêt, Marjane relance un nouveau concept de proximité.

1.3.3. Vers une révision des concepts discount

Pour autant, face au développement de BIM, les réponses apportées par Xpress ne semblent pas réellement convaincantes et BIM reste la référence du hard discount. Ainsi, en juin 2018, après réflexion approfondie, un nouveau concept est mis au point par Marjane, clairement positionné dans le hard discount cette fois, à l'enseigne Otop, avec objectif affiché de ralentir la

[1] « *Carrefour Maxi, notre meilleure publicité, c'est le prix* », entretien avec Zouhair Bennani, Président de best finances », *L'Économiste*, n° 3743, 19 mars 2012.

progression de BIM. Deux magasins sont ouverts dans le centre de Casablanca : Beauséjour et Ain Sebaa.

Dès 2016, LabelVie a commencé à travailler sur un concept innovant de « supérette économique ». En 2018, le groupe lance quatre de ces supérettes d'une surface comprise entre 120 et 400 m²[1]. Ces unités à l'enseigne Supeco sont déployées dans les quartiers populaires de Casablanca avec pour cible les CSP de bas de tableau dites : C, D, E, F[2].

Figure 34 : Logo et bandeau Supeco

Supeco
ديما رخيص

Source : LabelVie.

L'objectif affiché de cette nouvelle enseigne est de concurrencer indirectement BIM. Le format par les engagements qu'il prend (ouverture étendue, prix bas, choix large… *cf.* figure 35) se situe bien en confrontation directe avec l'enseigne turque mais également avec les petites épiceries de quartier et *moul'hanout.*

Figure 35 : Les engagements de Supeco

---

[1] « *La supérette populaire du groupe LabelVie bientôt déployée sur tout le Maroc* », Medias24, 28 juin 2018.

[2] Le modèle initial est un modèle hybride se situant entre le supermarché et le Cash and Carry déployé sur une surface de 1500 à 2000 m².

Bien que le groupe LabelVie annonce dès 2018 un développement à un « rythme exponentiel », on ne dénombrait qu'un peu plus d'une quinzaine de structures en 2022, concentrées sur la ville de Casablanca[1].

2. Stratégies de différenciation

La différenciation consiste à exploiter certaines spécificités valorisées par le client de manière à s'assurer un avantage concurrentiel. Plus précisément, il s'agit de jouer sur un différentiel de valeur perçue par le client en dotant l'enseigne d'attributs valorisés et considérés comme uniques par le client. Ces attributs peuvent être tout à la fois objectifs ou subjectifs. Ainsi, l'unicité réelle ou supposée de ces attributs fait que les enseignes considérées ne sont pas substituables ou interchangeables (*cf.* Moati, 2001, 2011).
Les modes de différenciation dans le commerce et la distribution sont relativement nombreux. On peut en recenser plus d'une dizaine qui peut être regroupé en deux catégories distinctes : les modes de différenciation fondés sur les « *4P* » et les autres que nous analysons dans ce qui suit[2].

2.1. Différenciation et « *4P* »

Les pratiques de différenciation des grandes surfaces alimentaires peuvent s'appuyer sur les concepts et outils traditionnels du marketing ; autrement dit, les très classiques 4P (Product, Place, Promotion, Price) des textbooks de marketing.

2.1.1. L'assortiment produits

L'assortiment des magasins LabelVie a été très nettement enrichi sur la période 2011-2012. Ainsi pas moins de 2000 produits nouveaux ont-ils trouvé leur place sur les rayons des magasins. Par ailleurs, sur l'ensemble des magasins de la chaîne, la gamme des produits Carrefour est venue enrichir un certain nombre de rayons (en particulier les rayons biscuiterie, beauté et entretien). Ces produits Carrefour, qui bénéficient aux yeux de la clientèle d'une perception qualitative élevée, sont vendus à des prix très compétitifs et contribuent à accroître le niveau de satisfaction de la clientèle. Par ailleurs, depuis 2011, LabelVie a lancé sa marque exclusive Twimen, qui est distribuée à la fois dans les hypermarchés et les supermarchés. La marque Twimen est proposée à un prix décroché par rapport aux produits de référence, tout en respectant les standards de qualité en vigueur. La diffusion de la marque Twimen a connu une nette accélération en 2012. À la fin de cette année, elle comptait plus de 40 produits couvrant différentes catégories à forte rotation

[1] « *Supermarché : Cofarma lance Otop pour contrer BIM* », *L'Économiste*, n°5286, 4 Juin 2018.
[2] Aujourd'hui le Maroc, 18 novembre 2003.

tant en alimentaire (farine, œuf, charcuterie…) qu'en non alimentaire (lessive, essuie-tout…).

Traditionnellement, l'assortiment des magasins LabelVie se décline en trois niveaux distincts : un assortiment basique, un assortiment intermédiaire et un assortiment riche : (i) l'assortiment basique se compose d'environ 6500 références et correspond à des magasins de petite taille (inférieure à 800 m²) ; (ii) l'assortiment intermédiaire comporte environ 8000 références et est appliqué aux magasins dont la surface se situe généralement entre 800 et 1300 m² ; (iii) enfin l'assortiment riche correspond à des magasins de grande taille, supérieure à 1300 m².

La richesse de l'assortiment est bien entendu fonction de la taille mais également et surtout de la zone d'implantation et du pouvoir d'achat de la clientèle concernée. L'assortiment peut se fonder majoritairement sur les MDD. L'enseigne BIM est sans doute la première au Maroc à s'appuyer, dès l'origine, très fortement sur les MDD. Si aujourd'hui son offre est relativement diversifiée, on peut noter que lors de ses premières années d'installation, les MDD turques étaient largement surreprésentées dans son assortiment. L'assortiment peut également se fonder sur le développement de références exclusives *cf.* par exemple le riz noir, le foie gras frais, les pousses de betteraves ou l'eau de coco proposés par Market + (épicerie.ma) à partir de 2016[1].

2.1.2. La localisation (et la surface déployée)

La localisation du magasin ou encore la surface qu'il déploie peuvent également être aisément perçues comme des éléments importants d'une stratégie de différenciation. Ainsi par exemple, les magasins premium de LabelVie dits « Carrefour Gourmet » sont systématiquement localisés dans des artères principales et dans des quartiers plutôt huppés et marqués par la domination d'une population aisée à revenus élevés. Pour sa part, BIM (pour des questions de coût du foncier) évite systématiquement les « grands boulevards », artères et avenues principales pour localiser ses magasins essentiellement dans les artères secondaires et les quartiers de moyen standing. Une surface moyenne développée relativement homogène est également une caractéristique de BIM. L'enseigne se déploie en effet sur des surfaces moyennes comprises entre 500 et 600 m² (soit intermédiaires entre la supérette (400 m²) et le supermarché (500 à 2500 m²)). On notera cependant qu'à partir de 2014, sans doute en réaction aux attaques de ses concurrents sur son marché, BIM envisage une extension des surfaces de ses magasins pour lancer de nouveaux formats dont la surface se situerait entre 600 et 1000 m².

---

[1] « *Epicerie.ma poursuit son développement et devient Market+* », lavieeco.com, 15 juin 2016.

2.1.3. Les promotions et la politique promotionnelle

La politique promotionnelle peut elle aussi être le support d'une logique de différenciation de la grande distribution alimentaire. En effet, si du point de vue de certains consommateurs, en particulier au Maroc d'ailleurs, les politiques de promotion, des entreprises de distribution sont toutes les mêmes ; dans la réalité, il existe des différences marquées entre les enseignes. Ainsi par exemple, la politique promotionnelle de BIM est, on l'a vu, particulièrement focalisée sur des « coups » réguliers dits « vendredis de BIM », qui attirent des clients de tous horizons et profils : particuliers, *ferrachs* et autres petits épiciers et *moul'hanout*. Le succès de l'approche promotionnelle à la BIM a d'ailleurs fait que sa méthode a été, un temps imitée, mais sans susciter le même engouement client, par Carrefour LabelVie.
De manière générale, quelle que soit l'enseigne, la politique promotionnelle reste singulière, en particulier parce que les programmes sont systématiquement réfléchis en amont, conjointement entre les équipes marketing, achats et réseau. Ce côté très intégré fait que, bien souvent, l'empreinte ou les stigmates (autrement dit, le positionnement) de l'enseigne considérée restent très prégnants et différenciateurs.

2.1.4. Le prix

Le prix est lui aussi un élément important des stratégies de différenciation. L'idée sous-jacente est souvent que les prix élevés sont justifiés par une qualité élevée. La différenciation par les prix est soutenable à long terme si elle est appuyée par une politique constante de qualité tant des produits que du service. Le positionnement à haut niveau de prix et de qualité est aussi celui qui a été choisi pour Carrefour Gourmet ou encore pour les *convenience store* du type Openshop. Un autre élément important à ce niveau reste le contrôle du réseau, qui doit également être très strict, de manière à garantir un niveau homogène de qualité sur tout le territoire d'action du distributeur.

2.2. D'autres modes ou support de différenciation

Au-delà de la logique des « *4P* », il existe nombre d'autres modes ou supports de différenciation comme par exemple le magasin lui-même, la clientèle ou encore les méthodes de vente et le personnel.

2.2.1. Le magasin

Le magasin, dans sa globalité, peut être le support de la différenciation. En effet, au prix d'un effort d'abstraction minimum, on peut considérer que dans le cas du commerce et de la distribution, le magasin en lui-même peut être perçu comme un produit (et ce, sans doute plus logiquement que les éléments de l'assortiment dont nous avons fait état précédemment). Ceci étant dit, et à une autre échelle, on peut considérer que l'aménagement intérieur, l'originalité et le décor sont des éléments qui renforcent l'identité du magasin et contribuent à le différencier de ses concurrents (nous reviendrons sur certains de ces éléments).

De manière plus précise, la différenciation peut également concerner la dimension architecturale, au travers d'une architecture originale comme en témoigne par exemple le Marjane de Marrakech, conçu par l'architecte Omar Essakalli ou encore le très surprenant LabelVie de Rabat route de Zaer qui, par sa forme triangulaire originale, impose sa modernité.

Aswak Assalam occupe une place particulière dans le paysage commercial moderne marocain. En effet, dès le départ et sous l'impulsion de sa direction (principalement en la personne de Miloud Chaabi son fondateur), l'enseigne a cherché à se démarquer. Elle se caractérise de fait par une réelle singularité au niveau national. L'enseigne propose un concept authentique qui ne se contente pas d'être une reproduction à l'identique des hypermarchés européens et en particulier français. Autrement dit, l'enseigne a adapté le concept d'hypermarché en lui apportant une touche ou empreinte marocaine : « Notre positionnement s'appuie fortement sur le modèle et la culture marocaine. Bien entendu, et c'est l'empreinte du créateur de l'entreprise feu Miloud Chaabi, nous avons dès l'origine exclu les produits *haram* de nos rayons… contrairement à nos concurrents, nous ne vendons ni porc, ni alcool par exemple… cela ça plait beaucoup aux familles marocaines ». L'originalité du positionnement d'Aswak Assalam va même beaucoup plus loin puisque ses hypermarchés sont les seuls à fermer leurs portes les vendredis à l'heure de la prière. L'enseigne met également régulièrement en avant le fait qu'à l'instar de l'ensemble des filiales du groupe Ynna, elle s'acquitte de la Zakat sur ses bénéfices annuels[1].

Aswak Assalam s'affiche résolument comme un « centre de vie ». Autrement dit, l'enseigne se positionne sur un axe où l'offre commerciale et l'animation vont de pair. Ainsi les magasins disposent-ils « d'aires de jeux, de restaurants,

---

[1] « *Les secrets du succès des Chaabi* », *Jeune Afrique*, 18 juillet 2014.

de cafés-théâtres, de galeries d'ameublement, d'habillement et proposent des animations ; autant d'occasions de divertissement pour la famille[1] ».

Tarik Harroud oppose très justement les deux enseignes Aswak Assalam et Marjane en mettant en avant leur positionnement respectif valorisant la marocanité traditionnelle pour le premier et la modernité à l'occidentale pour le second. Cette différenciation peut également s'appuyer sur la dimension architecturale, qui peut mettre en avant le traditionnel ou le moderne (*cf.* section précédente) : « à Aswak Assalam les ambiances créées se veulent en conformité avec le discours de son promoteur, « marocaines ». Pour la conception et la décoration du mall, c'est le modèle du souk ou de la kissaria qui sert de référence, comme en témoignent la disposition plus ou moins labyrinthique des boutiques au sein de l'espace commercial, la prédominance des boutiques spécialisées dans la vente de tissus et des produits artisanaux, l'emploi de senteurs traditionnelles dans les magasins et les espaces de circulation, ou encore la diffusion de chants traditionnels, voire de versets du Coran, en guise d'ambiance sonore. En bref, tout est fait pour reproduire la médina et ses formes d'urbanité traditionnelles, de telle sorte que le centre commercial « renoue de nouveaux liens avec notre tradition et notre mémoire tant rejetées et abandonnées dans nos espaces commerciaux actuels »... À Marjane Ryad, l'univers fabriqué est totalement différent, comme on pouvait s'y attendre. À partir du concept de modernité qu'ils revendiquent, les gestionnaires de cet espace ont tenté de reproduire les ambiances des galeries marchandes modernes européennes ; la prédominance des magasins de marque et des commerces franchisés offrant des biens essentiellement importés, l'utilisation de traitements décoratifs spécifiques à certains évènements célébrés en Occident (fête de Noël, St Valentin), la commercialisation « affichée » de l'alcool, les publicités représentant des femmes européennes plutôt dévêtues pour vanter des marques de lingerie, participent à reproduire un univers importé et occidentalisé » (*cf.* Harroud, 2009, p. 76-77).

2.2.2. La clientèle visée

Le type de client qui fréquente une enseigne est bien souvent moins le résultat d'un ciblage a priori que celui de facteurs de différenciation spécifiques comme par exemple le type de produits vendus, le prix pratiqué ou encore la localisation choisie. Les enseignes peuvent néanmoins opter pour un ciblage proactif en considérant d'emblée une clientèle spécifique.

Aswak Assalam se positionne, on l'a vu, comme l'enseigne de référence pour la famille traditionnelle ou traditionaliste marocaine. Dès les origines, cette

[1] lerelais.ma 18 juin 2015.

enseigne a exclu l'alcool et la viande de porc (et même les cigarettes) de ses linéaires. En ce sens, Kamal Hitmi, Directeur général d'Asswak Assalam déclarait en 2009[1] : « nous voulons devenir le spécialiste de la famille marocaine, quelles que soient ses déclinaisons ». Cette orientation familiale (gage d'un panier moyen plus élevé) est également de plus en plus valorisée semble-t-il par Marjane qui, entre 2012 et 2014, s'est graduellement désengagé de la vente de boissons alcoolisées. Plus récemment on assiste à la montée d'une réelle différenciation au sein d'un même format appuyé sur une forte segmentation de la clientèle ; autrement dit, sur la localisation et le pouvoir d'achat potentiel (on rejoint ici la logique de prix évoquée plus haut).

2.2.3. Les méthodes et le personnel de vente

La force de vente et plus généralement tout le personnel en *front office* constitue un élément important de différenciation. Cette différenciation s'appuie sur les compétences et qualifications des vendeurs ou encore sur leur style et motivation. Nombre d'auteurs ont mis en avant les difficultés de certaines enseignes à maintenir une adéquation entre le personnel et le style de vente recherché (*cf.* par ex. Benoun et Helies Hassid, 2003). Certains auteurs montrent ainsi comment : « les grands magasins, qui souhaitaient rajeunir leur image ont éprouvé beaucoup de difficultés étant donné l'âge moyen (assez élevé) de leurs vendeurs, pour l'adapter à leur nouvelle clientèle visée soit les 20-35 ans ». Une situation similaire a d'ailleurs pu être observée dans le cas du magasin Alpha 55 au Maroc (*cf.* Gallouj, 2022).
La différenciation liée au personnel de vente peut s'appuyer à la fois sur le niveau de qualification des vendeurs et sur leur style (voire leur comportement).

A. Qualification

La qualification des vendeurs joue un rôle important dans les grandes surfaces à forte teneur en conseil où le client est amené à se reposer sur l'expertise du vendeur. En France, les vendeurs de la Fnac, de Darty, ou encore plus récemment, des Apple stores sont souvent cités comme des experts disposant de grandes compétences techniques par rapport aux produits qu'ils sont amenés à proposer à la vente. Dans le cas du Maroc, la compétence technique des vendeurs fait souvent défaut et les nombreux entretiens que nous avons pu mener auprès des professionnels de la distribution montrent très peu de différences entre les diverses enseignes.

---

[1] « *Guerre dans la distribution* », *Jeune Afrique Économie*, 1 avril 2009.

B. Style des vendeurs

Le style des vendeurs et leur allure sont également un élément qui participe de la différenciation entre enseignes. Au-delà du style, les attitudes et le comportement des vendeurs jouent eux aussi un rôle non négligeable. Le personnel en contact crée du lien social avec l'acheteur et développe la confiance que celui-ci peut avoir vis-à-vis de l'enseigne. Pour autant, dans de nombreuses situations, au Maroc, nous avons pu observer que le personnel en question n'était pas formé à l'accueil du client et qu'il jouait bien plus souvent un rôle de contrôle et de surveillance que de conseil et d'écoute du client.

2.2.4. Les services attachés aux produits vendus

En Europe, la plupart des entreprises commerciales, qu'elles relèvent du commerce alimentaire ou non alimentaire, accordent une place de plus en plus centrale à la dimension service[1].
L'offre de services attachés aux produits est sans doute beaucoup plus développée au Maroc que dans la plupart des pays européens. Ce développement s'explique largement par des coûts de main-d'œuvre très faibles et sans doute aussi par des inégalités élevées. Il s'explique également par des habitudes culturelles qui limitent fortement le DIY ou encore le self-service. Que ce soit dans l'alimentaire ou le non alimentaire, nous avons pu observer que l'offre de services (offre structurée) ou plus simplement l'aide au client (fournie selon un mode informel, parfois dans une logique déviante par rapport aux process existants) allait bien au-delà des standards observés dans la plupart des pays développés.

2.2.5. La reconfiguration de la formule

La reconfiguration de la formule s'inscrit dans une logique de différenciation. Elle peut aussi, dans une certaine mesure, relever d'une logique de réduction de coût. Marjane a ainsi opéré depuis les années 2000 plusieurs reconfigurations qui relèvent de l'une ou de l'autre stratégie. Notons que la reconfiguration peut être globale, et c'est toute la formule, tout le concept qui est revisité. Elle peut également être partielle, et dans ce cas, ce sont quelques dimensions et facettes choisies de la formule qui sont alors modifiées.

La concurrence par les prix et la volonté de réduire fortement les coûts opérationnels des magasins font en effet qu'un certain nombre de structures se sont engagées dans la voie de reconfiguration des formules. Ainsi en est-il par exemple de Marjane qui, face aux difficultés rencontrées dans le

---

[1] Cette évolution vers le service s'observe également de plus en plus dans le cas du Maroc en particulier dans les grandes surfaces spécialisées.

développement de sa nouvelle chaîne Acima lancée en 2001, a entrepris deux années plus tard de revoir le modèle économique.

Tableau 17 : Les diverses révisions de la formule supermarché Acima-Marjane Market

Formule initiale 2001	Formule révisée 2003	Formules 2009	Formule 2019
Magasins de 1500 à 2500 m² Assortiment étendu Offre théâtralisée Aménagement de qualité	Magasin plus petit (1000 m²) Assortiment limité aux produits les plus vendus Produits en vrac Présentation dépouillée Ameublement et décoration simples ou simplifiés	Relifting général Passage à une organisation en catégories Nouvelle charte couleur Fluidification des parcours Segmentation du parc : premium, populaire, mixte	Changement d'enseigne (de Acima à Marjane Market)

Source : Diverse presse.

Depuis lors, de multiples autres reconfigurations et transformations, parfois radicales, régulièrement incrémentales, ont eu lieu dans l'objectif de booster les ventes et d'améliorer la rentabilité des magasins qui sont à la peine face à la concurrence nettement plus forte sur le segment des supermarchés que sur celui des hypermarchés. L'intégration de Acima dans le giron de Marjane en 2008 a été une étape importante qui a permis, au travers d'une mutualisation des charges et des coûts, de réduire la pression sur Acima.

L'enseigne Marjane, lors du lancement de son 18e hypermarché en 2009 à Saïdia a testé une nouvelle configuration du magasin en univers de consommation (univers blanc, univers bébé, etc.). Plus généralement, sur cette base, Marjane Group a repensé la formule de ses hypermarchés (mais également de ses supermarchés) et a entrepris un vaste programme de relifting à partir de 2010. Si le nouveau concept s'appuie principalement sur le passage à une organisation par catégories, de nombreuses modifications ont pu être observées dans les magasins, portant sur la disposition et l'accessibilité des produits, l'utilisation d'une nouvelle charte couleurs, d'une nouvelle signalétique, d'un nouveau système d'éclairage. À l'intérieur des magasins, la fluidité de la circulation a été considérée comme un élément fondamental. L'idée est de réserver le maximum de place au client afin qu'il puisse avoir une perspective plus large et puisse se repérer plus facilement dans le magasin et au sein des rayons (couleurs différentes).

Une autre étape majeure a été franchie en 2019 avec le changement de dénomination des supermarchés qui abandonnent le nom Acima au profit de Marjane Market, bénéficiant ainsi plus directement de la politique marketing et de la forte notoriété des hypermarchés Marjane.

Conclusion

Il existe de multiples manières pour une enseigne de grande distribution de fonder son avantage concurrentiel. La plus courante consiste, bien entendu, à s'appuyer sur des stratégies de réduction de coûts, tant au niveau de la production qu'à celui du traitement des flux de transactions, d'informations ou encore des flux logistiques. Les enseignes de grande distribution marocaines agissent pour l'essentiel sur ces différents leviers de compression de coûts. Pour autant, dans la mesure où la concurrence prix entre les différentes enseignes reste, au Maroc, plutôt modérée, c'est bien dans la différenciation que se joue la compétition entre ces dernières. Les stratégies de différenciation sont en effet, à ce jour, très marquées. Néanmoins, au fur et à mesure de la « saturation » du marché et surtout de l'expansion de la couverture territoriale menée par la plupart des enseignes en compétition, on perçoit un certain rapprochement des profils, qui devrait, dans les années à venir, booster la concurrence par les prix et mettre les stratégies de coût en première ligne.

CHAPITRE 6

INNOVATION ET RSE : L'AUTRE CONTRIBUTION À L'AVANTAGE CONCURRENTIEL

Les stratégies de coût et de différenciation sont des éléments centraux qui permettent aux entreprises de fonder leur avantage concurrentiel. Il n'en demeure pas moins que cet avantage concurrentiel peut également s'appuyer sur d'autres variables qui sont autant de points forts souvent négligés dans les pratiques et réflexions académiques : l'innovation et la RSE. Les stratégies d'innovation et les stratégies de RSE peuvent, dans une certaine mesure, relever de l'optique de différenciation. Néanmoins, leur spécificité, en particulier dans le secteur commercial, mérite qu'on leur consacre un chapitre spécifique et des sections *ad hoc*.

Dans une première section consacrée à l'innovation et aux stratégies d'innovation, nous proposons un état de l'art de la question dans le cas des pays émergents, puis nous tentons de montrer la diversité des pratiques et formes d'innovations mises en œuvre dans et par la grande distribution au Maroc. Au-delà de la structuration de l'innovation nous montrons que les enseignes de la grande distribution sont également très actives en matière de RSE et de développement de stratégies sociétales, que ce soit à destination des clients, des fournisseurs, des personnels et plus largement de l'ensemble des stakeholders.

1. Stratégies d'innovation

Le grand commerce est traditionnellement considéré comme un secteur peu innovateur et, ce n'est que rarement que les travaux d'économie ou de gestion associent commerce et innovation[1]. Pour notre part, nous avons montré que si le commerce apparaît au premier abord comme moins innovateur que certains secteurs industriels par exemple, c'est simplement parce que là encore, nos outils de mesure de l'innovation ne sont pas adaptés à ce type de secteur (*cf.* Gallouj, 2007 ; Gallouj, 2008 ; Gallouj *et al.*, 2012b). Nous avons également montré que le grand commerce est dans beaucoup de cas, nettement plus

[1] Lorsque certaines études ou recherches font malgré tout cette association, c'est généralement pour tomber dans un biais de nature technologiste. Le commerce serait utilisateur de technologies ; il se contenterait, dans ce cadre, d'adopter des technologies (TIC dans l'essentiel des cas) produites par d'autres. En ce sens, (comme nous l'avons vu précédemment), il relèverait en matière d'innovation des secteurs dominés par les fournisseurs (de technologies).

innovant que la plupart des secteurs industriels traditionnels. On sait cependant peu de choses sur l'innovation dans les pays émergents et sur la capacité d'innovation des structures commerciales locales.

1.1. Innovations et pays émergents : état de l'art

À l'exception notable de Reinartz *et al.* (2011) ou encore de Diallo *et al.* (2015), il existe en effet bien peu de travaux sur la question de l'innovation commerciale et plus généralement de service dans les pays émergents. Les rares travaux existants mettent d'ailleurs en avant la faible capacité d'innovation des pays du Sud. Wadinambiaratchi, déjà en 1972, écrivait (p. 392) : "innovation takes place only in the most highly developed systems. Retailers in other systems have more to gain from adoption and adaptation of development already tried and tested in the most highly developed systems". Plus de 40 années plus tard Reinartz *et al.* (2011) s'inscrivent dans la même logique en déclarant : "retailing concepts employed in LDC's are typically adapted from the US and other developed markets. The literature provide no evidence of influential or widely adopted retailing innovations originating in the LDC's".

Faïz Gallouj (2018) fait état de la double subordination de la question de l'innovation dans le commerce et les services dans les pays émergents. Les trajectoires d'innovation y sont à la fois "*Supplier dominated*" et "*North dominted*". Par ailleurs, les TIC (Technologies de l'Information et de la Communication), et en particulier les technologies mobiles jouent également, dans ces pays émergents, un rôle sans doute plus important que dans les pays développés (Seck, 2020).

1.1.1. Les travaux relatifs à la diffusion des formats modernes dans les pays émergents

Les travaux sur l'innovation dans le commerce étant essentiellement "*North dominated*", les réflexions existantes se sont prioritairement portées sur la diffusion des nouveaux concepts (certains parlent parfois de technologies) dans les pays émergents ou en voie de développement, les facteurs facilitateurs, les freins et les impacts de la diffusion de ces nouveaux concepts. De manière plus précise on peut, à la suite d'Amine (2012), distinguer sur cette question quatre grandes catégories de travaux : des travaux qui s'intéressent à l'évolution des systèmes de distribution en général dans les pays émergents (Goldman, 1981, 1982 ; Kaynak et Cavusgil, 1982 ; Samee, 1993 ; Reardon *et al.*, 2007…), des travaux qui se focalisent sur l'impact de l'implantation des formats modernes (innovants) sur le système commercial local : la Chine (Blois, 1989, Lo *et al.*, 2001), la Russie (Huddleston, 1995), le Brésil (Alexander *et al.*, 2002 ; Zinkhan *et al.*, 1999), Cuba (Cervino et Boonache, 2005), la Hongrie (Mueller et al., 1993), la Turquie (Kumcu et

Kumcu, 1987), le Vietnam (Maruyama et le Viet, 2007 ; Amine *et al.*, 2009) ou encore le Maroc (Amine et Lazzaoui, 2011) ; des travaux qui analysent les barrières et contraintes à l'adoption et à l'essor des GMS (Goldman *et al.*, 2002 ; d'Andrea *et al.*, 2006) ; et enfin des travaux beaucoup plus rares, il est vrai, qui se sont focalisés sur la transformation et l'adaptation locale des formats initiaux au contact des pays d'accueil (Amine et Lazzaoui, 2011 ; Coe et Wrigley, 2007).

Pour l'essentiel cependant, ces travaux ne font pas référence au champ de l'innovation mais à celui du changement institutionnel, de la modernisation ou encore des nouveaux formats. À notre connaissance, il faut attendre la synthèse de Reinartz *et al.* (2011) et les travaux de Diallo *et al.* (2015) pour que l'on aborde plus clairement la problématique du retailing dans les pays émergents au prisme de la question de l'innovation. Pour notre part, nous avons tenté de montrer, dans des travaux antérieurs, que ces différentes formes répondaient bien aux critères d'innovation dans les services et le commerce. Un nouveau format de magasin implanté dans un pays émergent peut même relever de l'innovation radicale. Les réticences réelles ou supposées des auteurs concernés à introduire la notion d'innovation renvoient sans conteste à la prédominance d'une culture industrialiste au sein même des recherches en distribution. Cette prédominance industrialiste et le manque de réflexions sur ces questions se reflètent également dans la très faible porosité entre chercheurs spécialistes en distribution et chercheurs spécialistes des services. Au total, si nous revenons à la littérature sur les changements institutionnels liés à la diffusion de la distribution moderne dans les pays émergents ; autrement dit, à la diffusion des produits-services innovants, ces divers travaux suggèrent bien que les pays émergents ne sont pas uniquement des adopteurs passifs des innovations, technologies, formules et formats transférés depuis le Nord (*cf.* Gallouj, 2022b).

1.1.2. L'innovation commerciale est-elle uniquement occidentale ?

Les réflexions rapides autour des travaux dont nous avons fait mention dans la section précédente nous amènent à nous interroger sur les pratiques d'innovation que l'on pourrait qualifier de plus proactives dans les pays émergents et en développement. Amine (2012) met en évidence l'apparition de formats hybrides innovants. Il montre que « l'observation et l'analyse des systèmes de distribution de nombreux pays émergents laissent entrevoir l'idée d'un chevauchement ou d'un encapsulement des formats de distribution plutôt que celle d'un développement séquentiel du cycle de vie classique de ces formats. Cette dynamique est impulsée par l'implantation d'enseignes de distribution internationales, très vite relayée par l'émergence d'acteurs locaux de la distribution qui apprennent vite, montent en puissance et arrivent plus rapidement, à marier des techniques, outils et concepts des formats modernes avec des éléments ancrés localement pour aboutir à des formes de distribution hybrides (Amine *et al.*, 2005). Ces acteurs sont capables d'intégrer la culture locale (ou régionale) à très faibles coûts et de s'approprier les technologies et outils importés. À terme, ils peuvent venir disputer le leadership et les premières places aux distributeurs étrangers qui ont introduit le concept, voire même impulser une évolution des concepts initiaux ». Par exemple, si en 2017, LabelVie, le partenaire de Carrefour au Maroc, se lance dans le déploiement de l'enseigne Supeco (qui a vu le jour en Espagne en 2012), il ne le fait pas selon le format initial (soit un format de supermarché auquel sont appliquées les recettes du Cash and Carry grand public) mais plutôt comme un format de proximité. D'ailleurs, selon la direction de LabelVie, le modèle économique était toujours en cours d'ajustement fin 2018. Depuis lors, la formule semble stabilisée même si le déploiement apparaît plutôt lent (16 unités, toutes localisées à Casablanca au milieu de l'année 2022). En effet, comme nous l'avons vu, la grande distribution moderne n'arrive pas, dans les pays émergents, en territoire vierge. Elle se trouve régulièrement face à des acteurs locaux de taille souvent modeste, mais largement au fait des pratiques modernes de distribution. On notera d'ailleurs que dans le cas du Maroc, l'enseigne Atacadão qui connaît un réel succès et a été considérée dès l'origine comme « une pépite » par Carrefour est une enseigne locale. Il s'agit bien d'une innovation locale, brésilienne qui ensuite a été transférée à d'autres pays de développement économique similaire. D'Andrea *et al.* (2006a) ont mis en évidence de multiples formules et expériences innovantes menées dans les pays émergents. En s'appuyant sur une étude fine des concepts et propositions innovantes issues des marchés latino-américains, les auteurs proposent de nombreuses illustrations de concepts innovants qui ont émergé dans les pays d'Amérique latine et dont ils estiment qu'ils peuvent être applicables avec succès dans la plupart des pays émergents, voire plus largement (*cf.* également d'Andréa *et al.*, 2010a, 2010b). Parmi les nombreuses expériences et expérimentations rapportées dans leurs travaux, nous en présentons une parmi les plus significatives dans l'encadré 16.

Encadré 16 : Exemple de formule commerciale innovante dans les pays émergents

Surtifruver: Surtifruver's value proposition is to provide high-quality fresh food at market plaza prices in Colombia. This seven-store retailer has successfully innovated by offering a large assortment of fresh, natural products at low prices. It excels in managing a large supply base and has implemented a refined quality control mechanism to guarantee the delivery of its value proposition.

During our fieldwork, we verified an advantage of 5 percent in its common fruits and vegetables prices, compared to competitors. This low-cost strategy relies on a low-cost organization, no advertising, no bar codes, and a very lean organizational structure, with store managers reporting directly to the CEO

and salaries that are lower than multinational standards.
But that doesn't mean customer service falls behind. Around 60 percent of the total workforce is dedicated to sales assistance and replenishment of goods - from customer service at the entrance of every store to cleaning up and arranging goods- and is highly valued. One customer commented, "I like Surtifruver not only because of its products, but also because of the attention I got from the store personnel."
On the other hand, in order to guarantee high-quality, fresh fruits, vegetables, meat, seafood, dairy products, and owers, Surtifruver has long-term contracts with suppliers and must negotiate with up to four suppliers per product.
Fruit is examined before it is accepted for purchase, then cleaned and polished before being displayed. Unfresh fruits and vegetables are taken away from shelves, repacked, and sold in the back of the stores at very low prices. Customers commented: "I buy here because of the freshness and quality of the products"; "You can be sure that the products here at Surtifruver are of the best quality"; and "This store has an incredible variety and quantity of products."
Despite a modest décor, Surtifruver's store layout affects the positive perception of quality, confirmed by customers: "I like this store because it is always clean and quiet"; "The way products are displayed makes them look amazing."

Source : d'Andrea *et al.* (2006a, p. 13).

Les auteurs en concluent : "the need to reach emerging consumers, coupled with microeconomic restrictions and discontinuities or specific challenging circumstances (such as severe capital limitations and clients' bankruptcy) has been the main driver of innovation" (d'Andréa, 2006a, p. 15).

1.1.3. Nouveaux formats et innovations dans les pays émergents : un épistémicide commercial ?

L'innovation dans les pays émergents et en développement apparaît sujette à une certaine myopie liée, on l'a vu, à une domination du Nord sur le Sud, à une domination de la culture industrialiste sur la culture servicielle et bien entendu, à une défaillance des outils statistiques d'observation et de mesure existants. Elle est à notre sens également liée à ce qu'on pourrait appeler un épistémicide général affectant le secteur. L'idée que nous soutenons ici est que nombre d'innovations commerciales valorisées dans les pays du Nord sont en réalité un rhabillage de pratiques traditionnelles ou innovantes issues des pays du Sud. Les exemples sont en effet nombreux et nous souhaitons nous attarder ici sur quatre cas emblématiques.

A. Les produits à faible intensité monétaire

La notion de produits à faible intensité monétaire renvoie à tout un assortiment de produits packagés de manière inhabituelle en très petite quantité (2 à 3 unités, moins de 50 cl...). Ainsi en est-il par exemple des chewing-gums à très petite contenance, des packs de thé de 25 g (permettant de faire une à deux petites théières au maximum).
L'essentiel de cette offre a été à l'origine « *designé* » dans les pays émergents à destination des ménages sans revenus fixes et qui ne peuvent acheter que de très petites quantités de produits à la fois. Cette innovation de produit initiée dans les pays émergents a été par la suite largement reprise dans les pays développés et les FMN y ont vu une source de profit non négligeable.

B. Théâtralisation, marketing sensoriel et enrichissement de l'expérience client

Le souci de l'atmosphère du point de vente, les concepts et pratiques de théâtralisation et massification, de mise en scène du produit et de ré-enchantement du commerce ont fait l'objet, sur la période récente, de nombreux travaux et expérimentations. L'auteur de ces lignes a pu assister sur les 10 dernières années à de multiples communications en colloques et thèses soutenues dans les pays émergents et en particulier dans les pays du Maghreb, appelant à ré-enchanter et théâtraliser le commerce et en particulier l'offre dans les hypermarchés et supermarchés. Ces travaux posent deux problèmes majeurs :
- Le premier renvoie, selon nous, au fait que les travaux en question relèvent d'une certaine forme d'anachronisme, en ce sens que s'ils sont dans l'air du temps dans les enseignes du Nord, ils ne correspondent à aucune réalité sérieuse dans les pays du Sud. Autrement dit, la distribution du Sud au sens large n'a pas réellement besoin d'être ré-enchantée tout au moins à court terme. La littérature coloniale, fait d'ailleurs régulièrement état de cette dimension théâtralisation et enchantement des sens. Pour ne citer que cet exemple, Taraud et Taraud (1918, p. 35), écrivent dans *Rabat où les heures marocaines* : « le bazar oriental, toujours le même et toujours divertissant par quelque détail imprévu de geste, de forme ou de couleur. La rue sent l'huile bouillante, la graisse de mouton, la menthe, les huiles violemment parfumées, toutes les odeurs composites qui sortent des hauts fourneaux de terre, où des cuisiniers en plein vent fabriquent, pour les festins nocturnes, des soupes, des grillades et des pâtisseries… ».
- Le second plus problématique à notre sens, vient du fait que la plupart des innovations conceptuelles autour de la théâtralisation du ré-enchantement sont en réalité des pratiques commerciales typiques du Sud. La plupart des chercheurs, mais également praticiens concernés se sont en effet inspirés des souks orientaux (bazar d'Istanbul, ou Médina de Marrakech, Tanger ou Fès)

pour envisager les perspectives et pistes de ré-enchantement du commerce occidental. Ce n'est d'ailleurs pas un hasard si le bazar d'Istanbul est souvent cité comme illustration dans les textbooks traitant de la question.

C. Galeries commerciales ou kissariats revisitées ?

Les galeries commerciales ont été considérées en leur temps comme une innovation commerciale importante. Cette innovation a été attribuée tantôt au modèle américain tantôt au génie français. Pour autant, on peut faire remonter l'invention de la galerie aux premiers temps du développement de l'urbanisme commercial musulman avec en particulier l'émergence des kissariats qui sont une forme commerciale unique à bien des égards. En ce sens, Le Tourneau (1961, p. 111) écrira : "there does not appear to have existed in Europe any equivalent of the Qisariya[1], a site filled entirely with shops, where no one lived, and which was completely closed down at nightfall, with only a few night watchmen charged with preventing fires and thefts". On retrouve d'ailleurs cette intuition chez certains auteurs. Ainsi, en référence au développement des centres commerciaux, Stébé et Marchal (2018, p. 82) écrivent : « ce souci d'offrir au citadin consommateur un environnement agréable, confortable et doté de nombreux services n'est pas nouveau, tant s'en faut. En effet il suffit de penser au grand bazar des villes orientales qui déjà au XVIe siècle abritait les clients du soleil brûlant. Comment ne pas penser ici au grand bazar d'Istanbul en Turquie ? En Occident plus tardivement les passages couverts permettront de se protéger de la pluie et du froid. De façon plus précise, c'est à Paris que les premiers passages couverts sont apparus, notamment en 1798, celui « du Caire » tirant son nom de la campagne de Napoléon 1er en Égypte ». De ce point de vue, il n'est pas anodin que Tarik Harroud, l'un des meilleurs spécialistes marocains des centres commerciaux, parle de « *mégakissariats* » modernes lorsqu'il s'intéresse aux malls de Rabat (Harroud, 2015, p. 144).

D. Des rayons du bazar aux rayons de l'hypermarché

Si le premier grand magasin connu à ce jour semble avoir été ouvert à Derby en Angleterre à l'enseigne Bennett's of Irongate, ce n'est qu'en 1832 que le principe du magasin par départements a été lancé à l'enseigne Austin's et sur une surface de 2300 m²[2]. La structuration en départements et rayons se généralisera rapidement par la suite dans de nombreux pays européens et une véritable révolution commerciale verra le jour en France en 1852 avec Le Bon Marché et son vaste choix de rayons sur une très grande surface. Dès lors, il semble acquis que cette structuration en rayons est typiquement européenne,

---

1 Autre orthographe de Kissariat.

2 En Irlande du Nord.

inventée et implémentée par des acteurs du commerce européen. Pour autant, force est de constater que l'organisation en départements et rayons apparaît fortement inspirée de la structuration des souks et bazar du monde musulman. Cette institution n'a d'ailleurs pas échappé, encore une fois, à certains observateurs de la littérature coloniale comme Alfred de Tarde (1923, p. 41-42). Ce dernier relève de fortes similitudes entre rayons des grands magasins et structuration du commerce « médinal » : « cette petite cité est divisée en rayons où l'on ne vend qu'une seule espèce de marchandise : là les bijoux, ici les burnous et les caftans, plus loin les tapis ou les broderies… cette division stricte des marchandises, qui remonte là-bas à plusieurs siècles, n'est-ce pas le principe de nos grands magasins ? ». Bien entendu, il ne s'agit là que d'une intuition et il faudrait un travail poussé d'historien pour étayer et apporter de la profondeur à cette dernière. À ce jour, et en vertu du principe selon lequel l'histoire est toujours écrite par les vainqueurs, on peut penser que ces différentes institutions et les questions sous-jacentes ne sont pas près d'être investiguées.

1.2. Innovation dans le commerce : vers une prise en compte et une structuration

C'est en avril 2018 que Marjane crée le poste de directeur de l'innovation. Ce poste est confié à Mohammed Fenjiro, diplômé de l'ESSEC (MBA) et qui a fait toute sa carrière dans la grande distribution en tant que directeur marketing et responsable du centre de formation (et formateur conseil). Le poste de directeur de l'innovation est radicalement nouveau dans le monde de la distribution au Maroc mais également plus largement. Dans nos recherches antérieures (Gallouj, 2007), nous avons pu montrer combien les fonctions et postes *ad hoc* étaient rares dans les services et le commerce. Le poste de directeur de l'innovation chez Marjane est très largement inspiré de celui qui avait été créé quelques années auparavant par Auchan et qui constituait, déjà à l'époque, une révolution. Ce poste avait alors été confié à André Tordjman, Professeur à HEC et chercheur spécialisé en marketing de la grande distribution.

L'objectif de la direction innovation de Marjane est donc, selon les propos de son Directeur, « de maintenir le petit quart d'heure d'avance qui a fait de Marjane le leader de la distribution au Maroc ». Ce petit quart d'heure d'avance se joue ainsi sur l'expérimentation et le lancement de nouveaux concepts ainsi que sur l'amélioration et l'adaptation des concepts existants. Une première mission de la direction a d'ailleurs été de réfléchir au lancement de nouveaux concepts urbains, d'une part pour pallier la saturation programmée du marché en termes de grandes surfaces de périphérie (en particulier les hypermarchés) et d'autre part pour ralentir voire contrer la progression irrémédiable de BIM. Il est vrai également que les réflexions sur

le développement de concepts plus compacts et plus urbains répondent aussi à une évolution du comportement du consommateur marocain à la recherche de plus de proximité et de plus de praticité. Le premier concept qui a découlé des réflexions menées par la direction innovation de Marjane a donc été la nouvelle enseigne de proximité dite Otop qui a été lancée en test sur Casablanca et qui a vocation à prendre le relais de l'expérience Xpress, un concept qui, selon nous (mais également selon les propos de la concurrence), avait été mal étudié et qui sans doute avait été lancé dans l'urgence (et pourrait-on dire, peut-être aussi dans la panique face à la progression inéluctable de BIM). En fidélité aux principes sous-jacents aux modèles d'innovation dans les services, la direction de l'innovation du groupe Marjane ne s'appuie pas sur une équipe dédiée mais sur l'ensemble des services fonctionnels du groupe (marketing, SI, GRH, Achats, etc.). L'innovation ou le processus d'innovation apparaissant ainsi comme un processus diffus, multi-acteurs et multi-localisé. (Gallouj et Gallouj, 1996).
Plus récemment, c'est dans le cadre du lancement du projet Casa Marina que le département innovation de Marjane a été mis à contribution. L'hypermarché, locomotive du centre se veut un véritable laboratoire du savoir-faire et des pratiques et expérimentations innovantes du groupe. Ainsi, plus d'une quinzaine d'innovations sont déployées qui s'appuient sur une relecture originale des pratiques locales en matière de commerce.

1.3. Typologie des innovations

Dans nos propres travaux nous avons montré que les formes d'innovations observées dans le secteur commercial sont multiples et variées, à la fois technologiques et non technologiques. On peut regrouper les différents types d'innovations existantes en trois logiques ou catégories : les catégories standards de l'économie et du management de l'innovation, les catégories spécifiques au commerce et enfin, les applications et trajectoires technologiques.

1.3.1. Les catégories standards d'innovation

Les catégories standards de l'innovation renvoient aux typologies habituelles de l'innovation que l'on retrouve dans les manuels spécialisés. Il s'agit en particulier des innovations de produits, des innovations de services, des innovations organisationnelles ou encore des innovations relationnelles.

A. Les innovations de produits

Dans le commerce et la grande distribution, les innovations de produits peuvent revêtir deux formes. Elles peuvent être des innovations de produits proposées par l'industriel et mises en rayon par le distributeur ; ce dernier n'intervenant pas directement dans la conception du produit mais jouant un rôle central dans la diffusion de l'innovation. Elles peuvent également, et de plus en plus, relever de produits innovants dont la conception a été assurée cette fois par le distributeur lui-même.

Les nouveaux produits distribués dans et par le magasin (innovation de marché). Le grand commerce lance chaque année un nombre considérable de produits nouveaux[1]. Bien entendu, ces produits sont souvent le fait des industriels en particulier de l'agroalimentaire. Cependant, il est de plus en plus admis que le lancement d'un nouveau produit ne peut réussir sans la collaboration des distributeurs. En effet, le distributeur exerce une influence importante, sinon déterminante sur la diffusion des nouveaux produits. Le distributeur « opère les choix, au travers des procédures de référencement mais aussi de déréférencement (Lhermie, 1994), des produits nouveaux qui, en fonction de sa décision, verront le jour dans les canaux de distribution ou pas et se développeront ou pas. Il propose (par ailleurs) une couverture territoriale (Gogel et Larréché, 1989 ; Cliquet, 1996) de son réseau aux fabricants qui peuvent mesurer la vitesse de diffusion du produit » (*cf.* Cliquet, 1997, p. 3).
Ainsi, à l'instar de ce qui a pu être observé en France et plus généralement en Europe, les grandes enseignes marocaines ont développé et cherchent encore à développer de nouveaux produits-nouveaux rayons. Dans le cas de LabelVie, on peut constater que l'assortiment a été profondément enrichi sur la période 2011-2012. Et c'est près de 2000 produits nouveaux qui ont trouvé leur place sur les rayons des magasins.
Le lancement de ces nouveaux produits-nouveaux rayons suscite d'ailleurs parfois des oppositions frontales des acteurs en place. Ainsi en est-il par exemple du cas de Marjane qui a décidé dès 2009 de développer la parapharmacie au sein de ses magasins suscitant l'opposition sévère des pharmaciens[2]. De nombreux exemples sont observés dans les enseignes et magasins marocains. Ainsi Carrefour Tanger a-t-il mis en place par exemple un îlot scooter au sein du magasin qui correspond là aussi à une forme d'innovation puisque l'enseigne commercialise des produits ou produits services différents de ceux qu'on est amené à y acheter habituellement. Les évolutions sont très rapides et la plupart des enseignes intègrent régulièrement de nouveaux rayons.

---

[1] L'internationalisation de la grande distribution a sans doute également contribué à accélérer le développement de l'offre de produits nouveaux au sein des magasins.

[2] Il est vrai qu'à ce jour, la loi marocaine a une conception très extensive des produits de parapharmacie qui définit les produits pharmaceutiques à indication thérapeutique comme médicaments (incluant de fait les produits dermo-cosmétiques et les compléments alimentaires. *cf.* La Vie éco, 6 avril 2009, « *Parapharmacie : 50% des ventes hors circuit officine* »).

Les nouveaux produits (mis au point par les distributeurs ou à leur initiative). Le grand commerce ne se contente pas de distribuer les produits conçus et réalisés par d'autres acteurs économiques. Il est également à l'origine d'innovations de produits ou d'innovations de services importantes. En ce qui concerne les innovations de produits, le principal canal utilisé par le grand commerce est celui des marques de distributeur (MDD). En effet, les marques de distributeur se diffusent de plus en plus au sein de la grande distribution marocaine. On distingue généralement trois formes ou types de MDD :

- les marques propres ou « contremarques » qui sont des marques exclusives au distributeur, mais qui portent des noms différents de celui de l'enseigne (Twimen, Janis, Code...) ;
- les marques drapeaux ou encore « produits génériques ». Ces dernières ont été imaginées et développées par Carrefour dans le courant des années 70. Il s'agissait d'une innovation importante à l'époque. Les produits concernés ne portent pas de marque (à l'exception, le plus souvent, d'un logo qui permet de les identifier). Ils ont connu un certain développement, en France, dans les années 80, mais rencontrent beaucoup moins de succès actuellement. Dans le cas du Maroc, c'est une logique similaire qui a présidé au lancement des produits dits « économiques ». Néanmoins, là encore, ces produits rencontrent un succès plutôt mitigé... en partie sans doute parce qu'ils sont très marqués socialement ;
- les marques d'enseignes, qui ont connu des développements importants ces dernières années en Europe. Elles portent le nom de l'enseigne et engagent son image. Elles peuvent concerner des produits courants (produits Carrefour chez Carrefour LabelVie) mais également des produits plus complexes (marques de téléviseurs Carrefour).

Les marques de distributeur ne sont pas toujours des produits mis au point par le distributeur. Mais, bien souvent ce dernier joue un rôle important au moins dans les spécifications du produit[1]. De plus en plus, on constate que les distributeurs interviennent dans la conception des produits en participant au cahier des charges. Cet aspect est particulièrement central, comme on le verra, pour les marques propres (mais il reste beaucoup plus large). Autrement dit, les enseignes, bien qu'elles ne produisent pas en propre, tentent constamment d'améliorer les produits qu'elles diffusent en imposant un cahier des charges très strict à leurs fournisseurs.

---

[1] Par ailleurs, la coopération et l'instauration de nouvelles formes de relations partenariales entre producteurs et distributeurs peut déboucher sur le « co-branding » (ou marque cogérée). Il s'agit d'une situation où producteurs et distributeurs coopèrent pour assurer en commun la conception, le lancement et la gestion d'une marque donnée. Cette opération implique les dimensions suivantes (*cf.* Zeyl et Zeyl, 1996) : co-définition du cahier des charges de la gamme, co-développement du produit, co-engagement sur des volumes, des prix et des implantations, co-décision des actions commerciales et parfois « copartage » des profits ou des pertes.

La question qui se pose ici est la suivante : les distributeurs sont-ils capables de créer, avec leurs sous-traitants, des innovations produits susceptibles de mieux satisfaire les besoins des consommateurs que ne le font ceux de leurs concurrents ?

À ce niveau, et selon certains spécialistes, la grande distribution serait marquée par des innovations de process, plus que par de réelles innovations de produit. Néanmoins, cela n'empêcherait pas de nombreuses innovations de « produit » dans le domaine du packaging (avec, par exemple, la création de packagings souvent plus fonctionnels).
Dans la réalité, on assiste au développement graduel de formes de co-production de l'innovation. Les distributeurs s'impliquent de plus en plus dans la conception des produits tout comme ils s'engagent de plus en plus également dans des logiques de co-production.
De nombreuses recherches (Cliquet, 1997 ; CREDOC *et al.,* 2001), font en effet état de cette évolution, qui touche, en France en particulier, la plupart des formes de commerce comme par exemple les spécialistes du bricolage ou encore du sport[1] et plus généralement de l'alimentaire (les hypermarchés).

Dans le cas de la France, un rapport du CREDOC *et al.* (2001, p. 153) constate : « c'est probablement dans l'univers de la grande distribution alimentaire que sont en train de se produire les évolutions les plus significatives. La première génération de produits à marque propre était composée des produits anonymes d'entrée de gamme (les « produits oranges » d'Euromarché, les « produits libres » de Carrefour…). Dans le courant des années 80, le positionnement de ces produits s'est déplacé vers le statut de produits de qualité équivalente à celle des marques nationales, mais vendus sensiblement moins cher. Les produits, estampillés de la marque du distributeur, devenaient des porte-drapeaux de l'enseigne. « *Depuis le milieu des années 90, les produits à marque de distributeurs de la troisième génération se sont progressivement imposés. Il s'agit de produits à la fois innovants, qualitatifs et exclusifs…* ». Les entretiens que nous avons réalisés laissent supposer que l'on devrait très rapidement observer une trajectoire similaire au Maroc.

B. Les innovations de service

La grande distribution marocaine est également très active dans le développement et le lancement de nouveaux services, qu'ils soient offerts gratuitement ou à l'inverse payants.

---

[1] Décathlon qui reste l'enseigne de sport française la plus engagée dans la conception de produits emploierait plus d'un millier d'ingénieurs. Ses marques génèrent ainsi plus de la moitié des ventes.

Le développement de nouveaux services par les distributeurs correspond quant à lui, soit à une politique d'accompagnement de l'offre (il s'agit alors principalement, mais non exclusivement, de chercher à fidéliser le client en améliorant par exemple son confort d'achat), soit à une politique de conquête de nouveaux marchés. On est alors plutôt dans une véritable stratégie de diversification, les services en question devant constituer à terme de nouveaux centres de profit. Il reste que, là aussi, les choses ne sont pas si simples. Les deux orientations que nous venons de formuler se recoupent souvent, et de nombreuses innovations de service peuvent relever des deux axes. Ainsi, les stations de distribution d'essence constituent l'une des premières innovations de service introduites par la distribution pour attirer et fidéliser le consommateur (*cf.* LabelVie). Elles constituent également, pour certaines enseignes, un axe de diversification stratégique. La plupart des distributeurs ont désormais mis en place une politique active de développement des services dans différents domaines, et en particulier dans les services financiers (cartes de crédit, etc.). Il nous semble, pour notre part évident qu'à très court terme, la grande distribution marocaine, à l'instar de ses homologues occidentaux, devrait s'engager dans d'autres services innovants comme les services d'assurances, les agences de voyages, voire même les services à la personne…

On notera qu'il peut exister des liens entre nouveaux produits et nouveaux services dans la mesure où un certain nombre des nouveaux services peuvent être mis en place par le grand commerce parallèlement et en accompagnement de la vente de nouveaux produits (ainsi en est-il par exemple de la mise en place de services de « formation » parallèlement à la vente de produits informatiques...)[1].

Nous avons pu, au cours de nos investigations, relever nombre de services innovants lancés par la grande distribution marocaine. Ainsi, en est-il par exemple de la carte carnet Hanouty, du L'carnet d'Aswak Assalam, du service Mobirecup de Mobilia ou encore des projets de services administratifs dans la grande distribution marocaine.

La carte carnet Hanouty. Comme on l'a vu, un avantage principal de l'épicerie sur le grand commerce est le service dit « L'carnet » (ou « L'lista » dans le Nord) qui matérialise les dettes du client chez l'épicier. Ce carnet est un des éléments qui assure la pérennité du petit commerce face à la concurrence accrue de la grande distribution. Ainsi, en 2007, le réseau Hanouty, qui commence à se structurer et se développer au Maroc, décide d'adopter le concept tout en le modernisant. L'enseigne propose alors à ses clients une carte dite « Carnet Hanouty » qui permet d'effectuer ses achats en différant le paiement. Bien entendu, pour la fonction crédit, la carte n'est

[1] *cf.* sur ce point Furrer (1999).

valable que dans le point de vente où elle a été délivrée. Néanmoins, la carte Hanouty offre également un service complémentaire. C'est en effet aussi une carte prépayée, valable dans tous les magasins Hanouty, qui permet au client de régler ses achats dans la mesure de son crédit disponible.

L'carnet d'Aswak Assalam. L'carnet est une carte de paiement différée destinée aux entreprises qui cherchent à faire bénéficier leurs salariés d'un nouvel avantage social. Il s'agit d'une solution paiement particulièrement originale fondée sur un principe simple : « dans la limite d'un montant fixé par le bénéficiaire en accord avec son employeur, le salarié pourra désormais faire ses courses durant le mois sans payer directement en caisse… les achats effectués seront cumulés et réglés à la fin du mois via un prélèvement à la source »[1].

Légalisation et grandes surfaces. Dans le cadre de la réforme de l'administration publique initiée depuis la fin des années 90, le ministère de la Modernisation des secteurs publics (MMPS) a élaboré un projet articulé autour d'une nouvelle vision pour une administration plus proche des citoyens. Un des objectifs est de mettre à la disposition des citoyens « un nouveau cadre de prestations de services publics permettant d'atténuer la pression qui pèse sur les municipalités et autres services des arrondissements et communes. Ce nouveau cadre permet l'ouverture de kiosques administratifs dans des lieux innovants et en particulier dans les grands centres commerciaux (hypermarchés et supermarchés) mais également dans les souks et marchés hebdomadaires du monde rural. Autrement dit, les grandes surfaces pourront, dans le cadre d'un partenariat public-privé, être amenées à offrir toute une palette de services administratifs (légalisation de signatures, actes de conservation foncière, certification conforme, délivrance de fiches individuelles de naissance, règlement de factures d'eau et d'électricité ou encore paiement des impôts) et ce dans l'essentiel des cas en dehors des heures de bureau (tous les jours de la semaine de 16h30 à 18h30 et le samedi de 9 à 13)[2] ».

Pour autant, si des études de faisabilité et des expérimentations ont bien été menées en 2009, on ne dispose pas, dix années plus tard, d'informations précises sur le devenir de ces expérimentations et, à notre connaissance, il n'existe pas, à ce jour, de grandes surfaces offrant les types de services concernés.

Le développement de la commercialisation de nouveaux produits ou de nouveaux services par les grandes surfaces nécessite bien souvent

---

[1] « Aswak Assalam lance la solution L'carnet », *Libération*, 20 juillet 2018.

[2] « *Au Maroc, et à partir d'octobre prochain la légalisation dans les supermarchés* », *La Vie Économique*, 13 juillet 2009.

l'implantation de nouveaux rayons[1]. Là aussi, on est confronté à une difficulté de classification. La mise en place d'un nouveau rayon relève également des nouveaux process et des nouvelles organisations. En effet, la vente d'un nouveau produit ou d'un nouveau service nécessite parfois un nouveau process, une nouvelle organisation au sein du magasin.

C. Les innovations organisationnelles et les nouveaux process

Bien que les innovations de process et/ou les innovations organisationnelles soient relativement difficiles à cerner, on peut observer que le grand commerce est fortement impliqué dans ces innovations organisationnelles et qu'il est même à l'origine de nombreuses innovations en matière de gestion des ressources humaines, d'organisation du travail (en particulier au niveau du secteur caisse), et plus généralement d'organisation interne des magasins. La mise au point de nouveaux process ou la transformation des process existants repose souvent (mais pas exclusivement) sur l'utilisation de nouvelles technologies.

Ainsi, par exemple, le « *category management* » est une innovation organisationnelle qui touche un même format mais également son environnement (relation à la centrale d'achats et aux services centraux en général). L'émergence de réflexions en termes de « *category management* » est liée aux développements technologiques en cours dans le grand commerce. Le « *category manager* » est le véritable responsable d'un domaine d'activité stratégique. Il gère la totalité des problèmes d'un groupe de produits en étant responsable de l'achat jusqu'à la performance à la vente. Le groupe Casino définit le « *category management* » comme une nouvelle organisation où l'acheteur devient responsable d'une filière produit dans sa totalité. L'idée est également de proposer au consommateur non plus des produits mais des solutions complètes à son problème.

En matière organisationnelle, l'innovation la plus remarquable de ces dernières années nous semble être la reconfiguration des magasins selon la logique des univers. Cette nouvelle organisation s'appuie sur l'abandon du caractère linéaire et compartimenté de la présentation de l'offre. De ce fait, on peut dire que l'hypermarché n'est plus structuré selon une logique de type industrielle, celle des fournisseurs (en particulier la logique des rayons organisés en fonction de la manière dont travaillent les industriels) mais plutôt selon une logique client. Ainsi, les produits sont maintenant présentés par proximité (ou complémentarité) d'usage (même s'ils sont de natures différentes, les produits sont regroupés dès lors qu'ils permettent de satisfaire

---

[1] On notera que c'est souvent le cas lorsqu'on passe d'une logique de service gratuit à une logique de service payant.

un même besoin), dans des îlots ou univers de consommation. Des espaces spécifiques sont réservés à des usages spécifiques (culture-communication, arts de la table, petit-déjeuner, loisir-détente, etc.) avec comme objectif la réhabilitation de la boutique spécialisée au sein même de la grande surface.

L'abandon de la vente d'alcool. Cet abandon, entamé successivement par Marjane puis Acima, peut être considéré comme une véritable innovation organisationnelle et de process. Les rayons *ad hoc* contribuent, dans certains magasins jusqu'à 30 % du chiffre d'affaires. La disparition de ces rayons bouleverse mécaniquement et considérablement la structure et le fonctionnement normal des magasins, voire parfois les oblige à rechercher un nouveau modèle économique de développement. L'abandon de la vente d'alcool, comme elle renvoie à la suppression d'un ou plus vraisemblablement de plusieurs rayons en magasin, peut être considérée comme une authentique innovation régressive ou épurative (Gallouj, 2007).

Le concept de « grandes courses ». L'abandon de la commercialisation des boissons alcoolisées par Marjane a permis de libérer des espaces commerciaux ; autrement dit, des rayonnages qui ont été l'occasion de tester avec succès semble-t-il, une nouvelle offre et un concept original de rayons dits « grandes courses ». Ces rayons sont destinés prioritairement à la clientèle professionnelle (grossistes, restaurants, épiceries…) qui constitue une clientèle importante de certains hypermarchés, mais également aux familles nombreuses. Sur ce point, Mohamed Lamrani, PDG de Marjane Holding déclarait : « Les études clients que nous avons réalisées nous ont permis de découvrir que nous avions une importante clientèle de professionnels. Dans certains magasins près de 15% du chiffre d'affaires est réalisé avec cette catégorie. Elle comprend notamment les cafés, les restaurants, et les laiteries. Ce segment de clientèle recherche de bons produits à petits prix sans perdre de temps à naviguer dans l'ensemble du magasin. Pour répondre à cette demande nous avons créé un espace dédié et un service personnalisé qui répondent aux attentes de ces professionnels. Nous espérons ainsi fidéliser cette clientèle[1] ».

Shop in shop et corners. Dans un souci de réduction des coûts ou encore plus largement de portage d'une nouvelle enseigne, avant son déploiement autonome, certaines enseignes marocaines commencent à intégrer la logique du « *shop in shop* ». Cette pratique est encore nettement plus en vogue dans le cas de la grande distribution spécialisée que dans celui de la grande distribution alimentaire. Il n'empêche que l'on peut relever régulièrement des pratiques similaires appuyées sur des offres spécifiques. C'est régulièrement que la grande distribution ouvre ses portes à des coopératives de

[1] Interview de Mohamed Lamrani, *L'Économiste,* n° 4180, 26 décembre 2013.

commerçants-producteurs qui s'installent dans l'hypermarché en mode *shop in shop* ou en mode *corner* et qui rencontrent un réel succès auprès des consommateurs. La différence que l'on perçoit par rapport aux pratiques traditionnelles est bien que les innovations organisationnelles et de process concernées ont ici souvent une vocation sociale et sociétale (nous y reviendrons). Les restrictions liées à la Covid 19 ont également induit le développement de pratiques *shop in shop* interentreprises. Ainsi, à la mi-2020, Décathlon Maroc signe un accord avec Marjane aux termes duquel les produits de la première enseigne sont proposés à la vente dans la seconde[1].

D. L'innovation inter-organisationnelle

L'innovation commerciale ne se limite pas à des changements institutionnels (innovation de format) ou à des transformations et innovations à l'intérieur d'un même format. Elle peut également se situer à un niveau inter-organisationnel. En effet, de nombreuses innovations de format ou intra-format débouchent sur des reconfigurations complètes de la filière de distribution, c'est-à-dire de la chaîne qui va du producteur au consommateur final. Les nouvelles technologies et méthodes du type EDI et ECR jouent parfois un rôle de support ou de facilitation de ce type d'innovation.
La plupart des innovations auxquelles il est ici fait référence portent généralement sur des modifications des relations entre distributeurs et fournisseurs[2]. Elles peuvent également porter sur des modifications des relations entre les distributeurs eux-mêmes, voire être plus larges, et englober divers acteurs institutionnels (État, régions, villes, associations diverses, etc.).

Les pratiques d'internalisation ou d'externalisation de la chaîne logistique ou encore d'autres fonctions relèvent, elles aussi, de l'innovation organisationnelle ou inter-organisationnelle. L'externalisation connaît un certain développement dans le grand commerce. Elle peut être « classique » et prendre la forme d'une externalisation partielle d'un domaine particulier, l'informatique le plus souvent.

On notera enfin que l'externalisation comme innovation organisationnelle a rarement été abordée dans le cas du secteur tertiaire. Il s'agirait pour ainsi dire d'une pratique nettement plus récente dans le tertiaire qu'elle ne l'est dans le secteur industriel. On peut, sur ce point, se référer à l'article de Cloarec et Chevalier (2004) dont le titre : « les entreprises du tertiaire externalisent *aussi*

---

[1] « *Coronavirus : Décathlon Maroc s'installe chez Marjane* », *Challenge*, 15 mai 2020.

[2] C'est bien cette dimension qui constitue pour les gestionnaires le principal enjeu de concepts comme le « *trade marketing* » (Chinardet, 1994, 2000 ; Picot, 1997 ; Vandaele, 1998). Notons cependant que la notion de fournisseur que nous utilisons ici est beaucoup plus large. Il peut s'agir, y compris de prestataires de services (dans les différents domaines de l'organisation).

leurs services » nous semble, sur ce point, particulièrement évocateur. Mais le type d'innovation que nous présentons dans cette section, va encore plus loin. Ainsi, on peut y intégrer toutes les formes de coopérations innovantes, de « joint-ventures » entre la distribution et certains de ses fournisseurs : les techniques, méthodes et technologies de gestion de la filière logistique comme les pratiques de « *cross docking* », la gestion partagée des approvisionnements, etc. et plus récemment les places de marché.

On notera enfin que les pratiques d'innovation du grand commerce peuvent sortir du strict cadre de la filière commerciale. Ainsi, la plupart des actions du grand commerce autour de la notion « d'entreprise citoyenne » ou plus spécifiquement d'une meilleure intégration de l'entreprise dans la « cité » peuvent, selon nous, relever de ce cadre. Certaines des nouvelles formes de relations qui se développent entre les distributeurs et leur environnement peuvent déboucher parfois sur un effacement de la distinction entre producteurs et distributeurs.

E. Les innovations relationnelles

Les innovations auxquelles nous faisons référence ici renvoient logiquement au monde de l'empathie, de la relation de service, des liens de confiance. Ces innovations font référence à tous les nouveaux dispositifs sur mesure et autres arrangements institutionnels originaux. Ainsi par exemple, lorsque l'enseigne Atacadão a dès 2016 poursuivi la déclinaison de sa stratégie commerciale orientée épiciers et petits vendeurs (ou revendeurs), en constituant une équipe d'accompagnement *ad hoc*, on peut parler d'innovation relationnelle. Dans le rapport de gestion 2016 de l'enseigne, on relève (p. 34) : « une équipe d'accompagnateurs a été déployée pour orienter le client professionnel en magasin, développer son panier et recueillir quotidiennement les « remontées marché » ou suggestions ». Au-delà, les innovations relationnelles peuvent renvoyer parfois à des modifications des relations horizontales qui peuvent s'établir entre entreprises commerciales. Néanmoins, c'est dans les relations verticales entre distributeurs et fournisseurs (ou entre distributeurs et clients) que les enjeux de l'innovation semblent les plus importants. Ainsi, et selon nous, l'enseigne BIM, promeut une véritable innovation relationnelle dans le cadre de ses relations fournisseurs en ce sens qu'elle est la seule enseigne à ne pas faire payer de droits d'entrée… pas plus qu'elle ne cherche à profiter de la logique des marges-arrières qui sont devenues une quasi-norme dans la grande distribution.
Plus largement, l'innovation relationnelle est également prégnante dans les liens qu'entretient le commerce avec son environnement et la société civile.

1.3.2. Les catégories spécifiques au commerce

Le secteur commercial se distingue par la production de types d'innovations qui lui sont spécifiques comme les nouvelles méthodes de vente ou encore les nouveaux concepts et formats de magasins.

A. Les nouvelles méthodes de vente

Les innovations dans la grande distribution peuvent prendre la forme de la mise en place et du développement de nouvelles méthodes de vente ou de nouvelles formes de distribution. On fait ici référence à de nouveaux modèles d'accès et d'interaction avec les clients. Dans les pays développés, les nouvelles méthodes de vente s'appuient essentiellement sur les nouvelles technologies (téléachat, magasin robot, drive, etc.). Ces nouvelles méthodes et technologies de vente ne sont pas totalement absentes dans les pays émergents et en développement. Au Maroc, si le téléachat ou les magasins robots ne sont pas encore d'actualité, il n'en va pas de même du drive qui commence à émerger timidement avec une première expérimentation lancée par epicerie.ma en 2013[1] et plus récemment une offre promue par Aswak Assalam.

Dans le cas du Maroc et plus généralement des pays émergents, ces nouvelles modalités d'accès au client sont d'une extrême diversité et ne sont pas uniquement dépendantes des technologies. La diversité des nouvelles méthodes de vente nous semble d'ailleurs plus prégnante dans les pays émergents que dans les pays développés. Elle s'appuie largement sur les difficultés d'accès à la consommation des populations concernées. Sur ce point d'Andrea *et al.* (2006, p. 15) écrivent : "the need to reach emerging consumers, coupled with microeconomic restrictions and discontinuities or specific challenging circumstances (such as severe capital limitations and clients bankruptcy) has been the main driver of innovation". Dans d'autres travaux, nous avons évoqué un certain nombre de formes innovantes d'accès au client comme la distribution hebdomadaire de poisson en « *tchouc-tchouc* » dans les villages éloignés de la ville et du port de pêche ou encore la distribution spécialisée selon les mêmes modalités d'un produit unique comme la Javel (Gallouj, 2021).

---

1 « *Epicerie.ma lance son service drive* », LesEco.ma, 2 septembre 2013.

B. Les nouveaux concepts ou nouveaux formats de magasin

On s'intéresse cette fois à l'émergence et au développement de nouveaux formats de magasins. Il s'agit ici de la principale (souvent de la seule) dimension d'innovation retenue dans le cadre des théories et modèles locaux d'innovation dans le grand commerce (Gallouj, 2007). Cette dimension correspond d'ailleurs à une certaine réalité. L'histoire de la grande distribution (Thil, 1996) nous montre comment de nouveaux formats de magasins ont émergé et se sont développés, dans la plupart des cas, au détriment de formules et formats existants. Cette catégorie d'innovation entretient par ailleurs des liens particuliers avec les différentes formes d'innovation que nous avons recensées. En effet, il semble clair que des innovations initialement centrées sur le process ou le produit ou encore l'organisation, etc., peuvent déboucher « in fine » sur une transformation telle du concept que ce dernier devient en lui-même une innovation. D'un autre côté, le développement de nouveaux formats de magasins (nouveaux concepts) peut conduire à de nouvelles organisations du commerce de détail. On fait ici référence par exemple à l'expansion du commerce intégré au détriment du commerce indépendant. En effet, tout distributeur fait partie intégrante d'une chaîne qui va du producteur au consommateur final. Dans ce cadre, toute innovation introduite à un point de la filière a des incidences sur l'ensemble des composantes de cette dernière. L'innovation peut même, dans certains cas, amener à une recomposition totale de la filière.

L'hypermarché lui-même, se transforme en adoptant une organisation innovante en termes d'univers de consommation. Il en va de même pour le supermarché, avec la diffusion de formes d'organisation radicalement nouvelles. En effet, l'hypermarché Marjane, Carrefour-LabelVie ou Aswak Assalam d'aujourd'hui n'est pas tout à fait celui d'hier. L'argument vaut aussi pour les supermarchés où l'on peut dire que le supermarché Acima ou Carrefour Market du début des années 2000 qui n'est que difficilement comparable à celui de 2018.

Plus récemment, on a vu émerger de nouveaux concepts s'appuyant en grande partie sur les évolutions sociétales et les nouveaux modes de vie et de consommation des ménages. On peut ainsi relever les concepts suivants : les magasins d'ambiance (qui s'appuient sur le poly-sensualisme), les magasins exotiques (qui mettent en avant les produits issus du terroir ou de pays lointains) ou encore les magasins ludiques (qui cherchent à concilier loisir et consommation). Ces différents concepts innovants s'inscrivent dans le débat (qui anime les recherches actuelles en marketing de la distribution) concernant le marketing sensoriel et la thématisation accrue de l'offre. Cette thématisation répond bien à l'émergence de nouveaux comportements de shopping centrés sur le besoin de ré-enchantement du quotidien, la quête de sens, et le désir de lien.

Au Maroc, ces nouveaux concepts renvoyant aux évolutions sociétales se développent graduellement avec plus ou moins de succès. On peut citer au moins trois exemples qui nous semblent particulièrement intéressants dans l'espace commercial marocain : le magasin d'itinéraire, le *convenience store*, le magasin design.

Le commerce d'itinéraire ou de transit. Le commerce d'itinéraire ou de transit est un commerce qui connaît un réel développement en Europe. Il renvoie à l'idée que le consommateur moderne, qui court après le temps, peut profiter de ses transits ou passages (obligés) par certains lieux pour faire ses courses. Autrement dit, les consommateurs peuvent profiter de leurs déplacements incompressibles pour se ravitailler. Aussi, les commerces sont appelés à prendre une place de plus en plus importante dans les lieux de transit afin de répondre aux différentes attentes des voyageurs-consommateurs. Au Maroc, un certain nombre d'expérimentations ont été menées par Marjane Holding notamment en collaboration avec l'ONCF pour lancer des magasins d'itinéraire à l'enseigne Acima. En effet, la chaîne Acima et l'ONCF ont entamé des négociations pour ouvrir des supérettes dans l'enceinte de certaines gares. Le nouveau concept de gare développé par l'ONCF privilégie des espaces de vie, ce qui permet d'offrir de nouvelles opportunités pour la grande distribution. Ainsi, en 2011, trois supérettes à l'enseigne Acima sont ouvertes à Mohammedia, Salé et Fès, préfigurant un déploiement plus large sur l'ensemble du réseau ONCF. Cependant 4 années plus tard, soit en 2015, le groupe actait une faible rentabilité des points de vente considérés, et décidait de mettre fin à l'expérimentation.

Convenience stores : Openshop et Leader Price Express. Nous avons déjà évoqué, dans notre chapitre 3, un certain nombre de nouveaux entrants dans le commerce de détail et en particulier le cas d'Openshop, mini-supérette à haut niveau de service, inspirée du concept japonais Seven Eleven. Ce nouveau concept peut être considéré comme une réelle innovation dans l'espace national en ce sens qu'il s'agit bien de la première enseigne de distribution multiservices (GAB, DAB, livraison à domicile, téléphonie, tabac, presse, timbres) à très large amplitude d'ouverture à s'implanter au Maroc.

En s'associant à Vivo Energy, société qui distribue et commercialise les carburants et lubrifiants Shell au Maroc, Leader Price a lancé en 2018 un nouveau concept de proximité Leader Price Express (LPE) qui peut être considéré comme la première tentative de lancement d'une chaîne de distribution adossée à une station-service au Maroc[1]. Leader Price Express propose ainsi une solution de smart shopping qui inclut carburant, restauration, PGC, et offre traditionnelle d'une supérette complétée par un ensemble de services annexes. Malgré les difficultés rencontrées par l'enseigne Leader Price, il semble que l'expérience LPE soit toujours en cours, sans qu'elle connaisse toutefois un développement marquant.

Bô Marché : le supermarché design premium. Le concept de supermarché design que nous avons eu l'occasion de présenter dans notre chapitre 3 constitue également une innovation. En effet, même s'il se présente comme un concept de supermarché, il ne s'agit pas moins d'un modèle hybride qui allie le format supermarché au design de l'épicerie parisienne vintage et celui du magasin new-yorkais tout en s'appuyant sur toutes les technologies modernes du retail. La palette de services et de conseil offerte au sein du magasin est également suffisamment large et originale pour en faire un concept innovant.

1.3.3. Les applications et utilisations des technologies de l'information

Le grand commerce est devenu un espace de développement important pour les technologies de l'information en particulier. Rares sont les champs de la fonction commerciale qui n'ont pas été investis par les TIC. Cette catégorie d'innovation tient un rôle particulier, en ce sens qu'elle peut être transversale à toutes les autres formes… Pour autant, les TIC ne sont pas les seules technologies ou innovations technologiques que l'on peut trouver dans le commerce. Ainsi, même si cette dimension est souvent négligée dans les travaux existants, le commerce est également fortement utilisateur de technologies plus traditionnelles, que ce soit dans les structures de vente (caddies, technologies de la chaîne du froid, technologies de découpe…) ou dans les réserves et entrepôts (chariots élévateurs, robots…).

Globalement, on constate que, quelle que soit la forme de la technologie (technologie informatique ou technologie traditionnelle), les applications des technologies dans le commerce sont nombreuses, comme peut en témoigner également le tableau qui suit.

---

[1] Sur ce créneau, on peut cependant citer le cas des boutiques MiniBrahim.

Tableau 18 : Fonctions commerciales et nouvelles technologies

Éléments de la fonction commerciale	Nouvelles technologies développées par les entreprises du commerce
1 Exploitation et connaissance de la demande	Enquêtes marketing à partir des bases de données automatiques constituées par la lecture optique, Géomarketing Mégabases de données, Avis clients
2 – Exploration et sélection de l'offre	Constitution de catalogues électroniques à destination des magasins adhérents Personnalisation produit
3 – Commandes et contrôle de la production	Utilisation des réseaux informatiques (EDI) Laboratoires d'essais
4 – Production	—
5 – Information du consommateur	Journaux consommateurs, Services en ligne, e-commerce, Catalogues électroniques SMS, Communication mobile
6 – Expédition et livraison	Chaîne du froid Contrôle et pilotage automatique des expéditions, Drive ECR (*efficient consumer response*) Retrait des colis dans des lockers 24/7
7 – Entreposage et allotissement	Plateformes automatisées, Stockage vertical à gestion informatisée, Radiofréquence
8 – Exposition sur lieu de vente	Bornes interactives, Étiquetage électronique, Chaîne du froid QR codes pour plus d'info en ligne sur les produits
9 – Communication de l'offre	PLV électronique Internet, e-commerce
10 – Vente	Lecture optique aux caisses, *self scanning,* DAP (Distributeur Automatique de Produits)
11 – Paiement – transaction	Carte privative de crédit, cartes de fidélité Paiement électronique, Crédit Self encaissement, paiement par lien web
12 – Services liés à l'utilisation et à la consommation	e-commerce, Télévision locale informative

Source : adapté et enrichi de *Économie et Géographie* (1991).

Que ce soit à l'intérieur d'un même format ou dans l'environnement (clients, fournisseurs, autres magasins) du format considéré, le commerce et la grande distribution sont devenus un champ de développement de nouvelles technologies. Ces dernières proviennent souvent d'autres secteurs économiques, ce qui explique sans doute en partie le fait que certains auteurs aient pu considérer que le commerce relevait exclusivement des firmes dominées par les fournisseurs (de technologies). Néanmoins, cette conception néglige *le fait que ces mêmes technologies sont dans la plupart des cas adoptées et adaptées*. Elles peuvent également être mises au point par les distributeurs eux-mêmes ou en collaboration, le distributeur devenant alors véritablement l'initiateur de la nouvelle technologie. On constate en effet que, de plus en plus, les entreprises du commerce (qui se sont dotées des compétences techniques nécessaires) participent activement à la conception, à la définition des cahiers des charges et à l'adaptation de ces technologies. Dans de nombreux cas, elles participent même à la diffusion des innovations, dans le cadre de ce que l'on pourrait appeler un véritable transfert de technologie. C'est en particulier le cas pour l'utilisation des réseaux informatiques par exemple.

Là encore, les pays émergents comme le Maroc, ne sont pas en reste et on constate que la grande distribution, tant nationale qu'internationale, s'appuie sur de nombreuses technologies que ce soit en amont ou en aval de la relation commerciale. Ainsi en est-il par exemple (en dehors du secteur alimentaire) de Décathlon qui a ouvert à Casablanca Derb Ghallef un magasin totalement digitalisé.

2. Développement durable, RSE et stratégies sociétales

La plupart des entreprises de grande distribution se présentent d'emblée comme des entreprises citoyennes, soucieuses du développement durable et plus généralement de leur responsabilité sociale. En effet, que ce soit dans une logique réactive (trajectoire opportuniste du type greenwashing), défensive (adaptation a minima des équipements, produits ou pratiques) ou offensive (volonté de créer de la valeur durable et mise en place de stratégies pionnières en la matière), on constate que le commerce, et en particulier le grand commerce, s'inscrit très nettement maintenant dans une logique de développement durable. La plupart des enseignes ont depuis longtemps intégré la dimension écologique (et plus généralement sociétale) à leurs chaînes de valeur, leurs produits et leurs stratégies. Cette intégration passe par différents moyens (généralisation des politiques d'économie d'énergie, valorisation d'une logistique durable, engagement dans les pratiques de commerce équitable…). Les stratégies et actions mises en œuvre sont ici nombreuses. On peut néanmoins les répartir en deux groupes distincts : des actions qui se focalisent sur la question écologique et la contribution à l'environnement et à sa protection et des actions plus larges, renvoyant à la responsabilité sociale de l'entreprise vis-à-vis de ses stakeholders : clients, fournisseurs, salariés et plus généralement société. L'analyse des deux catégories d'actions nous permet, dans un premier temps, d'envisager une typologie des stratégies RSE des entreprises de distribution.

2.1. Des actions de protection de l'environnement et de réduction de l'empreinte carbone

Les actions concernées peuvent se décliner ici en trois logiques ou trajectoires distinctes : réduction de l'impact sacherie, gestion des déchets, économies d'énergie et valorisation de l'écoconception et des produits verts.

2.1.1. Les sacs plastiques et la réduction de l'impact de la sacherie

La question des sacs plastiques est sans doute une question centrale dès lors que l'on s'intéresse à la performance écologique de la grande distribution marocaine. En effet, l'environnement marocain apparaît plus que d'autres (y compris certains pays du même niveau de développement), largement contaminé par les sacs plastiques (noirs ou bleus le plus souvent). Selon une évaluation de 2016, plus de 2,5 milliards de sacs plastiques seraient consommés chaque année au Maroc (soit environ 9 kg par hab.) contre moins de la moitié il y a une dizaine d'années plus tôt[1].

Figure 36 : Consommation de sacs plastiques par personne et par an

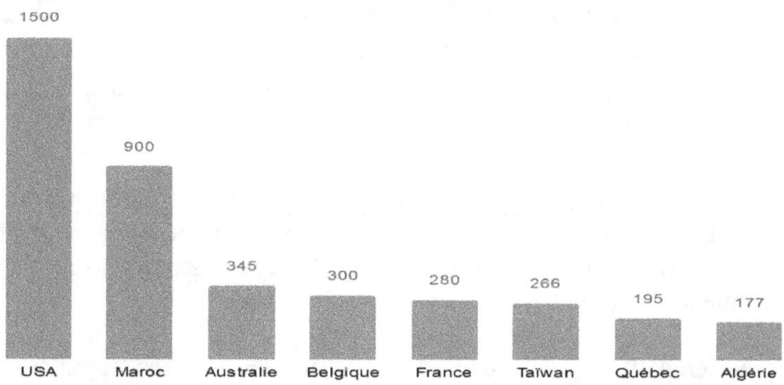

Source : *L'Économiste*, 17 juin 2016, données ministère de l'Industrie.

Si le gouvernement marocain affiche un haut niveau de concernement quant à l'étendue des dégâts provoqués par le sac plastique sur l'environnement, il n'en demeure pas moins que les actions concrètes tardent à suivre. Déjà au début des années 2000, le secrétariat d'État à l'environnement, sous

[1] « *Sacs en plastique : le compte à rebours* », *L'Économiste*, n° 4797, 17 juin 2016.

l'impulsion en particulier des associations écologiques, avait rédigé un projet de loi interdisant l'usage des sacs plastiques noirs... Au milieu des années 2000, un plan d'action avait été établi avec l'aide de l'agence française pour le développement... Ce plan d'action envisageait, outre la sensibilisation des usagers, la création d'une écotaxe ainsi que le soutien au développement des sacs biodégradables. Mais là encore, la mise en œuvre reste très lente.
De fait, à l'instar de la société civile, les grandes enseignes marocaines de distribution se sont montrées très actives sur ce créneau. Ainsi par exemple, on dénombre de multiples initiatives chez Marjane, Carrefour-LabelVie, Aswak Assalam... On retrouve d'ailleurs ces préoccupations pour la disparition des sacs plastiques dans la plupart des chartes des enseignes.

Aswak Assalam s'affiche résolument comme une entreprise responsable. Très tôt (dès mai 2013), dans le cadre de la charte nationale de l'environnement durable, la chaîne d'hypermarchés a lancé un programme d'écopacking et a abandonné définitivement les sacs plastiques traditionnels. La première phase de ce programme passe par la mise en place en boulangerie[1], d'un papier 100% naturel, recyclé et recyclable, hygiénique et biodégradable. Le coût de cet emballage respectueux de l'environnement est relativement élevé (deux fois celui d'un sac ordinaire), néanmoins, il ne sera pas supporté par le client. Le lancement de l'emballage n'est que la première étape dans la nouvelle politique innovation et solidarité de l'enseigne. Cette action est certes pionnière mais est loin d'être la première qui marquerait l'engagement sociétal de l'entreprise en tant que véritable système de valeur.

De la même manière qu'Aswak Assalam, LabelVie s'inscrit dans le cadre de l'objectif de politique nationale. Dès février 2010, l'enseigne a supprimé la distribution de sacs plastiques traditionnels pour les remplacer par des sacs oxo-biodégradables.

Encadré 17 : Traitement de la sacherie dans les GMS alimentaires au Maroc

« Aswak Assalam a fait le choix responsable de remplacer les sacs plastiques traditionnels d'emballage par des sacs biodégradables beaucoup plus respectueux de l'environnement » Aswak Assalam entreprise citoyenne.

« Depuis février 2010, tous les sacs plastiques distribués dans nos magasins Label'Vie et Carrefour sont biodégradables (se désintègrent au bout de quelques mois au contact de la lumière) et contribuent à limiter la pollution de l'environnement. Notre objectif : améliorer votre qualité de vie » Carrefour Label'Vie.ma, entreprise citoyenne.

« Depuis le lancement du chantier national en 2010, mené par le ministère du Commerce et de l'Industrie, toute la sacherie dans nos enseignes, est biodégradable. Ces sacs dégradables sont certifiés à l'usage alimentaire, et sont fabriqués

[1] Il devrait être rapidement généralisé à la rôtisserie et à la sandwicherie.

conformément aux normes et réglementations régissant la fabrication et la commercialisation des sacs au Maroc ».

« afin de réduire l'impact des sacs plastiques sur notre environnement et leurs sources de pollution considérables durant tout leur cycle de vie, Marjane a œuvré à la mise en place de sacs dégradables à usage alimentaire, de sacs réutilisables ainsi que le déploiement de caisses vertes… Nos enseignes ont mis à la disposition de leurs clients des sacs réutilisables laminés tissés, d'une contenance allant jusque 40 kg et vendus en ligne de caisse au prix coûtant. Ce sac est pratique et peut être réutilisé à chaque visite… Une caisse verte est disponible dans certains magasins Marjane mettant à la disposition des clients des paniers en osier ».

Source : Diverse presse.

Pour autant, dans les conditions du début de l'année 2022, on constate que si les traditionnels sacs plastiques ont effectivement disparu des sorties de caisses d'hypermarchés, il n'en demeure pas moins que l'essentiel des expériences des sacs biodégradables sur une base de gratuité ou à prix coûtant a tourné court, ce qui, pour beaucoup de clients a été ressenti comme une réduction nette de l'offre de service, voire même, et pour reprendre les propos des certains de nos interlocuteurs comme « *une véritable supercherie où le dindon de la farce est le modeste client qui doit maintenant payer les sacs pour porter ses achats* » (Hamza, 29 ans, Rabat).

2.1.2. Gestion des déchets

Tout comme celle de la sacherie, la question de la gestion et du traitement des déchets constitue un enjeu important pour la distribution moderne. La plupart des enseignes marocaines ont entamé des réflexions poussées sur cette problématique visant à réduire le plus possible leur empreinte écologique. Dans ce cadre, Marjane Holding a ainsi pu identifier de nombreuses pistes d'améliorations possibles, dont au moins trois sont systématiquement mises en avant : « les papiers, cartons et plastiques sont compactés et recyclés ; les cartouches d'encre des imprimantes sont collectées et recyclées, le matériel informatique est collecté (suite à la signature d'une convention entre Marjane Group et l'association Al Jisr), et mis à la disposition des écoles depuis 2010 ». On notera pourtant que dans la mesure où l'essentiel de ces actions est souvent réalisé sur la base du volontariat, on assiste systématiquement à des périodes de flottement où les bonnes volontés individuelles se heurtent à l'insuffisance des procédures mises en place, voire tout simplement à leur oubli : « *oui, je me souviens, avant il y avait un bac, en fait un carton pour récupérer les cartouches d'encre des imprimantes. Il est resté plein pendant des mois et un jour, il a disparu... Aujourd'hui on ne sait plus si le recyclage est toujours d'actualité quelque part dans l'entreprise... Je mettais de côté et après quand il y en a eu trop j'ai tout mis à la poubelle normale* » (Marwan, 47 ans, cadre, enseigne de grande distribution).

Au-delà sont parfois engagées des actions plus générales mais récurrentes comme par exemple la participation à des initiatives mondiales du type le « *Clean Up Day* » (journée mondiale du nettoyage). Ainsi, le groupe LabelVie participe régulièrement à cette journée en partenariat avec des associations locales [1] de manière à assainir certaines plages de Rabat. Selon un communiqué de l'entreprise, cette journée s'inscrit dans le cadre de l'intérêt que porte le groupe LabelVie pour les problématiques environnementales[2].

2.1.3. Écoconception et produits verts

Les économies d'énergie et plus largement l'écoconception constituent un autre axe majeur de la stratégie écologique et environnementale des enseignes de grande distribution. Concernant les économies d'énergie et la réduction de l'empreinte écologique, Marjane a lancé « un chantier de mise à niveau de ses équipements ainsi qu'une action de refonte complète de la conception de ses bâtiments (éclairage naturel, hauteur, isolation…). Le groupe a aussi mis en œuvre une politique d'économie d'énergie, avec une réduction annuelle estimée de 4 millions de kWh/an, soit près de 7% de la consommation annuelle du groupe ».

Encadré 18 : Éclairage et climatisation chez Marjane

Éclairage. Un important investissement a été réalisé. Les tubes LED ont remplacé les tubes néon dans certaines zones des espaces de vente, des ballasts électroniques et de nouveaux néons à basse consommation ont également remplacé les tubes fluorescents historiques.

Pour diminuer la consommation de l'éclairage électrique en journée, des dômes ont été mis en place apportant un éclairage naturel de qualité. Ce système assure un maximum de transmission de lumière avec une diffusion de haut rendement et sans éblouissement.

Les espaces de bureau, les couloirs et les parkings ont été équipés de détecteurs de mouvements permettant d'adapter l'utilisation de l'éclairage aux besoins réels.

[1] Par exemple l'association « Tous pour Harhoura ».

[2] « *Journée mondiale du nettoyage, Label'vie met la main à la patte* », *Le Matin*, 14 septembre 2018.

Climatisation. Le groupe a aussi pensé à rationaliser l'utilisation de la climatisation. L'appel en puissance est ainsi réduit du fait que les magasins sont refroidis naturellement, grâce à la récupération de la fraîcheur de l'eau stockée dans la bâche à eau incendie à 20°C pour rafraîchir l'air neuf issu de l'extérieur (en été 45°C). Par ce système d'échangeur d'eau, l'air neuf est refroidi à 26°C.
La mise en place de couvercles sur tous nos meubles surgelés a permis d'économiser sensiblement la consommation électrique mais surtout de garantir la qualité de nos produits via la stabilisation de la température entre -13° et -28°.
Les nouveaux projets sont et seront conçus de manière à garantir une meilleure étanchéité thermique.

Source : Documents internes Marjane.

LabelVie s'inscrit dans la même ligne en lançant de nombreuses actions. La dernière en date étant le développement d'une production d'électricité à partir de l'énergie solaire. En effet, le magasin Atacadão de Meknès est le premier magasin à accueillir une toiture photovoltaïque permettant une autosuffisance énergétique. Les installations en question devraient être progressivement généralisées à d'autres magasins en commençant par Taza et Marrakech[1]. À un niveau plus général, si l'on en vient à l'écoconception de structures et magasins durables, on notera que le premier hypermarché Carrefour est ouvert en août 2015 à Casablanca Bouskoura en remplacement d'un Atacadão (anciennement Metro). « Cet hypermarché s'étend sur une surface de 10 000 m² dont 8500 d'espace de vente. Il propose plus de 30000 références dont beaucoup de nouveautés et en particulier 4000 produits de la marque Carrefour et exclusifs (Carrefour, Reflets de France, Tex ou encore Bluesky). Il a été conçu en suivant les normes Carrefour de dernière génération en termes d'économie d'énergie et de respect de l'environnement » (Zouhair Bennani, PDG groupe Carrefour LabelVie)[2].

2.1.4. Offre bio, Beldi et Terroir : l'autre dimension écologique

La valorisation d'une offre bio ainsi que la montée en puissance des produits du terroir au sein des enseignes peuvent être vues comme une dimension importante du concernement écologique de la grande distribution marocaine. LabelVie met systématiquement en avant son offre de produits bio qui couvre l'alimentaire (biscuiterie, céréales, confitures, jus de fruits, pâtes…) mais également les produits d'hygiène-beauté (soin visage, shampooing, produits pour bébé, déodorants) qui seraient fabriqués à partir d'ingrédients naturels, issus de l'agriculture biologique. Au-delà, c'est une large gamme de produits biodégradables Carrefour Eco-planet qui sont mis à la disposition des clients (*cf.* encadré 19).

---

[1] « *Label'vie : de l'électricité issue de l'énergie solaire* », *L'Économiste*, 23 août 2017.

[2] 27 août 2015, Leseco.ma

Encadré 19 : Protection de l'environnement et offre bio chez LabelVie

Protection de l'environnement. Protéger l'environnement est l'affaire de tous. Le groupe Label'Vie s'est engagé dans un programme global visant à préserver vos espaces de vie et à vous proposer des produits frais cultivés par nos agriculteurs marocains, et des produits sains respectueux de l'environnement. Disponibles dans nos magasins, les produits Carrefour Bio vous offrent un choix complet de produits alimentaires (biscuiterie, céréales, confiture, jus de fruits, pâtes...) et de produits d'hygiène-beauté à base d'ingrédients naturels issus de l'agriculture biologique (soins de visage, shampooing, produits pour bébé, déodorants…).
Avec l'offre de produits biodégradables Carrefour Eco Planet, LabelVie met le geste écologique à votre portée (lessive, produits d'entretien, sacs de poubelle…).

Produits favorables à la protection de l'environnement. Le Bio accessible à tous ! Afin d'améliorer leur quotidien, le groupe Label'Vie offre à ses clients une gamme de produits Carrefour Bio avec un large choix de produits alimentaires au niveau des rayons : biscuiterie, céréales, jus de fruits, pâtes, soins du visage, déodorants… Le groupe met aussi à la portée de ses clients une gamme de produits biodégradables Carrefour Eco Planet : lessive, produits d'entretien, sacs poubelle…

Source : LabelVie.

Concernant l'offre « terroir », on observe que c'est à partir de 2006-2007, que la grande distribution marocaine a commencé à accorder un intérêt croissant aux produits du terroir. Ainsi par exemple, Marjane, Acima et Aswak Assalam ont signé dès 2008, une convention avec Planet Finance Maroc (PFM), organisme actif dans le micro-crédit pour réserver des rayons au commerce équitable. Le plan Maroc vert (2008) a contribué à stimuler le développement de ce segment. En effet, c'est dans le cadre de ce plan que de multiples actions promotionnelles ont pu être menées au sein des enseignes de distribution (en particulier Marjane) et dans les principales villes du Maroc. L'objectif de ces opérations est bien entendu d'appuyer la commercialisation de plusieurs centaines de produits issus des différents terroirs du Maroc (miel, argan alimentaire et cosmétique, huile d'olive, plantes aromatiques et médicinales, dattes, safran, couscous, etc.). Plus généralement des contrats de programme ont été signés entre le gouvernement d'un côté et Marjane Holding et Carrefour LabelVie de l'autre, afin de « sécuriser l'accès des produits des coopératives et autres groupements de producteurs aux rayons de la grande distribution ». Marjane et LabelVie s'engagent à faciliter la pénétration de l'ensemble de leurs réseaux, supermarchés comme hypermarchés en proposant des espaces distincts dédiés aux produits du terroir. Ils s'engagent également à « réduire les coûts d'accès à la grande distribution pour les coopératives via des délais courts de paiement afin de garantir la trésorerie ». Dans ce cadre, le ministère se propose, pour sa part, de former les producteurs aux exigences de la grande distribution. Plus généralement, il contribue à soutenir le développement des filières concernées, en particulier en mettant en place des plateformes logistiques, ainsi qu'en facilitant les relations avec les coopératives (sélection et suivi)[1].

Encadré 20 : Produits du terroir et grande distribution

Il existe de nombreux exemples révélateurs des étapes franchies en matière de projets développement de la commercialisation des produits du terroir menés par l'ADA agricole. On citera l'exemple de la coopérative Nouarat Aïn Lhajar créée en 2011 dans la commune rurale de BenKarrich, province de Tétouan, et spécialisée dans les plantes aromatiques et médicinales. Cette coopérative est déjà présente dans les rayons de l'enseigne Marjane, et son objectif est d'élargir son réseau de distribution au niveau du Maroc et même à l'étranger. Une autre expérience aussi réussie est celle de la coopérative Argana Noumskroud, créée en 2012 dans la commune rurale d'Ameskroud, province d'Agadir Ida Outanane, qui opère dans la filière de l'argan et qui a pu commercialiser des produits à design et packaging fort attrayants au niveau du réseau de la distribution moderne, notamment les magasins spécialisés…
C'est ainsi que l'Agence a su tisser et développer de nombreux liens avec les principaux réseaux de distribution modernes des produits du terroir, dans le cadre de la mise en application des conventions de partenariat établies avec ces opérateurs. En effet, une centaine de coopératives des produits du terroir, représentant plus de 8000 adhérents, ont pu être référencées auprès des Grandes et Moyennes Surfaces, livrant ainsi directement et de manière périodique leurs produits aux distributeurs finaux et sans l'intervention des intermédiaires.

Source : *La Tribune*, 3 juillet 2015.

Une nouvelle convention de partenariat a été signée fin janvier à Rabat entre l'agence de développement agricole (ADA) et Aswak Assalam. Cette convention porte là encore sur la commercialisation et la promotion de produits du terroir. Il s'agit plus précisément de permettre à des coopératives et groupements d'intérêt économique d'être présents au sein des hypermarchés Aswak Assalam. Dans ce cas, une vingtaine d'entités sont concernées au travers de la mise en rayons de produits aussi divers que l'argan, le couscous, le safran, les dattes, l'huile d'olive, les olives de table, les plantes aromatiques et médicinales, les noix, les épices et le vinaigre[2]. Au-delà des conventions et comme le note justement Hamimaz (2009, p. 278), « les hypermarchés montrent leur disposition à référencer des produits du terroir s'il existe une offre sur le marché de la part de producteurs organisés. Le préalable organisationnel est important. La grande distribution veut négocier avec des organisations de producteurs et non avec des individus. Certains responsables sont même prêts à aider les petits producteurs à trouver des débouchés en allégeant considérablement les exigences de leurs cahiers des charges ». À ce jour, au travers de l'ADA, ce sont plus de 700 produits

[1] « Produits du terroir : cinq conventions pour stimuler la filière », L'Économiste, n° 3521, 3 mai 2011.
[2] « *Produits du terroir, nouveaux pas dans la grande distribution* », *L'Économiste*, n°5444, 1 février 2019.

qui sont référencés auprès des différentes enseignes marocaines de distribution représentant près de 430 coopératives agricoles[1].

2.2. Des actions liées à la responsabilité sociale et sociétale de l'entreprise

Les actions sociales et sociétales renvoient plus généralement à la place de la grande distribution et du commerce dans la société, à ses actions citoyennes et à sa responsabilité sociale. On parle alors ici de produits civiques sociaux et sociétaux (qui se situent au cœur de la RSE des entreprises de distribution). Ces produits concernent tout à la fois les clients, les opérateurs de distribution (salariés, fournisseurs, stakeholders…) mais également le petit commerce ou plus généralement les stakeholders et la société dans son ensemble.

2.2.1. Les partenaires-fournisseurs de la grande distribution

La catégorie partenaires-fournisseurs de la grande distribution couvre, outre les fournisseurs traditionnels (autrement dit, les producteurs, agriculteurs et autres prestataires de service), les salariés (fournisseurs de main-d'œuvre ou de force de travail) et les clients. La responsabilité sociale de la distribution englobe bien les trois catégories.

A. Les clients

Les actions concernant les clients font ici référence aux prestations que les ELS ou les caissières (et plus généralement l'ensemble du personnel en contact) peuvent fournir aux clients en difficultés cognitive, économique et sociale. Ces différentes prestations peuvent être envisagées comme des opérations de « réparation » de difficultés liées aux handicaps cognitifs et à l'isolement spatial et parfois affectif, aux conditions économiques et sociales (Barth et Antéblian, 2010). Les exemples sont aujourd'hui, nombreux de ces produits civiques, sociaux et sociétaux, lancés et/ou soutenus par la grande distribution locale (*cf.* Gallouj et Vigliano, 2012).
Chez LabelVie, les engagements de l'orientation client dans la logique RSE se déclinent en quatre trajectoires : innover pour faciliter la vie du consommateur, veiller à la sécurité alimentaire, assurer l'excellence de l'expérience client et enfin, adopter des pratiques éthiques et de transparence. Le refus de vente d'alcool par certaines enseignes peut également relever de cette catégorie. En effet, l'un des éléments les plus marquants au niveau de la politique produit de Marjane est bien sa décision, à partir de 2013, d'arrêter la vente d'alcool dans ses magasins. Cette opération s'est faite par étapes. C'est en 2013 que l'enseigne annonce qu'elle cesse de vendre des boissons alcoolisées dans 16 de ses magasins. À la fin août 2016, c'est l'ensemble des

[1] Ibidem.

magasins Marjane qui ferment leurs caves[1]. L'abandon de l'alcool est lourd de conséquences pour le chiffre d'affaires et la rentabilité de l'enseigne. Dans certains magasins, l'alcool pouvait représenter jusqu'à 30% du chiffre d'affaires. Dès lors pour rentabiliser les « espaces cave » laissés vacants, mais également pour envisager de nouveaux relais de croissance, Marjane a lancé le concept de « grandes courses » à destination des commerçants et professionnels mais également des familles nombreuses.

B. Les fournisseurs

Concernant le versant fournisseurs, la plupart des recherches traditionnelles sur le canal de distribution mettent en avant, la prédominance de situations marquées par le rapport de forces et le conflit (Etgar, 1976 ; Lynch, 1990 ; Lhermie, 1994 ; Rey et Tirole, 2000 ; Gallouj, 2012). En effet, les mouvements de concentration dans le grand commerce ont fait que les distributeurs ont gagné en pouvoir de négociation face aux industriels. Ainsi, la montée en puissance du grand commerce et sa volonté de jouer un rôle plus large dans la filière ou le canal de distribution a fait que les relations entre les industriels et les distributeurs seraient devenues conflictuelles.

Par ailleurs, depuis quelques années, on assiste à une évolution progressive des relations industrie-commerce vers des formes souvent élaborées de coopération. L'objectif affiché dans ce cadre, est d'augmenter l'efficacité globale du canal dans son ensemble. On passe ainsi d'un paradigme transactionnel classique à un paradigme relationnel qui vise à maintenir et à développer des relations de long terme (*cf.* sur ce point Sabri et Messeghem, 2012).

Marjane et Acima ont adopté en 2007 une charte déontologique et éthique à destination de leurs fournisseurs. En effet, au moment de la reconduction des contrats annuels avec leurs fournisseurs, ces enseignes ont intégré un avenant fixant les règles déontologiques devant désormais régir les relations qu'elles entretiendront avec ces mêmes fournisseurs.
Dans tous les cas, les objectifs essentiels sont de promouvoir une logique d'achat responsable et d'établir des relations durables et de confiance avec tous les fournisseurs. Un autre volet important, en particulier au Maroc, passe par la prévention de la corruption.

---

[1] L'enseigne Acima a continué quant à elle de vendre de l'alcool quelque temps avant de renoncer elle aussi.

C. Les salariés

Concernant les opérateurs, ce qui est ici en jeu, ce sont bien les questions de responsabilité de l'employeur vis-à-vis de ses salariés. Elles impliquent toutes une série d'actions visant la relation d'emploi, l'amélioration de la santé et la sécurité des salariés, la mise en place de conditions épanouissantes et impliquantes pour le développement personnel (motivation, formation professionnelle, employabilité…), les relations de travail (rétribution équitable et surtout lutte contre les discriminations, et la gestion et la promotion de la diversité)[1], la qualité de la communication interne, la capacité d'ascension sociale au sein de l'entreprise, la participation du personnel aux résultats de l'enseigne[2].
Notons que la responsabilité vis-à-vis des salariés peut être étendue et viser *y.c.* la famille. Les actions concernées recoupent parfois celles qui renvoient à la jeunesse, la culture et le sport, mais gardent toutefois leur spécificité, en ce sens qu'elles sont circonscrites aux collaborateurs. On peut citer ici les pratiques mises en place par certaines enseignes et en particulier LabelVie qui visent à accompagner la formation des enfants des collaborateurs en leur décernant, tout au moins aux plus méritants d'entre eux, le prix de l'excellence scolaire[3]. En effet, depuis quelques années LabelVie organise certaines opérations qui visent à accompagner et récompenser les meilleurs bacheliers, enfants des collaborateurs du groupe (ceux qui auraient obtenu la mention TB), en organisant en leur honneur, une cérémonie appuyée sur de nombreux lots dont du matériel informatique.

D. Le petit commerce

Le petit commerce, quelle que soit sa forme, peut être considéré comme un client de la grande distribution. De nombreuses enseignes, que ce soit dans la grande distribution alimentaire ou dans la grande distribution spécialisée le considèrent d'ailleurs comme tel, et vont même jusqu'à composer des formules, prestations et organisations *ad hoc*. Ainsi en est-il par exemple, on l'a vu, du concept de « *grandes courses* » chez Marjane. Par ailleurs, les concepts de Cash and Carry sur le modèle Atacadão tablent essentiellement sur ce type de clientèle. Enfin, les formules supérettes Supeco ou les supermarchés BIM ciblent également de manière explicite le petit commerce qui contribue de fait à une large part de leur chiffre d'affaires. Pour autant, le grand commerce a souvent été considéré comme étant un secteur prédateur, à l'origine du déclin du petit commerce, qui peinerait à lutter contre les prix trop

---

1 *cf.* Fache *et al.* (2010).

2 Ainsi, LabelVie tout comme Marjane Group sont-ils régulièrement distingués au sein de la liste annuelle des « top recruteurs » du cabinet reKrute.

3 « *Label'vie : les meilleurs bacheliers récompensés* », LesEco, 27 juillet 2018.

agressifs de ce dernier et ses pratiques anti-concurrentielles largement douteuses. Bien qu'aucune étude sérieuse n'ait à ce jour fait le point et démontré que le grand commerce serait à l'origine d'un déclin irrémédiable du petit commerce, la grande distribution est, au Maroc, et à l'inverse régulièrement amenée à s'impliquer dans le soutien au petit commerce.

On peut ainsi constater que les acteurs du grand commerce eux-mêmes, ou tout au moins un certain nombre d'entre eux, ont également mis en place des opérations de restructuration du petit commerce qui s'inscrivent directement dans le champ des produits sociaux et sociétaux.

Encadré 21 : Les actions de la GDA en faveur du petit commerce : cas de Aswak Assalam

L'action du groupe Chaabi s'insère dans le cadre des opérations lancées par le ministère du Commerce et de l'Industrie dès l'année 2004. Elle s'appuie sur le constat que deux facteurs défavorisent les épiceries : (a) un prix souvent élevé par rapport à celui de la grande distribution (b) un manque d'hygiène et notamment la rupture de la chaîne du froid.

Le groupe Chaabi propose ainsi de s'occuper lui-même du réaménagement des magasins. Dans ce cadre, il a négocié des contrats avec les fournisseurs d'équipement de froid, de carrelage et de rayonnage. Ainsi, l'épicerie sera équipée d'un frigo et d'une vitrine de froid, les murs et sols revêtus d'un carrelage lavable. Les rayonnages seront en métal ou en plastique. Plus largement, l'épicier pourra également s'il le souhaite se doter d'un tiroir-caisse. Le groupe joue, dans cette opération, le rôle de maître d'œuvre. Il supervise les travaux et livre le local aménagé clé en main. La mise à niveau d'une épicerie coûte entre 30 000 et 80 000 dirhams qui seront à la charge de l'épicier (mais la direction du commerce et la banque populaire négocient l'octroi de prêts à taux préférentiel…) Parallèlement le groupe Chaabi a lancé la centrale d'achat Dar El Joumla qui permettra aux épiciers, qui actuellement s'approvisionnent auprès des grandes surfaces, de faire des achats groupés à des prix intéressants. Dar El Joumla prend les commandes, fait les achats aux mêmes prix et auprès des fournisseurs de Aswak Assalam. Les commerçants sont livrés le même jour. L'expérience a démarré à Rabat dans le quartier Yacoub el Manssour et devrait être élargie par la suite.

Source : La Vie éco, 5 mai 2004[1].

Le plan Rawaj a intégré cette dimension participative et citoyenne du grand commerce en faveur du petit, en développant un volet spécifique dans son programme de soutien au petit commerce.

---

[1] « *Le groupe Chaabi aide les épiciers* », La Vie éco, 5 mai 2004.

2.2.2. Solidarité, implication sociale et sociétale

Les grandes enseignes de distribution se veulent également des « *acteurs dans la cité* ». De ce point de vue, de multiples expérimentations et actions d'inclusion et de participation sont entreprises, soit au niveau global, soit au niveau des magasins. Ces opérations visent le soutien aux associations et plus généralement s'inscrivent dans une logique de « *cause marketing* ». Elles peuvent participer de la promotion de certaines catégories sociales, et en particulier de la jeunesse, tout comme elles peuvent favoriser le développement culturel et sportif citoyen.
Notons que les expérimentations de produits civiques et d'intégration des clients ou opérateurs en situation de handicap physique ou cognitif ne sont pas l'apanage exclusif du grand commerce. Ainsi par exemple, un certain nombre d'expériences limitées sont-elles régulièrement menées à l'initiative d'associations *ad hoc* comme par exemple l'ANIth (*cf.* encadré 22).

Encadré 22 : Implication sociale et sociétale : l'ANith

L'ANith21 (Association Nationale pour l'intégration des trisomiques 21) a inauguré en mars 2016 un premier commerce de proximité entièrement géré par des personnes handicapées. L'ambition affichée de cette petite supérette située à Casablanca (Ain Chock) est d'aider les personnes handicapées à acquérir une autonomie financière et professionnelle et de participer à leur intégration réelle dans la société… L'initiative, lancée par ANIth21 a bénéficié du soutien logistique (management et savoir-faire) d'un groupe d'étudiants Enactus HEM.

Source : *Libération*, 4 mars 2016.

A. Cause marketing et soutien aux associations

Le soutien aux associations est une composante importante de la politique sociétale des enseignes. Dans le cas de Aswak Assalam, le souci citoyen et sociétal a été imprimé très tôt à l'entreprise par son créateur Miloud Chaabi, au travers en particulier de sa fondation, lancée dans les années 60.

Encadré 23 : La fondation Miloud Chaabi

Créée en 1965, la fondation Miloud Chaabi est une organisation de développement à but non lucratif. Sa vocation principale est l'éducation et la solidarité. Elle contribue à porter un large mouvement pour l'éducation et tous les facteurs ayant des incidences dans le domaine éducatif. La mission de la fondation Miloud Chaabi s'inscrit dans la durée, partant d'une évidence que l'éducation est la pierre angulaire d'une nation (cités universitaires, bourses estudiantines, construction de mosquées…).

Source : Document interne.

On notera que sur cette dimension Marjane n'est pas en reste. Sur son site institutionnel, on peut lire : « chaque magasin déploie des activités de

solidarité dans les villes où nous sommes présents à travers la collecte de denrées alimentaires, vêtements, et argent avec plusieurs associations et ONG (Al Qods...). L'enseigne, au travers de ses magasins, a mené de multiples actions auprès des ONG et en particulier dans le cadre de la protection des handicapés. Ainsi par exemple, dès le début des années 2000, l'équipe dirigeante de Marjane a posé les premiers jalons d'un partenariat durable avec les ONG à caractère social. En 2002, Marjane avait, dans l'enceinte de son magasin de Fès, réservé un stand à la fondation du prince Moulay Abdellah, afin qu'elle puisse présenter ses actions au public... en 2003, les enfants relevant de la fondation se sont vu confier le paquetage des cadeaux pour les clients de l'enseigne qui en feraient la demande[1]. L'enseigne mène également des opérations plus originales de contribution à l'insertion par l'économique des détenus. Ainsi, en 2006, Marjane et Acima ont lancé une action citoyenne dans 10 magasins (en collaboration avec la fondation Mohammed VI)[2] pour la commercialisation de produits fabriqués par les détenus. L'objectif de cette opération, qui a vocation à être menée de manière récurrente, est de proposer à la vente, dans les locaux du groupe, des produits (de 23 filières artisanales) fabriqués par les détenus des établissements pénitentiaires.
L'opération[3] vise, outre à sensibiliser le grand public au travail des détenus et à le valoriser, à permettre à l'administration pénitentiaire de collecter des fonds pour poursuivre sa politique de formation. Et, il est bien entendu de rémunérer les détenus selon la réglementation en vigueur[4].
En 2009, Marjane signe une convention de partenariat avec l'association « L'Heure joyeuse » et P&G dont le but est d'aider à la lutte contre la dénutrition infantile. Dans ce cadre, un pourcentage de la vente d'une quinzaine de produits des marques phares de P&G proposés dans les rayons de l'enseigne était versé à l'association[5].

En 2013, dans le cadre de la politique innovation et solidarité, Aswak Assalam a entrepris d'offrir des stages en boulangerie aux jeunes ruraux afin de les doter de compétences pointues acquises au sein des laboratoires boulangeries de Aswak Assalam. Les hypermarchés seront même amenés à former des boulangers au sein des boulangeries actives dans les métropoles importantes comme Rabat, Marrakech ou Agadir. Ainsi, une fois le métier maîtrisé, ils

---

1 « *Fès, Marjane s'allie à une ONG pour la protection des handicapés* », *L'Économiste*, 21 janvier 2003.

2 Cette fondation, rappelons-le, s'investit de plus en plus dans la formation professionnelle en finançant des centres de formation à l'intérieur des établissements pénitentiaires, *cf.* La Vie Économique, 30 juin 2006, « *des produits fabriqués par des détenus vendus à Marjane et Acima* ».

3 Cette opération a concerné 6000 détenus dans 25 établissements sur 58 que compte le pays. « *Le coup de pouce de Marjane aux détenus* », *L'Économiste*, n° 2581, 1 août 2007.

4 On notera que seule une part des revenus est versée directement aux détenus artisans, l'autre lui étant versée à sa sortie pour faciliter sa réinsertion.

5 « *Le cause marketing chez P&G et Marjane* », *L'Économiste*, n° 2704, 31 janvier 2008.

pourront se fixer dans leurs territoires respectifs[1] ; l'objectif de cette opération étant de lutter contre l'exode rural.
LabelVie organise régulièrement des manifestations ponctuelles de soutien et de solidarité au profit d'associations locales ou nationales. Ainsi en est-il par exemple de la semaine de solidarité au profit des enfants en situation difficile, de l'association « *Bayti* »[2]. Ces manifestations sont pour l'essentiel laissées à la discrétion des magasins.

B. Jeunesse, culture et sport

Un dernier volet important de l'action citoyenne de la grande distribution touche aux aspects de promotion de la jeunesse, de la culture et du sport, selon des trajectoires parfois unifiées et parfois séparées et indépendantes. Ainsi par exemple, concernant la promotion de la jeunesse marocaine, on peut noter le soutien apporté par Marjane Group à des associations de promotion de l'entrepreneuriat par les jeunes, de manière à favoriser l'émergence d'une nouvelle génération d'entrepreneurs. De manière concrète, cette action s'appuie sur l'intervention de cadres du groupe, sur la base du bénévolat auprès des établissements scolaires, afin d'animer des programmes favorisant la création d'entreprises. Dans la même veine, les bénévoles aident les lycéens et étudiants à maîtriser les bases de la finance et plus généralement à se préparer aux challenges qui les attendent dans leur vie active future[3].
Les actions culturelles de Marjane passent essentiellement par l'accompagnement de festivals locaux ou nationaux. Ainsi, dans le cadre de sa politique de mécénat, Marjane soutient de multiples actions culturelles comme la semaine du cheval d'El-Jadida, le festival international du film de Khouribga, le festival international du Raï d'Oujda ou des évènements comme « Voix de femmes de Tétouan ».

Marjane Group est également très actif en matière de promotion du sport, qu'il s'agisse de soutien à des structures ou de soutien à des évènements. Ainsi, outre son soutien à l'académie Mohammed VI de football, Marjane est partenaire de plusieurs clubs sportifs. L'enseigne apporte également régulièrement son soutien à des évènements sportifs ponctuels ou récurrents comme par exemple le semi-marathon de Rabat, Beni Mellal ou encore Tétouan. Au niveau culturel Aswak Assalam est lui aussi engagé dans de nombreuses actions. L'enseigne est partenaire officiel du 6e grand prix

---

[1] *Les Afriques*, 16 août 2013.

[2] qui vise à collecter, avec le soutien des clients magasins, denrées et produits divers à destination des enfants (*Challenge*, 10 avril 2014, « *LabelVie soutient l'association Bayti* »).

[3] *cf.* groupe.marjane.ma.

international de Rabat (13-14 février 2016)[1] et de bien d'autres actions. L'enseigne LabelVie est quant à elle également active en matière de promotion de la jeunesse, notamment au travers de son « prix de l'excellence scolaire » qui vise, on l'a vu, à récompenser et accompagner les élèves bacheliers des collaborateurs du groupe ayant obtenu mention bien ou très bien au baccalauréat[2].

On pourra pour notre part regretter que ce soutien aux bacheliers ne déborde pas vers un soutien plus étendu aux étudiants du supérieur et en particulier les étudiants de master et doctorat. En effet, au regard de l'indigence manifeste des recherches menées actuellement au Maroc sur le retail, le financement même partiel de mémoires de master voire de thèses de doctorat sur des problématiques utiles au groupe LabelVie (et plus généralement à la grande distribution) pourrait amorcer un regain d'intérêt des chercheurs marocains pour le commerce et la distribution et à terme favoriser la création de laboratoires spécialisés.

2.3. Typologies des stratégies RSE des entreprises de distribution

On peut, en nous appuyant sur les travaux et réflexions de Novethic,[3] dégager une grille analytique des stratégies de RSE des entreprises. Cette grille s'appuie sur deux axes distinguant d'un côté la pression qui pèse sur l'entreprise, imposée par les ONG, l'opinion publique ou les législations existantes et surtout à venir, et de l'autre l'attitude de l'entreprise qui peut choisir d'anticiper et d'identifier des axes porteurs dans le développement durable ou simplement d'adapter et se conformer aux contraintes et aux revendications des parties prenantes. On parvient alors, sur ce fondement, à distinguer quatre groupes de distributeurs ou quatre positions possibles pour les distributeurs (*cf.* figure 37) :

- *les militants*. Confrontés à une pression plutôt modérée, ces entreprises cherchent à construire une politique globale de RSE qui s'inscrit pleinement dans leur stratégie ;
- *les stratèges*. Ils sont soumis à une pression forte de leur environnement et adaptent leur stratégie en conséquence ;
- *les réactifs*. Sous la pression forte de leur environnement, ils réagissent au coup par coup en cherchant à éviter les risques de mise en cause ;
- *les proactifs*. La pression de leur environnement est faible mais ils préfèrent anticiper et précéder la réglementation.

---

[1] C'est d'ailleurs sur l'esplanade de l'Aswak Assalam de Rabat que seront exposées les voitures du grand prix du 11 au 13 février.

[2] « *Label'vie : les meilleurs bacheliers récompensés* », LesEco, 27-29 juillet 2018, n° 2171. Actions menées par LabelVie en 2017, puis en 2018… et sans doute au-delà.

[3] Novethic.fr.

Figure 37 : Grille analytique des stratégies RSE des entreprises

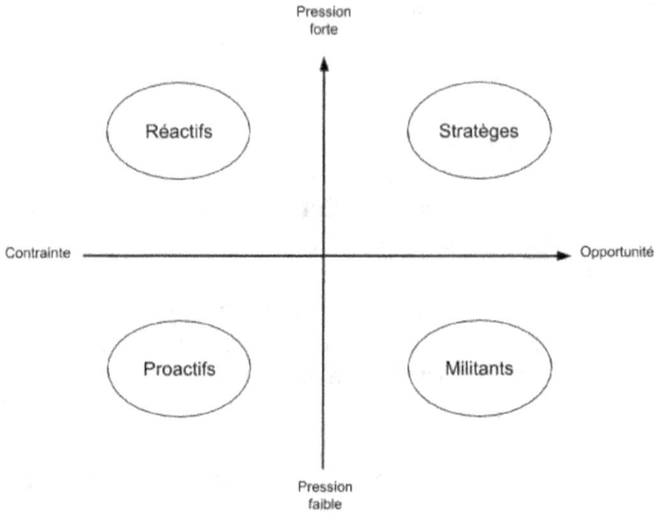

Source : Novethic.fr

Conclusion

Dans ce chapitre nous avons abordé deux sources essentielles de l'avantage compétitif des firmes qui sont régulièrement négligées dans les travaux sur les stratégies de distribution. Cette négligence, régulièrement évoquée dans les recherches concernant les pays avancés, l'est encore plus dans le cas des pays émergents. En effet, encore trop souvent, l'opinion dominante est que l'innovation commerciale est d'abord issue des pays du Nord et que ceux du Sud se contentent de copier et d'imiter. Le même principe vaut pour l'ensemble des questions liées à la RSE.

Nous tentons de montrer ici que les *retailers* des pays du Sud peuvent être tout aussi innovants que ceux du Nord, de même que les consommateurs y sont tout autant sensibles à la RSE et à la question écologique. Plus encore, nous montrons que certaines innovations commerciales, qui ont connu un fort retentissement au Nord, sont parfois issues et plagiées (dans une certaine mesure) des pays du Sud ; ces derniers étant dès lors une véritable source d'inspiration pour les *retailers* des pays avancés. Enfin, nous montrons que même en cas d'imitation et de transfert avéré Nord-Sud, ce transfert n'est jamais effectué à l'identique et qu'il nécessite régulièrement une adaptation locale qui s'appuie sur une série d'innovations de nature incrémentale.

CHAPITRE 7

LES VOIES DU DÉVELOPPEMENT STRATÉGIQUE

Au cours de son développement, l'entreprise commerciale a le choix entre différentes options. Elle peut opter pour le renouvellement de ses activités et favoriser la diversification. Elle peut opter pour la spécialisation et le recentrage sur certaines activités ; autrement dit, valider une stratégie radicalement différente de la précédente. Elle peut enfin réfléchir à la détermination de son champ d'action au sein de la filière et aux différentes formes d'intégration et d'externalisation. Dans un premier temps nous abordons la question de la diversification, ses raisons et motivations et nous proposons une analyse typologique des différentes formes de diversification que nous tentons de mettre en lumière au travers des pratiques des grandes enseignes marocaines de distribution alimentaire. Nous abordons ensuite les stratégies de spécialisation-recentrage, qui restent relativement anecdotiques dans le secteur. Si les stratégies d'intégration verticale, qu'elles soient amont ou aval apparaissent peu prisées par les enseignes marocaines, il n'en va pas de même pour les stratégies et pratiques d'externalisation, qui commencent à se diffuser tant dans les services de haut niveau que dans les services opérationnels.

1. La diversification

La diversification s'inscrit dans une volonté d'expansion. Elle consiste, pour une entreprise donnée, à sortir de son domaine originel de manière à élargir son portefeuille d'activités.

1.1. Une diversification à étages

L'analyse de la diversification des grandes chaînes de distribution au Maroc est relativement difficile. La plupart de ces chaînes de distribution relèvent elles-mêmes de groupes plus vastes et multi-métiers ; autrement dit, de structures conglomérales largement diversifiées. C'est en particulier le cas d'Aswak Assalam, de Marjane et dans une moindre mesure cependant, de LabelVie. L'enseigne Aswak Assalam est intégrée au sein du puissant groupe Ynna Holding qui opère dans le BTP et la promotion immobilière, dans l'industrie, le tourisme ou encore la sidérurgie et le ciment (*cf.* encadré 24).

Encadré 24 : Ynna Holding

Partant d'une petite entreprise familiale spécialisée dans le BTP et la promotion immobilière, créée en 1948, Ynna Holding, groupe Miloud Chaabi, est aujourd'hui une firme multinationale diversifiée et leader sur de nombreux secteurs économiques. Il s'agit du premier groupe privé marocain opérant tant au niveau national qu'international. Le groupe est organisé autour de 4 pôles économiques.

- *le BTP et la promotion immobilière* : Chaabi Lil'Iskane (qui regroupe les sociétés de promotion immobilière et de construction de Ynna Holding) ;
- *l'industrie* : Travaux Maroc (métiers de l'adduction d'eau potable, de l'irrigation, des travaux d'assainissement, de voirie et de la construction d'ouvrages d'art ; Dimatit : fabrication des matériaux industriels et produits finis pour l'hydraulique, l'agriculture et le bâtiment ; Afrique câble (fabrication de câbles et autres fils téléphoniques) ; Electra (fabrication et commercialisation des batteries de démarrage et d'énergie) ; GPC (fabrication d'emballage en carton ondulé sous toutes les formes (barquettes, boîtes pliantes, caisses américaines)) ; SNEP (producteur de matière plastique) ; Super Cerame (producteur de carreaux céramiques) ; SCIF (production de wagons de trains) ; SIFAP (fabrication de papiers d'emballage) ;
- *la grande distribution* : Aswak Assalam, (hypermarchés) / AS by Aswak (supermarchés) ;
- *le tourisme* : Ryad Mogador (chaîne hôtelière).

Plus récemment, le groupe s'est introduit sur les marchés de la sidérurgie (Ynna Steel), du ciment (Ynna Asment) et de la production d'eau en bouteille (Ain Soltane).

Source : Documents internes.

Marjane Holding est elle-même intégrée à Al Mada (anciennement ONA-SNI) et qui, à l'origine était un groupe extrêmement diversifié actif dans presque tous les secteurs de l'économie nationale. Depuis, le groupe ONA a opéré de multiples réorientations stratégiques qui ont contribué à réduire fortement ses « territoires d'action » ; mais il reste encore à ce jour très diversifié.

Carrefour LabelVie est lui-même chapeauté par Best Financière qui contrôle (sous franchise), d'autres enseignes dans la distribution (Kiabi, GIFI, et Virgin). Mais le groupe est également présent dans la restauration et l'équipement médical (*cf.* encadré 25).

Encadré 25 : Intégration des distributeurs dans des groupes diversifiés : LabelVie-Best financière

Best Financière, la holding qui chapeaute le groupe LabelVie a été fondée en 1985. Comme la plupart des autres acteurs de la grande distribution nationale, cette holding est diversifiée. Si elle opère majoritairement dans la distribution, elle exerce aussi une activité importante de promotion immobilière au travers de Petra qui est un acteur important dans la gestion des malls et centres commerciaux. Best Financière est

également présente dans l'équipement médical (Best Health) et dans le catering (franchise Burger King). Dans le domaine du retail le groupe Best Financière détient les franchises de Kiabi (2012) Gifi (2011) et Virgin (2010).

Source : Documents internes.

1.2. Les raisons et motivations à la diversification

Quelles sont les principales raisons qui poussent une entreprise de distribution à prendre le risque (ou à saisir l'opportunité) de la diversification ? La littérature en économie industrielle et stratégie montre qu'au moins quatre logiques (défensive, offensive, financière ou marketing) président à ce choix ; logiques qui peuvent suivre des trajectoires autonomes ou combinatoires. Le tableau 19, que nous empruntons à Benoun et Hélies-Hassid (2003) et que nous appliquons au cas marocain permet de synthétiser les principales raisons sous-jacentes à la diversification des enseignes.

Tableau 19 : Les principales raisons de la diversification

Raisons	Exemples
Anticiper ou faire face à la baisse de l'attractivité de la ou des formules de distribution actuelles : saturation de la demande, baisse de la croissance, augmentation de l'intensité concurrentielle, baisse de la rentabilité...	-
Possibilités de placements dues à la rentabilité excellente des formules actuelles ou à une rentabilité marginale supérieure dans une nouvelle formule	-
Contraintes législatives pesant sur le développement des formules actuelles	Les contraintes réglementaires sont encore faibles au Maroc, mais l'ensemble des opérateurs sont conscients que la situation devrait changer à plus ou moins brève échéance et les pressions sont fortes de part et d'autre pour la mise en place de contraintes réglementaires au développement des GMS et en particulier des hypermarchés

Volonté de non-dépendance vis-à-vis de la ou des formules actuelles	L'exploitation de plusieurs formules et/ou domaines d'activité permet de réduire la dépendance de l'enseigne par rapport à une seule formule de distribution ou un seul secteur (alimentaire). D'où la diversification de Marjane dans l'électroménager, le textile et le discount
Possibilité de saisir des opportunités : activités à fort taux de croissance, à droit d'entrée faible, en phase d'émergence, ou porteuse de potentiel et riches d'avenir…	Investissement de Marjane dans le commerce en ligne et le cybermarché
Attraction pour la nouvelle activité souvent reliée à la compétence ou au hobby (violon d'Ingres) d'un dirigeant	Investissement de Marjane dans l'immobilier sous la direction de El Alami (2010-2015)

Source : Adapté et contextualisé depuis Benoun et Hélies-Hassid (2003).

1.3. Typologie des formes de diversification

Il existe de multiples typologies des formes de diversification et il n'est pas nécessaire d'y revenir ici en détail. Nous nous proposons simplement de nous attarder sur les plus fréquentes, soit d'un côté les typologies selon la nature de la diversification et de l'autre les typologies selon les objectifs poursuivis.

1.3.1. Typologie selon la nature (proche ou lointaine)

La typologie selon la nature distingue une diversification proche et une diversification lointaine. On parle encore parfois dans un sens similaire (relativement) de diversification concentrique et de diversification conglomérale :

- la diversification proche renvoie à la situation où une entreprise de distribution se développe dans un domaine d'activité lié à la distribution mais différent de son domaine actuel. Autrement dit, le nouveau domaine garde des liens étroits avec les activités déjà menées par l'entreprise. Lorsque Marjane se développe dans l'électroménager (Electroplanet) ou encore dans l'habillement (Tiki), voire dans le e-commerce, on peut parler de diversification proche ou concentrique. Dans ce cas, en effet, l'entreprise demeure dans son domaine ou métier de base mais exploite de nouvelles formules, qu'elles relèvent de l'alimentaire ou du non alimentaire.

- la diversification conglomérale renvoie à l'entrée de l'opérateur concerné dans de nouveaux domaines, des secteurs différents et éloignés du secteur actuel, sans rapport avec la base initiale d'activités. Dans la grande distribution française, les secteurs privilégiés sont principalement les suivants : la banque et l'assurance, le voyage ou encore la restauration… Dans le cas marocain, nous avons évoqué le fait que la diversification des enseignes vers de nouveaux secteurs était contrainte par leur appartenance à des conglomérats déjà fortement diversifiés. Cette caractéristique n'empêche cependant pas quelques expérimentations et incursions originales dans des secteurs choisis. Tel est le cas de Marjane qui par exemple s'est essayé à la restauration (au-delà de la simple offre traiteur).

Encadré 26 : Le projet « le Restô » de Marjane

C'est en 2018 que Marjane lance un projet original le Restô, rayon traiteur avec possibilité de consommer sur place. Ce projet à haut niveau qualitatif est lancé à Marjane Hay Riad (Rabat) et à Marjane Menara (Marrakech) sous la supervision de (Stéphane Pierre), un grand chef originaire de Belgique. L'objectif est ici de booster les rayons traiteur qui sont à la peine dans les hypermarchés et qui sont souvent déficitaires (taux de marge négatif) pour plus de la moitié d'entre eux. Si actuellement le projet est essentiellement centré sur l'offre traiteur, la vision à long terme s'oriente plutôt vers une « externalisation » et une offre autonome de restauration. En effet, l'offre « sur place » connaissant un réel succès, la restauration devrait s'autonomiser dans les années à venir. Il est vrai que cette autonomisation est déjà inscrite en filigrane dans les objectifs assignés au projet « le Restô » : motivation de fréquentation du magasin, augmentation de la fréquence des visites magasin, augmentation du temps passé en magasin, approfondissement du tout sous un même toit.

Source : Divers presse et entretiens.

- L'intégration verticale amont ou aval peut être considérée comme une diversification lointaine. En effet, les activités amont ou aval (dans le cas de la grande distribution, il s'agit principalement d'intégration amont *i.e.* de la prise de contrôle des producteurs-fournisseurs), bien qu'ayant parfois des liens directs avec l'activité du distributeur requièrent néanmoins des compétences, savoirs et savoir-faire radicalement différents.

1.3.2. Typologie selon les objectifs poursuivis

Les objectifs poursuivis au travers d'une diversification sont généralement au nombre de quatre. Ainsi on peut parler de diversification de placement, de diversification de redéploiement, de diversification de confortement ou encore de diversification de survie.

A. Diversification de confortement

La diversification de confortement concerne les entreprises qui occupent une position moyenne relativement à leurs principaux concurrents. Dans la mesure où l'amélioration substantielle de la position concurrentielle apparaît difficile et longue à mettre en œuvre, l'entreprise peut, au travers d'une activité supplémentaire, tenter de bouleverser le jeu concurrentiel qui lui est actuellement défavorable. Dans ce cas, l'adjonction d'une activité connexe lui permet de surmonter les difficultés qu'elle rencontre face aux logiques de volume. Cette situation correspond en partie au cas de Carrefour LabelVie, en particulier au travers du lancement de la chaîne Atacadão. Cette diversification de confortement peut apparaître comme la seule alternative possible pour Aswak Assalam, qui, longtemps considéré comme le n° 2 de la grande distribution alimentaire au Maroc, rencontre des difficultés majeures dans son développement ; difficultés qui se sont amplifiées avec la montée en puissance de BIM. Le groupe a ainsi subi une rétrogradation à la quatrième place de la grande distribution alimentaire nationale.

B. Diversification de placement ou de développement

Cette forme de diversification consiste, pour une entreprise, à valoriser l'excédent de liquidités généré par une activité principale en investissant dans des secteurs porteurs à la fois stratégiquement et financièrement.

Ainsi par exemple, Marjane a entamé un mouvement timide de diversification en lançant dès 2008, un concept de magasin spécialisé : « Electroplanet ». Le groupe ambitionne de développer une offre complémentaire autour de nouvelles enseignes spécialisées. En 2009, Tajeddine Guennouni[1] affirmait : « on table sur une vingtaine d'ouvertures au cours des dix prochaines années. C'est un des leviers majeurs de notre stratégie pour nous différencier de la concurrence »[2]. Cet objectif annoncé a été atteint en 2019-2020. Electroplanet se présente en 2022 comme le leader national de l'électroménager, et compte déjà 35 unités. Au-delà, l'enseigne mène un certain nombre de réflexions en vue de développer des projets nouveaux notamment dans l'équipement de la personne et de la maison[3]. Cette enseigne aurait même tenté, semble-t-il, une diversification lointaine dans l'immobilier et la promotion immobilière[4].

---

[1] Président du pôle distribution du groupe ONA.

[2] « *Guerre dans la distribution* », *Jeune Afrique Économie*, 1er avril 2009.

[3] *Jeune Afrique Économie*, 8 mai 2012.

[4] Cette diversification dans l'immobilier (5 opérations de lotissements, des immeubles résidentiels et à usage de bureau ainsi qu'un projet hôtelier) serait d'ailleurs à l'origine du limogeage du PDG Mohamed el Amrani.

Pendant longtemps, et de manière surprenante, Marjane semble avoir négligé le canal virtuel ; cependant, à partir de 2015, on perçoit un revirement de la stratégie de l'entreprise et plus généralement du groupe qui commence à envisager le développement d'une offre en ligne, voire d'un supermarché virtuel. La période Covid contribuera, on l'a vu, à accélérer la digitalisation du groupe et à faire en sorte que l'enseigne commence à rattraper son retard.

C. Diversification de redéploiement ou de rééquilibrage stratégique

La diversification de redéploiement (tout comme la diversification de survie, que nous abordons dans la suite de cette section), ne semble pas encore à l'ordre du jour dans les pratiques concurrentielles des entreprises marocaines de distribution. En effet cette forme de diversification concerne les entreprises qui bénéficient d'une forte position concurrentielle sur un segment vieillissant. De cette manière, la diversification peut être perçue comme un substitut à la faible croissance de l'activité de base.
Si cette diversification n'est pas encore à l'ordre du jour, elle ne devrait pas tarder à l'être d'ici quelques années. En effet, on devrait très rapidement assister, au Maroc, à l'affaiblissement automatique de la dynamique de croissance extensive des hypermarchés. Une fois que la couverture territoriale (grandes villes et villes moyennes) sera assurée, les enseignes nationales devront nécessairement chercher d'autres relais de croissance, en particulier avec des modèles et formules de proximité… ce qu'elles font déjà dans le cadre d'un mouvement impulsé à partir de 2019-2020.

D. Diversification de survie

La diversification de survie fait référence à une situation où l'entreprise n'a d'autre choix que la diversification sous peine de disparaître. Elle concerne donc plutôt des entreprises sur des marchés matures et à « *l'aube du déclin* ». Cette situation est très éloignée à ce jour de la situation marocaine, où les enseignes de grande distribution alimentaire ont encore de très larges marges de manœuvre pour se développer et accroître leur PDM. Pour autant, on peut penser que cette diversification de survie pourrait être une des voies stratégiques envisageables par exemple pour le groupe Aswak Assalam qui depuis quelques années, on l'a vu, semble à la recherche de ses marques. Cette enseigne contrairement à ses débuts, est caractérisée aujourd'hui par un très faible dynamisme et ce, malgré quelques initiatives innovantes ponctuelles et une forme de retour dans le jeu, observée sur la période récente (au moins depuis 2017).

1.4. Distributeurs marocains : une diversification retenue

La diversification présente de très nombreux avantages qui ont, là encore, été largement analysés et discutés dans la littérature *ad hoc*. Parmi les plus importants, on pourra citer les suivants : (a) en se diversifiant, le distributeur réduit les risques de l'entreprise en adoptant une répartition équilibrée de son chiffre d'affaires entre différentes activités et formules qui se distinguent par des cycles économiques différents. On assiste ainsi à un phénomène de compensation entre activités profitables et activités non profitables ; (b) en se diversifiant, l'entreprise de distribution favorise l'apprentissage d'un nouveau métier, de nouveaux savoir-faire.

Pour autant, la diversification observée des enseignes marocaines apparaît encore très faible et relativement retenue comparativement à celle de ses homologues françaises ou européennes.

Tableau 20 : Principaux domaines de diversification des enseignes marocaines et au Maroc

Enseigne	Diversification entreprise ou branche distribution	Diversification Holding
Marjane	Electroplanet (2000) Prêt à porter : Tiki (2000) Restauration (2000) Vente en ligne (2015/2021)	*Via* SNI-Al Mada : banque et assurance, matériaux de construction, distribution spécialisée, mines, immobilier et tourisme, énergie, télécommunications
Carrefour LabelVie	Mobi-market (commerce itinérant (camionnette))	*Via* Best Financière ; santé, textile habillement, décoration, mobilier et idées cadeaux, biens culturels
Aswak Assalam	Aucun projet connu mais des annonces récurrentes Lancement du drive Lancement de AS by Aswak (supermarché qualitatif)	*Via* Ynna Holding : agroalimentaire, câblage téléphonique et électrique, adduction d'eau, assainissement, agriculture, charpentes métalliques, ciment, énergies renouvelables, génie civil et travaux publics, hydraulique, papier-carton, pétrochimie, promotion immobilière, sidérurgie et construction métallique, tourisme et hôtellerie…
BIM	Aucun projet connu	Pas de projet connu

La retenue évoquée plus haut s'explique en partie par les limites et contraintes de la diversification telles qu'elles sont habituellement perçues. Il s'agit en particulier des suivantes : l'absence ou la faiblesse de synergies entre les différentes activités considérées ; la rareté des compétences (dirigeants) nécessaires pour maîtriser l'ensemble des activités, et plus spécifiquement les activités nouvelles ; l'effet de dispersion des activités et la moins bonne maîtrise des nouveaux métiers et nouvelles activités ; l'importance réelle des investissements nécessaires à la diversification ; l'impact à la baisse sur le taux de profit (qui est le résultat de la moyenne pondérée des profits et/ou pertes réalisées sur l'ensemble des activités).

Cependant et en particulier dans le cas marocain, il est nécessaire de rappeler que les enseignes et entreprises concernées relèvent, comme on l'a vu, de groupes ou conglomérats déjà très largement diversifiés, ce qui limite ainsi fortement leurs velléités et perspectives de diversifications lointaines ou conglomérales.

2. Spécialisation-recentrage

La spécialisation est en quelque sorte le contraire de la diversification. Le distributeur qui opte pour la spécialisation cherche à concentrer ses efforts sur une activité unique, et ce de manière à focaliser et orienter tous ses moyens, ressources et compétences vers cette seule activité qui devrait lui assurer une position concurrentielle durable.
Le recentrage peut être considéré comme une vision particulière de la spécialisation. Pour le distributeur, il s'agit tout simplement d'inverser un mouvement initial de diversification et de se séparer de certaines activités non désirées afin, encore une fois, de concentrer ses efforts sur les secteurs ou métiers pour lesquels il dispose de compétences distinctives et d'un avantage concurrentiel réel, durable et défendable.
Là encore et si l'on se focalise sur le cas marocain, on constate que l'analyse est difficile et complexifiée par le fait que, comme on l'a vu, l'essentiel des groupes de distribution nationaux relève de conglomérats très diversifiés (et souvent familiaux) et c'est souvent à ce niveau (et donc avec peu de rapport au secteur de la distribution) que les réflexions stratégiques et les décisions sont menées.

3. Intégration verticale et externalisation

Au-delà des traditionnelles réflexions en termes de spécialisation-recentrage ou diversification, l'entreprise de distribution est régulièrement amenée à penser ou repenser son champ d'action au sein de la filière économique. Elle peut ainsi, suite à l'analyse de son rapport aux fournisseurs, décider de s'intégrer verticalement pour, par exemple, sécuriser ses approvisionnements.

Elle peut également choisir de se désengager de certaines activités ; autrement dit, ne pas réaliser un certain nombre de fonctions par elle-même et les externaliser de sa chaîne de valeur.

3.1. Intégration amont aval *vs* aval amont

Les stratégies d'intégration peuvent prendre deux orientations : soit de l'amont vers l'aval, soit de l'aval vers l'amont.

3.1.1. Intégration amont-aval

L'intégration amont-aval renvoie au cas de l'entreprise (généralement hors distribution) qui souhaite maîtriser ses débouchés en contrôlant son réseau de distribution. Ce type de stratégie se rencontre prioritairement, semble-t-il dans les GSS. On observe ainsi un certain nombre de cas dans le secteur de l'ameublement où par exemple Ranimob, qui est aujourd'hui devenu un important distributeur de meubles et électroménager implanté dans plusieurs villes du Maroc, était à l'origine un importateur de meubles qui a donc graduellement intégré la vente directe [1]. D'autres configurations sont observables comme l'intégration par un grossiste... Ainsi en est-il du groupe Faou, l'un des plus importants grossistes en ameublement du Maroc, qui en 2008, a repris Kaoba, une chaîne nationale de distribution de meubles rebaptisée dans la foulée Kaoba by Faou… Le même groupe s'est par la suite initié dans la distribution de meubles haut de gamme en lançant l'enseigne Prestigia[2]. On peut également citer ici le cas du leader marocain de la literie, Dolidol qui, depuis sa création dans les années 70, était centré exclusivement sur la production de matelas, de banquettes à ressorts, d'ameublements, de textiles non tissés, de mousses agglomérées… avant de se lancer, en 2007, dans la distribution, au travers d'un réseau de magasins « Dolidol la boutique ».

Pour autant, l'intégration amont-aval, si elle apparaît très fréquente dans le cas des GSS (et en particulier dans le secteur du meuble) reste extrêmement rare dans le commerce alimentaire. On peut cependant intégrer dans cette logique amont-aval le cas des Domaines Agricoles (anciennement Domaines Royaux). En effet, les Domaines Agricoles, qui sont spécialisés dans la transformation agricole (agrumes, maraîchage, arboriculture fruitière, élevage et produits laitiers…) ont ouvert un réseau de boutiques modernes proposant aux clients des produits frais naturels. À ce jour, le réseau compte trois points de vente premium : deux à Casablanca (Tamaris et Bourgogne) et un à Rabat (Souissi). Le réseau physique s'appuie également sur une boutique en ligne.

---

[1] « *Un importateur de meubles joue la carte de la vente directe* », *L'Économiste*, n° 1427, 31 décembre 2002.

[2] *cf.* chapitre 4.

Le cas Yabyo, qui a ouvert un hypermarché de 4000 m^2 à Marrakech peut également relever, selon nous, de cette optique d'intégration amont-aval. En effet, Yabyo, nous l'avons vu (*cf.* chapitre 2), est à l'origine une entreprise marocaine implantée depuis 1996 dans la région de Marrakech et qui est originellement spécialisée dans l'import-export ainsi que la fabrication d'aliments en conserves… et c'est bien sur cette base qu'elle a décidé d'élargir ses activités à la distribution alimentaire moderne.

3.1.2. Intégration aval-amont

L'intégration aval-amont renvoie à une logique où les détaillants cherchent à peser sur la production soit en la prenant en charge totalement (on parle alors de détaillants producteurs) soit en remplissant la fonction de donneur d'ordres.

Détaillants-producteurs. Les détaillants peuvent être, à un moment, tentés de s'initier à la production et ainsi procéder à l'intégration vers l'amont, devenant eux-mêmes producteurs de tout ou partie de l'offre qu'ils proposent. Cette orientation particulière se justifie par la sécurité qu'elle induit au niveau des approvisionnements tant d'un point de vue qualitatif que quantitatif. Elle est également justifiée parfois par une opportunité d'achat d'un producteur en difficulté momentanée[1].

Détaillants-donneurs d'ordres. La position du détaillant-donneur d'ordre peut être considérée comme une variante ou un cas particulier de l'intégration aval-amont. En effet, dans les cas où le chiffre d'affaires du producteur est fortement tributaire et dépendant du distributeur, on peut effectivement parler de quasi-intégration en ce sens que le distributeur, sans réaliser d'investissements lourds, reste maître du jeu.
Le développement relativement important ces dernières années de l'offre MDD, à l'initiative de la plupart des enseignes nationales de distribution alimentaire (mais également non alimentaire), relève de cette position. En effet, on l'a vu (Gallouj, 2007) les distributeurs interviennent dans la conception du produit en participant au cahier des charges. Les enseignes marocaines imposent, pour l'essentiel, un cahier des charges strict à leurs fournisseurs, qui produisent donc, sous le contrôle et selon les spécifications de ces dernières.

[1] Cette forme d'intégration est observée dans le cas européen pour des secteurs habituellement à faible intensité technologique (Benoun et Hélies-Hassid, 2003). En Europe mais également maintenant au Maroc, Décathlon a connu un réel succès en adoptant ce type de démarche.

3.1.3. Des situations hybrides : le cas Marjane

Dans le cas de groupes de nature conglomérale comme Marjane, on peut évoquer la situation particulière de la présence au sein du même groupe (ONA-SNI) Al Mada, d'une multitude d'entreprises complémentaires qui sont amenées à fonctionner en synergie. Autrement dit, Marjane a pu à un moment se fournir prioritairement auprès des autres unités de l'ONA pour beaucoup de produits alimentaires : lait (Centrale laitière) fromage (fromageries des Doukkala), sucre (Cosumar), huiles (Lesieur Cristal), biscuits (BIMO), eaux minérales (Sotherma)[1]...

On se rappellera qu'un des éléments, mais il n'est pas le seul, du conflit entre Auchan et Marjane, et qui a conduit à la séparation des deux groupes était que la direction de Marjane souhaitait privilégier le *sourcing* interne auprès des autres entités de l'ONA, alors qu'Auchan souhaitait pour sa part un *sourcing* plus large. Néanmoins, on notera que ce cas particulier d'intégration n'est plus totalement d'actualité dans la mesure où, depuis 2010, l'ONA a opéré un vaste mouvement de recentrage et a procédé à des opérations de cession d'un certain nombre de ses filiales (Cosumar, Lesieur Cristal, Bimo, Centrale laitière...).

3.2 Externalisation

L'externalisation renvoie, pour une entreprise de distribution, au fait de se procurer un certain nombre de services, qu'ils relèvent de l'opérationnel ou du fonctionnel, à l'extérieur, auprès de prestataires spécialisés, au lieu de les assurer en interne par ses propres moyens.

3.2.1. Objectifs de l'externalisation

À l'instar des autres firmes, les entreprises de distribution sont amenées à externaliser certaines de leurs fonctions dans le but de profiter d'opportunités du marché ou de tirer avantage de certaines situations. Plus précisément, l'entreprise peut vouloir se recentrer sur son cœur de métier, réaliser des économies au travers de l'achat d'une prestation externe. Ces économies sont alors multiformes : gain de coûts directs, gains de coûts indirects (ne pas avoir à gérer le personnel, déléguer les responsabilités, etc.).

L'approche la plus répandue suppose que les entreprises de distribution (mais également les autres) effectuent un arbitrage entre le coût de la prestation rendue par un service ou un département interne à l'entreprise (coût de production interne) et les coûts occasionnés par le recours à un prestataire externe indépendant (prix de marché). D'un point de vue théorique, ce type d'approche relève de l'école transactionnelle ou encore de la théorie dite des coûts de transaction (Coase, 1937 ; Williamson, 1979, 1985). Cette théorie,

---

[1] Jusqu'aux environs de 2010, l'agroalimentaire réalisait 51,5% du chiffre d'affaires du groupe.

telle qu'elle a été proposée par Williamson (1979), tente en particulier de répondre à la question suivante : dans quels cas une firme doit-elle internaliser sa production (faire en interne) et dans quels cas doit-elle se procurer ses inputs sur le marché (faire faire).

La théorie des coûts de transaction présente un certain nombre d'intérêts. En effet, au-delà de la simple comparaison entre coût d'une solution interne et coût d'une alternative externe, elle met en avant les coûts additionnels engendrés par le recours au marché. Ces coûts consistent généralement en des coûts de contrôle des « échecs » du marché et des comportements opportunistes des agents. De manière plus précise, il s'agit de coûts de recherche d'informations, de coûts de rédaction et de mise en forme des contrats, de coûts de contrôle de ces mêmes contrats (ou encore de coûts de toute autre procédure équivalente visant à réduire l'incertitude). Dans la pratique, la question de l'externalisation est toujours plus complexe ; d'abord parce qu'il n'y a jamais d'externalisation totale mais plutôt des situations intermédiaires… et ensuite parce que les coûts sont toujours difficiles à établir. En dehors du fait que les applications pratiques de la théorie des coûts de transaction sont à peu près inexistantes, on peut noter que cette théorie ne s'applique que partiellement aux services (en particulier intellectuels) ; en effet, dès que l'on envisage tous les coûts liés au recours au marché, le recours interne (internalisation) devrait, semble-t-il être plus important que ne le suggère la référence aux prix du marché. Ainsi, l'application de la théorie des coûts de transaction conduit à donner systématiquement la préférence à une solution interne. Les marchés des services sont des marchés imparfaits et très peu transparents. Ils se caractérisent par une asymétrie d'information qui peut jouer à la fois en faveur du prestataire et du client (dans certaines situations, plus rares il est vrai). Généralement, le client ou le demandeur est confronté à de nombreuses difficultés dans l'identification des prestataires, l'évaluation a priori des compétences des offreurs, l'établissement de contrats contingents complets, la rédaction des cahiers des charges, le suivi des procédures, la comparaison des prix et des produits… Par ailleurs, les prestations doivent être spécifiques, adaptées à des situations et des exigences particulières (Gallouj, 1997 ; Djellal et Gallouj, 2007).

Ces différentes caractéristiques des marchés des services impliquent que le passage par le marché et par conséquent les coûts de transaction apparaissent souvent très lourds. Ainsi, l'approche transactionnelle, fondée essentiellement sur la minimisation des coûts internes et externes, ne suffit pas à expliquer les décisions des firmes. Si cette approche purement comptable peut paraître correcte, elle s'applique surtout dans les cas des services de nature industrielle (nettoyage, gardiennage, restauration) ; autrement dit, les services reproductibles à caractère régulier. Elle est beaucoup moins pertinente dans le cas des services de nature intellectuelle dont la production, la productivité et les coûts sont difficiles à évaluer, en partie parce que leurs effets s'analysent sur le long terme (Gallouj, 1997). Bien entendu cela ne veut pas dire que le recours au conseil fasse abstraction de considérations de coût. Bien au contraire, cela veut tout simplement dire qu'il existe d'autres facteurs, autres qu'économiques, souvent plus pertinents pour analyser l'arbitrage entre recours interne et recours externe en matière de prestations intellectuelles. En effet, d'autres éléments importants entrent en ligne de compte, qui font sortir du strict cadre de la théorie des coûts de transaction. Il s'agit : (i) d'une part de la dimension coopérative de la relation de service (on ne peut pas simplement faire faire) et (ii) d'autre part du problème de l'appropriation des informations et des actifs spécifiques (le choix entre les deux solutions est influencé par des questions importantes en matière de protection des informations. Pour expliquer le recours interne ou externe, on doit prendre en compte la place des services considérés dans la dynamique et la stratégie globale des entreprises (organisation interne, structure et style de direction, stratégies particulières concernant la gestion du capital humain et de l'information, étape du cycle de vie, spécificité du service...), certains facteurs poussant au recours interne et d'autre au recours externe. Ainsi, l'on considère généralement qu'un service régulier mais relativement stratégique ou portant sur des éléments clés de l'organisation, ses technologies, ses process ou la maîtrise de ses marchés aura tendance à être contrôlé en interne. Autrement dit, les services liés à la stratégie et à la politique générale de la firme seront souvent internalisés, ne serait-ce que pour éviter l'intrusion étrangère (le consultant) dans ce qu'on pourrait considérer comme le cerveau de la firme. Certains services spécifiques *i.e.* adaptés aux besoins et problèmes particuliers du client seront également internalisés. Du fait de la nature parfois strictement « sur mesure » de certaines prestations impliquant un *know how* spécifique, il se peut que la firme ne puisse pas obtenir aisément, sur le marché, l'expertise dont elle a besoin et qu'elle trouve plus judicieux d'internaliser. Il est également vrai que si le service est trop spécifique, le marché peut ne pas être suffisamment large pour qu'un prestataire externe décide de s'y spécialiser. Certains services sont également internalisés (même s'ils ne sont pas très qualifiés) dans la mesure où la sous-traitance pourrait conduire à une perte de mémoire des problèmes liés aux processus techniques et par la même à une perte de la possibilité d'anticipation de ces mêmes problèmes concernés. On notera enfin que des recherches développent l'idée que, bien plus que la réduction du coût, une des raisons fréquentes du recours externe est liée au désir d'une spécialisation et d'une professionnalisation accrue de la fonction considérée. C'est donc le niveau supérieur de la spécialisation et de la maîtrise technique qui est ici visé. Enfin pour finir, il y a lieu de tenir compte également de la relation de pouvoir au sein de l'entreprise. Le recours externe pouvant alors fonctionner comme argument de négociation interne dans les discussions de haut niveau menées entre partenaires de l'entreprise.

Tableau 21 : Modalités de l'arbitrage interne/externe dans le recours aux services

	Traitement interne	Traitement externe
Contrainte de coût	Le service est jugé trop cher La fréquence du recours au service augmente à tel point que le traitement interne devient rentable	On remplace une solution interne trop coûteuse en moyens humains et matériels
Contrainte de disponibilité flexibilité	Elle correspond à des exigences de rapidité, de souplesse et d'adaptabilité (certains services informatiques)	Le prestataire externe est (toujours) disponible ; cet élément se double d'une contrainte de proximité La firme recherche une flexibilité qui peut être structurelle (recentrage sur le métier : on cherche à se décharger de problèmes annexes à l'activité principale) ou conjoncturelle (on cherche une souplesse face à des fluctuations d'activité ou des projets ponctuels).
Contrainte de qualité spécialisation	On internalise du fait de la carence du service externe existant (concerne principalement les services courants : gardiennage, nettoyage, transport…)	On cherche à développer le recours à des spécialistes expérimentés dans divers domaines On manque de qualifications et de spécialisations *ad hoc*
Contrainte de spécificité	Le service concerné est trop spécifique Le marché n'est pas assez large pour permettre l'émergence d'offreurs externes spécialisés. Il y n'y a pas d'offre externe disponible	
Contrainte de confidentialité stratégie	Ce type de contrainte concerne principalement les services à haute valeur ajoutée et hautement stratégiques (mise au point de nouveaux concepts, nouveaux formats, stratégie de développement international)	Dans certains cas, le recours à un consultant permet de ne pas révéler directement à la concurrence les besoins et politiques en cours (cas du conseil et recrutement d'experts)
Contrainte légale institutionnelle ou déontologique	Il y a impossibilité technique et financière d'organiser le service au niveau interne (cas des firmes de petite taille)	Il y a des services externes obligatoires (commissariat aux comptes, huissiers…) Il y a des services que l'entreprise ne peut se rendre à elle-même (chasse de tête, recrutement par approche directe…)

3.2.2. Pratiques de l'externalisation : d'abord les services opérationnels

Les pratiques d'externalisation apparaissent encore relativement limitées dans la grande distribution marocaine. Une analyse en profondeur permet cependant de repérer un mouvement vers l'institutionnalisation des pratiques d'externalisation et vers l'intégration de plus en plus marquée de nombre de services dans une dynamique d'externalisation. À ce jour, on observe trois axes majeurs ou trois « gisements » d'externalisation : la logistique et l'entrée en force des prestataires de services logistiques (PSL), le gardiennage et la surveillance, la propreté et le nettoyage.

On notera que la logique sous-jacente aux pratiques d'externalisation observées ne renvoie pas au traditionnel arbitrage en termes de coût mais plutôt à une logique de maîtrise technique et de savoir-faire, et ce en particulier quand on s'intéresse à la question de la logistique et de l'approvisionnement.

L'encadré suivant, bien que daté met en avant les pratiques avancées de Marjane en matière d'externalisation, tout comme il détaille les modalités et logiques de fonctionnement de cette externalisation.

Encadré 27 : Logistique-entrepôt : Marjane réorganise les approvisionnements locaux

Pour l'externalisation, l'enseigne Marjane a procédé graduellement. Elle a démarré par les activités « qui ne présentent pas un enjeu stratégique », celles qu'elle ne maîtrise pas ou pour lesquelles elle manque de compétences ou n'éprouve aucune urgence à développer. C'est le cas du nettoyage, de la sécurité et du parc auto. Dans sa décision, l'entreprise tient compte de trois facteurs : le degré stratégique, la compétence et le coût. « Ces critères sont évolutifs dans le temps. L'idée est de se concentrer sur notre métier de base et d'exploiter tous les leviers de croissance et d'amélioration de service », déclare Mohamed Rais, Directeur des systèmes d'information et organisation, logistique et approvisionnement. Mais cela ne veut pas dire pour autant que l'entreprise « délègue » sans condition. Elle cherche toujours à garder une emprise sur les tâches confiées aux prestataires externes, l'externalisation n'étant pas dénuée de risques. C'est la raison pour laquelle elle met en place des garde-fous. « À partir des études, les schémas d'organisation et de gestion sont mobilisés de manière à maîtriser les facteurs de risque ». Si, par exemple, le nettoyage est entièrement sous-traité, la sécurité ne l'est qu'en partie. Chaque magasin dispose ainsi de sa propre équipe de sécurité, dont le chef et son adjoint sont des salariés de Marjane. Cette « tactique » est également appliquée dans l'import. Les structures mises en place pour gérer la marchandise importée ayant montré leur limite, l'enseigne a transféré la gestion des flux imports à deux prestataires : Foodipex et DHL. Au premier, elle a confié les produits frais et surgelés. Il s'agit d'une gestion intégrée : réception de la marchandise, stockage dans les chambres froides, transport, étiquetage et livraison aux magasins. Le prestataire n'a même pas à constater informatiquement une réception de marchandises, puisque toute la chaîne est bouclée de manière automatique. L'entreprise garde la main sur les opérations stratégiques de manière à maîtriser le processus. Le déclenchement de la commande, la décision de la répartition vers les magasins, la production physique des étiquettes relèvent toujours du management de Marjane. Le système d'information est également conçu et développé par l'enseigne et mis à la disposition du prestataire. Ce qui permet de maîtriser l'information et de piloter les ratios de la logistique. La gestion de l'historique, les statistiques, les indicateurs d'aide à la décision sont tous hébergés dans les bases de données de Marjane. Celles-ci sont ouvertes aux prestataires selon des règles d'accès bien précises. Chez Foodipex, les opérations sont supervisées par un salarié de Marjane : l'étiquetage, la préparation des expéditions, le chargement des camions et le transport de la marchandise. Cette personne se charge aussi de l'accompagnement pour l'obtention des certificats sanitaires et les documents de dédouanement. DHL Exel Supply Chain gère le grand import, éventuellement les produits non alimentaires importés généralement d'Extrême-Orient et qui correspondent à une certaine saisonnalité et le consommable hors produits frais. Elle est assistée par du personnel permanent de Marjane : un contrôleur de gestion et des approvisionneurs supervisent le déroulement des différentes tâches et gèrent aussi les doléances et les réclamations des magasins. Leur présence est jugée nécessaire, puisque l'entreprise stocke l'équivalent de 15 à 20 millions de dirhams de marchandises chez son prestataire. Le logisticien met ainsi à la disposition de Marjane une surface de stockage de 2.400 mètres carrés ainsi que l'accompagnement nécessaire : racking, matériel de manutention, personnel permanent… Des ressources variables selon la demande. L'entrepôt fonctionne 362 jours avec une amplitude horaire en temps normal allant de 6 heures du matin à 18 heures. Il existe aussi des périodes où l'entrepôt opère 24 heures sur 24. Le prestataire emploie 310 personnes en permanence, et Marjane compte sur place huit salariés dont la moitié sont des cadres. Aujourd'hui, les magasins comptent une centaine de fournisseurs. Ils s'approvisionnent en direct et de manière permanente, ce qui nécessite une logistique interne à chaque magasin, une surface de stockage, du personnel pour la réception des marchandises et une gestion du risque (…). À Marjane, la direction de la logistique joue le rôle de fournisseur des magasins. C'est une entité faisant juridiquement partie intégrante du siège, mais avec un statut de centre de coût. Elle tient une comptabilité analytique et prépare un compte d'exploitation propre. Le chiffre d'affaires logistique s'est établi à plusieurs centaines de millions de dirhams et renvoie à la marchandise « achetée » par la logistique et cédée aux magasins. À la direction de la logistique, il revient d'anticiper aussi la croissance de l'activité du réseau des hypermarchés. Cela signifie : redimensionner les espaces de stockage afin de faire face à l'augmentation des flux des marchandises...

Le coût de la prestation. La gestion par DHL Exel Supply Chain d'une partie des produits importés génère trois catégories de coûts. La première concerne les coûts variables qui englobent le personnel temporaire (vacataires et intérimaires en fonction des pics d'activité), le matériel de manutention et le consommable d'exploitation. Cette partie pèse à hauteur de 40% dans le coût de la prestation globale. La deuxième catégorie consiste dans des coûts fixes indirects. Elle concerne le personnel permanent et les loyers des bureaux et représente 20% du coût de la prestation. La troisième concerne les charges fixes directes qui englobent le loyer de la surface de stockage, les différentes taxes, le coût de la sécurité et du nettoyage et le coût des assurances. Cette rubrique représente 40% du tarif.

Source : D'après *L'Économiste*, n°2504, 12 avril 2007.

LabelVie a également procédé à l'externalisation d'une partie de ses activités logistiques qui a été confiée dès septembre 2009 à la société IDLM[1]. Cette dernière assure en particulier la gestion des opérations d'entreposage. Selon LabelVie[2], cette externalisation comporte plusieurs avantages. Elle permet à l'enseigne de se concentrer sur son cœur de métier. Elle permet ensuite d'améliorer le taux de service et d'approvisionnement de ses magasins et elle permet enfin à l'enseigne de poursuivre sereinement son expansion.
L'autre grand domaine d'externalisation privilégié par la grande distribution est celui de la sécurité-gardiennage et du nettoyage. Si en matière de logistique au sens large, ce qui est en jeu, c'est bien la maîtrise technique et le savoir-faire, dans les cas du gardiennage et de la surveillance d'un côté et dans celui du nettoyage et de la propreté de l'autre, c'est une logique de coût et de « *moins disant* » qui prime. Dans ce cas, ce qui est recherché c'est bien la compression des coûts des services périphériques. Un autre élément qui est souvent mis en avant par les distributeurs est celui de la disponibilité de la main-d'œuvre et du transfert à autrui de la gestion d'une main-d'œuvre caractérisée par un taux d'absentéisme et un turnover élevé. Aussi la plupart des grandes enseignes nationales ont-elles entamé de vastes mouvements d'externalisation de ces prestations vers des offreurs privés. Cette pratique d'externalisation concerne également un certain nombre de malls comme le Méga Mall de Rabat qui sous-traite la sécurité et le gardiennage à l'agence 4S d'un côté et les services de propreté nettoyage à Derichbourg.

3.2.3. Au-delà des services opérationnels : quelle place pour le conseil ?

De manière assez logique, le principal axe ou domaine d'externalisation de la grande distribution dans le champ des services de haut niveau de type conseil est celui des études marketing. En effet, la grande distribution figure parmi les principaux consommateurs d'études, en particulier parce que les magasins ont des besoins récurrents d'informations précises sur leurs clients réels ou potentiels (zone de chalandise par exemple). Au-delà des études, le conseil en systèmes d'information est également un champ important du besoin et du recours au conseil en grande distribution. Enfin, concernant le conseil en organisation au sens large, le secteur de la distribution, bien qu'en progression, n'arrive qu'en 5e position parmi les principaux utilisateurs, après la bancassurance, les télécommunications, l'administration et l'industrie.

Dans des travaux antérieurs (Gallouj *et al.*, 2012) nous avons pu montrer qu'une des caractéristiques de la fonction RH au Maroc était sa forte internalisation (autrement dit, son faible recours aux pratiques d'externalisation). De manière plus précise, on peut dire que la faible place

[1] IDLM est une filiale de ID Logistics France un des leaders français de la logistique.

[2] Rapport d'activité, 2009.

des RH dans les pratiques et l'organisation des firmes trouve son pendant dans la faiblesse des pratiques d'externalisation. Contrairement à ce que l'on pourrait penser, la fonction RH est très présente en grande distribution. Ainsi par exemple, chaque magasin dispose d'un responsable RH, de même que cette fonction se retrouve également au niveau du siège et des différentes BU. Ces différents responsables RH ont acquis une réelle expertise en matière de pratique et d'utilisation des outils de GRH. Ainsi l'internalisation reste forte. Ce n'est guère qu'au niveau de la formation que les pratiques d'externalisation et de recours à des prestataires externes apparaissent récurrentes et structurées. Bien entendu, un certain nombre d'enseignes de grande distribution ont développé une offre de formation structurée en interne. Beaucoup même, ont créé leur propre institut de formation, voire leur université interne. Pour autant l'existence de ces instituts internes de formation, n'exclut pas le recours à de multiples expertises externes sur des sujets et thématiques plus pointues, voire même sur des thématiques plus basiques mais pour lesquelles l'enseigne ne dispose pas de suffisamment de ressources en interne. Pour ce qui est du recrutement, on observe que selon certaines estimations, à peine 10% des entreprises marocaines feraient appel à un cabinet de conseil, l'essentiel des recrutements concernés étant réalisés en interne. Dans la grande distribution ce recours apparaît beaucoup plus faible encore. Il n'en demeure pas moins que les difficultés de recrutement de cadres expérimentés et plus généralement de spécialistes de la grande distribution devraient être un puissant stimulant au recours aux conseils en recrutement et autres chasseurs de têtes.

3.2.4. Les risques de l'externalisation

L'externalisation, malgré ses nombreux avantages, n'est cependant pas exempte de risques. Si ces risques sont importants dans le cas des services opérationnels, ils le sont encore plus dans celui des services fonctionnels ou services avancés de conseil.

A. Une dépendance accrue vis-à-vis du prestataire

Lorsqu'elle fait le choix de l'externalisation, l'entreprise de distribution prend le risque de se placer en situation de dépendance vis-à-vis de son fournisseur. Cette dépendance est d'autant plus importante ou exacerbée lorsque le marché prestataire est caractérisé par un niveau élevé de concentration. En effet, la plupart des grandes firmes souhaitent traiter avec des prestataires capables de les accompagner dans leur développement. C'est d'ailleurs en particulier le cas des enseignes de grande distribution marocaines qui, pour les services logistiques, sont conduites à faire appel à un très petit nombre de prestataires d'envergure nationale (ou internationale), ce qui accroît d'autant leur dépendance. Cette dépendance est par ailleurs d'autant plus importante que les contrats d'externalisation en question peuvent courir sur des périodes situées entre deux et cinq ans.

B. Une baisse de qualité

De même et lorsque les contrats d'externalisation sont validés sur le long terme, les enseignes de grande distribution peuvent être confrontées à un risque de dégradation de qualité (ou parfois même de dérapage des coûts). En effet, le fournisseur étant protégé par les contrats de long terme, il peut être assuré d'une rente et de ce fait être tenté de réduire ses efforts ou encore de baisser la qualité de son offre ou de ses produits. Une externalisation mal maîtrisée, qu'elle concerne les services opérationnels ou les services de conseil, peut favoriser ou exacerber les comportements opportunistes du prestataire. Celui-ci peut réduire le niveau de qualité de la prestation en affectant des salariés moins compétents et donc moins coûteux pour lui (remplacer les seniors par des juniors dans le cas du conseil). Il peut réduire le temps et les efforts consacrés au client régulier et considéré comme acquis, pour se focaliser sur les nouveaux clients qu'il s'agit alors de bien traiter pour les fidéliser. La dégradation du service et la sous-performance ne sont pas bien entendu exclusivement liées au comportement opportuniste du prestataire. Elle peut être liée à une mauvaise gestion de la relation entre les deux structures et en particulier d'une mauvaise circulation de l'information, qu'elle relève du formel ou de l'informel.

C. Une perte de savoir-faire

Une opération d'externalisation implique généralement un transfert de personnel et parfois d'équipement vers le prestataire. Or, le personnel externalisé, c'est d'abord du savoir et du savoir-faire, un ensemble de connaissances tacites qui sont irrémédiablement perdues par l'entreprise. Ces connaissances sont en effet difficilement reconstituables en cas de volonté de retour en arrière. Ainsi par exemple, une étude menée par « *Logistique et Management* » montre que la plupart des entreprises concernées se déclarent être incapables de les réinternaliser (Barthélémy, 2007, p. 65).

D. Un risque social

Le risque social est également non négligeable dans une opération d'externalisation et doit être pris en considération. Dans le cas des services opérationnels comme le nettoyage ou le gardiennage, il est clair que les avantages sociaux offerts par la grande distribution sont, en tous cas au Maroc, sans commune mesure avec ceux qui sont offerts par des prestataires *ad hoc*… Dans ces conditions, la grande distribution peut être confrontée à des conflits sociaux et des résistances qui peuvent affecter directement son image auprès des consommateurs. À ce jour, et concernant par exemple le secteur du gardiennage, on observe que la grande distribution marocaine pratique un mix d'internalisation et d'externalisation amenant ainsi à faire collaborer des équipes internes de gardiennage avec des équipes externes plus nombreuses il est vrai.

Conclusion

Dans ce chapitre, nous avons présenté les principales voies de développement stratégiques qui s'offrent aux enseignes marocaines. Dans ce cadre, la diversification est sans doute la voie principale envisagée. Elle est également celle qui est privilégiée par la grande distribution européenne et en particulier française. Dans le cas du Maroc, cette voie apparaît cependant limitée. En effet, les principaux groupes de distribution nationaux relèvent de conglomérats multi-métiers, ce qui réduit les marges d'autonomie des branches distribution. Nous avons pu néanmoins observer quelques embryons de diversification. Mais, dans tous les cas, on est encore très loin des pratiques observées en France. Concernant les voies de spécialisation-recentrage, là encore, les pratiques restent très restreintes. Il est vrai que la grande distribution, au Maroc, n'en est encore qu'à ses débuts et ses marges de progression « en l'état » restent larges… Ainsi, dans l'état actuel des choses, il nous semble que seules les pratiques d'externalisation (liées d'ailleurs beaucoup plus à des besoins de professionnalisation et d'amélioration de la qualité qu'à des questions d'arbitrage en termes de coûts) sont en développement et valorisées par les enseignes opérant sur le territoire national.

CHAPITRE 8

LES MODES DE DÉVELOPPEMENT

Lorsqu'elle a choisi sa stratégie, l'entreprise doit réfléchir à la manière la plus pertinente de se développer ; autrement dit d'accroître sa taille, le volume des produits qu'elle peut mettre sur le marché et *in fine* ses résultats. Elle a ainsi le choix entre croissance interne et croissance externe. Ces deux modes de croissance présentent chacun des intérêts et des contraintes. Ils ne sont pas pour autant antinomiques et les entreprises de distribution, mais également plus largement les entreprises industrielles ou de service, peuvent s'appuyer simultanément sur les deux formes présentées. La grande distribution conserve cependant quelques spécificités au regard de ses modalités de croissance. Elle peut en effet également s'appuyer sur la franchise, qui peut être présentée comme un modèle hybride ou une voie médiane entre croissance interne et croissance externe. Au-delà, l'arbitrage croissance interne-croissance externe peut être complété, dans le cas de la grande distribution, par un arbitrage fondé sur le type de formule à développer ; autrement dit, il s'agira d'opter pour un développement mono-formule *vs* pluri-formules, [1] voire encore mono-enseigne *vs* pluri-enseignes (comme support à ces formules). Enfin, et dans le même sens, le développement de la grande distribution doit également être envisagé au regard du débat renouvelé entre multicanal, cross canal et omnicanal.

1. Croissance interne *vs* croissance externe

Le développement de la grande distribution passe souvent par un arbitrage entre croissance interne et croissance externe. La croissance interne consiste, pour une entreprise de distribution à augmenter progressivement sa taille en développant la ou les formules existantes ou en en créant de nouvelles en s'appuyant exclusivement sur ses ressources propres, qu'elles soient humaines, matérielles ou financières.
La croissance externe consiste à augmenter sa taille et assurer sa croissance par d'autres moyens que le développement en propre de ses formules. Plus précisément, la croissance externe se fonde sur des opérations de rachat, d'alliance, de prise de participation dans d'autres entreprises généralement du même secteur.

[1] Lui-même pouvant être décliné en un arbitrage mono-enseigne *vs* pluri-enseignes.

Dans les faits, croissance interne exclusive et croissance externe exclusive ne sont que des idéaux types. Les pratiques des entreprises de distribution sont souvent intermédiaires, comprenant un habile dosage des deux modalités de croissance. Elles peuvent même être parfois plus complexes encore, en passant par exemple par la franchise, qui s'apparente à la fois à de la croissance interne et à de la croissance externe.

1.1. Les pratiques des enseignes marocaines

L'observation des principaux acteurs de la grande distribution au Maroc montre que les stratégies adoptées sont très variables selon les formules. Ainsi, Marjane, l'opérateur historique, semble très largement privilégier la croissance interne. Cette stratégie se justifie dans la mesure où l'enseigne Marjane reste largement leader sur son marché (avec, dans les conditions du début des années 2020, plus de 50 % de PDM) et qu'elle dispose d'un savoir-faire jusqu'à récemment supérieur à celui de ses concurrents. L'autre élément favorisant la croissance interne réside dans le fait que le marché géographique initial de la formule est loin d'être saturé. Autrement dit, le développement peut être assuré à un coût inférieur à la croissance externe.
La stratégie adoptée par le challenger LabelVie semble beaucoup plus diversifiée et complexe. En effet, cette entreprise assure son développement en s'appuyant à la fois sur la croissance interne et sur la croissance externe. L'objectif de cette entreprise, qui a atteint à ce jour 30% de part de marché, est bien de rattraper rapidement le leader. Il apparaît donc vital pour elle de réaliser des économies d'échelle importantes de manière à changer rapidement de taille.

Tableau 22 : Les opérations de croissance externe de LabelVie

1995	Rachat du supermarché indépendant de Hay Riad
1999	Rachat supermarché (Agdal) Hyper Shem's
2002/2003	Hyper SA LabelVie rachète deux magasins Supersol de Casablanca et Rabat détenus auparavant par Superdiplo-Ahold Rachat en 2003 du supermarché Maromarché Hassan
2005	Rachat du supermarché Gironde
2007	Rachat du supermarché quartier des hôpitaux
2008	Rachat du supermarché Souissi (indépendant)
2009	Rachat des magasins de la chaîne Franprix
2010	LabelVie rachète les magasins Metro Maroc (8 Cash and Carry), pour 1,2 milliard de dirhams

Source : Diverse presse.

Ainsi, en prenant le contrôle des magasins Metro Cash and Carry (qui seront renommés à l'enseigne Atacadão), le groupe LabelVie multiplie sa taille par deux, en particulier en termes de surface totale déployée et en termes de chiffre d'affaires réalisé. De fait, sa part de marché passe de 14 à 30%, ce qui lui permet de se rapprocher de Marjane et de distancer les autres acteurs, et en particulier Aswak Assalam et BIM.
En ce qui concerne les deux « *outsiders* » Aswak Assalam et BIM, la stratégie privilégiée semble être à ce jour celle de la croissance interne.

Si les grandes surfaces alimentaires privilégient des arbitrages et mix entre croissances interne et externe, les grandes surfaces spécialisées, et en particulier les enseignes de meubles en kit semblent, pour leur part, faire une place nettement plus importante à la franchise.

1.2. Intérêts et contraintes des différentes modalités de croissance

La croissance interne par création de magasins nouveaux, telle qu'elle est privilégiée par Marjane, peut être considérée comme une forme de croissance naturelle pour la distribution, en particulier alimentaire. En effet, cette modalité permet à l'entreprise de maîtriser et contrôler son expansion, de choisir ses sites d'implantation et de s'assurer de la conformité de son parc à ses objectifs stratégiques. Cette modalité est parfois difficilement praticable, ou rencontre quelques contraintes dans certains pays où la distribution est réglementée (comme par exemple en France).

Encadré 28 : Les difficultés de la croissance interne : cas de la France

La croissance interne est parfois rendue difficile par des contraintes juridiques. Dans la plupart des pays, il existe un système de limitation des ouvertures. On a vu comment la loi Royer pouvait « pervertir » la croissance interne, en suscitant des créations de magasins non rationnelles en termes économiques : implantations sur des sites médiocres (dans les petites communes satellites, attirées par la taxe professionnelle), ouverture trop tardive ou prématurée, magasin ayant de mauvaises dimensions, multiplication des demandes donc moindre approfondissement des études de marché, etc. En France, les tracasseries et les surcoûts induits par la loi Royer sont souvent cités par les distributeurs comme une raison de leur stratégie d'internationalisation. Mais l'effet le plus sensible de cette loi a été de valoriser la croissance externe au détriment de la croissance interne.

Source : Ducrocq (1991, p. 148-149).

Il n'en va pas de même au Maroc où il n'existe pas encore de contraintes réglementaires à l'ouverture et à l'implantation des magasins. La croissance externe est largement privilégiée sur des marchés matures et structurés où la croissance est forte. Sur ces marchés, il est souvent plus difficile de trouver de bons emplacements libres, ce qui réduit les perspectives de croissance interne. Par ailleurs, il existe également des chaînes de distribution moins performantes et donc susceptibles d'être rachetées. Bien entendu, le marché marocain, que ce soit en alimentaire ou en non alimentaire, est encore loin d'avoir atteint sa maturité et les perspectives de croissance sont encore importantes, ce qui réduit a priori l'intérêt de la croissance externe. On notera cependant que la question foncière est une contrainte importante du fait de sa rareté et de son coût élevé. Il est vrai également qu'un certain nombre de groupes de distribution semblent en perte de vitesse, ce qui les rend plus sensibles à des opérations de fusion acquisition. Ce point est par ailleurs renforcé par une perspective d'accroissement de la concurrence internationale liée à l'implantation graduelle de grandes enseignes internationales dans le pays. En effet, l'arrivée de nouveaux concurrents internationaux de grande taille (Carrefour…) a et aura tendance à accélérer les opérations de croissance externe au travers de rachats visant à accéder rapidement à une taille critique. Pour autant, la croissance externe n'est pas sans poser des problèmes importants. Les plus importants d'entre eux étant les suivants : la non-conformité, les doublons, l'intégration et les coûts (*cf.* Ducrocq, 1991).

La question de la non-conformité. Le rachat d'un concurrent pose systématiquement la question de la non-conformité du parc racheté par rapport aux attendus du concept existant. Cette non-conformité peut être un réel problème car elle induit nécessairement des coûts d'adaptation ou de mise à niveau qui peuvent être parfois insurmontables[1].

La question de l'intégration. Il s'agit là d'une question centrale à se poser suite à une opération de croissance externe. L'intégration des responsables opérationnels (directeurs de magasins, cadres supérieurs et intermédiaires) peut souvent être un problème également insurmontable. Dans le cas de Metro, les gestionnaires de LabelVie avaient affiché leur optimisme. En effet, aux yeux du repreneur, les cadres de Metro sont expérimentés et présentent des profils rares et un bon potentiel de développement. La fusion des RH s'est appuyée sur une démarche participative, avec mise en place d'un comité regroupant les principaux cadres du groupe appelé G50. Dans tous les cas, il est en effet nécessaire d'harmoniser les politiques sociales et de rémunération afin de « (i) garantir l'équité et renforcer la culture de la performance, du mérite et du développement des compétences pour l'ensemble du groupe (ii) réussir l'intégration des ressources humaines et développer des passerelles entre toutes les entités du groupe afin d'optimiser les synergies »[2].

L'intégration peut également être pensée à un niveau global. Ainsi par exemple, on a pu observer que le redéploiement de l'enseigne Carrefour

[1] Dans les cas par exemple où la construction d'une nouvelle unité coûterait moins cher que le réaménagement de l'unité existante.

[2] Rapport financier 2011, LabelVie.

LabelVie sur le réseau Metro a nécessité beaucoup plus de temps que prévu, mettant en avant une question d'adaptation et d'adaptabilité. Sur ce point Zouhair Bennani précise : « nous faisons très attention au modèle que nous voulons dupliquer. Bien qu'en rachetant Metro, on se réjouit d'avoir 8 grandes surfaces supplémentaires... On s'est posé des questions sur le modèle de l'hypermarché classique et sur le concept de distribution qui répondrait parfaitement aux attentes. C'est ce qui explique le temps pris pour étudier les différents catalogues, formats et modèles développés par notre partenaire ainsi que les adaptations possibles... nous prévoyons un déploiement du concept dès 2012, mais à chaque fois nous comptons mener des études préalables sur les sites car la formule Maxi n'a aucun sens dans un quartier huppé, en revanche, elle a toutes ses chances dans un environnement de détaillants, de boutiques et de ménages modestes. A priori les 7 villes où nous disposons des 8 magasins Metro peuvent accueillir la formule Carrefour Maxi »[1].
On constate que l'intégration du groupe Metro a suscité un certain nombre de flottements dans l'organisation. Ainsi en 2011, l'organisation du nouveau groupe était articulée autour d'une centrale et de quatre Business Units : BU Carrefour Market, BU hypermarché, BU Cash and Carry et BU Carrefour Maxi. Ayant initialement vocation à être transformés en hypercash sous la dénomination Carrefour Maxi, (ce qui a été le cas de l'unité de Casablanca Ain Sebaa), les anciens Metro sont finalement passés sous la bannière Atacadão en 2012.

La question des doublons. Cette question renvoie à la présence de magasins et d'unités commerciales sur la même zone. Ainsi, le rachat d'un groupe concurrent amène inévitablement à ce que le nouveau groupe consolidé soit contraint de gérer des magasins trop proches les uns des autres et qui auraient eu tendance à faire double emploi et partant à se cannibaliser. Dans le cas de l'acquisition de Metro par LabelVie, la question des doublons apparaît ne pas se poser réellement. En effet, LabelVie est, au moment de l'achat, un groupe centré sur les supermarchés. Il contrôle 32 supermarchés pour à peine 2 hypermarchés localisés à Rabat et Marrakech. D'ailleurs, l'objectif initialement annoncé de l'acquisition est bien de « gagner 5 ans dans la mise en œuvre du plan de développement du segment hypermarchés ».

La question du coût. Les opérations de croissance externe sont souvent très coûteuses. Elles comptent, outre le prix d'acquisition, des coûts de mises aux normes et d'homogénéisation du parc assez importants et qui s'inscrivent dans la durée (réduisant d'autant le retour sur investissement). Par ailleurs, on doit également prendre en compte l'investissement temps et énergie des équipes concernées.

[1] « *Carrefour Maxi notre meilleure pub c'est le prix, entretien avec Zouhair Bennani Président Best financière* », *L'Économiste*, n° 3743, 19 mars 2012.

Le coût moyen de cession d'un magasin Metro et son basculement en Carrefour se situerait autour de 35 millions de dirhams par magasin, soit un budget global de plus de 300 millions.

1.3. La franchise : comme formule hybride

La franchise connaît un développement remarquable au Maroc en accompagnement en particulier du nouvel engouement pour les malls. Ce recours à la franchise constitue une voie médiane entre la croissance interne et la croissance externe en ce sens qu'elle emprunte aux deux modalités. D'ailleurs nombre d'entreprises optent pour une approche mixte alliant croissance interne (autrement dit, développement en propre) et développement en franchise.
La franchise apparaît ainsi comme une modalité privilégiée par nombre de firmes de grande distribution, que ce soit à titre principal ou de manière complémentaire, afin de suppléer à la croissance interne jugée à la fois trop coûteuse et trop lente.

Tableau 23 : La franchise et la croissance interne et externe

Ressemblance avec la croissance interne	Ressemblance avec la croissance externe	Spécificité de la franchise
Contrôle presque total de tous les éléments constitutifs de la formule	Développement relativement rapide	Liaisons contractuelles Durée déterminée du contrat
Possibilité de choisir les lieux d'implantation	Problèmes de mises aux normes et surtout de contrôle des normes	Effet volume avec un investissement relativement faible, qui correspond en première approximation au recrutement des franchisés
Contrôle de la croissance de la taille du réseau, même si le développement est en général plus rapide qu'en utilisant la croissance interne	Difficultés de contrôle, problèmes financiers et organisationnels en cas de croissance trop brutale, non planifiée et non contrôlée	Risque de dévalorisation importante et rapide du réseau en cas de contrôle insuffisant des franchises ou si la franchise est fortement soumise à des effets de mode

Source : Benoun et Hélies-Hassid (2003, p. 219).

Le rôle du franchiseur reste central dans l'animation et le bon fonctionnement du réseau. En effet, en dehors des démarches d'assistance technique nécessaires en phase de lancement, il revient au franchiseur de susciter en permanence des synergies entre les différents membres du réseau.

Le recours à la franchise reste cependant encore rare dans l'alimentation. Les secteurs phares étant ici l'habillement, la restauration, l'ameublement et les chaussures. Pour autant, les expériences de franchise dans l'alimentaire, heureuses ou malheureuses, ne manquent pas. On se souvient en effet de l'expérience Hanouty qui visait à moderniser le petit commerce et à structurer le marché des épiceries indépendantes au travers d'une politique de franchise appuyée sur l'ensemble des outils offerts par la distribution moderne… Si l'expérience Hanouty a été un échec cuisant, il n'est pas exclu pour autant que la formule connaisse un certain développement à l'avenir, en particulier dans le cadre d'une politique d'internationalisation à marche forcée de la distribution alimentaire marocaine en Afrique.
À ce jour, et au niveau national, certaines expériences semblent cependant réussir en imposant un mix développement organique et développement par la franchise. C'est en particulier le cas semble-t-il de la chaîne Mini Brahim et c'est cette même logique et trajectoire de développement qui a été annoncée par les nouveaux entrants (*cf.* chapitre 3), comme Openshop et Leader Price.

2. Développement mono-formule *vs* pluri-formules/mono-enseigne *vs* pluri-enseignes

Là encore, on observe une nette différence de pratique entre le leader et le challenger d'un côté et les suiveurs que sont Aswak Assalam et BIM. Les deux premières enseignes fondent résolument leur développement sur un modèle pluri-formules et pluri-enseignes alors qu'à l'inverse BIM et Aswak Assalam semblent « crispés » sur la logique mono-formule.

2.1. De l'hypermarché aux supermarchés : le cas Marjane

Marjane comme Aswak Assalam a longtemps fondé son développement essentiellement sur la formule hypermarché. Cependant, à partir de 2002, dans le cadre d'un accord signé avec le groupe Auchan, Cofarma décide de lancer une chaîne de supermarchés à l'enseigne Acima. Cette stratégie vise bien entendu à s'implanter sur un segment à très forte croissance et dont les perspectives sont sans doute plus larges que celles des hypermarchés. Néanmoins, elle constitue également une réponse à « l'intrusion » à la même époque de LabelVie sur le marché des hypers. On observe cependant que depuis son lancement, la chaîne connaît un développement plutôt lent. Un peu moins d'une soixantaine de magasins au début de l'année 2022. Contrairement à ce que l'on pourrait penser, ce développement relativement lent du réseau Acima-Marjane Market n'est pas lié à des difficultés sur le terrain, même si elles sont réelles, mais bien plutôt à une gouvernance flottante et à une absence de volonté stratégique de la part de la holding qui, encore à ce jour, et malgré les discours de façade, semble parier toujours plus sur la branche hypermarchés que sur la branche supermarchés.

La décision récente du groupe de faire passer les Acima sous la bannière Marjane en les transformant en Marjane Market aurait pu marquer une réorientation du groupe vers une approche plus équilibrée en termes de formats. Cependant la transformation apparaît, au moins jusqu'au début de l'année 2021, très peu médiatisée, plutôt lente et faite sur un mode « artisanal ». Autrement dit, il est extrêmement difficile de percevoir une réelle stratégie sous-jacente autre que celle mécanique de faire bénéficier Acima de la très bonne notoriété et réputation de Marjane auprès de la clientèle marocaine (*cf.* figure 38).

Figure 38 : Enseignes préférées des Marocains qui fréquentent les GMS[1]

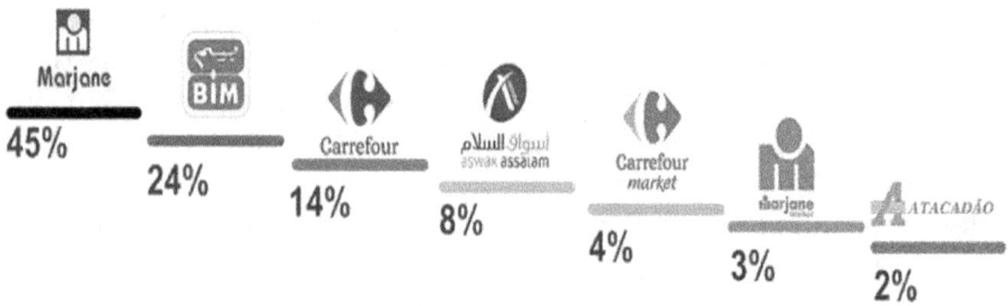

Source : *L'Économiste-Sunergia,* 16 septembre 2020.

2.2. Des supermarchés à l'hypermarché : le cas LabelVie

LabelVie a initialement fondé son développement sur le format supermarché. Ce n'est d'ailleurs qu'en 2009 que le groupe se lance, fort du soutien de Carrefour, dans le format hypermarché. En 2010, avec le rachat de Metro, le groupe ajoute un nouveau format à son offre, celui du Cash and Carry.
L'intégration de nouveaux formats répond à une volonté de développement. Néanmoins, il est surtout une réponse à l'entrée de Marjane sur le segment des supermarchés. Ce dernier, initialement centré sur les hypermarchés, a en effet rompu en quelque sorte le « *gentlemen agreement* » informel qui existait entre les deux groupes.
On notera pour notre part, qu'encore aujourd'hui, les stigmates des origines restent prégnants puisque malgré les tentatives régulières de rééquilibrage, le segment supermarché reste le principal contributeur au chiffre d'affaires du groupe.
Pour autant, contrairement à ce que l'on peut observer dans le cas de Marjane, on distingue chez Carrefour LabelVie, une véritable volonté stratégique d'asseoir son développement à venir de manière équilibrée sur les trois formules : hypermarchés, supermarchés et Cash and Carry. La restructuration

[1] Parmi les 33% de Marocains résidant en milieu urbain qui fréquentent les GMS.

du groupe en 2010-2011 et la constitution en Business Units bien distinctes permettent de renforcer et d'appuyer cette stratégie.

2.3. Le centrage sur les supermarchés-supérettes : le cas BIM

Concernant BIM, dans la logique du hard discount traditionnel, l'enseigne se déploie sur le territoire national en s'appuyant sur un concept de magasin qui a fait ses preuves en Turquie, soit sur la base d'une surface moyenne de 400 m² ; souvent moins dans le cas du Maroc (où la surface des magasins serait comprise entre 200 et 400 m²).
Notons cependant qu'il serait envisagé, à plus ou moins brève échéance, une modification du concept visant à faciliter l'ouverture de magasins plus grands (autour de 1000 m²). Néanmoins, cette orientation vers un format plus grand ne semble relever que de l'effet d'annonce. En effet, aucune mesure concrète n'a vu le jour sur ce point. Le passage à des formats supérieurs impliquerait pour BIM un changement de sa structure de coûts… et aussi de sa stratégie. En effet, l'expansion de BIM dans les villes marocaines a été largement facilitée par des besoins en foncier réduits relativement (200 à 400 m²). De ce point de vue, le positionnement de l'enseigne constituait un véritable avantage compétitif. En développant des surfaces supérieures, il n'est pas sûr que cet avantage perdure, d'autant que ces surfaces (supérieures à 1000 m²) sont à la fois plus rares et plus coûteuses… et, elles sont aussi celles qui sont recherchées par tous les acteurs sur le créneau des supermarchés.

2.4. Le centrage sur l'hypermarché : le cas Aswak Assalam

Aswak Assalam dispose au début de l'année 2022 de 15 hypermarchés et fonde son développement exclusivement sur le modèle de l'hypermarché. Cette stratégie devrait cependant rencontrer ses limites rapidement. En effet, les perspectives des hypermarchés semblent plutôt réduites pour l'avenir *y.c.* au Maroc où, on l'a vu, on assiste à un mouvement de compactisation des formats et de recentrage de la distribution sur des concepts plus petits susceptibles de s'implanter au cœur des villes et des quartiers. C'est d'ailleurs sans doute ces perspectives plutôt moroses (mais elles ne sont pas les seules) qui expliquent le développement apparemment contraint des hypermarchés Aswak Assalam sur ces dernières années. En effet, à l'exception d'une ouverture à Essaouira en 2017, le plan de développement de l'enseigne semble s'être arrêté en 2010. La direction d'Aswak Assalam annonce régulièrement des diversifications qui sont tout aussi régulièrement repoussées *sine die*.
En 2014, Faouzi Chaabi, avait annoncé le lancement d'une chaîne de supérettes discount et bas prix localisées tant dans les quartiers résidentiels que populaires. Les premières villes devant abriter ces supérettes devaient être

Rabat, Fès, Marrakech et Tanger[1]. Néanmoins, cette opération a été gelée en partie du fait des difficultés rencontrées par le segment des hypermarchés. Il faudra attendre le milieu de l'année 2020 pour qu'Aswak Assalam se lance enfin sur le créneau des supermarchés avec l'ouverture d'un supermarché qualitatif à Casablanca à l'enseigne As by Aswak[2]. L'enseigne lance également, et au même moment, une offre drive adossée au supermarché[3].

3. Du multicanal au cross canal ?

Le débat multicanal, cross-canal et omnicanal est prégnant en France tant dans les travaux de recherche (Vanheems, 2015) que semble-t-il, dans les réflexions et pratiques des firmes.
Dans la distribution, on a traditionnellement distingué deux trajectoires distinctes ; les « *pures players* », formule qui désigne les entreprises dont l'activité se situe uniquement sur le canal internet et celles dites « *bricks and mortar* » qui n'opèrent que sur le canal physique. Or très rapidement on a pu assister à une hybridation des trajectoires ; autrement dit, les « *pure players* » comme les « *bricks and mortar* » ont réalisé la nécessité d'une double présence physique et digitale. On a donc assisté à un mouvement rapide de multi-canalisation des enseignes, multi-canalisation qui s'est accompagnée tout d'abord d'une gestion des canaux en silos, multicanale et compartimentée. Néanmoins, rapidement, sous l'impulsion des habitudes d'achat des consommateurs, les enseignes ont dû abandonner l'idée de canaux multiples et autonomes se substituant les uns aux autres, au profit d'un croisement et d'une imbrication entre différents canaux. On parle alors d'approche cross canal, qui favorise la continuité de l'expérience d'achat à travers les différents canaux : « on est au cœur d'une expérience « sans couture », évitant les ruptures lors de la migration d'un canal à l'autre » (Badot *et al.*, 2018, p. 153). Plus récemment, la tendance est à l'omni-canalisation, à une logique d'omniprésence où l'interaction entre le consommateur et l'enseigne peut se faire de manière indifférenciée depuis de multiples points de contacts.
Dans le cas du Maroc, ces questions sont longtemps restées à un stade plutôt embryonnaire. La crise Covid a cependant contribué à accélérer les investissements des enseignes nationales en ce sens, en les obligeant, selon les termes de la presse spécialisée, à passer à la vitesse supérieure[4]. Pour autant, la configuration actuelle de l'offre au Maroc reste encore très marquée par la multi-canalité. Autrement dit, si les grands acteurs marocains ont acté la

---

[1] H24 info.ma, 12 juin 2014.

[2] « *Le revirement stratégique de Aswak Assalam* », *L'Observateur du Maroc*, 13 juin 2020

[3] « *Avec le drive et le magasin de proximité, Aswak Assalam tâte de nouveaux terrains* », LesEco, 15 juin 2020.

[4] « *Transformation digitale : Marjane Holding passe à la vitesse supérieure* », *Challenge*, 20 janvier 2021.

nécessaire double présence sur le canal physique et digital, cette présence reste compartimentée et marquée par une logique de silos.

Les enseignes de grande distribution non alimentaire sont, de ce point de vue, nettement plus avancées. Ainsi, on perçoit une réelle offre multicanal dans le cas des enseignes de l'électroménager et du meuble principalement. Ces enseignes gèrent les deux approches de manière séparée et semblent encore très loin d'envisager un croisement ou une interpénétration des canaux.
On peut relever chez les « *pure players* » la position assez originale qui a été longtemps tenue par epicerie.ma. Cette enseigne s'est lancée très rapidement dans une logique multicanale en partant d'une offre exclusivement en ligne. Elle a développé une offre drive et plus récemment des magasins physiques à l'enseigne Marché +. Si, là encore, la gestion des canaux se fait plutôt en silos, on aurait pu penser que cette enseigne, parmi les plus innovantes du secteur, allait s'orienter rapidement vers une approche cross-canal, ou encore omnicanal. Cependant, en 2020, malgré des avancées notables, le centrage apparaît plus marqué sur le magasin physique et la logique cybermarché semble nettement plus en retrait… voire même, a disparu depuis lors.

Conclusion

Le mode de développement privilégié de la grande distribution marocaine reste celui de la croissance interne. Bien entendu, le centrage sur cette croissance interne n'exclut pas des incursions sporadiques ou plutôt opportunistes dans le monde de la croissance externe comme ce fut le cas à ses débuts pour LabelVie. Il s'agissait alors pour cette enseigne, d'atteindre assez rapidement une taille critique lui permettant de diminuer ses coûts et de prendre la deuxième place de la grande distribution nationale. Comme on l'a vu, la grande distribution est, au Maroc, encore en phase de croissance (au détriment du petit commerce). Il n'est donc pas exclu qu'à terme, on assiste à un renouvellement des règles du jeu… En effet, lorsque les perspectives d'extension seront réduites et que la plupart des enseignes auront atteint leurs objectifs de couverture optimale de l'espace national, les seules possibilités de croissance qui s'offriront à elles passeront d'un côté par l'internationalisation et de l'autre par le rapprochement ou l'intégration d'un concurrent local. À ce jour, les profils des différents acteurs sur le marché restent encore très différenciés, ce qui réduit d'autant les logiques conflictuelles. Néanmoins, depuis un certain nombre d'années, et avec une orientation vers des modes de développement pluri-formules et pluri-enseignes, les positionnements des différents acteurs du marché semblent se rapprocher (même si le rapprochement apparaît encore lent). De ce fait, la concurrence devrait s'amplifier.
Si, en Europe, la mode est à la digitalisation et la mise en œuvre d'un écosystème digital, on constate cependant qu'au Maroc, malgré des discours

de façade souvent proactifs, cette dimension digitale est largement négligée par la grande distribution alimentaire. De fait, les raisonnements classiques autour des logiques omnicanal, cross-canal multicanal (Vanheems 2009, 2013 ; Belvaux et Notebart, 2018) sont encore très clairement absents des préoccupations des acteurs locaux.

CHAPITRE 9

STRATÉGIES SPATIALES ET EXTENSION DE LA COUVERTURE TERRITORIALE

Le développement spatial et l'extension de la couverture territoriale constituent un enjeu stratégique majeur pour la grande distribution alimentaire. La croissance et le développement actuel des enseignes s'appuient d'abord sur la mise en œuvre d'un maillage territorial le plus dense possible. Ce maillage se reflète ainsi dans une course effrénée à l'ouverture de magasins, d'abord dans les grandes villes puis dans les villes moyennes.

Dans ce chapitre, nous abordons les stratégies d'implantation des enseignes de grande distribution dans les grandes villes et leur glissement progressif vers les villes moyennes. Nous mettons en évidence les logiques de différenciation spatiale elles-mêmes liées à des stratégies d'expansion différenciées. Au-delà, et à un niveau plus fin, nous étudions les stratégies de localisation intra-urbaines de ces mêmes enseignes. Ces stratégies de localisation « dans la ville » passent par des questionnements plus opérationnels comme celui de l'arbitrage entre la location et l'achat ou encore celui de l'incidence éventuelle de la réglementation.

1. Arbitrage maillage territorial *vs* pénétration locale

Dans le cadre de leur stratégie de localisation et de développement spatial, les enseignes peuvent arbitrer entre couverture territoriale plus large et renforcement de la présence au niveau local ; autrement dit, arbitrer entre multiplication des implantations dans l'espace territorial national, en couvrant un maximum de régions d'un côté, et de l'autre un ancrage solide dans une région donnée en y multipliant les localisations. Cette stratégie recouvre très largement l'arbitrage parfois évoqué, dans la presse, entre grandes villes et villes moyennes. En réalité, plus qu'un arbitrage, il s'agit plutôt d'un glissement des grandes villes vers les villes moyennes.

1.1. Des grandes villes aux villes moyennes : vers un maillage territorial plus dense

Historiquement, le développement des grandes surfaces modernes s'est opéré principalement dans la région capitale ; autrement dit sur l'axe Rabat-

Casablanca-Kénitra et Mohammedia. C'est à partir de cette base que les enseignes vont s'étendre en visant d'une part à approfondir leur présence locale, et d'autre part à accroître leur couverture territoriale. Le cabinet Mazars distingue ainsi trois phases dans le développement spatial des enseignes (*cf.* figure 39).

Figure 39 : Les logiques de développement spatial des GMS marocaines

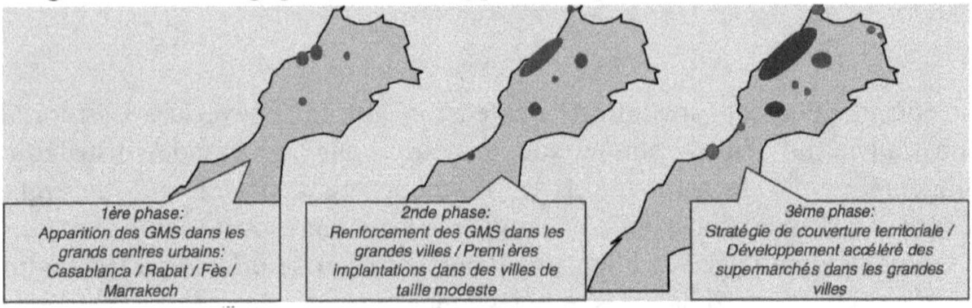

Source : Mazars (2011).

La zone centrale compte, encore à ce jour, pour plus de 50% de l'offre nationale et ce, même si cette part a eu tendance à se réduire sur le long terme au profit des autres grandes villes du Maroc comme Tanger, Tétouan, Marrakech, Fès, Meknès, Oujda ou encore Agadir. En 2010, et selon les estimations de Mazars (2011, p. 8), la répartition géographique des GMS au niveau national se présentait comme suit (*cf.* figure 40) :

Figure 40 : Répartition géographique des GMS au Maroc (2010)

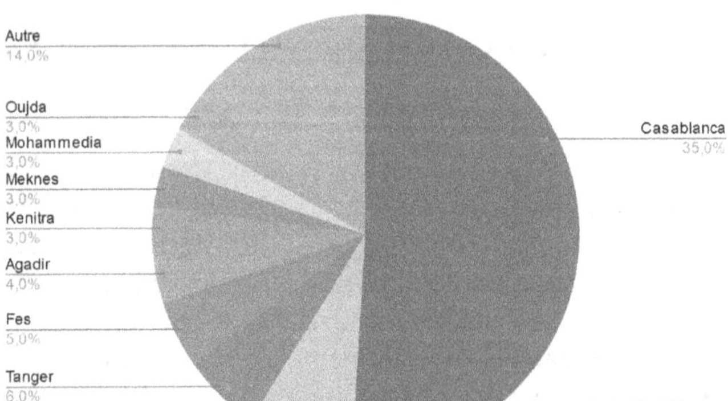

À ce jour, concernant les hypermarchés, la zone de Casablanca-Rabat[1] regroupe près de 40% de l'offre nationale (en nombre d'unités). Ce constat peut suggérer une réelle diffusion (sur la période) de l'offre sur le territoire

[1] Casablanca-Settat et Rabat-Salé-Kénitra.

urbain marocain, en ce sens que normalement les hypermarchés ont vocation à être nettement plus représentés dans les villes centres que dans les villes moyennes.

Tableau 24 : Zones de localisation des hypermarchés au Maroc

	Axe Casablanca - Rabat - Kenitra - Settat	Autres villes du Maroc
Marjane	16	24
Aswak Assalam	6	9
Carrefour LabelVie	5	7
Yabyo	0	1
Ensemble	27	41

Source : Comptage de l'auteur (1er mars 2020).

Cependant, le pourcentage évoqué plus haut n'est pas totalement révélateur du niveau de concentration de l'offre en question. En effet, il faut se rappeler que la taille moyenne des hypermarchés de l'axe considéré est bien supérieure à celle des autres régions du Maroc. De fait, si l'on tient compte de la taille, on devrait passer de 40% à environ 45%. Par ailleurs, on peut penser que le développement pas-à-pas des hypermarchés dans les villes moyennes, avec l'ouverture de très petits hypermarchés (autour de 2500 m², voire parfois moins) devrait, tout au moins dans un premier temps, renforcer le centre économique national.

La concentration dans les grandes villes et en particulier dans les zones centrales de Rabat-Casablanca fait que l'essentiel de la concurrence se réalise à ce jour sur ces mêmes zones.

Depuis quelques années, la grande distribution organisée a opéré une réorientation marquée vers les villes moyennes qui présage un maillage territorial plus dense. Les villes petites et moyennes sont en effet de plus en plus plébiscitées dans le cadre des stratégies et décisions de localisation des enseignes. D'abord parce que l'implantation dans les grandes villes devient plus difficile, du fait d'une logique de saturation induisant elle-même des prix élevés, tant pour la construction que pour la location ; ensuite parce que les marchés secondaires ; autrement dit, les villes petites et moyennes présentent nombre d'avantages pour le distributeur. Les villes moyennes sont en développement et, du fait d'une qualité de vie supérieure, attirent de plus en plus de cadres à pouvoir d'achat élevé. Les salaires, comme les coûts d'implantation en général sont inférieurs à ce qu'ils sont dans les grandes villes (en partie d'ailleurs du fait d'une concurrence bien moins sévère que dans les grandes villes). Les villes moyennes adoptent des politiques d'attraction des enseignes de grande distribution et facilitent l'implantation de ces structures sources d'emplois et de recettes fiscales.

C'est en ce sens que Alain Baron, Directeur du développement de Marjane déclarait : « la clientèle est à ce jour plus centrée sur les catégories socio-professionnelles A, B et C+. Nous nous tournons vers les catégories C et D et par conséquent nous avons dû revoir un certain nombre de critères d'implantation comme les surfaces et les coûts ». Ainsi, sur cette base, l'option stratégique d'expansion dans les villes moyennes s'est très rapidement affirmée et concrétisée. Dans le même sens, en ce qui concerne LabelVie, on relève qu'interrogée sur le potentiel des villes moyennes, Christelle Ronceray, DGA de LabelVie en charge du marketing déclare : « les villes moyennes… on va y aller à terme car les grandes villes seront saturées dans 3 à 4 ans. Dans notre programme d'ouvertures 2016, il y a d'ailleurs quelques villes moyennes. Maintenant, il s'agit de savoir comment la distribution moderne peut s'étendre au-delà de l'axe Kenitra-El-Jadida et des grandes villes tout en restant rentable »[1]. Cette extension prévisible aux villes secondaires et aux quartiers populaires n'a pas échappé à Chohin Kuper et Doukkali (2006, p. 7) qui écrivent : « l'extension des supermarchés aux quartiers populaires de Casablanca par exemple ou aux villes secondaires telles que Beni Mellal témoigne de l'évolution du positionnement des supermarchés et de leur clientèle. Initialement cantonnés aux quartiers à revenus élevés des grandes villes (Codron *et al.*, 2003), les supermarchés se diffusent vers les populations à pouvoir d'achat plus faible et vers les villes secondaires grâce notamment à un positionnement par rapport au prix ».

Au-delà des villes moyennes, on constate qu'aujourd'hui, ce sont les villes de plus de 50 000 habitants qui commencent à être visées. De ce fait, la grande distribution entre, là encore, directement en confrontation avec le petit commerce sur des marchés qui ont longtemps été à l'abri. Cette nouvelle logique concurrentielle est d'ailleurs renforcée par une nouvelle segmentation des magasins : premium, intermédiaire et populaire.

Sur ces questions, on peut lire dans le rapport RDH 50 (2006, p. 8) : « À l'origine des grandes mutations que connaît la société marocaine, se trouve également l'urbanisation dont le taux est passé de 29% en 1960 à 55 % en 2004 (et 63% en 2020)[2]. Cette évolution s'est opérée à l'avantage des villes de plus de 100 000 habitants mais la tendance au cours des vingt dernières années est marquée par un net redéploiement au profit des moyennes et petites

[1] *Conjoncture*, 15 avril au 15 mai 2016, n° 980, p. 37.

[2] La parenthèse est de nous.

villes tant en termes de diffusion spatiale qu'en termes de rythme de croissance ».

L'investissement par la grande distribution des villes moyennes s'appuie, comme elle est le résultat, d'un revirement stratégique de cette même grande distribution (compactisation des formats, orientation plus marquée vers les supermarchés et les supérettes, etc.) sur lequel nous reviendrons (*cf.* chap. 11).

1.2. Une différenciation spatiale

L'expansion spatiale de la plupart des chaînes nationales de distribution ne signifie pas pour autant une concurrence accrue sur les nouveaux espaces intégrés au commerce moderne. En effet, il semblerait qu'encore à ce jour, la logique d'expansion territoriale soit doublée d'une logique d'évitement inter-enseigne ; autrement dit, d'une véritable différenciation territoriale. L'étude Mazars (2011) pour le conseil de la concurrence figure parmi les rares travaux sérieux sur la grande distribution au Maroc. Cette étude fait état d'une certaine différenciation spatiale dans le jeu concurrentiel entre les enseignes de distribution. Autrement dit, les auteurs font état d'une partition du marché (des villes moyennes en particulier) entre les différentes enseignes : « sur le segment des supermarchés une partition du marché sur les petites villes est constatée (Berrechid, Settat, Khemisset). Lorsque Acima est présente, LabelVie est souvent absente et vice versa » (p. 17). Les auteurs notent par ailleurs que des situations de monopole territorial sont parfois observables dans certaines villes comme Nador ou Saïdia (au profit de Marjane). Cette dernière observation vaut aussi pour Al Hoceima. L'étude notait même que dans les conditions des années 2010, Marjane détenait dans de nombreuses villes une part de marché proche ou supérieure à 70% (en surface de vente déployée). De manière plus précise, l'étude Mazars distinguait des villes moyennes en situation de monopole et de l'autre en situation de duopole et quelques autres villes où la situation était plus diversifiée et où les enseignes étaient en compétition sans domination excessive d'aucune d'entre elles.

2. Stratégies d'expansion

La différenciation spatiale évoquée plus haut peut être, dans une certaine mesure, le reflet des différentes formes de maillage territorial des enseignes. Cliquet *et al.* (2002), en s'appuyant sur Davidson *et al.* (1988) distinguent ainsi cinq modèles de stratégies d'expansion ou de couverture territoriale.

2.1. La stratégie d'écrémage

La stratégie d'écrémage consiste à investir des marchés cibles rentables quelle que soit leur localisation. Elle correspond à des enseignes qui cherchent, avant tout le pouvoir d'achat et qui valorisent une implantation unique dans la zone, sans volonté d'expansion à proximité. Aussi cette logique ou stratégie est souvent accolée aux enseignes et boutiques de luxe. Néanmoins, dans le cas du Maroc, (mais pas seulement), on peut considérer que l'implantation de la distribution moderne, obéissait, tout au moins à ses débuts, à ce genre de logique plutôt élitiste.

2.2. L'expansion contiguë ou la stratégie de contagion

Cette stratégie consiste quant à elle à favoriser des implantations dans des zones où aires de marché, proches de celles où se trouve le ou les magasins actuels. Cette pratique est généralement typique des chaînes régionales. Elle offre prioritairement des avantages logistiques, en ce sens qu'elle permet une multiplication des magasins sans affecter ni remettre en question l'organisation des approvisionnements. L'enseigne optimise ainsi ses coûts logistiques et de communication (concentrés sur une zone bien définie et relativement circonscrite). C'est généralement lors des décisions d'extension du réseau que peuvent survenir des problèmes.

2.3. La logique de grappe

L'effet de grappe ou logique de grappe, quant à elle, consiste à implanter plusieurs magasins simultanément de manière à verrouiller le marché, voire à étouffer la concurrence. Il s'agit bien de saturer une zone pour accroître sa part de marché. Dans un second temps, la saturation de la zone atteinte, l'enseigne peut alors en attaquer une autre. Cette stratégie est typique des enseignes de hard discount. En effet, leur rentabilisation dépend d'une base logistique, qui elle-même n'est rentabilisée qu'à partir d'un nombre de points de vente minimum à desservir.
Au Maroc, BIM, comme la plupart de ses concurrents internationaux, s'appuie sur des entrepôts ; trois dans les conditions du début de l'année 2020. Ces derniers servent chacun 50 à 150 magasins, voire parfois un peu plus.
On constate cependant que si les économies sur les coûts logistiques et de communication sont avérées, cette stratégie fait encourir à l'enseigne un fort risque de cannibalisation entre ses différents points de vente.

2.4. L'établissement de têtes de pont

Cette stratégie consiste à implanter un magasin pilote afin de tester le marché avant de se lancer dans un développement spatial plus large. Londres est souvent la ville européenne privilégiée pour les enseignes américaines qui souhaitent implanter une tête de pont avant de s'étendre sur le marché européen. Rabat et Casablanca jouent le même rôle pour les enseignes européennes et plus largement turques et moyen-orientales, qui souhaitent, dans un second temps, s'implanter en Afrique subsaharienne. Il s'agit d'ailleurs d'une ambition clairement affichée par l'enseigne BIM.

2.5. L'acquisition

L'acquisition, dont nous avons déjà fait état précédemment, se situe à part dans le cadre des stratégies d'expansion. Son intérêt principal est qu'elle permet de gagner du temps dans la conquête territoriale et supprime les efforts de recherche et de validation des sites. C'est cependant une stratégie qui reste coûteuse et accessible qu'aux entreprises disposant d'une assise financière suffisante. Par ailleurs, cette stratégie pose, dans un second temps, la question de l'intégration et de la mise aux normes. Au Maroc, la principale opération de ce type a été menée, on l'a vu, par LabelVie lors du rachat des magasins Metro, qui depuis lors et pour l'essentiel, ont été transformés en Cash and Carry à l'enseigne Atacadão. En prenant le contrôle de Metro Maroc, LabelVie a en effet accéléré d'un coup sa couverture territoriale gagnant de fait plusieurs années d'avance sur son plan de diffusion spatial initial.

3. Les stratégies de localisation intra-urbaine du point de vente

La localisation interurbaine n'est pas, tant s'en faut, le seul enjeu de l'implantation de la grande distribution, pas plus qu'il n'en est forcément le principal. En effet, la localisation et les stratégies de localisation intra-urbaines sont également un enjeu central de la concurrence inter-enseigne.
Généralement, la stratégie d'implantation du retailer s'articule autour de deux axes ou de deux oppositions bien connues : l'axe centre-périphérie d'un côté et l'opposition attraction polaire-attraction passagère de l'autre. Cette opposition peut être complétée par une discussion sur la question de l'attraction du point de vente.

3.1. Ville centre *vs* périphérie

Une fois la ville choisie, se pose irrémédiablement la question de la localisation du magasin à un niveau fin. Habituellement dans les travaux et réflexions *ad hoc*, cette question se résume à un arbitrage entre centre et périphérie.

Le débat centre-périphérie est récurrent dans les travaux de géographie et d'aménagement, dès lors que l'on s'intéresse à la localisation ou à l'implantation d'une unité, qu'elle soit commerciale, industrielle ou de service. Ce débat est apparu en Europe et aux États-Unis avec le développement des banlieues. Si les grandes surfaces de première génération (grands magasins et surtout magasins populaires) se sont souvent implantées en centre-ville, celles de la seconde génération (hypermarchés et supermarchés), qui sont apparues en même temps que le début de la généralisation de l'automobile, ont privilégié la périphérie.

En Europe, les années 80-90 ont donc marqué la consécration de l'hypermarché de périphérie localisé au sein d'un parc commercial à distance du centre et accessible souvent par voie autoroutière… C'est d'ailleurs en ce sens que les hypermarchés ont souvent été accusés de défigurer les centres des villes (*cf.* Gallouj *et al.*, 2012).
Cette opposition centre-périphérie nous semble beaucoup moins évidente dans le cas du Maroc et très rares sont les hypermarchés dits de périphérie. Ceux-ci sont souvent insérés dans des quartiers résidentiels et s'intègrent dans une logique de multi-centralité qui caractérise de nombreuses villes du Maroc. Ainsi, plus que la périphérie, c'est la péri-urbanité qui, souvent au Maroc, guide l'implantation de la grande distribution moderne. Autrement dit, les hypermarchés sont régulièrement implantés dans des quartiers adjacents au centre-ville, que ce soit des quartiers résidentiels ou d'affaires. Cette zone périurbaine, au même titre que la zone centrale, est marquée par la mixité fonctionnelle de ses espaces.

Tableau 25 : Typologie des surfaces de vente en fonction du lieu d'implantation

	Centre-ville	Zone périurbaine	Périphérie
Caractéristique	Cœur de ville historique	Banlieue	Entrée de ville
Accessibilité	Transport collectif Transport doux	Voiture, transport collectif, transport doux	Voiture
Niveau de gamme de l'offre de commerces	Du mass market au haut de gamme	Mass market	Du discount au mass market
Type d'achat	Flânerie Flux de transit (gare) Commerce de proximité	Commerce de proximité	Achat planifié (par ex. grosses courses alimentaires, bricolage, ameublement) Flânerie
Surfaces des magasins	Surfaces contraintes réduites	Surfaces moyennes	Grandes surfaces

Source : Badot, Lemoine et Ochs (2021, p. 289).

Différents éléments peuvent être avancés pour expliquer cette stratégie de localisation. On peut, dans un premier temps, noter que les hypermarchés marocains sont de petite taille comparativement à leurs homologues français. Ils peuvent donc facilement s'insérer dans la ville et n'ont pas nécessairement besoin d'une implantation périphérique à large pouvoir d'attraction.

Le parc automobile marocain reste relativement modeste et la part des consommateurs qui font leurs courses à pied, en taxi ou en bus (quand c'est possible), reste encore importante. De fait, le consommateur marocain, on l'a vu, a tendance à utiliser l'hypermarché comme un supermarché, voire une supérette de quartier (petit panier moyen, récurrence des achats sur la semaine, voire la journée).

Enfin, un autre élément qui joue contre la dialectique centre-périphérie dans le cas du Maroc, renvoie à ce que l'on pourrait appeler une instabilité des frontières urbaines. En effet, le mouvement d'urbanisation et d'extension des villes est encore très dynamique, ce qui fait qu'un magasin qui pourrait, un temps être situé aux franges de la périphérie, se retrouve très rapidement « happé » dans le centre d'un quartier résidentiel dense et intégré à la ville et à la ville centre. On notera par ailleurs que le mouvement centre-périphérie, tel que nous venons de l'évoquer, n'est pas uniquement réactif… et la grande distribution peut, elle-même, contribuer à brouiller les règles du jeu en optant d'emblée pour des localisations centrales. Pour autant, les réflexions en termes de localisation des enseignes dépassent très largement, et depuis longtemps, le débat théorique centre-périphérie et les logiques et stratégies de localisation en milieu urbain apparaissent beaucoup plus complexes qu'il n'y paraît. Ainsi, une évolution fondamentale susceptible de constituer un défi majeur pour le petit commerce traditionnel est à rechercher dans les logiques de localisation intra-urbaines de certaines enseignes. Alors qu'elles étaient traditionnellement implantées en périphérie (ou plutôt ce qui pourrait s'y apparenter) des villes, ces enseignes, pour de multiples raisons, optent de plus en plus pour des implantations centrales (en centre-ville ou au cœur des quartiers populaires et résidentiels). À un niveau encore plus fin, certaines enseignes de grande distribution n'hésitent plus à quitter les artères principales et donc coûteuses des villes pour s'implanter au cœur des quartiers et des rues secondaires. Ainsi en est-il par exemple de BIM qui (pour des questions de coût du foncier) évite systématiquement les « grands boulevards », artères et avenues principales, pour localiser ses magasins essentiellement dans les artères secondaires et les quartiers de moyen standing. Ce faisant, cette enseigne investit des zones qui étaient considérées auparavant comme le fief protégé du petit commerce (nous y reviendrons).

Cette nouvelle orientation des implantations vers la ville centre et dans les fiefs habituels du petit commerce est à mettre en lien avec les nouvelles orientations stratégiques de la grande distribution moderne mais également avec sa stratégie d'innovation et de lancement de nouveaux concepts plus compacts, plus agiles et qui trouvent plus facilement leur place dans les artères principales et secondaires, tant dans les grandes villes que dans les villes petites et moyennes.

Ainsi par exemple, en 2014, Marjane Holding a lancé Xpress Market, une nouvelle enseigne au slogan révélateur « des prix bas à deux pas » et qui reflète clairement le positionnement voulu par la holding. L'ambition de cette nouvelle enseigne est de concurrencer BIM sur son créneau ou tout au moins de ralentir son expansion. Les magasins Xpress se caractérisent par de larges plages d'ouverture : 8 à 22 h, proposent quelques 2000 références principalement en alimentaire. Dans la mesure où ils sont localisés en cœur de ville mais dans des artères secondaires, autrement dit, les localisations traditionnelles des petits commerces (en particulier alimentaires), ils sont là encore en confrontation directe avec ces derniers.
Les expériences menées par Marjane, en collaboration avec l'ONCF, pour lancer des magasins d'itinéraire au cœur des gares relèvent aussi en partie, de cette conquête de nouveaux espaces urbains *y.c.* dans les villes moyennes (*cf.* également § 3.2).

Carrefour-LabelVie a suivi la même voie que Marjane Holding en lançant Carrefour Express. Ce concept est issu de la dernière phase de diversification de LabelVie et de la révision de sa stratégie commerciale. En effet, c'est en 2009 que LabelVie a commencé à tester un concept novateur d'ultra proximité et de service à l'enseigne Label'Shop. Ce nouveau concept regroupe des supérettes d'environ 200 m^2 localisées en milieu urbain et commercialisant des produits de consommation courante. Le concept comptait deux unités en 2011 (à Témara et Kénitra). L'entrée sur le segment des petits supermarchés vise, là encore, à contrer les nouveaux opérateurs qui connaissent un fort développement et en particulier BIM très actif sur le créneau du commerce de proximité. Pour Riad Laissaoui, DGA de LabelVie, ce nouveau concept nourrit les ambitions de développement du groupe dans la mesure où il est beaucoup plus facile d'acquérir des locaux de petite taille adaptés au format Label'Shop que les surfaces nettement plus importantes nécessaires à un LabelVie. Le groupe devait lancer pas moins de 12 unités avant la fin de l'année considérée. On notera cependant que depuis lors, aucune communication n'a été faite sur l'expérience Label'Shop et le lancement des supérettes en question. Selon toute vraisemblance le concept n'a pas convaincu et l'expérience a tourné court.

3.2. Attraction polaire *vs* attraction passagère

La notion d'attraction polaire ou gravitaire renvoie à une conception de la clientèle comme un stock. Un magasin devrait attirer tous les consommateurs qui résident dans ses environs immédiats. Les supérettes ou supermarchés de centre-ville et autres *convenience stores* visent à attirer des stocks de proximité, dans les quartiers. Les hypermarchés et supermarchés de la zone périurbaine (ou le cas échéant de la périphérie) visent quant à eux à attirer les stocks de masse.

Si un magasin dont la logique d'attraction polaire cherche avant tout à gérer un stock de clients vivant à proximité ; celui dont l'attraction est passagère vise quant à lui plutôt à capter un flux de clientèle. Ces sites capteurs de flux sont généralement des sites dits alternatifs et ils renvoient à tous les lieux où l'on peut rencontrer des consommateurs potentiels qui ont du temps et un certain pouvoir d'achat. Ils recouvrent généralement les gares, les stations-service, mais également les lieux touristiques et de loisirs qui drainent des populations cosmopolites à pouvoir d'achat élevé. On l'a vu, la grande distribution marocaine s'est très tôt orientée vers des localisations de ce type. L'exemple le plus probant est celui du développement au sein du réseau des gares ONCF. On a cependant vu que cette innovation conceptuelle et relationnelle (*cf.* chapitre 6) a vite tourné court, faute de rentabilité.

Les stations-service constituent aussi des lieux alternatifs pour la grande distribution ou plus spécifiquement la distribution organisée dite succursaliste. Ainsi en est-il par exemple de la chaîne Mini Brahim. Récemment, c'est l'enseigne Leader Price (groupe OCS Maroc) qui, rencontrant des difficultés notoires avec sa formule standard, s'est orientée vers l'ouverture de supérettes rattachées à des stations-service en collaboration avec Vivo Energie Maroc[1].

3.3. Logique « *free standing* » *vs* logique « *clustering* »

Une autre logique importante qui se pose à tout retailer est celle de savoir s'il vaut mieux implanter ou maintenir un magasin dans un centre commercial (à proximité d'autres magasins) ou s'il vaut mieux rejoindre les rues commerçantes traditionnelles ou encore s'implanter en dehors des structures existantes dans une logique de type « *free standing store* ».

La localisation isolée sied à des enseignes à forte réputation, capables par elles-mêmes, de constituer un pôle d'attraction et de générer un flux de clientèle. La localisation en rue commerçante présente l'avantage de la mutualisation et de la variété de l'offre en un même lieu. Elle pose néanmoins avec acuité le problème du parking, des difficultés de livraison et des loyers élevés. La localisation dans les malls est également une opportunité nouvelle qui s'offre aux enseignes de grande distribution alimentaire. Certaines de ces enseignes ont d'ailleurs lancé des filiales *ad hoc* dédiées à la création et la gestion des malls. En effet, un certain nombre d'enseignes de la distribution ont profité de la « folie des malls » et de leur besoin d'une locomotive alimentaire pour assurer le trafic. À ce jour, la majorité des malls du Maroc sont des malls où la locomotive relève de la grande distribution alimentaire et plus rarement, et en parallèle le plus souvent, de la grande distribution

[1] Société commercialisant les carburants et lubrifiants de la marque Shell au Maroc.

spécialisée. Les malls centrés autour d'une offre de loisirs restent largement minoritaires.

Tableau 26 : Avantages et inconvénients des différents types de localisation

	Avantages	Inconvénients
Magasin isolé	Absence de concurrence à proximité Coût de location plus faible Flexibilité (pas de réglementation de groupe, plus grand espace disponible) Possibilité d'extension Possibilité de meilleure visibilité Peut être adapté à des spécifications individuelles Parking plus facile	Difficultés d'attirer les premiers clients Beaucoup de consommateurs aiment la variété dans le shopping Beaucoup de consommateurs ne se déplacent pas pour un magasin Les coûts de promotion et publicité sont plus élevés Dans beaucoup de cas, le magasin doit être bâti plutôt que loué. Des réglementations peuvent cependant empêcher la construction
Rue commerçante	Présente un excellent assortiment de produits Bénéfice des transports publics Variété de prix, de services Proximité de facilités sociales	Parking inadéquat Loyers élevés Problèmes de circulation Difficultés de livraison Temps requis pour se déplacer du lieu de la résidence au centre-ville Discontinuité de l'offre Propice à l'attraction des ferrachs
Centre commercial de voisinage	Pratique pour le magasinage Frais d'exploitation peu élevés Proximité immédiate de la clientèle	Peu de locataires et d'offres Possibilité d'une plus grande concurrence locale Moins d'équipements disponibles Composition commerciale souvent déséquilibrée Taux d'inoccupation parfois importants
Mall et shopping center	Facilite le « one stop shopping » et le shopping en famille Partage des coûts communs Création d'une image de marque distincte Accès facile aux grands axes Facilités de parking Taille Bon équilibre entre les produits et services offerts grâce à une planification à long terme	Environnement concurrentiel Domination du magasin qui a servi de base à la création du shopping center (généralement une chaîne intégrée) Heures d'ouverture identiques pour tous Coût de publicité institutionnelle exigée par les promoteurs

Source : Adapté de Gaulin *et al.* (1993) et de Vandercammen et Jospin Pernet (2010).

4. Louer ou acheter-construire ?

L'arbitrage achat *vs* location est également central dans la constitution d'un réseau d'enseignes et dans ses logiques d'expansion territoriale. Cet arbitrage a des conséquences lourdes à la fois sur les charges et la structure financière de l'entreprise, mais également parfois sur sa structure organisationnelle.

Tableau 27 : Facteurs intervenant dans le choix achat *vs* location

Questionnements	Oui	Non
Degré de stabilité des exigences de l'entreprise. Celles-ci peuvent-elles être amenées à changer au cours des prochaines années ?		
L'enseigne dispose-t-elle de fonds suffisants ?		
Les fonds mobilisés dans l'achat peuvent-ils être employés ailleurs dans de meilleures conditions (meilleure rentabilité) ?		
Les conditions de location sont-elles favorables ?		
La location peut-elle inclure une option d'achat ?		
L'achat a-t-il un impact négatif sur la structure financière de l'entreprise ? A-t-il des effets négatifs sur le fonds de roulement ?		
Le local peut-il être revendu rapidement et dans de bonnes conditions ?		
L'emplacement présente-t-il un haut niveau d'intérêt stratégique ?		

Les pratiques de location et/ou d'achat peuvent être exclusives, combinées, séquentielles, panachées… Si l'on analyse le cas de LabelVie, on constate qu'à ses débuts l'enseigne privilégiait la location. Ainsi jusqu'à 2008, près de 77% des unités étaient opérées en location (dont un en *lease back*). À partir de 2008, on assiste à un renversement de situation. La location devient extrêmement rare (un seul magasin, rue Yacoub El Mansour à Casablanca en 2009). Dans une note d'information publiée en 2011, on relevait qu'entre 2008 et 2011, sur 32 unités, une seule était en location contre 31 propriétés de LBV. Quelques années plus tard, on assiste à une réorientation vers la location. Ainsi, dans les conditions du début des années 2020, et si l'on se limite aux seuls supermarchés, la location représentait 54% du total (dont 46% à un tiers).

Notons cependant que l'arbitrage achat (construction)/location n'est pas toujours autonome et il est souvent contingent au choix de la localisation à l'intérieur d'une zone donnée. Ainsi, l'arbitrage peut être systématique, lors d'une implantation en rue commerçante. Il le devient beaucoup moins dans les autres cas, l'emplacement isolé poussant plus naturellement à l'achat ou à la construction. De même, dans le cas des malls, si ceux de première génération offraient des possibilités d'achat (ce qui est en partie la raison de leur déclin), ceux de la deuxième génération ne proposent que l'option location afin de garantir la cohérence du mix magasin.

5. Localisation et contrainte réglementaire

En France, comme dans nombre de pays européens, des contraintes réglementaires lourdes pèsent sur les distributeurs. Ces contraintes ont d'ailleurs été renforcées ces dernières années suite à un débat récurrent sur la dégradation des cadres de vie urbains, péri-urbains et périphériques. En effet, le nombre jugé excessif de grandes surfaces à l'entrée des villes, mais également, de plus en plus, dans les centres-villes eux-mêmes serait de nature à affecter durablement ce cadre de vie, d'autant que ces établissements se caractérisent généralement par une « esthétique douteuse » (Tinard *et al.* 2003 ; Gallouj et Vigliano, 2012).

Il n'existe pas à ce jour, au Maroc, de réglementation restrictive concernant le commerce et la ville, pas plus qu'il n'existe d'ailleurs de recherches *ad hoc*. Il faut revenir à 2004 pour noter l'organisation d'une rencontre des opérateurs du secteur du commerce sur le thème « commerce et ville »[1]. On notera d'ailleurs un décalage important entre le thème de la journée et les thématiques réellement abordées telles qu'elles figurent dans le programme et le compte-rendu de la journée. Les thématiques en question se déclinent en effet en trois points : (i) les attentes des consommateurs vis-à-vis des structures commerciales ; (ii) les perspectives de développement du secteur commercial ; (iii) les choix stratégiques pour accompagner et soutenir le développement du secteur commercial.
Ce contenu est à notre sens très symptomatique de la difficulté réelle à aborder au Maroc, la question urbaine et de l'aménagement urbain. La synthèse de la journée rapporte cependant un certain nombre de pistes à creuser « pour un développement spatial harmonieux du commerce ». Les organisations professionnelles des commerçants proposent ainsi (*cf.* p. 11) :
« - l'élaboration d'un cahier des charges qui définit les règles socioéconomiques auxquelles doivent être soumises les implantations commerciales au-delà d'un seuil de surface de vente ;

[1] Tenue le 11 février 2004 à l'Hôtel Hilton de Rabat.

- l'adoption d'un cadre juridique relatif à l'implantation des équipements commerciaux, qui définira les règles à respecter pour assurer un équilibre harmonieux entre les différentes composantes du secteur et instituera les commissions qui seront chargées d'examiner les demandes d'implantation ».

Le document se prolonge en proposant d'intégrer la composante commerciale dans la planification urbaine pour orienter les opérateurs du secteur commercial en se basant sur les plans d'aménagement et la politique d'urbanisme commercial. « Cette orientation vise l'instauration d'un référentiel définissant les conditions d'organisation, de projection et de gestion des activités commerciales, tout en assurant une bonne répartition et implantation des activités commerciales et de service dans la ville ».
On constatera pour notre part, qu'encore une fois, près d'une vingtaine d'années après, les choses n'ont toujours pas évolué... sans doute parce que, déjà à l'époque, arguant du fait que les expériences étrangères n'avaient pas permis au commerce traditionnel de se maintenir et de se développer, les opérateurs de la grande distribution nationale avaient, pour leur part, jugé prématurée la mise en place d'un dispositif de régulation des implantations des grandes surfaces au Maroc.

Conclusion

Au-delà des stratégies classiques que nous avons abordées dans les chapitres précédents, les stratégies spatiales des firmes, tout comme leurs logiques et modalités d'extension territoriale, sont essentielles pour assurer leur pérennité. Les enseignes marocaines, qui ont initialement visé les catégories sociales supérieures, se sont d'abord développées dans les grandes villes de plus de 500 000 habitants et ont adopté une politique de pénétration locale forte. Néanmoins, très rapidement, cette politique a trouvé ses limites tant en matière d'emplacements disponibles qu'en matière de population ciblée. Dès lors, les seuils d'implantation ont rapidement été abaissés à 300 000 puis plus récemment *y.c.* aux villes de 100 000 habitants (voire parfois moins) marquant ainsi l'achèvement de la démocratisation des concepts classiques de l'hypermarché et du supermarché.
À un niveau fin, on peut constater que les enseignes ont, dans leurs logiques de développement, opté pour une forme de différenciation spatiale... puis, avec leur emprise de plus en plus forte et la raréfaction des opportunités, on a assisté à un rapprochement inévitable des profils et des localisations.
La concurrence a alors graduellement glissé du niveau interurbain au niveau intra-urbain. Aujourd'hui, ce dernier niveau s'est lui-même resserré, puisqu'on est passé d'une logique centre-périphérie à une logique beaucoup plus axée sur les cœurs de ville. Dans tous les cas, ces mouvements rapides appellent à un renouvellement des réflexions sur la réglementation et les questions d'urbanisme commercial.

CHAPITRE 10

INTERNATIONALISATION ET DÉVELOPPEMENT INTERNATIONAL

Si le développement spatial et le maillage territorial sont une nécessité pour la distribution marocaine, l'internationalisation en est une autre. Ainsi, la plupart des plans stratégiques des enseignes nationales prévoient une internationalisation à court terme. Cette internationalisation, même balbutiante, est à ce jour centrée sur les zones MENA et Afrique subsaharienne. Elle est motivée par de multiples raisons qui sont maintenant des classiques des travaux en commerce international (recherche d'une moindre sensibilité à la conjoncture locale et à la réglementation, volonté d'atteindre une taille critique, enrichissement du savoir-faire, réponse à l'offensive de concurrents étrangers…). Dans le cas du Maroc, elle est également motivée et supportée par des atouts et des facteurs facilitateurs comme la proximité culturelle avec le marché africain et le soutien et la politique volontariste de l'État. Néanmoins, si cette internationalisation visant le marché africain dans son ensemble est une volonté réellement affichée, elle reste confrontée à un certain nombre de freins importants.

1. L'internationalisation de la grande distribution marocaine

Bien qu'encore timidement, la grande distribution marocaine s'est engagée dans un mouvement d'internationalisation. Si toutes les enseignes n'ont pas encore franchi le pas, toutes ont affirmé à maintes reprises leur volonté stratégique de sortir des frontières nationales, en particulier pour investir les zones MENA et subsaharienne.

1.1. Une internationalisation centrée sur la zone MENA et l'Afrique subsaharienne

Pour l'heure, les marchés de référence se situent en Afrique principalement subsaharienne et en Tunisie (plus rarement en Algérie, Libye et Égypte).
Si les investissements directs du commerce et de la distribution en Afrique subsaharienne apparaissent encore faibles (*cf.* figure 41), il est clair cependant qu'ils sont appelés à connaître un développement remarquable dans les années à venir.

Figure 41 : Structure des IDE par secteur

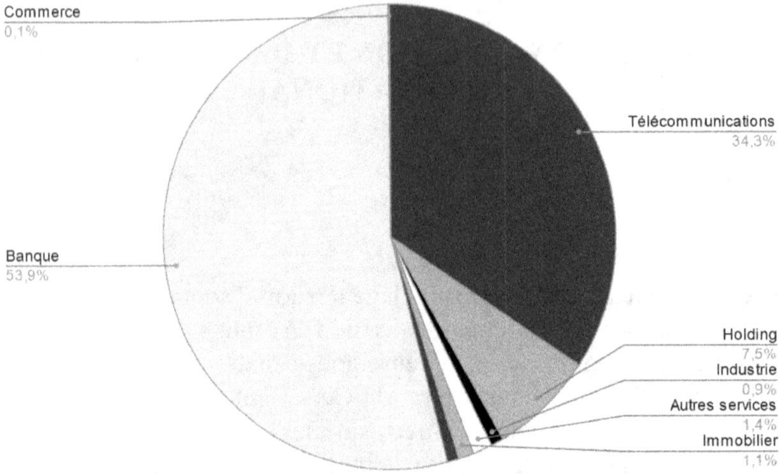

Source : *L'Économiste*, 29 juillet 2015 (données Office des changes).

Ainsi, dès 2010, les deux principaux groupes marocains Marjane et LabelVie ont-ils affiché leurs ambitions africaines : notamment en Côte d'Ivoire, au Sénégal et en Tunisie pour Marjane et au Mali, au Cameroun, Niger et Sénégal pour LabelVie. Le plan stratégique « vision 2020 » développé sous la direction Lamrani comporte, en dehors d'un axe de consolidation du leadership face à la montée en puissance de la concurrence, un deuxième axe qui consiste à réussir les premières implantations en Afrique. Ces deux axes ont été reconduits après le remaniement du conseil de direction en 2014 et la nomination d'un nouveau Directeur général. Pour autant, si les ambitions de Marjane sont souvent mises en avant dans la presse[1] qui cite en particulier la Tunisie, le Sénégal et la Côte d'Ivoire comme priorités, elles apparaissent à ce jour peu suivies d'actions concrètes.

L'internationalisation reste une des plus grandes faiblesses du groupe Marjane… et sans doute de l'ensemble de la grande distribution alimentaire marocaine. En effet à l'inverse des GSS comme Kitéa ou encore, en son temps Mobilia, qui ont eu depuis longtemps une démarche pro-active (même si elle n'a pas toujours été couronnée de succès), les GSA restent dans leur ensemble, très faiblement présentes à l'international. Marjane, bien qu'elle annonce régulièrement des velléités de développement spatial africain, ne cesse d'en reporter l'échéance. Déjà envisagée en 2010 puis en 2013, elle a été reportée d'année en année pour être fixée à l'horizon 2018-2019, puis à 2021-2022 ! Si en 2010 et 2013, les marchés visés apparaissaient être la Côte d'Ivoire, le

[1] « *Le Marocain Marjane vise une expansion en Afrique en 2017* », *Jeune Afrique*, 27 décembre 2013 ; « *Marjane compte s'implanter en Afrique* », *La Vie Économique*, 24 décembre 2014 ; « *Marjane lorgne sur l'Afrique* », *Challenge*, 25 décembre 2014 ; « *Marjane bientôt en Afrique* », *Le 360*, 29 décembre 2014.

Sénégal et la Tunisie ; en 2020, il est question de la Mauritanie[1]. Pour autant, si Marjane réaffirme régulièrement ses ambitions concernant l'international et les quatre pays cités, il n'en demeure pas moins qu'à ce jour, aucune action concrète n'a été observée. De fait, malgré des avantages certains, Marjane Holding risque d'être devancée par son concurrent direct Carrefour LabelVie qui, après une implantation en Côte d'Ivoire est en phase de prospection active au Mali, au Cameroun, au Sénégal et au Niger[2].

En effet, comparativement à ses concurrents, le groupe LabelVie semble beaucoup plus réactif à l'international. Il a entamé une phase de prospection active dans les pays cibles et souhaite se développer par croissance interne ou plus vraisemblablement externe, si une opportunité venait à se présenter. Le groupe a déjà un pied en Afrique dans la mesure où Retail Holding, la maison mère de LabelVie, en association avec Amethis Finance[3] a investi plus de 15 millions d'euros en 2014 pour prendre des participations dans la Cie de Distribution de Côte d'Ivoire (CDCI), l'opérateur historique de la distribution locale. Les deux structures devaient, au travers d'une nouvelle opération financière, devenir actionnaires majoritaires dès la fin 2016.
Selon la presse nationale, le collectif LabelVie-Amethis apporte à la CDCI, et dans un premier temps, une expertise stratégique et opérationnelle, en particulier dans les fonctions commerciales (achat et marketing) ainsi que dans les fonctions support (logistique et système d'information). Plus spécifiquement au moins quatre cadres expatriés[4] du groupe LabelVie ont préparé sur place la prise de contrôle de la CDCI.

Encadré 29 : La CDCI, enseigne de grande distribution en Côte d'Ivoire

La Côte d'Ivoire présente un potentiel important pour l'avenir. Ce pays, absent jusqu'alors, avait été classé 13e dans le rating ARDI en raison de la forte progression de son PIB (près de 8%) en 2015 selon le FMI. Il est actuellement classé 16e dans le Retail index d'A.T. Kearney

La CDCI est l'opérateur historique de la Côte d'Ivoire. Il se partage le marché de la distribution avec le groupe Prosuma (Casino) et la CFAO (Carrefour). L'entreprise, qui appartenait au groupe néerlandais Unilever, a été rachetée en 2002 par un industriel libanais qui a principalement misé sur le développement en franchise de magasins de proximité à taille humaine sur tout le territoire national. Cette stratégie

---

[1] Selon la presse, Marjane aurait commencé de négocier avec un groupe mauritanien pour une première implantation à Nouakchott, *Le Desk*, 7 février 2020.

[2] On peut d'ailleurs penser que les avancées remarquées de Carrefour LabelVie en Afrique, et en particulier en Côte d'Ivoire pourraient être des stimulants importants incitant Marjane à sauter rapidement le pas vers une internationalisation plus poussée.

[3] Fonds d'investissement dédiés à l'Afrique.

[4] Un certain nombre d'autres cadres de différentes directions ont été amenés à séjourner en Côte d'Ivoire pour des missions d'amélioration des procédures.

lui a permis de passer rapidement d'une dizaine de magasins à plus de 130 aujourd'hui.
La CDCI gère trois concepts de magasins : des magasins de gros, des magasins mi-gros et une enseigne de commerce de détail King Cash.
L'approvisionnement s'appuie sur deux centrales d'achat localisées à Abidjan ainsi que sur des centrales relais, localisées dans quelques villes du pays.

Source : Diverse presse dont *La Vie Économique*, 22 octobre 2015.

En février 2016, Carrefour LabelVie prend en partie le contrôle de la CDCI, avec un peu plus de 35% du capital. La transformation de l'ensemble des magasins à l'enseigne King Cash est entamée, de même que le « toilettage » des références et l'ajustement des prix. Selon la direction de Carrefour LabelVie, chaque reconversion générerait en moyenne 30% de revenus additionnels[1]. Pour l'enseigne marocaine, le marché ivoirien présenterait un intérêt à plusieurs niveaux et constituerait une base stratégique pour une expansion plus large. Ainsi Amine Bennis, DAF du groupe LabelVie déclare : « la Côte d'Ivoire est un marché important de plus de 20 millions d'habitants et qui peut stratégiquement constituer pour nous une véritable plateforme d'expansion sur les autres pays de la région de l'UEMOA, notamment le Mali, le Sénégal, le Niger et le Burkina Faso où la grande distribution est souvent inexistante »[2]. C'est à la fin de l'année 2019 que LabelVie (Retail Holding) prend le contrôle total de la CDCI en acquérant les 65% restants du capital. L'enseigne réalise à ce moment-là un chiffre d'affaires de plus de 200 millions d'euros et emploie plus de 2000 salariés. L'ambition affichée par le repreneur est d'ouvrir 20 à 30 magasins par an afin d'atteindre 100 unités supplémentaires d'ici 2026[3].

BIM, le dernier arrivé sur la place ne cache pas ses ambitions internationales. En effet, l'enseigne a choisi le Maroc comme pays de référence de son développement international. Depuis lors, BIM a débuté son implantation en Égypte. Néanmoins, c'est semble-t-il, à partir du Maroc qu'il envisage d'attaquer le marché africain. Par ailleurs, BIM a également préparé un plan de recrutement pour son développement en Afrique subsaharienne à partir du Maroc. Les cadres embauchés ont suivi des formations *ad hoc* en 2015-2016[4].

De son côté, l'enseigne Aswak Assalam, qui a pris beaucoup de retard dans son déploiement au niveau national, ne semble pas afficher d'ambition internationale pour le moment. Il n'en demeure pas moins que le groupe Ynna

[1] « *Distribution : le Marocain Label'Vie a trouvé son rythme de croisière en Afrique* », *Jeune Afrique Économie*, 10 février 2019.
[2] Finance News, 27 décembre 2014.
[3] Agro, agence écofinance, 16 juillet 2021.
[4] *La Vie Économique*, 4 novembre 2015.

Holding, qui chapeaute l'enseigne, est particulièrement bien implanté en Afrique au travers des activités de ses nombreuses filiales, ce qui pourrait constituer un atout certain en cas de volonté affichée d'expansion internationale de l'enseigne.

Si globalement on peut dire que l'internationalisation de la GDA semble encore hésitante ou tout au moins en butte à des contraintes et freins relativement sérieux, il semble que ces freins soient nettement moins marqués pour les GSS qui peuvent se targuer de nombreuses implantations sur le continent, voire même dans certains cas, en Europe.

1.2. Le dilemme adaptation-standardisation

L'internationalisation et l'implantation d'enseignes marocaines à l'international [1] met régulièrement en avant la question de l'arbitrage adaptation *vs* standardisation. Cet arbitrage, qui pose souvent problème aux industriels, est très largement amplifié dans le cas du commerce. En effet, dans ce cas particulier, l'adaptation doit concerner les produits vendus dans leur essence et dans leur packaging, mais également les modalités d'accès aux produits ; autrement dit, le format de magasin[2], qui peut lui-même être appréhendé comme un produit en soi.
L'adaptation locale des enseignes marocaines qui s'implantent à l'étranger, est très largement facilitée par la gouvernance adoptée et la logique d'implantation choisie. Ainsi par exemple, l'expérience de développement international la plus aboutie à ce jour (tout au moins dans l'alimentaire) est bien celle de Carrefour LabelVie, qui a fondé sa première implantation sur une prise de participation, d'abord minoritaire puis majoritaire, d'un acteur local. Cette manière de faire permet un apprentissage organisationnel mutuel qui réduit d'autant les perspectives ou les risques d'échec.

Dans les années 2010, Jonnsson et Foss ont introduit la notion de « *flexible replication* ». Cette démarche se décompose en deux périodes. Durant la première, le concept est reproduit à l'identique, ce qui permet de repérer les éléments du concept perçus positivement par le marché et qui vont être retenus en l'état et ceux qui nécessitent plus d'exploration et de flexibilisation. C'est bien, l'identification des éléments constitutifs de l'« *Arrow Core* » *i.e.* le noyau central qui va permettre de repérer les éléments nécessitant plus de flexibilisation.

---

[1] Bien entendu la problématique se pose à une échelle plus large.

[2] Ou la formule de vente.

1.3. Carrefour LabelVie en France : l'autre visage de l'adaptation

L'internationalisation de la grande distribution marocaine peut, dans certains cas, prendre des formes et orientations tout à la fois originales et innovantes, en particulier en remontant le traditionnel flux Nord-Sud. Ainsi par exemple, le groupe LabelVie et Carrefour France ont-ils lancé des négociations afin que le distributeur marocain prenne en charge la gestion en France de plusieurs magasins dits ethniques. Autrement dit, des hypermarchés et supermarchés Carrefour localisés dans les quartiers et banlieues françaises ou la communauté arabo-musulmane et plus largement africaine serait nombreuse. En effet, le groupe Carrefour a constaté des difficultés de rentabilisation de ces mêmes magasins. L'idée sous-jacente est de faire passer graduellement les magasins concernés sous location gérance LabelVie en commençant par l'hypermarché de Port-de-Bouc. Dans la deuxième moitié de l'année 2022 pas moins de 5 nouveaux magasins étaient ainsi passés sous le giron de Retail Holding Carrefour LabelVie : Échirolles, Marseille Bonneveine, Marseille Grand Littoral, Vitrolles, Aulnay-sous-Bois). Un certain nombre d'autres « cessions » devraient suivre dans les années à venir.
Ce glissement de direction et de contrôle trouve sa justification dans la nécessité d'un « *fit* » et d'une adaptation culturelle de l'offre à la demande locale. Il n'est d'ailleurs pas anodin que la plupart des magasins repris aient vu leur chiffre d'affaires croître de plus de 10%. On notera cependant que l'idée extrêmement originale en l'état peut comporter cependant, en particulier en France, un certain nombre de risques notamment sociaux et politiques liés à l'islamophobie chronique qui est de plus en plus ancrée dans la société française (*cf.* Gallouj, 2022b).

2. Les motivations à l'international

L'internationalisation de la distribution marocaine (et plus largement) est poussée par un certain nombre de catalyseurs et répond à de multiples motivations. Certaines de ces motivations sont générales, autrement dit valides pour la plupart des chaînes de distribution quelle que soit leur localisation, et d'autres sont spécifiques au cas marocain.

2.1. Réduire la dépendance par rapport à la conjoncture économique

La recherche d'une moindre dépendance par rapport à la conjoncture est un des éléments souvent avancés par les firmes pour expliquer leur internationalisation. En effet, les cycles économiques, les crises et plus spécifiquement les à-coups conjoncturels ne frappent pas tous les pays et zones géographiques en même temps. Ainsi, les baisses de régime qui peuvent affecter périodiquement le marché marocain et en particulier ses impacts sur les dépenses de consommation et la baisse du panier moyen mettent en difficulté les distributeurs locaux. Ces derniers peuvent, dans ces conditions, être amenés à retarder voire à abandonner des projets d'investissement pourtant nécessaires. L'internationalisation et l'implantation en Afrique (ou ailleurs) permettent donc à ces opérateurs d'être actifs sur des marchés qui peuvent avoir de larges effets contracycliques.

2.2. Anticiper un durcissement de la réglementation

La grande distribution marocaine s'est développée dans le cadre d'un marché très largement favorable, en particulier parce qu'il n'existe pas de réglementation *ad hoc*. Pour autant, les pressions semblent se faire de plus en plus pressantes, en faveur d'une réglementation. Ces pressions émanent d'une part des petits commerçants qui ressentent plus durement la concurrence des GMS depuis que ces dernières ont commencé à attaquer les centres-villes avec des formats de taille réduite, et d'autre part des fournisseurs qui cherchent une moralisation et une normalisation des pratiques dans les relations traditionnelles fournisseurs-distributeurs.

2.3. Pallier la taille réduite du marché local

Avec une population globale de plus de 37 millions d'habitants, le marché marocain reste relativement étroit et ce, quelle que soit l'évolution du pouvoir d'achat des ménages. Autrement dit, la dynamique de croissance extensive au niveau national n'est pas illimitée. En effet, face à la saturation programmée du marché local, et donc au coût croissant supporté par les enseignes qui souhaitent obtenir des parts de marché supplémentaires, l'internationalisation apparaît comme un véritable relais de croissance.

2.4. Atteindre une taille critique

La question de la taille critique des enseignes est directement liée à celle de la taille du marché. Le marché marocain de par son étroitesse relative ne permet pas et ne permettra pas aux acteurs nationaux d'atteindre une taille critique nécessaire pour réduire leurs coûts (économie d'échelle) de manière significative et peser sur les prix proposés par les fournisseurs mondialisés. De ce fait, ils restent faiblement compétitifs par rapport aux acteurs étrangers qui s'implantent au Maroc et qui bénéficient grâce à leurs méga-centrales d'achat de prix avantageux. L'internationalisation est dès lors perçue comme le moyen d'atteindre cette taille critique.

2.5. Enrichir la culture et le savoir-faire du distributeur

L'internationalisation, par le besoin d'adaptation qu'elle nécessite, permet un enrichissement du savoir et savoir-faire du distributeur. En s'implantant en Afrique subsaharienne, les distributeurs marocains peuvent acquérir de l'expérience, apprendre, étudier d'autres systèmes, d'autres manières de faire… sous d'autres conditions. Cet apprentissage contribue à améliorer fortement leur base de connaissance, et partant, il devient un élément favorable à la créativité et à l'innovation sur le marché national et international.

2.6. Répondre à l'offensive africaine des distributeurs étrangers

L'internationalisation de la grande distribution marocaine peut également être analysée comme une réponse à l'offensive africaine de la distribution étrangère et en particulier des Français. En effet, les perspectives de développement estimées sur le marché africain suscitent les convoitises de la plupart des enseignes françaises voire européennes et internationales (*cf.* chapitre 6). Or, l'implantation de ces enseignes est de nature à limiter les ambitions des acteurs marocains qui considèrent aujourd'hui et à juste titre que l'Afrique constitue leur débouché naturel.

3. Grande distribution marocaine et marchés africains

L'intérêt revendiqué de la grande distribution marocaine pour le marché subsaharien s'appuie sur un certain nombre d'enjeux et d'atouts : (i) les perspectives du marché africain qui apparaissent considérables en particulier en termes de développement de la consommation et de la grande distribution (ii) les atouts du Maroc et les facteurs facilitateurs politiques et culturels (iii) et enfin une relative perte de vitesse de la domination économique française locale.

3.1. Perspectives du marché africain

La plupart des études et enquêtes *ad hoc* montrent que le marché africain et plus généralement l'Afrique devrait connaître un développement remarquable de son économie et de son potentiel commercial.
Les perspectives de croissance du marché africain sont énormes (croissance à deux chiffres selon McKinsey) : « la croissance de l'Afrique s'est accélérée depuis l'an 2000 au point d'être la deuxième région du monde en termes de croissance après l'Asie, à égalité avec le Moyen-Orient. Pour autant, une différence majeure entre les deux zones renvoie au fait qu'en Afrique, la croissance est plus liée à la consommation qu'à l'existence des matières premières. »

3.1.1. L'indice ARDI de développement du commerce de détail en Afrique subsaharienne

L'indice de développement du commerce de détail pour l'Afrique subsaharienne (ARDI)[1] a été publié pour la première fois, par A.T. Kearney en 2015. Selon cet indice, le potentiel en termes de commerce de détail serait extrêmement élevé dans beaucoup de pays d'Afrique et en particulier les suivants : Tanzanie, Gabon, Ghana, Afrique du Sud, Botswana, Rwanda, Nigeria, Namibie et Sénégal (*cf.* tableau 28).

Tableau 28 : Potentiel et classement de quelques pays africains selon l'indice ARDI (2015).

Rank 2015	Rank 2021	Country	Market attractivness	Country risk	Market saturation	Time pressure
1		Gabon	20,2	13	20,7	12,1
2		Botswana	22,3	25	0,2	15,9
3		Angola	16,6	3,5	22	15,8
4		Nigeria	13	4,1	18,4	22,4
5		Tanzania	4,9	7,9	19,8	25
6		South Africa	25	22,7	0	9,6
7		Rwanda	5,7	11,2	21,6	18,2
8		Namibia	18,2	21,9	0	14
9	8	Ghana	10,9	11,3	21,6	8,5
10	18	Sénégal	8,9	7,6	21,1	14,6
11		Gambia	7,8	4 ,4	23,7	13,3
12		Zambia	8,8	8,4	13,5	18,2
13	16	Côte d'Ivoire	8,7	3	22,5	13,3
14		Ethiopia	4,7	2,9	25	14,5
15		Mozambique	4,3	6,3	18,2	18,1

Source : A.T. Kearney ARDI (2015) et GRDI (2021).

[1] L'indice ARDI permet d'identifier les marchés africains les plus attrayants pour l'expansion du commerce de détail ainsi que ceux qui offrent le plus de potentiel. Plus précisément, il établit le potentiel et l'urgence qu'il y a pour les distributeurs à cibler tel ou tel pays. Il s'agit en quelque sorte d'une déclinaison du GRDI au niveau des pays africains. À notre connaissance, cet indice n'est disponible que pour l'année 2015. Les données 2021 sont extraites de l'indice GRDI.

3.1.2. Segmentation et typologie des marchés distributifs africains

Nombre d'études ont été proposées par des cabinets de conseil mais également par les services ministériels *ad hoc*, qui ont tenté de construire des typologies et segmentations des potentialités offertes par les marchés africains et subsahariens (SIA Partners, 2016 ; MINEFI, 2017). Parmi elles, la plus aboutie reste selon nous, celle qui a été proposée par le cabinet Performance Management Consulting (PMC). Cette étude offre une segmentation en plusieurs marchés, appuyée sur les potentiels de développement des marchés considérés et sur le risque pays associé. PMC parvient ainsi à dégager trois groupes de pays correspondant à quatre types de marchés :

- le premier type concentre un ensemble de pays qui affichent une forte demande potentielle pour les produits de grande consommation et qui se caractérisent par un risque pays faible. On y retrouve les pays émergents d'Afrique australe et du Nord ;
- le second type regroupe trois pays qui se caractérisent par des marchés de consommation aussi importants que ceux du premier groupe mais pour lesquels les risques politiques et économiques restent élevés ;
- le troisième type renvoie à un groupe de pays à potentiel moyen. Il s'agit essentiellement d'économies en transition. Le risque pays y est quant à lui moyen à élevé. Ces pays se caractérisent également par une distribution en phase d'émergence ;
- le quatrième type de marché enfin, regroupe des pays à faible potentiel et à risque important. Ces pays sont caractérisés à la fois par un faible niveau d'exportation et une faible diversification de leur économie. Les opportunités de développement pour la distribution y sont relativement faibles.

Figure 42 : Segmentation géographique de la demande pour la grande distribution

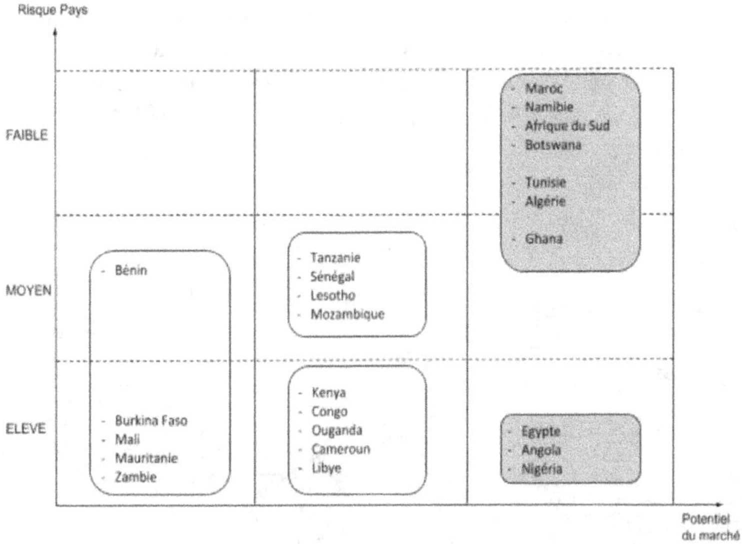

Source : Adapté et actualisé de Performance Management Consulting.

Ainsi, nombre de pays africains recèlent un potentiel non négligeable pour la grande distribution internationale et en particulier marocaine. De ce fait, il apparaît important pour les acteurs marocains d'être présents sur ces marchés porteurs. Ce faisant, ils se retrouvent en compétition frontale avec les acteurs français en particulier.

3.2. Des atouts et des facteurs facilitateurs

Face aux marchés africains, le Maroc dispose d'atouts non négligeables dont les trois principaux nous semblent être les suivants : une proximité culturelle avec le marché africain, l'existence de relais locaux puissants et enfin un soutien affirmé de l'État et des pouvoirs publics.

3.2.1. La proximité culturelle supposée avec le marché africain

Les relations entre le Maroc et l'Afrique, ou tout au moins une partie d'entre elles, reposent sur un ancrage historique solide. De ce fait : « à la différence de l'Europe et de la Chine ou encore des États-Unis, (le Maroc) joue la carte de la proximité géographique et culturelle » (Collectif, 2009, p. 159). En effet, il existe des liens séculaires entre le Maroc et les pays d'Afrique subsaharienne qui couvrent tout à la fois les dimensions sociales, commerciales, culturelles et intellectuelles, mais également spirituelles. Comme le précise l'historien Bernard Lugan (2000, p. 174), « le Maroc, pont entre le monde méditerranéen et l'Afrique noire fut toujours en contact avec l'Afrique subsaharienne ou « *Bilad al Sudan* » (le pays des Noirs)… ». L'auteur met ainsi en évidence le rôle du Maroc dans l'écoulement des productions africaines en échange d'articles de l'artisanat ou de l'agriculture marocaine. Plus généralement, Lugan montre que l'autorité marocaine s'est longtemps exercée jusqu'à la boucle du fleuve Sénégal (*cf.* également Lugan 2016, p. 161).

Figure 43 : Le Maroc dans sa plus grande extension en Afrique (XVII-XVIIIe siècle)

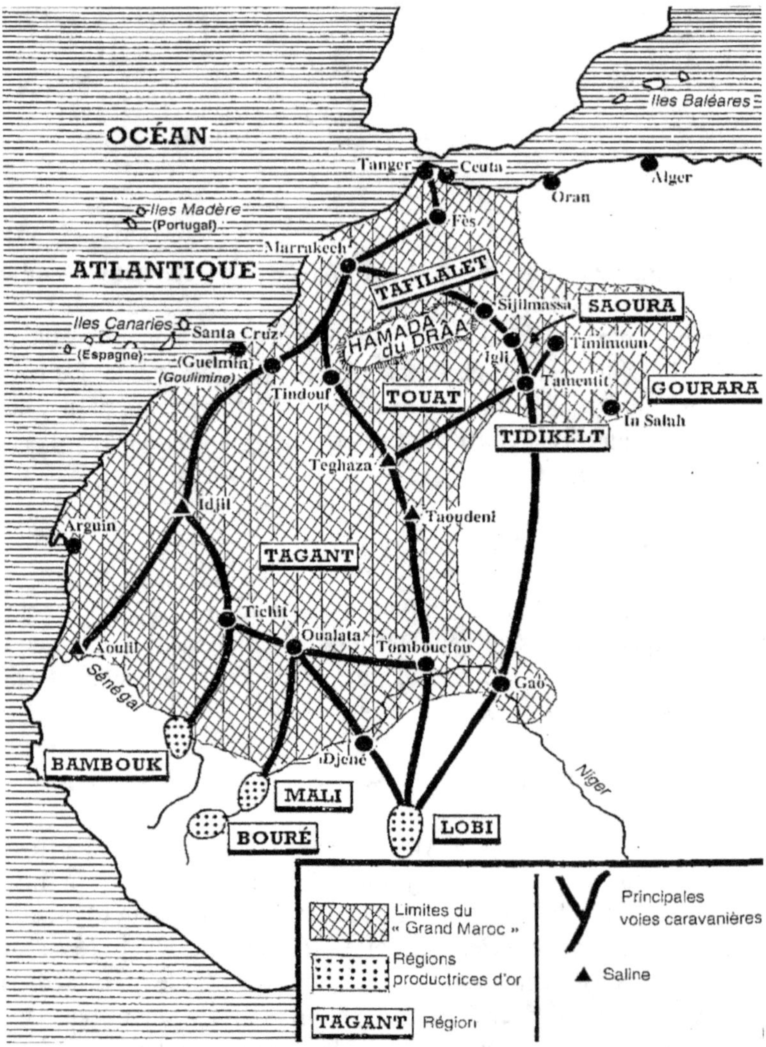

Source : Lugan (2000, p. 174).

Les liens culturels et spirituels entre le Maroc et l'Afrique se retrouvent parfaitement décrits, ici encore, dans la littérature du XIXe. Ainsi, par exemple, Pierre Loti qui arrive à Fès en avril 1889 écrit : « Fès n'est pas seulement la capitale religieuse du Couchant, la ville de l'Islam la plus sainte après la Mecque ; où viennent étudier les prêtres de tous les points d'Afrique ; c'est aussi le centre du commerce de l'Ouest qui communique par les ports du nord avec l'Europe et par Tafilalet et le désert avec le Soudan noir jusqu'à Tombouctou et la Sénégambie » (Loti, 1890/1988, p. 214).

C'est en référence à la plupart de ces éléments historiques que le roi Hassan II déclarait en son temps : « le Maroc ressemble à un arbre dont les racines nourricières plongent dans la terre d'Afrique ». Aujourd'hui, nombre d'acteurs économiques et de la société civile considèrent que le modèle de coopération proposé par le Maroc est plus respectueux des valeurs africaines de solidarité, de développement humain et social et culturel que celui qui domine dans les relations avec l'Europe et en particulier la France. Autrement dit, ce modèle serait plus favorable à l'établissement de relations économiques équitables et mutuellement profitables.

3.2.2. L'existence de relais locaux

Le développement de la grande distribution marocaine en Afrique ne se fait pas *ex nihilo*. En effet, chaque groupe de distribution peut s'appuyer sur des relais locaux existants au travers de l'implantation déjà ancienne d'un large réseau de banques marocaines. Ces banques marocaines, après des actions et incursions limitées dans les années 90, se sont imposées comme des poids lourds de l'Afrique subsaharienne[1]. Plus encore, dans la mesure où la plupart des enseignes marocaines de distribution relèvent de conglomérats très largement présents en Afrique, elles devraient bénéficier du soutien et de l'expérience des filiales « sœurs » dans le cadre de leur développement spatial africain.

3.2.3. Un soutien affirmé de l'État et du politique

Dès son intronisation, le roi Mohammed VI a procédé à une réorientation de la politique économique africaine du Maroc. En effet, lors du premier sommet Afrique Europe du 3 avril 2000, qui s'est tenu en Égypte, le roi annonce l'annulation des dettes des pays africains les moins avancés vis-à-vis du Royaume du Maroc et la levée de toutes les barrières douanières imposées aux

---

[1] « *Relations Maroc-Afrique ; l'ambition d'une nouvelle frontière* », ministère de l'Économie et des Finances, Division des études et des prévisions financières, juillet 2015.

produits de ces pays[1]. Ce geste fort exprime la solidarité continentale du Maroc, son identité et son image africaine. Dès lors le Maroc va déployer une véritable stratégie multisectorielle en direction de l'Afrique. Cette stratégie ambitionne d'ériger le pays en hub régional au service du co-développement dans les différents domaines clés pour le Maroc et ses partenaires africains[2]. Le soutien actif de l'État marocain peut également s'expliquer par le rôle que peut jouer la distribution dans la promotion des exportations marocaines. Ainsi, peut-on lire dans le projet de loi de finances pour l'année budgétaire 2015 [3] : « l'internationalisation de la distribution peut promouvoir les exportations marocaines. En effet l'implantation des enseignes de distribution dans des pays tiers peut renverser la logique de la commercialisation des produits marocains en les faisant connaître dans les pays hôtes, en influençant progressivement leur mode de consommation et en connaissant les préférences des consommateurs de ces pays afin de mieux répondre à leurs exigences. Le marché africain caractérisé par un fort potentiel de croissance et dont le secteur de la distribution n'est pas suffisamment développé, pourrait constituer une destination appropriée pour les distributeurs marocains qui seraient des relais pour la commercialisation des produits nationaux sur ces marchés ».

Les atouts du Maroc sont réels et ils sont largement valorisés *y.c.* par de multiples enseignes étrangères. En effet, le Maroc est de plus en plus considéré comme une tête de pont pour le marché africain par de nombreux acteurs européens ou internationaux (*cf.* par exemple le cas de BIM ou de Leader Price)[4].

3.3. Le marché africain Eldorado perdu (?) de la grande distribution française

Du fait d'une longue histoire coloniale, le marché africain a régulièrement été perçu comme la « chasse gardée » de la France. Ainsi, les entreprises françaises sont très largement implantées dans la plupart des pays de l'Afrique subsaharienne. Si la grande distribution a longtemps été en retard, on constate qu'elle a procédé à une forte accélération de ses investissements à partir de 2010. Pour autant, la place de la France comme acteur de référence décline

---

[1] Collectif : « *une ambition marocaine : des experts analysent la décennie 1999-2009* », Koutoubia, Éditions Aphée.

[2] « *Relations Maroc Afrique ; l'ambition d'une nouvelle frontière* », ministère de l'Économie et des Finances, juillet 2015.

[3] Rapport économique et financier, p. 55.

[4] Ces enseignes, lors de leur implantation marocaine, ont explicitement annoncé que cette implantation marocaine était conçue comme une tête de pont pour l'ensemble de l'Afrique.

graduellement au profit de nouveaux acteurs comme le Benelux, la Chine, la Turquie ou encore le Maroc.

Dans un essai au titre évocateur : *Arrogant comme un français en Afrique* et publié en 2016, Antoine Glaser résume ainsi en quelques lignes le déclin irrémédiable de la France sur les marchés africains : « La France se réveille en Afrique avec la gueule de bois. Elle pensait que tout y était encore sous son contrôle et que sa « science africaine » était infaillible. Tout cela n'est qu'un leurre ; les destinées politiques, religieuses, sociales et économiques de ce continent lui ont complètement échappé. Par arrogance, les dirigeants français ne se sont jamais véritablement intéressés à la complexité de l'Afrique. Quant à ceux qui s'y sont installés tout au long de la Guerre froide — coopérants venus pour enseigner ou militaires y vivant en famille —, ils ont plus souvent cherché à former des Africains à leur image qu'à comprendre leurs spécificités et leurs désirs. D'ailleurs, en France même, n'aime-t-on pas que les Afro-Français qui nous ressemblent ?
Aujourd'hui la France paie cher cette arrogance. Les anciennes générations lui reprochent son ingratitude, tandis que les jeunes diplômés, refoulés aux portes des consulats préfèrent poursuivre leurs études ailleurs. Les plus grands groupes industriels français perdent des contrats qu'ils pensaient leur être dûs et des parts de marché face à leurs concurrents chinois. Les congrégations catholiques françaises sont vivement concurrencées par les églises de réveil (évangélistes, pentecôtistes, charismatiques…).
La méconnaissance de l'Afrique et des Africains a conduit la France à des analyses anachroniques et à sous-estimer la richesse de ce continent et de sa diaspora ».

4. Les freins à l'internationalisation

Il existe de nombreux freins à l'internationalisation (Benoun et Hélies-Hassid, 2003, p. 128). Ces freins peuvent relever d'une logique intrinsèque ou extrinsèque. À ces deux logiques, on peut cependant en ajouter une troisième que l'on peut qualifier d'hybride en ce sens qu'elle emprunte aux deux premières.

4.1. Les freins dans une logique intrinsèque

Les freins dans une logique intrinsèque renvoient à l'ensemble des caractéristiques internes à l'organisation et qui limitent son développement international. Ces freins peuvent être liés au dirigeant (ses préférences, ses motivations, etc.) ou encore aux caractéristiques de l'organisation (sa taille en particulier).

4.1.1. Caractéristiques et spécificités du dirigeant

Le dirigeant de l'enseigne (au travers de ses caractéristiques, de sa mentalité, de ses ambitions) a un impact direct sur le degré d'internalisation de l'enseigne, tout autant d'ailleurs que sur les modalités choisies pour cette même internationalisation. Dans ce cadre, les travaux *ad hoc* montrent par exemple que les entreprises de nature « familiale » privilégient la croissance nationale « sous contrôle visuel » à une expansion internationale lointaine et plus difficilement contrôlable. Bien entendu, cette « vision des choses » n'est pas automatique et l'on constate qu'une entreprise familiale comme Ynna Holding, par exemple, est très largement internationalisée (et très fortement implantée en Afrique), même si ce n'est pas forcément au travers de son enseigne de distribution. Du point de vue du dirigeant, un autre frein important au développement international peut être tout simplement la priorité que ce dernier peut donner à des actions supposées moins risquées de diversification, de pénétration de marché ou encore d'amélioration de la productivité.

4.1.2. Caractéristiques de l'organisation

La taille encore relativement modeste des entreprises concernées peut également être un frein important à l'internationalisation, qui ne leur permet pas d'avoir des assises financières solides leur donnant les moyens de résister aux aléas d'opérations coûteuses et parfois incertaines à l'international. Autrement dit, si Marjane est un grand national, il se situe d'ailleurs au 6e rang des 500 plus grandes entreprises marocaines en 2021[1] ; il reste un petit au niveau international *y.c.* en Afrique. Encore une fois, cette vision est juste dans le cas des enseignes marocaines, qui restent globalement de taille modeste. Néanmoins, cela ne les empêche pas d'attaquer certains marchés africains eux-mêmes modestes. Par ailleurs, là encore, il convient de rappeler que la plupart des grandes enseignes nationales de distribution relèvent de conglomérats dont l'assise financière est cette fois beaucoup plus conséquente[2].

4.2. Les freins dans une logique extrinsèque

La logique extrinsèque renvoie quant à elle à des éléments et facteurs externes à l'entreprise de distribution, facteurs qui s'imposent à elle et sur lesquels elle n'a pas forcément prise. Ainsi en est-il de l'insuffisance d'informations sur les marchés étrangers, des infrastructures souvent défaillantes, de la structure fiscale et réglementaire ou encore de la stabilité politique et du risque pays.

---

[1] Les 500, Économie et Entreprises. Au même moment, LabelVie s'affichait juste derrière, à la 7e place.

[2] *cf.* Le cas de Al Mada pour Marjane, Ynna Holding pour Aswak Assalam…

L'insuffisance d'informations sur les marchés étrangers ; en particulier sur les structures et circuits de distribution, sur l'environnement d'affaires... est également un frein important. Les distributeurs nationaux cherchent d'ailleurs régulièrement à le contourner au travers des procédures d'alliance avec un partenaire local ou encore par le développement de la franchise.

4.2.1. Qualité de l'infrastructure

Le développement de la distribution moderne ne peut s'envisager sans une réelle amélioration des réseaux routiers et ferroviaires. En effet, les schémas logistiques de la grande distribution s'appuient sur l'existence d'infrastructures modernes tant sur le plan physique qu'organisationnel et institutionnel. Dans le cas du Botswana, Phambuka Nsimbi *et al.* (2015, p. 16), mettent en avant les contraintes fortes liées à la question de l'infrastructure. Ils relèvent d'abord la question cruciale de l'infrastructure routière : "the quality of roads in most areas that are located far from the cities is relatively poor, thus making it extremely difficult to deliver merchandises on time and in good conditions". Les mêmes auteurs font également état des problèmes du raccordement électrique ainsi que de diffusion des réseaux bancaires. "Frequent power cuts often force businesses to close down temporarily. Retailers located mainly in rural areas, loose business because banks are mainly in cities and towns. Customers visit banks and subsequently use the opportunity to do their shopping at once". Les problèmes du raccordement électrique sont de réelles contraintes dans certaines zones rurales, mais également parfois urbaines, en ce sens que des coupures encore trop fréquentes et un réseau de qualité moyenne contribuent à réduire les possibilités de conservation des aliments en rendant les équipements domestiques (réfrigérateurs, congélateurs) inopérants.

4.2.2. Structure fiscale et réglementaire

Les structures fiscales administratives et réglementaires de nombreux pays africains sont souvent un frein à la compétitivité et à la performance de la grande distribution en particulier face à un secteur informel proliférant. « Les économies africaines se caractérisent par des assiettes fiscales étroites reposant principalement sur les taxes commerciales (essentiellement droits de douane qui sont des impôts faciles à recouvrer) ainsi que sur des taux d'imposition indirects (TVA, taxes sur les ventes...) très élevés » (Performance Management Consulting, 2012, p. 13).

4.2.3. Stabilité politique et risque pays

De nombreux projets de développement international des enseignes marocaines ont été freinés par des évolutions et des évènements affectant la stabilité politique des pays visés. Cela est particulièrement vrai dans le cas des grandes surfaces spécialisées qui, comparativement aux grandes surfaces alimentaires sont en avance dans leur processus d'internationalisation. Ainsi les velléités de développement de Kitéa en Tunisie ont-elles été limitées du fait des bouleversements politiques qui ont affecté ce pays. En effet, depuis la révolution de Jasmin, l'enseigne a procédé à une modification des termes et modalités de son implantation locale. En 2013, le PDG de l'entreprise, Amine Benkirane, affirmait déjà : « nous n'allons pas mettre le projet à l'écart, d'ailleurs nous sommes dans la phase de choix des partenaires locaux »[1]. Dans le cas de la grande distribution alimentaire, les stratégies d'implantation internationale sont encore balbutiantes et, en dehors de Carrefour LabelVie, peu d'acteurs nationaux ont véritablement franchi le pas. Pour autant, la plupart de ces acteurs nationaux, de Marjane à Aswak Assalam, qui ont étudié les possibilités d'expansion internationale et qui continuent de le faire, mettent en avant l'importance de la stabilité politique et du risque pays dans leurs choix et stratégies. Cette vision est d'ailleurs partagée, dans les conditions des années 2020, par BIM qui, on l'a vu, envisageait dès le départ son implantation marocaine, comme une tête de pont vers l'Afrique.

Tableau 29 : Les risques pays en Afrique en 2020

Pays	Population 2019	Évaluation du risque pays	Environnement d'affaires	Revenu moyen USD
Afrique du nord				
Algérie	43,3	C	C	3898
Égypte	99,3	B	B	3044
Libye	6,6	E	E	6055
Maroc	35,6	B	A4	3332
Mauritanie	4,1	C	C	1873
Soudan	43,2	E	E	772
Soudan sud	18,8	-	-	-
Tunisie	11,9	C	B	3293
Afrique de l'ouest				
Benin	12,1	B	C	1291
Burkina Fasso	20,9	D	C	831
Cap vert	0,6	C	B	3065
Cote d'ivoire	27	B	B	2271
Gambie	2,4	-	-	-
Ghana	30,8	B	B	2226

[1] www.economie-entreprise.com, Mars 2013.

Guinée	14	C	D	1102
Guinée Bissao	1,9	-	-	-
Liberia	4,7	D	D	647
Mali	19,7	D	D	890
Niger	24,2	D	C	5681
Nigeria	206,1	D	D	2083
Sénégal	16,7	B	B	1474
Sierra Leone	8	D	D	527
Togo	8,3	C	B	916
		Afrique centrale		
Cameroun	26,5	C	D	1505
Gabon	2,1	C	D	7277
Guinée Équatoriale	1,4	-	-	-
République centrafricaine	4,8	D	E	494
RDC	89,5	D	D	453
République du Congo	5,5	C	D	31,71
Sao Tomé et Principe	0,2	D	D	2190
Tchad	16,4	D	E	660
		Afrique de l'est		
Burundi	11,9	E	E	256
Djibouti	1	C	C	3482
Érythrée	3,5	E	E	588
Éthiopie	97,2	C	D	994
Kenya	48,7	B	A4	2104
Ouganda	41,2	C	C	925
Rwanda	12,7	A4	A4	816
Seychelles	0,09	-	-	-
Somalie	15,9	-	-	-
Tanzanie	58	C	C	1110
		Afrique australe		
Afrique du sud	59,6	C	A4	5625
Angola	31	D	D	1881
Botswana	2,3	A4	A4	6420
Comores	0,86	-	-	-
Lesotho	2,1	-	-	-
Madagascar	28,5	C	C	462
Malawi	20,9	D	D	568
Maurice	1,3	B	A3	8619
Mozambique	31,3	D	D	449
Namibie	2,5	C	A4	4276
Swaziland/Eswatini	1,1	-	-	-
Zambie	18,9	D	C	1023
Zimbabwe	15,2	E	E	1443

Source : Coface for Trade.

4.3. Les compétences : entre intrinsèque et extrinsèque

Certaines contraintes peuvent relever tout à la fois d'une logique intrinsèque et extrinsèque. C'est le cas en particulier de la question de la pénurie de compétences. En effet, la pénurie de compétences joue également un rôle notable en tant que frein à l'internationalisation. Les entreprises nationales rencontrent déjà des difficultés énormes lorsqu'il s'agit de pourvoir des postes d'encadrement au niveau local lors de leur expansion nationale. Ces difficultés sont amplifiées lorsqu'il s'agit de déléguer des cadres qualifiés à l'étranger. Ainsi par exemple, dans le cas du Maroc, le développement international, qui à ce jour cible l'Afrique prioritairement, est largement contraint par les difficultés à trouver des ressources humaines locales, tant au niveau de l'encadrement supérieur que de l'emploi de base. Dans certains pays, même les emplois de base (caissières, etc.) peuvent poser problème. Mais plus largement et toujours dans le cas marocain, la pénurie de compétences existe également au niveau local puisque les cadres formés à la grande distribution sont rares et que cette rareté est amplifiée quand il s'agit de trouver des cadres nationaux susceptibles d'assurer la coordination ou l'interface avec l'encadrement et plus généralement le personnel dans les pays d'accueil.

Conclusion

Dans ce chapitre nous avons montré que l'internationalisation était une voie de développement non négligeable et sans doute vitale, à l'avenir, pour la grande distribution alimentaire marocaine. Le marché africain offre de ce point de vue, de très nombreuses perspectives. C'est un marché jeune où une classe moyenne avec un pouvoir d'achat non négligeable commence à émerger. Sur ce marché, le Maroc dispose de nombreux atouts qui vont bien au-delà de la simple proximité culturelle réelle liée en large partie à des racines africaines revendiquées. À ce niveau, les enseignes nationales peuvent s'appuyer sur les relais importants que constituent les banques marocaines déjà solidement implantées sur place. Elles peuvent également, pour certaines d'entre elles, s'appuyer sur les relais constitués par leur réseau mère comme celui de l'ONA-Al Mada ou de Ynna Holding. Mais, au-delà, un autre catalyseur important du développement en Afrique peut être trouvé dans le soutien affirmé de l'État et la volonté clairement affichée par le roi Mohammed VI.

Les atouts des enseignes marocaines sont par ailleurs d'autant plus faciles à faire jouer que la grande distribution française y apparaît de moins en moins comme la seule solution crédible. Bien entendu, l'implantation réussie des enseignes marocaines doit tenir compte d'un certain nombre de contraintes fortes et de freins à l'internationalisation qui marquent les divers territoires africains comme par exemple la stabilité et le risque pays, la défaillance des infrastructures ou encore la faiblesse relative des compétences managériales locales.

CHAPITRE 11

DISTRIBUTION MODERNE ET PETIT COMMERCE

Le développement de la grande distribution a souvent été analysé en référence à une logique prédatrice qui sous-entend que chaque ouverture d'une GMS moderne devrait nécessairement induire des fermetures en masse dans le petit commerce traditionnel dit de proximité. Cette évolution a pu être observée dans nombre de pays européens et plus largement dans la plupart des travaux internationaux sur la question. Pour autant, dans le cas du Maroc, on peut observer que l'émergence et la montée en puissance de la grande distribution n'ont finalement que faiblement affecté le petit commerce, qui montre des facultés de résilience importantes, dont nous analysons les principaux ressorts. Cette résilience et capacité d'adaptation du petit commerce lui permettent effectivement de survivre, voire de continuer de prospérer parallèlement au développement de la grande distribution. Pour autant, et c'est l'objet de notre section 4, un certain nombre d'évolutions en cours, et en particulier les récents revirements stratégiques de la grande distribution, devraient constituer de nouveaux facteurs de risque pour le petit commerce et réduire considérablement ses marges de manœuvre.

1. Un petit commerce entre déclin et résistance

De très nombreux travaux ont en effet analysé l'émergence et le développement de la distribution moderne dans les pays émergents et son impact sur le petit commerce traditionnel. De multiples indices laissent à penser que la tendance générale serait plutôt à la disparition du petit commerce. Bernardo Trujillo avait ainsi exprimé en son temps le décalage croissant entre production et distribution pour justifier le caractère inéluctable de l'avènement de la grande distribution et partant, la disparition du petit commerce : « nous produisons à la machine et nous vendons à la main, article par article, client par client, dans des magasins moyenâgeux. À la fabrication de masse doit correspondre la distribution de masse »[1]. Ainsi, Amine (2012) montre que l'essor des GMS contribue à remettre en cause l'hégémonie du commerce de proximité dans les pays émergents. Ces GMS, en s'appuyant sur leur puissance d'achat et de négociation, peuvent proposer des prix bas qui leur procurent une forte capacité d'attraction de la clientèle. Lo *et al.* (2001),

[1] Cette formulation sera d'ailleurs reprise régulièrement par d'autres auteurs comme P. Chatelier, ou encore Alfred Sauvy.

en se focalisant sur le développement du commerce moderne dans le cas de la Chine, considèrent que ce dernier devrait avoir des effets non négligeables sur un commerce traditionnel, caractérisé par un niveau d'efficience beaucoup plus faible. Dans le même sens, Sim (1999) montre comment le développement des supermarchés à Singapour dans les années 90 a eu un impact fortement négatif sur les petits commerces locaux. Les mêmes effets négatifs sont observés en Malaisie à partir du milieu des années 90, avec une réduction importante du poids du petit commerce traditionnel à assortiment réduit (Ahmad *et al.* 2008 ; Kaliappan *et al.* 2009). En Turquie également, il semblerait que l'arrivée de la grande distribution ait eu un impact négatif sur le petit commerce. Kaynak cite à cet égard les propos de la fédération turque de l'épicerie : "in Turkey, there has been a growing concern among small food retailers about the competition that they are facing with the recent entry of large retailers such as self-service stores and supermarkets… in an annual conference of the Turkish Grocers Confederation, the small retailers blamed the large food retailers' entry into retailing for the decline of the number of small food retailers and their turnover" (Kaynak, 1979, p. 237).
Dans le cas du Maroc, Moulay Hafid Elalamy, ministre de l'Industrie, de l'Investissement, du Commerce et de l'Économie numérique[1] déclarait encore il y a peu : « À chaque fois qu'une grande surface s'installe au Maroc, 200 petits commerçants disparaissent »[2], sans que l'on sache réellement sur quoi se fonde le chiffre avancé et selon quelle méthode il a été calculé ou estimé. Nous constatons, pour notre part, que la plupart des travaux qui évoquent un impact négatif sévère du commerce moderne sur le petit commerce manquent de substance. Ils sont souvent de nature qualitative et mettent en avant des situations générales, des effets perçus par les acteurs concernés. Et à ce jour, il n'existe au Maroc aucune étude économique sérieuse mettant en avant ce type de lien de causalité.

D'un autre côté, on peut également noter que, même si l'idée dominante est bien celle d'une disparition graduelle du petit commerce, on trouve un certain nombre de travaux, plus rares il est vrai, qui mettent en avant la forte résistance du petit commerce parfois même pourrait-on parler d'indifférence ou d'indolence. Dans le cas de l'Espagne, Guérin (1964) mettait déjà en évidence la forte résistance du petit commerce face à l'arrivée de la grande distribution : "what happened in Spain ? in spite of the severe pressure exerted by supermarkets, the traditional stores continued to exist. In the face of lower margins, most small stores kept operating, as the financial press reported, "almost miraculously" since these stores refused to die, supermarkets were unable to grow". Ozcan (2000), dans le cas de la Turquie, observe que la

[1] De 2013 à 2021.
[2] « *Commerce : comment sauver Moul'hanout* », Inspiration LesEco, 25 avril 2019.

montée en puissance de la grande distribution a été concomitante à une croissance forte du petit commerce…

On retrouve la même idée, quoique plus nuancée dans les travaux de Kaynak (1979, p. 237) : "the dominant impression that emerged… was that the majority of the owners of small food retailers were vaguely aware of the growing competitive pressure from innovative forces in the retail distribution system, but despite some exceptions, the prevailing mood was that of fatalism. Their defensive actions have been largely limited to improvement of personal services and an attempt to adopt a distinctive merchandising policy and credit facilities. Generally, small retailers tend to have relatively static expectations. That is, they are interested in reaching and maintaining a given scale of operation and reject opportunities for growth beyond this point. Such retailers tend to view their demand curve as being relatively fixed. Thus, they are inclined to resist innovation because it presumably cannot improve their position and could conceivably disrupt a reasonably attractive status quo".

D'Andréa *et al.* (2006b) ont pour leur part tenté de comprendre les raisons qui font le maintien et le succès du petit commerce malgré les fortes poussées du grand commerce. En s'appuyant sur le cas de l'Amérique latine, ils montrent ainsi que, dans les pays concernés, la plupart des consommateurs se caractérisent par un pouvoir d'achat relativement faible qui les détourne du grand commerce, mais que pris globalement, ils représentent un pouvoir de consommation non négligeable qui explique en partie le maintien du petit commerce. La plupart des études en question ont pu montrer que même en situation de dynamique forte de la grande distribution, le petit commerce pouvait continuer de se développer et de prospérer, en particulier dans la mesure où sa contribution sociale dépasse largement sa seule fonction économique.

Dans le cas du Maroc, on constate en effet que le petit commerce semble relativement peu affecté par l'implantation et la diffusion des GMS et, en concentrant l'essentiel des effectifs et du chiffre d'affaires du secteur ; il reste toujours, et de loin, le format dominant du paysage commercial national. On a vu par ailleurs, dans notre chapitre 1, que la densité commerciale était très élevée avec 27 magasins pour 1000 habitants contre par exemple 5 en France. Ainsi, comparativement au cas de la France, on observe relativement peu de réactions du petit commerce face au développement des GMS. Ce groupe se caractérise par une forte stabilité, une forte capacité d'adaptation et de résilience. Dans certains cas, on pourrait parler d'indolence. Cette forme d'indolence est d'ailleurs parfaitement bien décrite par les frères Tharaud dans leur essai sur la ville de Fez : « le tadjir (fassi) s'accommode toujours avec ses vieux usages qu'il a hérités de ses ancêtres. Il semble que la modernité le laisse indifférent de même que la notion de temps. Le temps occidental est un temps laïc, celui des affaires, de la productivité, de la modernité, un temps qui échappe et qu'il faut rattraper ; alors que le temps marocain est un temps marqué par la spiritualité dont on apprécie la lenteur et les aléas » (Tharaud et Tharaud, 1938).

2. Les ressorts de la résilience

Comment peut-on expliquer cette stabilité et cette résilience apparentes ? Il semble que l'on puisse apporter à ce niveau deux grandes catégories d'explications : les premières sont liées aux spécificités du petit commerce ; les secondes renvoient plutôt aux caractéristiques et aux préférences des clients.

2.1. Les spécificités du petit commerce

Parmi les caractéristiques distinctives qui peuvent être évoquées pour expliquer la capacité de résilience du petit commerce, on peut mettre en avant un taux de service important, des coûts opérationnels faibles et une informalité souvent chronique.

2.1.1. Un taux de service important

Une des clés de la résistance du petit commerce réside sans doute dans le fait qu'il se caractérise par un taux de service extrêmement élevé. Autrement dit, le petit commerce est d'abord et avant tout un centre de services… Il offre des services financiers et bancaires au travers du carnet de crédit ou de « l'ardoise » (paiement décalé) mais également au travers de prêts de sommes d'argent variables à ses clients fidèles principalement. Il joue un rôle d'animation du quartier, en particulier du fait de son implantation dans les espaces marginalisés et les quartiers sous-intégrés et difficiles d'accès (régulièrement négligés par la distribution moderne). Il joue un rôle informationnel en contribuant à la diffusion de l'information auprès des habitants du quartier (plus précisément, il sert de relais colis, d'agence immobilière, voire parfois d'agence matrimoniale…). Il remplit enfin une fonction purement sociale et sociétale en adaptant son offre aux différentes catégories sociales. Ainsi, il propose un haut niveau de service aux CSP+ (livraison à domicile et services extraordinaires) tout comme de l'autre côté, il s'adapte au budget des CSP les moins favorisées en offrant la possibilité de fractionnement des produits et en acceptant les microtransactions. Pour ces mêmes catégories, l'offre de services peut être considérée comme globale ou totale en ce sens que l'épicerie est régulièrement considérée comme une « extension de chez soi ».

2.1.2. Des coûts opérationnels faibles

Les coûts de gestion opérationnelle sont, on l'a vu, extrêmement faibles dans le petit commerce. Les principes de base de la gestion de ce petit commerce sont l'autodiscipline financière et la maîtrise des charges d'exploitation. Le petit commerçant effectue en effet très peu de dépenses pour assurer la modernisation de son magasin.

Mais c'est sans doute au niveau de la gestion du personnel que l'avantage compétitif en termes de coûts des épiceries est le plus important. En effet, la plupart de ces structures commerciales emploient une main-d'œuvre généralement non payée : épouses, enfants, famille proche. Dans le cas du Maroc, contrairement à ce qu'on a pu observer dans le petit commerce occidental (et asiatique)[1], l'épouse est très rarement à l'œuvre et ce sont plutôt les enfants et les proches parents qui aident régulièrement l'épicier. Ainsi, « le rapport entre le total des rémunérations versées et le nombre de personnes occupées dans l'activité fait apparaître la grande compétitivité des micro-entreprises (commerciales), puisque ce rapport leur est plus avantageux, compte tenu de la part importante de personnel non rémunéré » (Macias, 2006, p. 80-81)[2].

Un autre élément de stabilité et de résilience qui est souvent négligé dans la littérature renvoie à une dimension ethnique. Le secteur de l'alimentation est contrôlé (en particulier dans les grandes villes comme Casablanca, Rabat ou Marrakech) par des Berbères originaires des montagnes du sud du Maroc et qui continuent de fonctionner selon une logique tribale de soutien mutuel, lors des besoins de financement, ou lors des aléas de l'évolution du business.

2.1.3. Une informalité chronique

Le commerce traditionnel, même quand il se situe dans la sphère formelle fonctionne pour une part à la limite de l'informel ; autrement dit, à la limite de la légalité. Comme nous avons pu le voir dans notre chapitre 1, beaucoup de commerçants travaillent sans patente ou ne sont pas inscrits au registre du commerce voire même dans certains cas travaillent au noir.

L'informalité qui caractérise le petit commerce passe aussi par les relations ambiguës qu'il entretient avec le commerce informel et les marchands ambulants. En effet, la prolifération des marchands ambulants a souvent été évoquée comme le principal risque auquel étaient confrontées les épiceries traditionnelles, beaucoup plus que le grand commerce. N'étant soumis ni à l'impôt, ni à la TVA et dans la majorité des cas supportant des charges faibles

---

[1] L'expression qui est souvent utilisée dans le monde anglo-saxon, « *mom and pop* » store est assez symptomatique de cet état de fait.

[2] L'emploi comme apprenti est dépourvu de tout cadre sécuritaire. Il en va de même pour *moul'hanout* lui-même, qui dans l'essentiel des cas, ne bénéficie d'aucune assurance sociale.

(voire inexistantes), les marchands ambulants sont à même de proposer des prix très compétitifs comparativement à ceux proposés par les épiceries traditionnelles [1]. Autrement dit, le commerce déloyal des marchands ambulants serait pour nombre d'entre elles beaucoup plus problématique que celui du grand commerce.

Les relations entre épiceries et marchands ambulants sont plus complexes qu'il n'y paraît et généralement, les premières s'appuient sur les seconds pour réduire leurs coûts opérationnels et accroître leurs ventes. Dans tous les cas, les épiceries en place fournissent les marchands ambulants en produits moyennant commission et, les situations où des commerçants sédentaires embauchent des ambulants en complément des ressources de leurs commerces légaux ne sont pas rares. Il arrive même parfois que selon les circonstances, le marchand sédentaire puisse temporairement se transformer lui-même en marchand ambulant (Gallouj, 2017).

2.1.4. L'absence d'alternative viable

L'absence d'alternatives perçues par le petit commerce est également une des sources de sa résilience. En effet, comme le montre Guérin, en ce qui concerne le cas de l'Espagne des années 60, en l'absence d'alternatives en termes d'emploi, l'épicier se trouve souvent contraint de poursuivre son activité même lorsque la pression concurrentielle se fait plus forte : "the undiminishing number of small family-owned stores was probably due to an excess of labor and low wage rates. Spain experienced none of the labor shortage which beset western Europe. In the absence of attractive job opportunities, the owners of small shops continued to operate them even when competitive pressure from supermarkets became severe. Another factor that kept the small food store in existence was that women, especially married women, are seldom employed outside the home. The shopkeeper's wife, who assisted in running the store, would not added anything to family income if the store had been closed. Family income might have been lower if the small-store operator closed than if he continued to operate, even with reduced margins. As a result of this, the supermarkets were left with competitors who, despite inefficiency, continued to offer location and services which the supermarket could not duplicate" (Guérin, 1964).

Cette situation de maintien du petit commerce, même non rentable, comme activité familiale (de subsistance), du fait de l'absence d'alternatives, peut s'observer encore aujourd'hui dans le cas marocain.

---

[1] Une part de cette compétitivité s'explique également par un recours élevé aux marchandises de contrebande.

2.2. Les caractéristiques et préférences des clients

Un certain nombre d'éléments permettant d'expliquer la résistance du petit commerce et les difficultés rencontrées par la grande distribution sont à rechercher dans les caractéristiques et préférences des consommateurs. À ce niveau, on peut mettre en évidence d'une part un pouvoir d'achat des ménages encore globalement réduit et d'autre part, mais ces deux éléments sont liés, un faible taux d'équipement de ces ménages, tant en électroménager domestique qu'en moyens de locomotion. Le faible taux d'équipement des ménages en automobiles et en réfrigérateurs est souvent considéré comme un frein important au développement des GMS et partant, il devient un facteur favorable au maintien et au développement du petit commerce traditionnel.

Il n'est pas utile de revenir ici sur les différents éléments concernant les caractéristiques et préférences des consommateurs et le lecteur intéressé pourra se référer à notre chapitre 4 où nous abordons plus en détail ces différents éléments (*cf.* également Amine et Gallouj, 2021). Néanmoins, on peut revenir sur les préférences des consommateurs et leur comportement de magasinage selon leur catégorie sociale et qui montrent un très fort attachement des plus modestes au petit commerce.

2.2.1. Un attachement au petit commerce différencié selon la CSP

Amine et Lazzaoui (2007, 2009a, 2009b, 2011) ont montré qu'il existait au moins trois logiques du comportement de magasinage en fonction de la catégorie d'appartenance du consommateur (classe aisée, classe moyenne ou classe populaire).

* *Les catégories aisées* cherchent, par leur comportement de magasinage, une certaine démarcation sociale qui les conduit à éviter le plus possible le commerce traditionnel et les valeurs qu'il est censé représenter à leurs yeux. Le rejet du commerce traditionnel en dissonance par rapport à leur style de vie et leur statut, s'appuie sur des éléments objectifs qui sont systématiquement mis en avant par cette catégorie sociale (manque d'hygiène, non-respect de la chaîne du froid, non-respect des dates de péremption, faible qualité de service...). Amine et Lazzaoui (2011) mettent également en avant le rejet systématique du marchandage considéré comme rétrograde, en particulier en raison d'une modification de la relation au temps, caractéristique de cette catégorie sociale. Pour autant et de manière assez paradoxale, on a pu observer que la pratique du marchandage continue de perdurer là où on ne l'attend pas et en particulier dans le cas de l'achat de produits de luxe, mais également (*cf.* Godefroit-Winkel, 2012), dans l'achat de produits standards auprès de la grande distribution.

* *Les classes ou catégories moyennes* se caractérisent quant à elles par un panachage marqué des circuits de distribution ; autrement dit, ces catégories fréquentent à la fois les enseignes modernes mais également les épiceries de quartier ainsi que les autres formes de vente traditionnelle formelles ou informelles (souks, marchés municipaux, commerces ambulants…). Dans ce cas particulier, Amine et Lazzaoui (2011) proposent une interprétation en termes de résistance diffuse (nous y reviendrons). En effet, les comportements de consommation de ces classes moyennes (par ailleurs difficiles à cerner) restent très complexes. Ils oscillent entre l'attrait provoqué par la consommation symbolique liée aux valeurs de modernité de la grande distribution (et la volonté d'imiter le comportement des classes aisées considérées comme le groupe de référence) et de l'autre le besoin encore très prégnant de maintenir des racines culturelles bien ancrées.

* *Les classes modestes* se caractérisent quant à elles par une certaine distanciation vis-à-vis des GMS et par voie de conséquence, un certain attachement à l'épicerie de quartier (et plus largement aux souks et aux marchands ambulants). La distanciation au grand commerce moderne n'est pas signe d'un rejet (ou parfois d'une forme de résistance diffuse comme c'est le cas des classes moyennes). Bien au contraire, elle est davantage le reflet d'une forme d'inaccessibilité à ces formes modernes. Cette inaccessibilité est liée en particulier, d'un côté à des conditions personnelles : manque de ressources et budget limité, faible niveau de motorisation dans certains cas, manque de ressources intellectuelles (analphabétisme) et de l'autre côté à des conditions sociales : faible fréquentation, voire absence de consommateurs ayant les mêmes caractéristiques.

Cette répartition en trois catégories de consommateurs, telle qu'elle est proposée par Amine et Lazzaoui se reflète assez bien dans les données d'enquête existantes. Ainsi, en 2018, *L'Économiste* en collaboration avec le cabinet Sunergia, ont produit une enquête qui met en évidence le taux de fréquentation des GMS selon la catégorie sociale, validant dans une certaine mesure la proposition des auteurs. Cette fréquentation passe ainsi de 98% pour les catégories favorisées (A et B) à 39% pour les catégories les plus modestes (D et E).

Figure 44 : Fréquentation des GMS selon la CSP

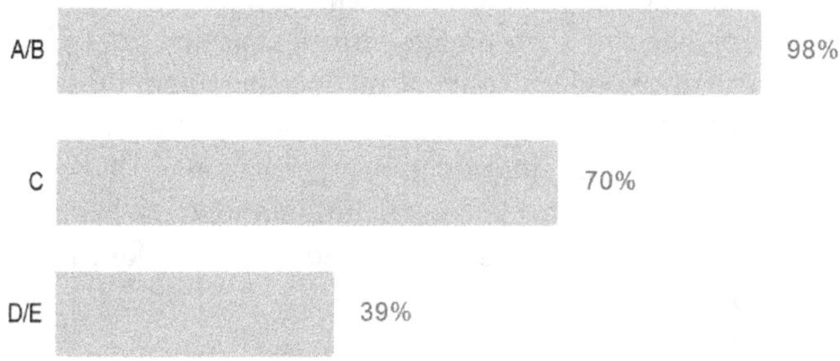

Source : *L'Économiste*-Sunergia, 25 avril 2018.

2.2.2. Classes modestes et rôle pivot du petit commerce

Du fait de leur capacité monétaire mais également cognitive plus réduite, les classes modestes privilégient le petit commerce. Les dimensions cognitive et informationnelle sont particulièrement importantes et ont déjà été mises en évidence dès 1974 par Goldman : "the level of informational outreach is also determined by the ease with witch information can be acquired and by the ability to handle it. This is a function of the manner in which the information is presented and of its level of complexity. In the modern store, where many foods are prepackaged, assortment size is increased, and prices are displayed, the consumer's shopping task becomes more difficult. The consumer is now required to acquire and process more information in order to arrive at a decision. Studies of the behavior of low-income consumers in the US indicate that the low-income consumer seems to have difficulty understanding and making use of more complex and extensive shopping information. Finally, unfamiliarity with the pricing practices used by modern stores, such as mixed margins policy and frequent changes in price, may also make it more difficult for low-income consumers to make use of the economies provided by these stores" (Goldman, 1974, p. 11). Les consommateurs aux revenus modestes restent ainsi très attachés à l'épicerie de quartier et aux souks dans les zones rurales. Ces consommateurs peuvent être amenés à acheter, au jour le jour, et en faibles quantités (250 g de sucre, ½ litre de lait, voire 1 à 2 dirhams de riz).

Pour les classes modestes, le petit commerce de quartier joue un rôle pivot. Ces catégories sociales se caractérisent par des revenus faibles, parfois aléatoires et fluctuants. Leur capacité financière, également limitée, les conduit à privilégier des « produits à faible intensité monétaire ». Pour ces catégories, l'épicier de quartier présente de nombreux avantages. Il peut défaire les unités de conditionnement des produits et vendre à l'unité. Il peut faire crédit sans intérêt et même jouer le rôle de banquier occasionnel, en prêtant de l'argent à ses clients réguliers. Mais c'est bien au niveau social que son rôle est le plus prégnant. L'épicier de quartier est avant tout un membre à part entière du quartier. Il est le voisin, l'ami et le confident de ses clients. La relation de confiance qui s'est nouée entre les parties sur le long terme fait qu'il peut rendre des services souvent inédits (paiement de factures d'eau et d'électricité, livraison et installation de bonbonnes de gaz, « *relais colis* » ou relais info…). Enfin, ses interrelations permanentes avec les clients et habitants du quartier font qu'il connaît intimement les besoins actuels des clients, les besoins à venir et en construction et de ce fait, peut adapter son offre en conséquence.

3. Petit commerce *vs* grande distribution : de la concurrence à la complémentarité et au partenariat

Les incidences de la grande distribution sur le petit commerce et plus généralement les relations entre ces deux formules de vente sont plus complexes que ce qui est habituellement suggéré dans la littérature. En effet, on observe que dans de nombreux cas des trajectoires ou logiques de complémentarité l'emportent sur les logiques de concurrence. Plus encore nombreux sont les cas où ce sont bien des relations partenariales qui sont nouées.

3.1. Grande distribution et petit commerce : partage des rôles et des marchés

Les relations de complémentarité entre petit commerce et grand commerce renvoient aux publics visés, aux implantations choisies et aux produits proposés à la vente. Ces différentes dimensions sont présentées de manière linéaire mais dans la plupart des cas, elles sont indissociables.

3.1.1. Les publics visés.

À l'inverse des prédictions du modèle de la roue de la distribution développé par Mc Nair[1], on observe que dans les pays émergents, la grande distribution s'est implantée et développée en visant prioritairement le consommateur aisé à fort pouvoir d'achat. En ce sens, Kaynak (1979, p. 239) note : "in under-developed and developing countries of the world the behavior of retail stores appears to run counter to the wheel hypothesis… the relatively small middle and upper income groups have formed the major markets for such "modern" retail outlets as self-service store and supermarkets. These types of stores have

---

[1] Selon ce modèle, toute formule de distribution nouvelle et innovante émerge sous une forme discount en attirant les consommateurs grâce à ses prix bas (appuyés sur des charges faibles). Cependant, au fur et à mesure de son développement, le nouveau distributeur, spartiate à l'origine, commence à s'embourgeoiser. Il perd alors son image de discounter et est de ce fait à la merci de l'entrée de tout distributeur innovateur qui développerait à son tour une formule commerciale plus sobre (*cf.* Gallouj, 2007).

been introduced in developing countries at the top of the social and price scale contrary to the wheel pattern". La plupart des enseignes de grande distribution qui se sont implantées au Maroc ont ciblé prioritairement les catégories sociales supérieures. De fait, encore aujourd'hui, malgré un très net mouvement de démocratisation, les classes sociales moyennes et supérieures continuent d'être les catégories les plus fidèles à l'hypermarché...

3.1.2. Les espaces d'implantation.

La GMS et le commerce traditionnel se caractérisent également par une complémentarité de leurs implantations. Cette complémentarité recouvre tout d'abord l'opposition entre grandes villes d'un côté et villes moyennes et petites de l'autre. En effet, en suivant en cela les localisations des catégories sociales aisées, la grande distribution s'est d'abord concentrée sur le cœur économique du Maroc ; autrement dit, les villes de Casablanca et Rabat. Dans un deuxième temps, cette grande distribution s'est implantée dans les autres grandes villes marocaines à fort potentiel, soit du fait de la population locale, soit du fait de leur capacité d'attraction touristique (ou encore économique). Ainsi en est-il par exemple de Marrakech ou encore de Tanger et Agadir. De ce fait, le commerce traditionnel implanté dans les villes moyennes ou de second rang n'est que faiblement impacté dans un premier temps.
À l'intérieur des grandes villes (et ce sera également le cas un peu plus tard dans les villes moyennes), la complémentarité se reflète prioritairement dans la localisation dans des espaces différents. Les hypermarchés comme les supermarchés sont localisés là encore prioritairement dans des zones géographiques et quartiers à fort pouvoir d'achat et accessibles facilement par les moyens de transport privés. Le petit commerce se caractérise quant à lui par une occupation marquée des espaces traditionnels abandonnés par le grand commerce moderne ; autrement dit, il sert prioritairement des espaces urbains marginalisés occupés par des résidents qui ne disposent que très rarement de moyens de locomotion.

3.1.3. Les produits proposés et l'assortiment

L'étude du comportement de chalandise du consommateur marocain met en avant des pratiques de panachage des différents circuits de distribution à la fois modernes et traditionnels. Ce comportement est typique des classes moyennes mais il concerne également, dans une certaine mesure, les classes aisées. Il est pour une large part le reflet des positions concurrentielles et des points forts respectifs des différentes formules. Ainsi, même si la grande distribution a fait des progressions remarquables ces dernières années, le secteur du frais et en particulier celui des fruits et légumes, reste l'apanage des épiceries et des marchés de plein air.

De manière plus précise, une étude menée en 2009 par la CCI d'Oujda[1] montre bien que l'impact de la grande distribution sur le petit commerce est très fortement différencié selon les catégories de produits concernés. Ainsi, les petits commerces les plus affectés sont le petit commerce de l'électroménager, (blanc en particulier), celui du jouet ou encore celui des cosmétiques… À l'inverse, les commerces de fruits et légumes, de prêt-à-porter et du textile-habillement ou encore celui de la viande (rouge en particulier) apparaissent très largement insensibles à la concurrence exercée par les GMS. Pour autant, cette même étude montre que les grossistes de produits agroalimentaires (huile, sucre, farine, boissons…) sont ceux qui pâtissent le plus de l'arrivée de la grande distribution ; suggérant sans doute par là qu'une partie du petit commerce glisserait, pour ses achats, du grossiste traditionnel vers les GMS.

3.2. Vers une logique partenariale

Au-delà de la logique de complémentarité que nous avons abordée dans la section précédente, on observe, dans le champ du commerce marocain, des stratégies partenariales assez originales entre le commerce moderne et le commerce traditionnel.

3.2.1. Le petit commerce comme client du grand commerce

La logique de partenariat entre ces deux formes de commerces se reflète largement dans le fait que les GMS sont devenus des fournisseurs privilégiés du petit commerce. Ainsi, nombre de petits commerçants ont pris l'habitude, comme on l'a suggéré plus haut, de se fournir directement auprès des GMS. Cette pratique a été observée dans nombre de pays émergents. Coe et Wrigley (2007, p. 357) écrivent ainsi : "evidence from Mexico (Biles, 2006 ; Biles *et al.* 2007) and Thailand (May, 2006), for example, shows that small retailers and informal vendors are increasingly sourcing from the retail TNC's *i.e.* using the hypermarkets… effectively as wholesalers". Cette manière de faire peut s'expliquer par le fait que les GMS offrent des prix très compétitifs et des promotions alléchantes. Il est vrai que certains commerçants notent que les prix qu'ils paient à leurs fournisseurs (grossistes) sont souvent supérieurs aux prix de vente publics affichés dans les GMS. Elle s'explique également par le désir d'échapper à l'impôt. En effet, les épiceries sont assujetties au régime fiscal forfaitaire ; or, pour définir la charge fiscale, outre les éléments habituels (emplacement du commerce, superficie du magasin, nombre de produits exposés...), l'administration fiscale (DGI) lors de ses contrôles, s'appuie sur les documents comptables et les fiches de livraison des fournisseurs (grossistes). En se fournissant prioritairement et parallèlement

[1] *cf.* « *Oriental : les petits commerces de proximité à la peine* », *L'Économiste*, n° 3041, 8 juin 2009.

auprès des GMS, les commerçants parviennent à alléger la pression fiscale qui pèse sur eux.
L'enseigne BIM, en lançant les vendredis de BIM, a attiré une clientèle importante de petits commerçants ; petits commerçants qui sont d'ailleurs devenus une source de revenus importante pour l'enseigne : « la cible principale (des vendredis de BIM) est la ménagère au sens large et les membres de sa famille, mais en réalité, les premiers clients de l'enseigne, ce sont les petits commerçants et les marchands ambulants. Pour preuve le vendredi après-midi vous pouvez retrouver nos produits dans les différents souks de la métropole »... Nos investigations sur le terrain montrent ainsi clairement que si ces petits commerçants préfèrent s'approvisionner auprès de BIM, c'est parce que ses produits sont très compétitifs en termes de prix et de qualité[1].

3.2.2. La construction d'une offre *ad hoc*

Conscientes de l'importance que représente ce segment B to B dans leur portefeuille de clients, nombre d'enseignes de la GDA ont été amenées à proposer une offre *ad hoc* voire (dans le cas des Cash and Carry) à y renforcer leur position. Ainsi par exemple, on constate que depuis 2015, l'enseigne Atacadão cherche à se renforcer sur le segment professionnel au travers du concept « *haflate moulhanoute* », un évènement mis en place chaque jeudi à destination des épiciers et qui permet de proposer à ces derniers des offres et des prix considérés comme les moins chers du marché[2]. De son côté, l'enseigne Marjane a lancé le concept de « grandes courses » destiné à une clientèle de professionnels ainsi qu'aux familles nombreuses. Le segment professionnel apparaît d'ailleurs très rentable et certains magasins y réalisent déjà plus de 15% de leur chiffre d'affaires.

Les relations partenariales entre le grand et le petit commerce ne se limitent cependant pas à la proposition d'une offre de produit *ad hoc*. Elles peuvent aller beaucoup plus loin et passer par un soutien affiché du grand commerce moderne au petit commerce traditionnel (nous y reviendrons dans notre section 4.3). On observe des pratiques similaires et sans aucun doute nettement plus élaborées dans le cas des grandes surfaces de bricolage nationales qui ont intégré rapidement le fait que contrairement au cas français et plus largement européen, l'essentiel de leur clientèle était d'abord une clientèle de petits artisans et autres « *Maalem* ».

---

[1] *La Vie Économique*, 18 décembre 2013.

[2] On peut pour notre part y voir une réponse ou une réaction aux vendredis de BIM qui connaissent et ont connu un très grand succès en particulier auprès des épiciers et des vendeurs ambulants.

4. Les mutations de la grande distribution et les nouveaux enjeux du petit commerce

La relative stabilité du jeu concurrentiel, que nous avons évoquée plus haut, pourrait cependant être très largement remise en question dans les années à venir. En effet, depuis une dizaine d'années, la grande distribution a entamé un processus de revirement stratégique qui devrait contribuer à modifier fortement les règles du jeu. Ainsi, la confrontation directe GMS et commerce traditionnel pourrait être effective à l'avenir et dès lors, les marges de manœuvre pour le petit commerce, si elles continuent d'exister, seront malgré tout beaucoup plus serrées.

4.1. Les revirements stratégiques de la grande distribution

La grande distribution a en effet, et sur ces dernières années, entamé un processus de revirement stratégique qui devrait impacter très fortement le petit commerce. Ce processus de revirement stratégique se décline selon quatre grandes orientations : (a) le glissement de la grande distribution des grandes villes vers les villes moyennes ; (b) l'évolution des formats de magasin et leur « compactisation » ; (c) l'arrivée de nouveaux entrants sur le créneau du petit commerce ; (d) la multiplication des services en magasin.

4.1.1. Le glissement des grandes villes vers les villes moyennes

Traditionnellement la grande distribution s'est localisée dans les grandes villes (plus de 500 000 hab.). Encore aujourd'hui plus de 55% de l'offre nationale est localisée entre Rabat et Casablanca. Cependant, graduellement, la grande distribution a diminué son seuil d'implantation qui est passé à 300 000 hab. dans un premier temps. Depuis quelques années, elle a commencé à s'attaquer aux villes moyennes où le pouvoir d'achat est plus faible et la classe moyenne moins nombreuse. En effet, si à l'origine la grande distribution est prioritairement centrée sur la clientèle aisée localisée dans les grandes villes, très rapidement, les nécessités d'un développement continu et soutenu ont poussé à l'élargissement de la base de clientèle de l'entreprise. Le glissement de la grande distribution vers les villes moyennes n'est cependant pas exclusif d'une autre évolution majeure qui se joue cette fois au niveau intra-urbain.

4.1.2. L'évolution des formats de magasin et la « compactisation »

Confrontées à une expansion moins rapide que prévu et face à la nécessité de trouver de nouveaux relais de croissance, les enseignes de la GMS ont cherché à développer des formats de magasins plus compacts. Si cette tendance est extrêmement récente, on pouvait déjà en cerner les prémices en 2009, lorsque

Marjane a lancé un concept novateur de mini-Marjane[1]. Comme nous l'avons évoqué plus haut, le premier acteur de la grande distribution alimentaire à entrer directement en confrontation avec l'épicerie traditionnelle est sans doute BIM. Ce dernier se déploie sur le territoire national en opérant un concept de magasin qui a fait ses preuves en Turquie, soit sur la base d'une surface moyenne d'environ 400 m². Le magazine *Challenge* s'est fait l'écho de la rapide diffusion des magasins BIM en ces termes : « BIM ouvre à une cadence infernale 5 à 10 magasins par mois. C'est une véritable menace car cela déséquilibre complètement l'offre commerciale dans les quartiers où ces supérettes sont implantées »[2].

À ce jour, tous les acteurs présents sur le marché se sont lancés dans cette trajectoire. Marjane après avoir lancé « Xpress Market » en 2014, magasin de proximité au format supérette a reconsidéré son concept et en a conçu un nouveau dit « Otop ». Marjane s'est par ailleurs aventuré dans l'expérience des magasins d'itinéraires en tentant quelques années auparavant de lancer en collaboration avec l'ONCF, des supérettes à l'enseigne Acima au sein de ses gares. Carrefour LabelVie quant à lui a lancé dès 2021, Carrefour Express qui, là encore, se présente comme un concept novateur (dans le cas du Maroc) et positionné d'emblée sur l'ultra-proximité[3].

Enfin, Aswak Assalam, bien qu'en perte de vitesse relativement, envisage lui aussi, de se lancer sur le format compact. En 2014, Faouzi Chaabi annonce le lancement d'une chaîne de supérettes discounts localisées tant dans les quartiers résidentiels que populaires. Les premières villes devant abriter des supérettes devaient être Rabat, Fès, Marrakech et Tanger[4]. Il faudra cependant attendre le milieu de l'année 2020 pour assister au lancement à Casablanca de « AS from Aswak », le premier supermarché version urbaine chic de l'enseigne. Ce supermarché propose un assortiment de 6000 références sur une surface de 1600 m². Le magasin sera par ailleurs couplé à un drive[5].

4.1.3. L'arrivée de nouveaux entrants sur le créneau du petit commerce

En 2008, l'arrivée de BIM, le hardiscounter turc, a constitué un tournant dans l'évolution de la stratégie de la grande distribution. En effet ce distributeur a

---

[1] « Distribution : Marjane lance le concept de Mini-Marjane », *Challenge*, 2 mai 2009.

[2] Selon Moncif Kettani, Président de l'Union Générale des Entreprises et des Professionnels (UGEP). L'Économiste, 26 novembre 2014.

[3] Notons que selon une autre logique, la chaîne Supeco déployée sur Casablanca (plus d'une quinzaine d'unités) relève elle aussi de l'ultra-proximité.

[4] H24 info.ma, juin 2014. Néanmoins, à ce jour, cette opération semble avoir été gelée en partie semble-t-il du fait de difficultés rencontrées par les hypermarchés Aswak Assalam.

[5] « *Avec le drive et le magasin de proximité Aswak Assalam tâte de nouveaux terrains* », LesEco, 15 juin 2020.

privilégié l'ouverture de magasins de petite taille (en moyenne 400 m^2), systématiquement localisés dans des artères secondaires. De ce fait, cette enseigne entre directement en concurrence avec le commerce traditionnel, ce qui constitue une réelle nouveauté à l'époque et une première brèche lourde dans cette forme de « *gentlemen agreement* » qui prévalait jusqu'alors entre les deux modèles commerciaux.
Depuis lors, BIM a fait un certain nombre d'émules puisque l'essentiel des nouveaux entrants réels ou potentiels (de Costcutter à Leader Price) ou potentiels (Coviran, Monoprix, Mercadona, voire Lidl…) se sont positionnés prioritairement sur le segment des supermarchés ou supérettes. Ces nouveaux entrants se distinguent en effet d'abord et avant tout par leur taille réduite et leur implantation dans les villes centres ; de ce fait, ils sont bien en confrontation directe avec le petit commerce traditionnel.

Parmi les nouveaux entrants qui ont ouvert un premier magasin, voire même qui ont commencé à déployer un réseau sur le territoire national, on peut citer tout particulièrement Costcutter ou encore Leader Price. Ces deux enseignes se positionnent sur le segment du supermarché de petite taille voire de la supérette, en offrant un niveau de qualité élevé et un prix relativement compétitif. Pour autant, dans les deux cas, on peut parler d'échec : échec partiel pour le premier qui depuis sa création « vivote » avec un seul magasin et échec total pour le second qui a finalement fermé l'ensemble de ses magasins sur le territoire national[1].

Au-delà des différents acteurs que nous venons d'évoquer, certaines enseignes comme Monoprix, Lidl ou encore Coviran et Mercadona font régulièrement état de leur intérêt pour le marché marocain. Ces enseignes, là encore, opèrent toutes des magasins de proximité, supermarchés ou supérettes, qui s'implantent logiquement dans le cœur des villes et dans les quartiers résidentiels ou populaires.

4.1.4. La multiplication des services en magasin

La multiplication des services en magasin est également un axe fort du revirement stratégique des GMS au Maroc. En effet, consciente de l'avantage relationnel du petit commerce, la grande distribution s'est lancée très rapidement dans le développement de services *ad hoc*. Comme nous l'avons vu, un des éléments forts de la vitalité du petit commerce, outre la proximité, renvoie bien souvent à la dimension relationnelle et sociale. Ce petit commerce, au travers du paiement différé, joue également le rôle de banquier en prêtant à ses clients. Plus généralement, il dispose d'une connaissance fine

[1] Il a tenté depuis lors de développer une offre type *convenience store* adossée à un réseau de stations-service… mais sans plus de succès semble-t-il.

de ses clients lui permettant d'anticiper leurs besoins et d'adapter son offre (et partant de s'assurer leur fidélité). Sur la base de ce constat, pour s'assurer à leur tour la fidélité de la clientèle et surtout pour mieux la connaître, la plupart des enseignes de distribution ont développé des programmes de fidélisation basés sur la diffusion de cartes *ad hoc*.

Au-delà de la simple fidélisation, les enseignes de grande distribution, qu'elles relèvent de l'alimentaire ou du non alimentaire, ont très largement étoffé leur offre de services qui va de la livraison à domicile à la reprise de marchandises. Plus généralement, l'ensemble des enseignes affiche une série d'engagements qui sont autant d'éléments visant à réduire l'avantage compétitif du petit commerce en termes de services au client.

4.2. Les marges de manœuvre pour le petit commerce

Les différents revirements que nous venons d'exposer montrent que « les grandes enseignes à visage d'échoppe[1] » et qui ont de plus en plus tendance à devenir « le placard et le frigo de l'habitant du quartier[2] » constituent maintenant une véritable menace pour le petit commerce (*cf.* Badot et Lemoine, 2010). Autrement dit, les marges de manœuvre de ce dernier apparaissent relativement serrées. Elles peuvent globalement prendre deux orientations ou trajectoires distinctes : une trajectoire d'indépendance d'un côté et une trajectoire de ralliement et d'intégration de l'autre. Il nous semble cependant qu'une troisième trajectoire de nature hybride peut être également envisagée.

4.2.1. Une trajectoire d'indépendance.

La trajectoire d'indépendance peut s'appuyer sur quatre grandes stratégies : une stratégie de dépannage, d'ultra-proximité, de service et de spécialisation. Bien entendu ces trajectoires d'indépendance peuvent, dans certaines situations, être toutes relatives. En effet, les quatre stratégies peuvent s'inscrire à leur tour, selon la localisation du petit commerce en question,[3] dans une optique de parasitisme, de symbiotisme ou de commensalisme.

A. Stratégie de dépannage. La stratégie de dépannage prend acte du fait que les clients effectuent l'essentiel de leurs courses en grandes surfaces et ont recours au petit commerce dans le cadre d'une logique de dépannage. Dans ces conditions, l'assortiment proposé est choisi pour couvrir « un éventail de

---

[1] Badot (1996).

[2] Razemon (2009).

[3] Qui gravite souvent autour d'une enseigne de grande et moyenne distribution qui constitue ainsi le principal centre commercial du quartier.

produits » à forte rotation qui relève du dépannage au quotidien. L'offre du petit commerce traditionnel apparaît ici directement complémentaire de celle de la grande distribution moderne.

B. Une stratégie d'ultra-proximité. Bien entendu, le commerce traditionnel a vocation à être un commerce de proximité. Néanmoins, dans certains cas, cette proximité peut être extrême ; autrement dit, la survie du petit commerce peut s'appuyer sur une logique d'implantation en bas d'immeuble et de zone de chalandise limitée à l'immeuble ou tout au plus à la rue. La perception du magasin comme « *extension de chez soi* » ou comme « arrière-cuisine » du client, est alors ici poussée à son paroxysme. La stratégie d'ultra-proximité se reflète aussi dans le cadre de pratiques de service assez originales que nous avons pu observer dans certains quartiers.

Encadré 30 : Un exemple de stratégie d'ultra-proximité (et de service)

14h… je suis en terrasse de café Estrela à Tanger et j'observe la petite épicerie de Ali (un jeune commerçant Soussi de 33 ans), localisée sur une surface d'environ 20 m² en rez d'immeuble d'habitation à droite de l'entrée principale réservée aux résidents. Une fenêtre s'ouvre au 3e étage de l'immeuble. Une jeune femme se penche à la fenêtre… et appelle le vendeur : Ali, Ali…
Quelques secondes d'attente et Ali est face à sa boutique la tête levée en direction de la jeune femme : oui Rachida…
Rachida : J'ai besoin de m'ahadnouss, de safran et de quelques œufs... et de l'huile d'olive aussi… tu peux me monter ça ?
Ali : le safran et les œufs c'est bon. Le m'ahadnouss je vais t'en trouver
Rachida : pas demain Ali… c'est urgent…
Ali tout en rentrant dans sa boutique : oui, oui je sais, c'est toujours urgent…
Là encore, quelques secondes plus tard, je vois le petit Tahar (âgé d'environ 12 ans selon mes souvenirs) son apprenti, peut être son fils, je n'ai jamais vraiment su… qui court et disparaît au coin de la rue. Je suppose qu'il va faire le tour des commerçants du voisinage… Entre 5 et 10 minutes plus tard, je vois revenir le petit Tahar avec le m'ahadnouss. Un passage rapide par l'épicerie (pour prendre un petit paquet déjà prêt et contenant ce que je devine être les œufs et le safran ainsi qu'une bouteille d'huile d'olive) et de rentrer (toujours au pas de course) dans l'immeuble pour effectuer sa livraison… moyennant j'imagine quelques dirhams de pourboire…

Source : Carnet de bord et notes d'observation de l'auteur.

C. Une stratégie de service. La survie du petit commerce peut s'appuyer sur une stratégie riche en services. En effet, en prenant appui sur une capacité d'adaptation qui fait défaut naturellement aux GMS, le commerce traditionnel pourra offrir des amplitudes horaires plus larges, une relation ultra personnalisée, la livraison à domicile, etc. et ce sur le modèle des chaînes de *convenience store*. Ainsi en est-il par exemple du cas de l'enseigne Open Shop que nous avons déjà évoqué dans notre chapitre 3. Cette enseigne s'appuie prioritairement sur une offre de services upgradée et propose à ses clients une amplitude horaire très large (7j/7 et 24h/24), des produits positionnés à un très haut niveau qualitatif ainsi qu'une palette de services annexes extrêmement diversifiée qui va bien au-delà de ce que proposent les *convenience stores* sur le modèle 7-Eleven : loterie, tabac, presse, timbres, téléphonie mobile, plats préparés, GAB…

La stratégie de services peut s'accompagner d'une stratégie d'innovation. Il s'agit cette fois, pour reprendre la formule de Badot et Lemoine (2010) : « de fournir au fil des agendas des clients, de petits services, les plus fonctionnels et malins possibles, pensés au plus près des besoins de la vie citadine contemporaine et permettant de « destresser » et de faciliter la vie du consommateur urbain ».

D. Une stratégie de spécialisation. En opposition aux supermarchés et supérettes qui peuvent proposer de vastes gammes de produits et offrir entre 2000 et 6000 références, le petit commerce opte pour une spécialisation poussée et développe une offre sur des interstices non couverts par la grande distribution ou alors sur des créneaux où cette dernière ne dispose pas nécessairement d'un avantage compétitif important. Cette stratégie de spécialisation ou de focalisation sur des niches choisies a largement été mise en évidence dans la littérature (Gutman 1997 ; Faigenbaum *et al.* 2002 ; Maruyama et Trung, 2012). Dans le cas du Maroc, et comme exemple de stratégie de spécialisation réussie, on peut citer le cas de l'enseigne Naït Hamou qui s'est spécialisée dans les fruits et légumes frais et exotiques et qui connaît un succès phénoménal à Rabat.

Encadré 31 : Naït Hamou : Un exemple de concept commercial spécialisé

Naït Hamou est un concept de magasin spécialisé dans les fruits et légumes et qui se positionne à un haut niveau de qualité et de services. Ce magasin original est parvenu à allier authenticité, tradition et modernité. Il se distingue également par le fait que sa spécialisation forte lui permet de proposer une large gamme de produits exotiques que l'on ne trouve pas ou beaucoup plus rarement dans les étals de la grande distribution ou encore dans les marchés municipaux.

« *Naït Hamou, oui c'est très cher quand on compare aux autres vendeurs de fruits et légumes ou à la grande distribution comme Marjane ou Aswak ; mais ses produits, on les trouve pas ailleurs. Il y a beaucoup de fruits et légumes étrangers, des fruits exotiques… des légumes très rares. Les salades, chez Marjane, tu as une ou deux variétés et (rires) presque toujours fanées. Chez Naït Hamou, tu as même des salades que tu ne connais pas, qui n'existent qu'en France ou ailleurs, je sais pas… et le service est de qualité, très propre et très personnel* » (Malika, 49 ans, Rabat).

Source : Gallouj (2017).

4.2.2. Une trajectoire de ralliement ou d'intégration.

Le ralliement ou l'intégration du petit commerce passe par des logiques (souvent liées) de recours à la franchise et d'intégration dans les centres commerciaux. Ces deux formules, quels que soient leurs avantages présentent des inconvénients majeurs. Tout d'abord, dans la mesure où elles sont pour l'essentiel extrêmement coûteuses (droit d'entrée pour la franchise, pas de porte, loyers et charges pour les centres commerciaux), elles ne peuvent concerner qu'une frange très réduite du petit commerce ; autrement dit, les commerces les plus rentables, généralement d'une taille supérieure à la moyenne, situés en dehors de l'alimentaire. La trajectoire de ralliement implique également un certain renoncement à l'indépendance. En effet, intégrer un réseau de franchise conduit à perdre en partie son indépendance. De même l'intégration d'un centre commercial implique de se conformer aux règles communes, en particulier en termes d'ouverture.

4.2.3. Une trajectoire hybride d'association du petit commerce ?

Dans nombre de pays occidentaux et en particulier en France, la pression concurrentielle forte du commerce intégré a incité les commerçants indépendants à envisager des formules organisationnelles originales s'appuyant sur le modèle du commerce associé. L'association est en effet un moyen qui permet, entre autres, aux commerçants de regrouper leurs achats de manière à améliorer leur pouvoir de négociation par rapport aux fournisseurs. Dans les pays émergents les expériences *ad hoc* sont relativement rares et confidentielles. Comme le note d'ailleurs fort justement Kaynak, dès la fin des années 70 : "Past efforts by small retailers to improve their competitive position have been rather limited and primarily have taken the form of individual action. However, in recent years, some efforts have been made to formulate counterstrategies on a co-operative basis but this has not gained much ground" (Kaynak, 1979, p. 237).

Cette modalité d'organisation bien que riche d'opportunités n'a cependant pas émergé au Maroc (*cf.* Louchahi, 2003) du fait semble-t-il d'une absence de prise de conscience collective des commerçants traditionnels. Il est vrai que le secteur commercial reste marqué par de fortes asymétries informationnelles liées en particulier à une faiblesse des mouvements visant à représenter et défendre les intérêts communs de la profession. En 2002, lors du premier forum national sur le commerce intérieur, les représentants du commerce traditionnel ont néanmoins soulevé la question de la création d'une centrale d'achat fédérative permettant de lutter à armes égales contre la grande distribution.

Encadré 32 : L'expérience Hanouty

L'expérience de Hanouty (même si elle prend avant tout la forme d'un réseau de franchise), aurait pu préfigurer les prémices du développement de formes organisationnelles de type associatif dans le champ du petit commerce indépendant marocain. En effet, la chaîne où l'enseigne Hanouty apparaît comme une expérience originale d'organisation et de modernisation du petit commerce de proximité. L'objectif de cette expérimentation, dont le premier magasin a vu le jour en 2007 à Casablanca, est de développer très rapidement, soit en l'espace de 2 à 3 ans maximum, un réseau de plus de 3000 magasins essentiellement en franchise et fédérés autour d'une centrale d'achat moderne et structurée permettant de jouer jeu égal avec les grandes enseignes nationales de distribution. Autrement dit, il s'agit bien ici de conjuguer l'avantage du commerce de proximité (service et carnet de crédit) et la compétitivité prix ainsi que le respect des exigences de la consommation moderne typique des GMS (affichage des prix, respect de la chaîne du froid, qualité des produits, assortiment large...). Comme le précise Danteur (2012), la volonté clairement exprimée par les promoteurs et les partenaires de l'entreprise, y compris au travers de la presse économique nationale, est de structurer le marché des épiceries indépendantes au travers d'une politique de franchise et d'y intégrer les outils modernes typiques de la grande distribution.

Dans un premier temps le concept a connu un réel succès et a atteint très rapidement et dès les premiers mois plus de 130 ouvertures. Le plan de développement, extrêmement ambitieux, prévoyait 500 ouvertures avant la fin 2007 ; 2000 à la fin 2008 et 3000 en 2009, dont 90% en franchise.

Cependant, très vite des difficultés sont apparues. Ainsi, le Président de l'association des franchisés déclare dès 2010 : « ce concept ne peut pas marcher. Le franchiseur oblige les exploitants à s'approvisionner exclusivement auprès d'une centrale d'achat. En plus l'offre de produits n'est pas variée et ne correspond pas aux besoins de la clientèle. La centrale Hanouty nous livre très souvent des produits proches de la date de péremption. Plus encore les prix sont supérieurs à ceux du marché »[1]. À ces difficultés organisationnelles s'ajoutent d'autres encore plus handicapantes. En effet, les magasins Hanouty sont directement reliés via le réseau à la centrale d'achat ; autrement dit, la gestion des stocks est centralisée. Pour autant, selon la plupart des franchisés concernés, les délais de livraison sont souvent très longs (autour de deux semaines...), ce qui représente un manque à gagner important pour les commerces.

C'est, semble-t-il, face à la difficulté de rentabiliser des emplacements commerciaux de taille réduite sur le modèle de l'épicerie traditionnelle, que le groupe Hanouty SA a opéré un revirement stratégique en ouvrant dès le printemps 2009 une nouvelle enseigne dite « côté marché » qui se situe quant à elle sur le créneau plus classique des supermarchés, ce qui ne l'empêchera pas de sombrer elle aussi.

[1] Mohamed Elamriny dans *L'Économiste*, n° 3191, 15 janvier 2010, « *Le concept Hanouty dans l'impasse* ».

4.2.4. Digitalisation et nouvelles pistes

La digitalisation accrue des entreprises et de la société marocaine qui, on l'a vu, a connu une réelle accélération à la faveur de la crise Covid peut également ouvrir de nouvelles pistes d'organisation ou de réorganisation du petit commerce. Ainsi, à parti de 2020, on observe une montée en puissance d'une offre d'application mobile à destination des petits commerces de proximité. L'expérience la plus aboutie à ce jour est sans doute celle de Chari.ma « qui fonctionne comme une application mobile permettant aux petits détaillants de commander des produits auprès des multinationales partenaires et des fabricants locaux et d'être livrés en moins de 24 heures »[1].
Ce type d'initiative apparaît original et porteur d'avenir puisqu'il simplifie drastiquement l'organisation logistique des achats du petit commerce. Il répond donc à un réel besoin et pourrait préfigurer une nouvelle organisation « modernisée » du petit commerce.
Chari.ma, qui connait un réel succès auprès des petits commerçants locaux (localisés à Casablanca dans un premier temps) a rapidement entrepris d'étoffer son offre en rachetant karny.ma, une application de gestion de crédit. Autrement dit, qui propose un carnet de crédit par téléphone, permettant aux *moul hanout* de gérer leurs encours clients[2] et qui offre par certains services de comptabilité.

4.3. La grande distribution comme acteur complémentaire de la modernisation du petit commerce

La grande distribution moderne, contrairement à ce que l'on pourrait croire n'a pas été et n'est pas observateur passif de la modernisation du petit commerce traditionnel. En effet, un certain nombre d'enseignes se sont lancées dans l'accompagnement de la modernisation des petits commerces traditionnels dans le cadre du plan Rawaj mais également en dehors de celui-ci.
Le groupe Chaabi a sans doute été précurseur dans le soutien au petit commerce. Ce dernier, en arguant du fait que « les épiciers sont une réalité socioéconomique du Maroc et qu'il convient de leur permettre de tenir le coup face à la grande distribution[3] » a lancé une expérimentation auprès des petits commerçants de Rabat[4]. Plus concrètement, dans la cadre de ce programme, le groupe Chaabi propose d'organiser le réaménagement des épiceries sur la

---

[1] « *Chari, la start up marocaine qui monte en flèche* », *Challenge*, 6 octobre 2021.

[2] La plateforme Karny comptait à elle seule plus de 40 000 clients fin 2021.

[3] Propos tenus par Faouzi Chaabi, *La Vie Économique*, 5 mars 2004, « *Le groupe Chaabi aide les épiciers* ».

[4] Quartier Yacoub el Mansour. Cette expérimentation devrait être élargie à d'autres quartiers de la capitale puis à d'autres villes.

base de contrats négociés avec des fournisseurs divers (équipements de froid, carrelage, rayonnage…) : « l'épicerie sera équipée d'un frigo et d'une vitrine de froid. Les murs et les sols seront revêtus de carrelage lavable, les rayonnages seront en métal ou en plastique et l'épicier pourra également, s'il le souhaite, se doter d'un tiroir-caisse ».

La mise à niveau de l'épicerie est estimée selon la taille entre 30 et 80 000 dirhams. Les modalités de financement à taux préférentiel devraient être négociées entre la Banque Populaire et la direction du commerce intérieur. Le groupe Chaabi, qui joue le maître d'œuvre a également initié la création en fin 2003 de Dar el Joumla, une centrale d'achat qui devrait permettre aux épiciers, qui pour nombre d'entre eux s'approvisionnent auprès des grandes surfaces, de faire des achats groupés à des prix compétitifs puisque la centrale se fournit auprès des mêmes fournisseurs et aux mêmes conditions qu'Aswak Assalam. Quelques années plus tard, soit en 2009, Aswak Assalam est rejoint par la plupart des autres enseignes et en particulier par Metro (aujourd'hui Carrefour LabelVie). Cependant, contrairement à l'opération lancée par Aswak Assalam, qui était autonome et indépendante, celle menée à l'initiative de Metro s'inscrit d'emblée dans le cadre du plan Rawaj de mise à niveau du petit commerce. L'enseigne a signé une convention de partenariat avec le ministère du Commerce et de l'Industrie, celui de l'Économie et des Finances ainsi qu'avec l'Agence Nationale pour la Promotion de la Petite et Moyenne Entreprise (ANPME[1]). L'objectif visé par ce projet de rénovation et de mise à niveau est de « permettre aux épiceries d'atteindre un niveau de standards de qualité répondant aux attentes des consommateurs, de moderniser les méthodes de gestion du commerce de proximité, d'améliorer l'activité et la rentabilité du point de vente, de développer le savoir-faire des commerçants »[2]. L'enseigne assure un suivi et un accompagnement du projet. Plus généralement, elle contribue à la modernisation des magasins en proposant aux adhérents au projet, un package de solution *ad hoc* qui va de la rénovation totale (aménagement et équipement) au conseil en merchandising.

Comment expliquer l'implication du grand commerce dans la modernisation des épiceries et autres petits commerces traditionnels ? Au-delà de l'effet mécanique qui veut que le développement des GMS puisse être un facteur de modernisation globale du secteur commercial, en particulier parce que ces GMS ont tendance à tirer le petit commerce vers le haut, on peut repérer trois niveaux d'explications ou trois logiques dans cette implication de la grande distribution dans la modernisation et la survie du petit commerce : une logique de RSE, une logique d'éloignement de la réglementation, et une logique

---

[1] Devenue depuis Maroc PME.

[2] *La Vie Économique*, 9 mars 2009, « *Metro Maroc aide 600 épiceries à se moderniser* ».

commerciale ; les deux dernières logiques apparaissant a priori nettement plus opportunistes que la première.

4.3.1. Une logique de RSE

La responsabilité sociale et sociétale est devenue depuis quelques années un axe stratégique central pour la plupart des enseignes de la grande distribution au Maroc. Si Aswak Assalam a affiché très tôt son souci citoyen et sociétal, inspiré dès l'origine par la personnalité de son fondateur Miloud Chaabi, il a rapidement été suivi par ses concurrents. L'engagement citoyen des enseignes concerne bien entendu la question écologique mais également, et de plus en plus, l'engagement envers les salariés, les fournisseurs et l'ensemble des stakeholders. Ainsi, on peut dire qu'au-delà de ses produits techniques et financiers, les produits sociaux et sociétaux de la grande distribution renvoient plus généralement à la place de la grande distribution dans la société ; autrement dit, à ses actions citoyennes et à ses responsabilités sociales vis-à-vis des petits commerçants.

4.3.2. Une logique d'éloignement de la réglementation

Depuis quelques années, nombre d'acteurs professionnels et institutionnels en appellent à l'instauration d'une réglementation plus stricte concernant le développement de la grande distribution au Maroc. Même si nous avons montré que les choses étaient beaucoup plus complexes et que les relations de complémentarité étaient fortes entre grand commerce et commerce traditionnel, il n'en demeure pas moins que la presse nationale se fait de plus en plus régulièrement l'écho des difficultés rencontrées par le petit commerce. Ainsi, en intervenant comme soutien à la modernisation du petit commerce, la grande distribution cherche à atténuer le conflit apparent, à réduire les bruits et à repousser les perspectives considérées par certains comme inéluctables, de la mise en place d'une réglementation contraignante.

4.3.3. Une logique commerciale

La plupart des enseignes de la grande distribution, qu'elles relèvent de l'alimentaire ou plus encore du non alimentaire, ont pris conscience de l'importance du petit commerce dans leur chiffre d'affaires. En témoignent par exemple, on l'a vu, le concept de grandes courses développé par Marjane, ou la chaîne Atacadão lancée, au Maroc, par Carrefour LabelVie ou encore le poids des petits commerçants dans le chiffre d'affaires réalisé par BIM (en particulier dans le cadre des promotions du vendredi). De ce fait la participation des grandes enseignes à la modernisation du petit commerce apparaît comme un moyen efficace de renforcer les liens entre ces deux institutions, et en particulier de renforcer la fidélité et les capacités d'achat des petits commerces auprès des grandes enseignes [1]. Des manifestations récurrentes comme par exemple le concours « *Super Pisseri*[2] » organisé par l'enseigne Atacadão, relèvent également de cette logique de rapprochement et de fidélisation.

Conclusion

Nombreux sont ceux, qu'ils relèvent du monde académique ou du monde professionnel, qui ont prédit, avec l'implantation et la diffusion de la grande distribution au Maroc, un déclin inéluctable du petit commerce traditionnel. Pour autant, on a pu constater que dans ce pays, comme dans quelques autres, le petit commerce se caractérisait par une capacité de résistance et de résilience extrêmement importante. En effet, au Maroc, 30 ans après l'implantation du premier hypermarché, le petit commerce traditionnel représente encore une part de marché estimée à près de 80% et la grande distribution moderne, bien qu'elle continue de progresser, le fait à un rythme beaucoup moins soutenu que celui qui est habituellement avancé dans les prévisions et prédictions des professionnels et analystes divers. Plus encore, cette même grande distribution semble avoir régulièrement revu ses ambitions à la baisse.
Cependant, la résilience n'est pas une qualité exclusive au petit commerce et l'on constate que la grande distribution, elle-même, montre des capacités d'adaptation qui devraient à terme être lourdes de conséquences pour l'avenir du petit commerce. En effet, depuis quelques années, on assiste à un certain nombre de réorientations stratégiques du grand commerce qui parvient ainsi à s'approprier les avantages compétitifs initiaux du petit commerce (en termes de proximité, de service, d'offre de crédit...). De fait, face à l'émergence des grandes enseignes « à visage d'échoppe », les marges de manœuvre de ce petit commerce apparaissent de plus en plus serrées. Les perspectives offertes passent d'abord et clairement par la modernisation et l'innovation. Néanmoins, il n'est pas sûr que sans un soutien réellement volontariste d'un État aujourd'hui encore trop attentiste, la révolution souhaitée et souhaitable du petit commerce puisse réellement avoir lieu.

---

[1] Les pratiques d'accompagnement lancées à destination des « *m'aalem* » par des enseignes non alimentaires cette fois (comme Bricoma), et permettant à ces derniers de se structurer et d'intégrer les circuits de l'auto-entrepreneuriat, relèvent également de cette logique de fidélisation et de stabilisation de la clientèle professionnelle (Gallouj, 2021).

[2] Rapport d'activité 2021, p. 34. Concours qui vise à mettre à l'honneur un épicier sur base d'un vote des consommateurs locaux.

CONCLUSION GÉNÉRALE

Le secteur de la distribution moderne connaît un développement remarquable dans la plupart des pays du Maghreb et en particulier au Maroc. Ce développement, qui devrait s'accélérer dans les années à venir, suscite la convoitise des grands groupes européens qui voient dans les pays émergents du Maghreb, un véritable relais de croissance pouvant contribuer, dans une certaine mesure, à relancer le développement de formats de magasins dominants mais matures en Europe (hypermarchés et supermarchés en particulier).

Cette distribution moderne a des impacts non négligeables sur la structure commerciale locale et plus généralement sur la filière de distribution, qu'elle contribue à réorganiser et à moderniser. Pour autant, si dans nombre de pays, et en particulier en France, l'avènement de la grande distribution a contribué à sonner le glas du petit commerce, il n'en va pas de même au Maroc, où tout porte à croire que ce dernier n'est que faiblement affecté par la distribution moderne.

L'analyse des stratégies mises en œuvre par la grande distribution marocaine montre une réelle maturité des réflexions des différents acteurs en place. Autrement dit, la plupart des enseignes mettent en œuvre des stratégies extrêmement élaborées qui n'ont rien à envier à celles qui sont déployées par leurs homologues des pays développés. De manière plus précise, on pourrait dire que les enseignes marocaines ont très vite appris des erreurs des enseignes leaders au niveau européen et international. Parmi les orientations les plus originales observées localement, on peut citer les stratégies d'innovation et de RSE. Nous avons, là encore, montré que les innovations initiées et implémentées dans les pays moins avancés ne sont pas pour autant moins avancées et les enseignes européennes et occidentales pourraient gagner à s'inspirer des pratiques de leurs homologues des pays émergents. Le développement remarquable et les acquis des enseignes marocaines les amènent à s'intéresser de plus en plus fortement aux marchés subsahariens. Sur ces marchés, dont beaucoup se plaisent à penser qu'ils constitueront les marchés de l'avenir, les enseignes marocaines disposent de nombreux atouts. Elles entrent cependant en concurrence directe avec les enseignes européennes et en particulier françaises et il n'est pas sûr qu'elles seront les perdantes de la confrontation.

BIBLIOGRAPHIE

A.T. KEARNEY (2006). Retail in India: Getting Organized to Drive Growth, Confederation of Indian Industry, New Delhi, India.

A.T. KEARNEY (2021), The 2021 GRDI: A Mix of New Consumers and Old Traditions, Chicago.

ABBAD H., PACHE G., (2013), The Impact of Logistical Criteria in the Selection of SMEs by Large Food Retailers - a Case Study in an Emerging Country, *Problems and Perspectives in Management*, vol. 11, n°1, pp. 25-35.

ABBAD H., PACHE G., BONET FERNANDEZ D., (2013), Building a Long-term Relationship Between Manufacturers and Large Retailers: Does Commitment Matter in Morocco? *Journal of Applied Business Research*, vol. 29, n°5, pp. 1367-1380.

ABBAD H., SENKEL M.-P., DARI L. (2012), Understanding the Non-adoption of EDI in the Modern Moroccan Food Retailing Industry, *Supply Chain Forum: An International Journal*, vol. 13, n°3, pp. 82-91.

ABBAD, H., BONET FERNANDEZ, D. (2011), Résolution des conflits : le rôle des relations interpersonnelles dans les rapports grands distributeurs-PME marocaines, *Maghreb-Machrek*, n°209, pp. 27-42.

AHMAD A.H., Nor M.S. RAHMAN IHA, MOEN J.A, WEL C.A (2008), Small Retailers and Entrepreneurs' Perception on the Departmental Store Development: a Malaysian Case Study, *International Review of Business Research Paper*, 4(1) p. 1-10.

ALEXANDER N., DE LIRA E SILVA M. (2002), Emerging Markets and the Internationalization of Retailing: The Brazilian experience, *International Journal of Retail & Distribution Management*, 30, 6/7, pp. 300-314.

ALTENBURG T., KULKE E., HAMPEL-MILAGROSA A., PETERSKOVSKY L., REEG C., (2016), Making Retail Modernization in Developing Countries Inclusive: A Development Policy Perspective, D.I.E Discussion Paper n°2, German Development Institute, 61 p.

AMINE A. (2012), La grande distribution dans les pays émergents, caractéristiques, enjeux et perspectives, pp. 117-141, dans GALLOUJ C. et VIGLIANO M.H. (eds), *Management de la distribution*, Paris, L'Harmattan.

AMINE A., DUPUIS M., OBADIA C., PRIME N. (2005), Characteristics of an Emerging Distribution Industry: The Case of Lebanon, *IIM International Conference on "Marketing for Emerging Economies"*, 12-13th January, Ahmedabad, India.

AMINE A., GALLOUJ C. (2021), *Consommateurs et pratiques de consommation au Maroc*, Paris, L'Harmattan.
AMINE A., LAZZAOUI N. (2009a), Rôle de la distribution moderne dans l'évolution des pratiques de consommation dans les pays émergents : cas de la distribution alimentaire au Maroc, *Revue Marocaine de Recherche en Management et Marketing (REMAREM)*, n°1, pp. 55-72
AMINE A., LAZZAOUI N. (2009b), Réactions des consommateurs aux formats de distribution dans les pays émergents : résistance ou stratégie d'adaptation, pp. 195-210, dans ROUX D., *Marketing et résistance(s) des consommateurs*, Paris, Economica.
AMINE A., LAZZAOUI N. (2011), Shopper's Reactions to Modern food Retailing Systems in an Emerging Country: the Case of Morocco, *International Journal of Retail and Distribution Management*, 39(8), pp. 562-581.
BADOT O. (1996), Quelle politique de services dans les grandes surfaces « à visage d'échoppe » de 2005 ? 4e séminaire international de recherche en management des activités de service, IAE Aix en Provence, La Londes les Maures, 7 juin, pp. 61-67.
BADOT O., LEMOINE J.F. (2010), Les stratégies d'innovation dans le commerce indépendant de proximité, *Décision Marketing*, n° 57, janvier-mars, pp. 63-66.
BADOT O., LEMOINE J.F., OCHS A. (2021), *Distribution 4.0*, Paris, Pearson, 2e édition.
BARTH I., ANTEBLIAN B. (2010), Seniors, grande distribution et courses ordinaires, *Gérontologie et Société*, vol. 33, n° 135, pp. 83-113.
BARTHELEMY J. (2007), *Stratégies d'externalisation : préparer, décider et mettre en œuvre l'externalisation d'activités stratégique*, Dunod, 3e édition.
BELVAUX B., NOTEBART J. F. (2018), *Crosscanal et omnicanal*, Paris, Dunod.
BEN ALI D. (1983), *Le Maroc précapitaliste : formation économique et sociale*, Rabat, Société Marocaine des Éditeurs Réunis.
BEN ATTOU M. (2003), Émigration internationale et production de la ville : Agadir, une nouvelle génération d'acteurs économiques absentéistes, *AL MISBAHIA*, n° 6, Série sciences humaines, vol. 6, pp. 87-111.
BENOUN M., HÉLIÈS-HASSID M-L. (2003), *Distribution : Acteurs et stratégies*, Paris, Economica.
BILES J. (2006), Globalization of Food Retailing and the Consequences of Walmartization in Mexico, pp. 343-355, in BRUNN S.D. (ed), *Wal-Mart World: the World's biggest Corporation in the Global Economy*, N.Y. Routledge.
BILES J., BREHM K., ENRICO A, KIENDL C., MORGAN E., TEACHOUT A. VASQUEZ K. (2007), Globalisation of Food Retailing: Transformation of Supply Networks and Consequences for Small Scale Agricultural

Producers in Southern Mexico, *Journal of Latin American Geographers*, vol. 6, n° 2, pp. 55-75.

BIRHTAL P. S., JOSHI P. K., GULATI A. (2005), Vertical coordination in high value commodities: implications for the smallholders, MTID discussion paper n° 85, International Food Policy Research Institute, Washington DC.

BLOIS K. J. (1989), Supermarkets and their Role in Chinese Retailing, *European Journal of Marketing*, 23, 3, pp. 7-16.

BOUKHANA S. (2014), Hard discount versus supermarché de proximité : comparaison analytique des actions du marketing opérationnel : cas de BIM et d'Acima, Rapport de stage, HEC Rabat Maroc.

BOULAKSIL Y., FRANSOO J.C., BLANCO E.E., KOUBIDA S. (2014), Small Traditional Retailers in Emerging Markets, *Beta Working Paper Series*, 460, Eindhoven.

CATTANEO O. (2013), Aid for Trade and Value Chains in Agri-food, World Trade Organization, Geneva.

CERVIÑO J., BOONACHE J. (2005), Cuban Retailing: from a Centrally Planned to a Mixed Dual System, *International Journal of Retail and Distribution Management*, 33, 1, pp. 79-94.

CHAUVEL L. (2004), L'école et la déstabilisation des classes moyennes, *Éducation et Société*, n°14-2, pp. 101-118.

CHINARDET C. (1994), *Le trademarketing : marques et enseignes, agir ensemble ?* Paris, Les Éditions d'Organisation.

CHINARDET C. (2000), *Négocier avec la grande distribution*, Paris, Les Éditions d'Organisation.

CHOHIN-KUPER A., DOUKKALI M. R. (2006), L'agriculture irriguée du Maghreb face aux évolutions des marchés agroalimentaires émergents de la filière pomme au Maroc, Actes du séminaire Wadmed, Cahors France, 6-7 novembre, Cirad Montpellier.

CLIQUET G. (1996), Retail Network Performance in Spatial Strategies, *EIASM Workshop on Channel Productivity*, BULTEZ A., PARSONS L. J., ed., Mons, Fucam.

CLIQUET G. (1997), Le rôle du distributeur dans le processus d'innovation, deuxième congrès international Franco-Québécois de Génie industriel, Albi, 16 p.

CLIQUET G., FADY A., BASSET G. (2002), *Management de la distribution*, Paris, Dunod.

CLIQUET G., PICOT-COUPEY K.., BASSET G. (2018), *Retailing : Management et marketing du commerce*, Paris, Dunod.

CLOAREC N., CHEVALIER P. (2004), Les entreprises du tertiaire externalisent aussi leurs services, *INSEE Première*, 4, n° 952.

COASE R. (1937), The Nature of the Firm, *Economica*, 4(16), pp. 386-405.
COE N. M., HESS M. (2005), The Internationalization of Retailing: Implications for Supply Network Restructuring in East Asia and Eastern Europe, *Journal of Economic Geography*, vol. 5, issue 4, pp. 449-473.
COE N.M., WRIGLEY N. (2007), Host Economy Impacts of Transnational Retail: A Research Agenda, *Journal of Economic Geography*, 7, 4, pp. 341-371.
COLLECTIF (2009), *Une ambition marocaine : des experts analysent la décennie 1999-2009*, Koutoubia, Edition Aphée.
CREDOC et Collège Coopératif Provence Alpes Méditerranée (2001), *Le commerce de détail non alimentaire*, CEP, ministère de l'Emploi et de la Solidarité, Paris, La Documentation Française.
CUNDIFF E. W. (1988), A Macromarketing Approach to Economic Development, *Journal of Macromarketing*, 2, spring, pp. 14-49.
CUNDIFF E. W. (1988a), The Evolution of Retailing Institutions Across Cultures, NEVETT T., FULLERTON R. A. (eds) *Historical Perspectives in Marketing: Essays in Honor of Stanley Hollander*, Lexington DC Heath.
CUNDIFF E.W. (1965), Concept in Comparative Retailing, *Journal of Marketing*, 29(1), pp. 59-63.
D'ANDREA G. (2010), Latin American Retail: where Modernity Blends with Tradition, *International Review of retail Distribution and Consumer Research*, 20 (1), pp. 85-101.
D'ANDREA G., COSTA L., FERNANDES F. (2006a), Successful retail innovation in emerging markets, Booz Allen & Hamilton, Coca Cola Retailing Research Center, 17 p.
D'ANDREA G., LOPEZ-ALEMAN B., STENGEL A. (2006b), Why Small Retailers Endure in Latin America? *International Journal of Retail & Distribution Management*, 34, 9, pp. 661-673.
D'ANDREA G., SILVESTRI L., COSTA L., FERNANDES F., FOSSEN F. (2010), Spinning the Wheel of Retailing in Latin America: Innovation Platforms for Emerging Consumers, *International Studies of Management & Organization,* vol. 40, n° 2, Summer, pp. 52-73.
DAMELSON M.N., KELES R. (1980), Urbanization and income distribution in Turkey in OZBUDUN E. and ULUZAN A. *The Political Economy of Income Distribution in Turkey*, N.Y, Holmes & Meiier.
DANTEUR T. (2012), Pour une analyse complexe de la mondialisation, socio-anthropologie comparative du cas de la grande distribution alimentaire au Maroc, en France et aux États-Unis, Thèse de Doctorat, Université Paul Valery, Montpellier II, 519 p.
Das NAIR R., CHISORO S. (2015), The expansion of Regional Supermarket Chains: Changing Models of Retailing and the Implications for Local Supplier Capabilities in South Africa, Botswana, Zambia and Zimbabwe, *WIDER Working Paper* 2015/114, United Nation University, Helsinki.

DAVIDSON W.R., SWEENEY D.J., STAMPFL R.W. (1988), *Retailing Management*, 6ème édition, N.Y. Weiley.
De TARDE A. (1923), *Le Maroc école d'énergie*, Paris, Librairie Plon.
DELOITTE (2020), Global Powers of Retailing 2020. Deloitte.
DIALLO M. F., SECK A.M., SALL F.D. (2015), L'innovation perçue et ses conséquences dans les centres commerciaux modernes d'Afrique : l'exemple du Sénégal, *Management et Avenir*, n°81, pp. 57-79.
DIHEL N. (2011), Beyond the Nakumatt generation: Distribution services in East Africa, *Africa Trade Policy Notes* 26, pp. 1-12.
DJELLAL F., GALLOUJ C. (2007), *Introduction à l'économie des services*, Grenoble, PUG.
DJELLAL F., GALLOUJ C. (2021), International Investment and Divestment of European Grocery Retailers in Developing Countries: the Case of Carrefour in Algeria, *European Review of Service Economics and Management*, ERSEM, 1, n° 11, pp. 159-176.
DOLAN, K. C., HUMPHREY J. (2000). Governance and Trade in Fresh Vegetables: the impact of UK supermarkets on the African horticultural industry, Journal of Development Studies, 37(2), 147-176. http://dx.doi.org/10.1080/713600072
DRIES L., REARDON T., SWINNEN J.F. M. (2004), The Rapid Rise of Supermarkets in Central and Eastern Europe: Implications for the Agri-food Sector and Rural Development, *Development Policy Review*, 22(5) pp. 525-556.
DUCROCQ C. (1991), *Concurrence et stratégies dans la distribution*, Paris, Vuibert.
DUPUIS M. (1986), *Distribution : la nouvelle donne*, Paris, Les Éditions d'Organisation.
DURAND C. (2007), Externalities from Foreign Direct investment in the Mexican retailing Sector, *Cambridge Journal of Economics*, 31(2), pp. 393-411.
ELOTMANI R. (1982), Aperçu de la fonction études de marché dans les entreprises marocaines, *Gestion et Société*, vol. 9, pp. 35-47.
EMONGOR R., KIRSTEN J. (2009). The Impact of South African Supermarkets on Agricultural Development in the SADC: A Case Study in Zambia, Namibia and Botswana, *Agrekon*, 48(1), pp. 60-84.
ETGAR M. (1976), Channel Domination and Countervaling Power in Distribution channels, *Journal of Marketing Research*, vol. XIII, August, pp. 254-262.
FACHE P., LAUDEL L., WAELLI M. (2010), Travailler dans les services : les seniors en première ligne : le cas des Greeters de Walmart, *Gérontologie et Société*, 135 (4), pp. 115-131.
FACHE P., WAELLI M., GALLOUJ C. (2017), L'échoppe et la boutique contre leur mort programmée ? : Le sursaut poujadiste. *European Review of Service Economics and Management*, vol. 2, n° 4, pp. 79-102.

FAIGENBAUM S., BERDEGUE J.A, REARDON T. (2002), The Rapid Rise of Supermarkets in Chile: Effects on Dairy, Vegetable and Beef Chains, *Development Policy Review,* 20(4), pp. 459-471.

FURRER O. (1999), *Services autour des produits : enjeux et stratégies*, Paris, Economica.

GALLOUJ C. (1997), Asymmetry of Information and the Service Relationship: Selection and Evaluation of the Service Provider, *International Journal of Service Industry Management*, vol. 8 n° 1, pp. 42-64.

GALLOUJ C. (2007), *Innover dans la grande distribution*, Collection Perspectives Marketing, Bruxelles, éditions De Boeck.

GALLOUJ C. (2008) Innovation in Large Scale Retailing: Toward a Revisited Approach to its Organizing Principles and Trajectories, *International Journal of Services Technology and Management,* vol. 9, issue 3-4, pp. 305-319

GALLOUJ C. (2017a), Grande distribution et résilience du petit commerce dans les pays émergents : le cas du Maroc, Congrès de l'AMM, Tanger, 26-29 mai.

GALLOUJ C. (2017b), Commerce informel et marchands ambulants au Maroc : Entre répression et institutionnalisation. *European Review of Service Economics and Management*, 1, n° 3, pp.133-160.

GALLOUJ C. (2018a), Grande distribution alimentaire contre *moul'hanout* : quelles stratégies d'adaptation ? Colloque HEC Rabat-Université Paris 13 (CEPN-CNRS), Services et distribution dans les pays émergents, 19-20 octobre, Rabat.

GALLOUJ C. (2018b), Grande distribution contre *moul'hanout* : vers une confrontation accrue, *Inspiration Les Eco*, 28 septembre.

GALLOUJ C. (2021), *Le commerce traditionnel au Maroc : résilience et modernité*, Paris, Éditions le Manuscrit.

GALLOUJ C. (2022), La grande distribution non alimentaire : GSS, grands magasins, malls, franchises et e-commerce, Rapport de recherche, HEC Rabat et USPN.

GALLOUJ C., GALLOUJ F., ABIDI-BARTHE A. (2012), L'innovation dans la grande distribution : spécificités et modèles d'organisation, pp. 197-227, dans MEYRONIN B. et MUNOS A., *Manager l'innovation par les services*, Grenoble, PUG.

GALLOUJ C., GALLOUJ F., GALLOUJ N. (2021), eds. *Commerce et distribution dans les pays du Maghreb : acteurs et stratégies*, Aix-Marseille, Presses universitaires de Provence

GALLOUJ C., MARZAK H (2021), The Establishment of Large-Scale Food Retailing in Emerging Countries and its Impact on the Supply Chain, *European Review of Service Economics and Management, ERSEM*, 2, n° 12, pp. 171-184.

GALLOUJ C., NEKKA H., KAABACHI S., ALIOUAT B. (2012), Les pratiques de GRH entre convergence et spécificité : une analyse à partir des prestataires privés de l'emploi au Maroc, *Business Management Review*, vol. 2 (2), Août–septembre, pp. 78-95.

GALLOUJ C., PACHE G., (2020), *Management des services : convergences, contrastes et controverses*, Aix en Provence, Presses Universitaires de Provence.

GALLOUJ C., VIALA C. (2021), *Économie circulaire et univers agricole*, Paris, Éditions France Agricole, Collection TerrAgora.

GALLOUJ C., VIGLIANO M.H. (2012), Images et figures du grand commerce dans les recherches en SHS, pp. 11-23, dans GALLOUJ C. et VIGLIANO M. H., *Management de la distribution*, Paris, L'Harmattan.

GALLOUJ C., VIGLIANO M.H. (2012), *Management de la distribution*, Paris, L'Harmattan.

GALLOUJ F. (2018), 15 prochains axes de recherche sur l'innovation dans les services et le commerce : quelles places pour les pays émergents ? Colloque HEC Rabat-Université Paris 13 (CEPN-CNRS), Services et distribution dans les pays émergents, 19-20 octobre, Rabat.

GALLOUJ F., DJELLAL F., GALLOUJ C. (2023), *Advanced introduction to service innovation*, Cheltenham, Edward Elgar.

GALLOUJ F., GALLOUJ C., MONNOYER M-C., RUBALCABA L., SCHEUER M, (eds) (2023), *The Elgar Encyclopedia of Services*, Cheltenham, Edward Elgar.

GAMBLE J. (2004), Consumers with Chinese Characteristics: Chinese customers in British and Japanese Multinational Retail Store, ESRC/AHRB culture of consumption research program, working paper series n° 11, may, disponible sur www.consumer.bbk.ak.uk

GAULIN M., LAROCHE M., Mc DOUGALL G H.G., MASON J.B., MEYER M.L, EZELL H.F. (1993), *Les commerces de détail : marketing et gestion*, Québec, Gaëtan Morin.

GLASER A. (2016), *Arrogant comme un Français en Afrique*, Paris, Fayard.

GODEFROIT-WINKEL D. (2013), Acheteuse sans compétences ? La femme casablancaise face au supermarché, Thèse de doctorat en sciences de gestion, Université de Lille 2.

GODEFROIT-WINKEL D., FOSSE-GOMEZ M.H., OZCAGLAR-TOULOUSE N. (2012), Globalization in Less Affluent World: The Moroccan Consumer's Acculturation to Global Consumer Culture in Their Homeland, *Advances in Consumer Research*, vol. 40, pp. 454-461.

GOGEL R., LARRÉCHÉ J.C. (1989), The Battlefield for 1992: Product Strength and Geographic Coverage, *European Management Journal*, 7, 2, pp. 132-140.

GOLDMAN A. (1974), Outreach of Consumers and the Modernization of Urban Food Retailing in Developing Countries, *Journal of Marketing*, vol. 38, n°4, pp. 8-16

GOLDMAN A. (1981), The Transfer of Retailing Technology into the Less Developed Countries: The Case of the Supermarket, *Journal of Retailing*, 57, 2, summer, pp. 5-29.
GOLDMAN A. (1982), Adoption of Supermarket Shopping in a Developing Country: A Selective Adoption Phenomenon, *European Journal of Marketing*, 16, 1, pp. 17-26.
GOLDMAN A., RAMASWAMI S., KRIDER R. (2002), Barriers to the Advancement of Modern Food Retail Formats: Theory and Measurement, *Journal of Retailing*, 78, 4, pp. 281-295.
GUERIN J.R. (1964), Limitations of Supermarkets in Spain, *Journal of Marketing*, vol. 28, October, pp. 22-26.
GUTMAN G. (1997), Transformaciones recientes en la distribucion de alimentes en Argentina, Secretaria de agricultura, Ganaderia, Pesca y Alimentacion (SAGPyA) and Instituto interamericano de cooperacion agricola (IICA) Buenos Aires.
HANNAH D.-T (1995), Là où vont les femmes, notes sur les femmes, les cafés et les fast-foods au Maroc, *GREMMO, Cahiers de recherche*, n° 4, pp. 11-18.
HARROUD T. (2009), Les nouveaux espaces marchands dans la périphérie de Rabat, Cahiers de l'EMAM, 18, pp. 69-88
HARROUD T. (2015), De la Kissaria au Mégamall : de nouveau lieux de socialisation et d'urbanité en émergence à Rabat, pp. 143-151, dans DUPRET *et al.*, *Le Maroc au présent*, CJB et FRAZ.
HARROUD T. (2016), Les pratiques de résistance dans les malls de Rabat-Salé : accessibilité et usage social d'un espace sélectif, *Culture et conflits*, pp. 57-59.
HARROUD T. (2017), L'avènement du shopping mall à Rabat : les formes d'appropriation sociale d'un espace marchand sélectif, *Ateliers d'Anthropologie*, mis en ligne le 6 décembre 2017, URL httpp://journals.openedition.org/ateliers/10416.
HATTING D., RUSSO B., SUN-BASORUN A., VAN WAMELEN A. (2012), The Rise of the African Consumer: a Report from McKinsey Africa Consumer Insights Center, McKinsey & Company.
HCP (2020), Les indicateurs sociaux du Maroc en 2019, Rabat, Éditions HCP.
HERNANDEZ R., REARDON T, BERDEGUE J. A. (2007), Supermarkets, Wholesalers, and Tomatoe Growers in Guatemala, *Agricultural Economics,* 36(3), May, pp. 281-290.
HINGLEY, M., LINDGREEN, A., CHEN, L. (2009). Development of the Grocery Retail Market in China: A Qualitative study of How Foreign and Domestic Retailers Seek to Increase Market Share, *British Food Journal*, 111(1), pp. 44-55. http://dx.doi.org/10.1108/00070700910924227.
HU Y., HUANG Z., HENDRICKSE G., XU X. (2005), Organization and Strategy of Farmer Specialized Cooperative in China, ERIM Report Series Research Management, ERS-2005-059-ORG.

HUDDLESTON P. (1993), Russian Retail Distribution: Structure and Product Procurement, *International Journal of Retail & Distribution Management*, 21, 4, pp. 20-28.
JAZI S. (2003), Confiance et qualité perçue : le cas du secteur laitier marocain, *Revue Française de Gestion*, n°144/3, pp. 65-81.
JAZI S. (2014), Les valeurs de consommation des produits bio et « *beldi* » au Maroc, *Revue Marocaine de Recherche en Management et Marketing,* n° 9-10, janvier-décembre, pp. 209-223.
JONSSON A., FOSS N. J. (2011), International Expansion through Flexible Replication: Learning from the Internationalization of IKEA, *Journal of International Business Studies*, 42(9), pp. 1079-1102.
KALIAPPAN S.R., ALAVI R., ABDULLAH K., ZAKAULLAH M.A. (2009), Spillover Effects of Foreign Supermarkets on Domestic Suppliers in Malaysia, *International Journal of Retail and Distribution Management*, 37(3), pp. 226-249.
KAYNAK E. (1979), A Refined Approach to the Wheel of Retailing, *European Journal of Marketing*, 13,7, pp. 237-245.
KAYNAK E., CAVUSGIL S.T. (1989), The Evolution of Food Retailing Systems: Contrasting the Experience of Developed and Developing Countries, *Journal of the Academy of Marketing Science*, 10, 3, summer 1982, pp. 249-269.
KPMG (2013), Africa's Consumer Story, kpmg.com/Africa.
KPMG (2014), The African Consumer and Retail, Sector Report, kpmg.com/Africa
KUMCU E., KUMCU M.E. (1987), Determinants of Food Retailing in Developing Economies: The case of Turkey, *Journal of Macromarketing*, Automn, pp. 26-40.
LE TOURNEAU R. (1961), *Fez in the Age of the Marinides*, Norman: University of Oklahoma Press.
LHERMIE C. (1994), *Carrefour ou l'invention de l'hypermarché*, Paris, Vuibert.
LO W.C., LAU H.F., LIN G.S. (2001), Problems and Prospects of Supermarket Development in China, *International Journal of Retail & Distribution Management*, 29, (2), pp. 66-76.
LOTI P. (1890/1988), *Au Maroc*, Paris, Calmann Levy/La boîte à découvertes.
LOUCHAHI L. (2003), Droit de la concurrence et circuits de distribution au Maroc, *Remald*, n° 43.
LUGAN B. (2000), *Histoire du Maroc des origines à nos jours*, Paris, Éditions Perrin.
LUGAN B. (2016), *Histoire de l'Afrique du Nord*, Paris, Éditions du Rocher.
LYNCH J. (1990), The Impact of Electronic Point of Sale Technology on Marketing Strategy and Retailer-Supplier Relationships, *Journal of Marketing Management*, 6, 2, pp. 157-168.

MACIAS M.C. (2006), *Le commerce au Mexique à l'heure de la libéralisation économique*, Paris, L'Harmattan.
MAHRAN M., GALLEGO V. (2011), Le retailing mix à l'international : standardisation ou adaptation ? Le cas des hypermarchés français au Moyen-Orient, halshs-00661698, 21 p.
MARUYAMA M., LE VIET T. (2007), Supermarkets in Vietnam: Opportunities and Obstacles, *Asian Economic Journal*, 21, 1, pp. 19–46.
MARUYAMA M., TRUNG L.V. (2012), Modern Retailers in a Transition Economy the Case of Vietnam, *Journal of Macromarketing,* 32(1), pp. 1-51.
MARZAK H. (2022), L'acheteur illettré dans la grande distribution au Maroc : des difficultés ressenties aux stratégies de « *coping* », thèse de doctorat en sciences de gestion, Université Sorbonne Paris Nord et Université Mohammed V de Rabat.
MAY K. (2006), Transnational Retailers and Supply Network Restructuring in Thailand, Unpublished PhD thesis, School of Environment and Development, University of Manchester.
MAZARD (2011), Étude sur la concurrentiabilité du secteur des grandes et moyennes distribution, rapport de synthèse, juillet, Conseil de la concurrence, Royaume du Maroc.
MINEFI-DEPF (2017), Opportunités du développement de la distribution marocaine en Afrique subsaharienne, Études DEPF, ministère de l'Économie et des Finances, juin.
MITTENDORF H.J. (1978), The Challenge of Organizing City Food Marketing Systems in Developing Countries, *Zeitschrift fur Auslandische Landwirtschaft*, vol. 17, n° 4, October-December.
MOATI (2016), *La société malade de l'hyperconsommation*, Paris, Odile Jacob.
MOATI P. (2001), *L'avenir de la grande distribution*, Paris, Odile Jacob.
MOATI P. (2011), *La nouvelle révolution commerciale*, Paris, Odile Jacob.
MOUNIR I. (2004), Perception des risques sanitaires en matière de produits alimentaires par le consommateur marocain et étranger, Mémoire d'ingénieur agroéconomiste, sous la direction de Hamimaz R. IAV, Rabat.
MUELLER R., WENTHE J., BARON P. (1993), A Framework for Analysing Market Changes in Eastern Europe: The Case of Hungary, *International Marketing Review*, 10, 4, pp. 36-52.
NEVEN D., REARDON T. (2004), The rise of Kenyan Supermarkets and the Evolution of their Horticulture Product Procurement Systems, *Development Policy review*, vol. 22, n° 6, november, pp. 669-699.
NEVEN, D., REARDON, T. (2006). Farmer Response to the Rise of Supermarkets in Kenya's Fresh Fruits and Vegetables Supply System, *Journal of food Distribution Research,* 37(1), pp. 120-124.
OZCAN G. B. (2000). The Transformation of Turkish Retailing: Survival strategies of small and Medium-sized Retailers. *Journal of Southern Europe and the Balkans*, 2(1), pp. 105–120 http://www.cnu.org/ node/1360.

PACHE J., EL KHAYAT M. (2017), *Invitation aux flux : entre transport et espace*, Aix en Provence, Presses Universitaires de Provence.
PERFORMANCE MANAGEMENT CONSULTING (2012), La grande distribution en Afrique : États des lieux et perspectives, décembre, www.performanceconsulting.com
PERRIGOT R. (2018) ed., *Retailing et Localisation : une approche pluridisciplinaire,* Aix en Provence, Presses Universitaires de Provence.
PHAMBUKA-NSIMBI C., MAKGOSA R., THEMBA G., IYANDA O. (2015), Modern Retailing and its Implications for Developing Countries: Insight from Retail Managers, *Journal of Management and Strategy*, vol. 6, n° 1, pp. 1-24.
PICOT A. (1997), *Trade Marketing, industriels-distributeurs : les voies de la coopération*, Paris, Dunod.
RAZEMON O. (2009), Les grandes enseignes réinventent l'épicerie de proximité, *Le Monde*, 21 août.
RDH 50 (2006), Rapport sur le développement humain au Maroc.
REARDON T., BERDEGUE J. A. (2002), The Rapid Rise of Supermarkets in Latin America: Challenge and Opportunities for Development, *Development Policy Review*, 20 (4), pp. 317-334.
REARDON T., HENSON S., BERDEGUE J., (2007) 'Proactive Fast Tracking' Diffusion of Supermarkets in Developing Countries: Implications for Market Institutions and Trade, *Journal of Economic Geography*, 7, 4, 2007, pp. 399-431.
REARDON T., TILLER C.P., BARRETT C.B., BERDEGUE J., (2003), The Rise of Supermarkets in Africa and Latin America, *American Journal of Agricultural Economic*, 85, n°5, pp. 1140-1146.
REINARTZ W., DELLAERT B., KRAFFT M., KUMAR V., VARADARAJAN R. (2011), Retailing Innovations in a Globalizing Retail Market Environment, *Journal of Retailing*, 875, 1, pp. S53-S66.
REY P., TIROLE J. (2000), *Régulation des relations entre fournisseurs et distributeurs*, Conseil d'Analyse Économique, n° 29, La Documentation française.
SABRI R., MESSEGHEM K. (2012), Accompagnement des petits producteurs par la grande distribution : le cas Marjane Holding, pp. 143-168, dans GALLOUJ C. et VIGLIANO M.H. (eds), *Management de la distribution*, Paris, L'Harmattan.
SAMIEE S., (1993), Retail and Channel Considerations in Developing Countries, a Review, *Journal of Business Research*, 27, 2, pp.103-130.
SAVITT R. (1990), Retail Change and Economic Development, pp. 16-29, in FINDLEY AM, PADDISON R., DAWSON J.A. *Retailing environments in developing Countries*, London & New York, Routledge.
SCHIPMANN C (2011), Modern Food Retailers and Traditional Markets in Developing Countries: comparing quality, prices and competition strategies

in Thailand, *Applied Economic Perspectives and Policy*, vol. 33, Issue 3, autumn, pp. 345-362.
SECK A. M. (2020), Utilisation des services de paiement mobile par le consommateur africain, pp. 175-184, dans GALLOUJ C. et PACHE G., *Management des services : convergences, contrastes et controverses*, Aix en Provence, Presses Universitaires de Provence.
SIA Partners (2016), La distribution en Afrique subsaharienne : un fort potentiel de développement, mimeo.
SIM L. L. (1999), Restructuring the Small-Scale Retail Sector in Singapore, *International Journal of Retail and Distribution Management*, 27(2), pp. 83-90.
STEBE J.M., MARCHAL H. (2018), Des centres commerciaux pour consommer et se divertir, pp. 81-87, dans BESOZZI T., DUMONT M., de MAISON ROUGE I., MARCHAL H., SLIM A., STEBE J.-M (eds), *Comprendre la ville : évolution et tendances urbaines*, Paris, Le Cavalier Bleu Éditions.
STOKKE H. E. (2009), Multinational Supermarket Chains in Developing Countries: Does local agriculture benefit, *Agricultural Economics*, 40, pp. 645-656.
TANDON S., WOOLVERTON A., LANDES M. (2011), Analysing Modern Food Retailing Expansion Drivers in Developing Countries, *Agribusiness*, vol. 27-3, pp. 327-343.
TERLIER-DEUDON A. (2010), Les cybermarchés : le marché se structure autour de l'Ile de France, *Enjeux Ile-de-France-CROCIS*, n°124, janvier.
THARAUD J., THARAUD J. (1918), *Rabat où les heures marocaines*, Paris, Émile Paul Frères Éditeurs.
THARAUD J., THARAUD J. (1938), *Fez ou les bourgeois de l'Islam*, Plon – A. Thibaudet.
THIL E. (1996), *Les inventeurs du commerce moderne*, Paris, Arthaud.
TINARD C., TINARD Y., SERNA J.C. (2003), *La grande distribution française : bouc émissaire ou prédateur*, LITEC.
TSCHIRLEY D., AYIEKO, M., HICHAMBWA M., GOEB, J., et LOESCHER (2010). Modernizing Africa's Fresh Produce Supply Chains Without Rapid Supermarket Takeover: Towards a Definition of Research and Investment Priorities, MSU International Development Working Paper n°6, Department of Agricultural, Food and Resource Economics, Michigan State University.
VANDAELE M. (1998), *Commerce et industrie : le nouveau partenariat*, Paris, Vuibert.
VANDERCAMMEN M., JOSPIN-PERNET N. (2010), *La distribution*, Bruxelles, De Boeck.
VANHEEMS R. (2016), *Réussir sa stratégie cross canal et omnicanal, pour des marques et des entreprises connectées*, Caen, EMS Éditions.

WADINAMBIARATCHI G.H. (1965), Channels of Distribution in Developing Economies, *The Business Quarterly*, vol. 33, winter, pp. 74-82.
WANG S., Zhang, Y. (2006), Penetrating the Great Wall, Conquering the Middle Kingdom: Wal-Mart in China, pp. 293–314, in BRUNN S. D. (ed.) *Wal-Mart World: The World's Biggest Corporation in the Global Economy*, New York: Routledge.
WILLIAMSON O. (1979), Transaction Costs Economics: The Governance of Contractual Relations, *Journal of Law and Economics*, vol. 22, n° 2, October, pp. 233-231.
WILLIAMSON O. (1985/1994), *The Economic Institutions of Capitalism*, The Free Press. Traduit en français sous le titre *Les Institutions du Capitalisme* (1994), Paris, Inter éditions.
WOOD R., KEYSER V. (1953), United States Business Performance Abroad: the Case of Sears Roebuck de Mexica SA, Washington DC: National Planning Association.
ZEYL A., ZEYL A. (1996), *Le trade marketing, ou la nouvelle logique des échanges producteurs- distributeurs*, Paris, Vuibert.
ZINKHAN G.M., DE FONTENELLE S., BALAZS A.L. (1999), The Structure of São Paulo Street Markets: Evolving patterns of Retail Institutions, *The Journal of Consumer Affairs*, 33, 1, pp. 3-26.

SOMMAIRE

CHAPITRE 5 : LA CONSTRUCTION DE L'AVANTAGE CONCURRENTIEL 171

CHAPITRE 6 : INNOVATION ET RSE : L'AUTRE MOYEN DE CONTRIBUER À L'AVANTAGE CONCURRENTIEL 191

Revue « Marché et Organisations »

Promouvoir la recherche originale sur les relations de plus en plus étroites entre le marché et les organisations. Les acteurs économiques de taille, de puissance et de pouvoir différents dont les intérêts peuvent être convergents, complémentaires ou, le plus souvent, antagoniques, ont tendance à organiser les marchés. La raison du marché, pourtant, est la référence stratégique pour l'entreprise ainsi que pour les institutions publiques de décision économique.

Numéros parus :

N°1 : Artisanat. La modernité réinventée, 2006
N°2 : La petite entreprise, elle a tout d'une grande. De l'accompagnement aux choix stratégiques, 2006
N°3 : Tourisme et Innovation. La force créative des loisirs, 2007
N°4 : Le travail. Formes récentes et nouvelles questions, 2007
N°5 : Les universités et l'innovation. L'enseignement et la recherche dans l'économie des connaissances, 2007
N°6 : Entrepreneuriat et accompagnement. Outils, actions et paradigmes nouveaux, 2008
N°7 : Développement durable des territoires. Economie sociale, environnement et innovations, 2008
N°8 : Développement durable et responsabilité sociale des acteurs, 2009
N°9 : Gouvernance : exercices de pouvoir, 2009
N°10 : Le travail collaboratif. Une innovation générique, 2009
N°11 : Economie sociale et solidaire. Nouvelles trajectoires d'innovations, 2010
N°12 : Relations à la marque et marques de la relation. Regards croisés sur le management relationnel de la marque, 2010
N°13 : Les contrats au service de la recherche ?, 2011
N°14 : Le potentiel économique de l'Afrique subsaharienne, 2011
N°15 : Management de la distribution, 2012
N°16 : Territoire Vert. Entreprises, Institutions, Innovations, 2012
N°17 : Eco-conception, conception et innovation. Les nouveaux défis de l'entreprise, 2013
N°18 : Intelligence économique : entreprises et territoires, 2013
N°19 : La finance globale. Un monde fini, 2013
N°20 : La crise du « développement », 2014
N°21 : La Chine innove. Politiques publiques et stratégies d'entreprise, 2014
N°22 : Go East! Nouvelles Economies de Marché, 2015
N°23 : L'économie du changement, 2015
N°24 : Le temps des artisans. Permanences et mutations, 2015
N°25 : Innovations de proximité et esprit d'entreprise, 2016
N°26 : L'avenir des économies du Maghreb : entre inertie structurelle et envie de rupture, 2016/3 (n° 27)
N°27 : Le sport aux frontières du marché du travail, 2016
N°28 : Dynamiques internationales des entreprises, 2017
N°29 : L'univers du risque, 2017
N°30 : Les petites entreprises dans l'histoire industrielle, 2017
N°31 : Economie sociale et *social business* ? Au défi d'entreprendre et se financer, 2018
N°32 : Éducation et fertilisation des économies africaines, 2018
N°33 : L'entrepreneuriat innovant dans les pays du Maghreb, 2018
N°34 : L'entrepreneuriat scientifique : institutions et innovation, 2019
N°35 : Le champ économique de la culture, 2019
N°36 : Economie sociale et solidaire ? Modèles d'innovation et modes de gouvernance, 2019
N°37 : Rethinking Luxury Business, 2020
N°38 : La santé connectée. Nouvelles technologies et réorganisation des soins, 2020
N°39 : Options stratégiques et systèmes complexes d'innovation, 2020
N°40 : Les services : intégration des systèmes productifs et lien social, 2021
N°41 : Crise pandémique, crise globale. Réalité et controverses théoriques, 2021
N°42 : La crise de la covid-19. Le marché et les organisations en perspective, 2021
n°43 : (Re)faire système. *Bug & reset*, 2022
n°44 : Aléas du marché et management du risque, 2022

Collection « L'esprit économique »

fondée par Sophie Boutillier et Dimitri Uzunidis en 1996

Dernières parutions

► ***Série Economie et Innovation***

B. LAPERCHE, M. LIMA, E. SEULLIET, B. TROUSSE (dir.), *Les écosystèmes d'innovation. Regards croisés des acteurs clés*, 2019.
S. MONNERIE, *L'économie digitale révolutionne le monde. Innovation et total design*, 2019.
T. MICHAUD, *Le projet spatial européen, entre pragmatisme et imagination*, 2020.
J.-P. SCHMITT, N. RAVIDAT, *Management conjoint de la technologie et de la personne. Pour performer et croitre*, 2020.
Y. EL YAHYAOUI, *Economie des plateformes numériques. Captation de la valeur, pouvoir de marché et communs collaboratifs*, 2021.
G. DUTHIL, *Handicap et insertion professionnelle*, 2022.

► ***Série Le Monde en Question***

F. FAURE, *Empowerment et finance. La démocratie au service de l'investissement socialement responsable*, 2021.
A. SGHAIER, *La finance islamique. Aspects critiques de la finance conventionnelle*, 2021.
H. AGOURRAME, *La règlementation bancaire internationale. Genèse, évolution et impact sur le « business model » des banques*, 2021.
A. AMINE, C. GALLOUJ, *Consommateurs et pratiques de consommation au Maroc*, 2021.
T. MARINOVA, *Economie sociale et solidaire dans les pays des Balkans. Bulgarie, Roumanie, Serbie : quels enseignements ?* 2021.
T. GARCENOT, *La finance contre le dérèglement climatique. Politiques monétaires et enjeux géopolitiques de la finance verte*, 2021.
A. VALLERAY, *Mondialisation mon amour. Avatars d'une utopie*, 2021.
I. BEN ABDELKADER, *La microfinance dans la région du Moyen-Orient et de l'Afrique du nord (MENA). Aperçu global et enjeux actuels*, 2022.

► ***Série Krisis***

J.-C. MOREL, *La nécessaire valorisation de la richesse ou intégrer le capital humain au bilan*, 2020.
V. LAURE VAN BAMBEKE, *La valeur du travail humain. Essai sur la refondation de l'expression monétaire de la valeur-travail*, 2021.
A. FONTAINE, *L'économie est l'opium du peuple. Une fausse science*, 2021.
A. RODRIGUEZ-HERRERA, Travail, valeur et prix. Reprise et clôture d'un débat centenaire (1885-1985) a la lumière des textes marxiens, 2021.
R. DELORME, *La complexité autrement. Une réponse nouvelle à la pandémie et à d'autres phénomènes sociaux complexes*, 2022.
V. YEFIMOV, *L'ordre social monétaire. L'économie discursive défit le courant dominant et l'économie narrative*, 2022.

► ***Série Clichés***

S. BOUTILLIER, D. UZUNIDIS (dir.), *La Russie européenne. Du passé composé au futur antérieur*, 2008.
R. VOLPI, *La négociation. Pain, paix, liberté*, 2009.

► ***Série Cours Principaux***

G. DUTHIL, *Economie publique et métamorphoses sociales*, 2019.
R. SANTENAC, *Le cycle des crises financières. Une étude approfondie des causes, des impacts et de la fréquence*, 2020.
B. LANDAIS, *Macroéconomie efficace. Croissance et crises*, 2020.
A. MBULI LANDU, *Le memo d'un comptable. Approche par le SYSCOHADA révisé*, 2021.
M. EL KARRIM, *Introduction à l'économétrie appliquée*, 2022.

► ***Série L'économie formelle***

A. EL ALAOUI, *Modèle d'équilibre général calculable. Présentation théorique et application empirique*, 2020.
H. AMAAZOUL, *Responsabilité sociétale des entreprises et performance financière. Étude appliquée aux entreprises marocaines*, 2021.
M. BERTONECHE, *Chroniques économiques de notre temps*, 2021.
E. CARREY, H. LANDIER, *Après la guerre contre la Covid : de l'économie financière a l'entrepreneuriat social*, 2021.
J. LATREILLE, *Sale temps pour l'économie marchande*, 2021.

Structures éditoriales du groupe L'Harmattan

L'Harmattan Italie
Via degli Artisti, 15
10124 Torino
harmattan.italia@gmail.com

L'Harmattan Hongrie
Kossuth l. u. 14-16.
1053 Budapest
harmattan@harmattan.hu

L'Harmattan Sénégal
10 VDN en face Mermoz
BP 45034 Dakar-Fann
senharmattan@gmail.com

L'Harmattan Cameroun
TSINGA/FECAFOOT
BP 11486 Yaoundé
inkoukam@gmail.com

L'Harmattan Burkina Faso
Achille Somé – tengnule@hotmail.fr

L'Harmattan Guinée
Almamya, rue KA 028 OKB Agency
BP 3470 Conakry
harmattanguinee@yahoo.fr

L'Harmattan RDC
185, avenue Nyangwe
Commune de Lingwala – Kinshasa
matangilamusadila@yahoo.fr

L'Harmattan Congo
219, avenue Nelson Mandela
BP 2874 Brazzaville
harmattan.congo@yahoo.fr

L'Harmattan Mali
ACI 2000 - Immeuble Mgr Jean Marie Cisse
Bureau 10
BP 145 Bamako-Mali
mali@harmattan.fr

L'Harmattan Togo
Djidjole – Lomé
Maison Amela
face EPP BATOME
ddamela@aol.com

L'Harmattan Côte d'Ivoire
Résidence Karl – Cité des Arts
Abidjan-Cocody
03 BP 1588 Abidjan
espace_harmattan.ci@hotmail.fr

Nos librairies en France

Librairie internationale
16, rue des Écoles
75005 Paris
librairie.internationale@harmattan.fr
01 40 46 79 11
www.librairieharmattan.com

Librairie des savoirs
21, rue des Écoles
75005 Paris
librairie.sh@harmattan.fr
01 46 34 13 71
www.librairieharmattansh.com

Librairie Le Lucernaire
53, rue Notre-Dame-des-Champs
75006 Paris
librairie@lucernaire.fr
01 42 22 67 13

www.ingramcontent.com/pod-product-compliance
Lightning Source LLC
LaVergne TN
LVHW011156061026
849535LV00003B/755
* 9 7 8 2 1 4 0 2 8 4 6 2 5 *